Dorle Klika | Volker Schubert
Einführung in die Allgemeine Erziehungswissenschaft

Grundlagentexte Pädagogik

Dorle Klika | Volker Schubert

Einführung in die Allgemeine Erziehungswissenschaft

Erziehung und Bildung in einer
globalisierten Welt

Die Autorin / der Autor

Prof. Dr. Dorle Klika, Universität Siegen, Arbeitsschwerpunkte: Allgemeine und Historische Erziehungswissenschaft, Biographie- und Geschlechterforschung.

Prof. Dr. Volker Schubert, Universität Hildesheim, Arbeitsschwerpunkte: Allgemeine und Vergleichende Erziehungswissenschaft, Ästhetische Bildung.

Bibliografische Information der Deutschen Nationalbibliothek

Die Deutsche Nationalbibliothek verzeichnet diese Publikation in der Deutschen Nationalbibliografie; detaillierte bibliografische Daten sind im Internet über http://dnb.d-nb.de abrufbar.

© 2013 Beltz Juventa · Weinheim und Basel
www.beltz.de · www.juventa.de
Druck und Bindung: Beltz Bad Langensalza GmbH, Bad Langensalza
Printed in Germany

ISBN 978-3-7799-2899-7

Inhalt

Kapitel 1
Einführung – Oder:
Warum Theorie für eine intuitive
pädagogische Praxis notwendig ist

1.1 Was bedeutet es Erziehungswissenschaft zu studieren?

Fragt man Studierende der Erziehungswissenschaft im ersten Semester, was sie unter Wissenschaft verstehen, bekommt man Antworten wie: Das bedeutet allgemeingültige Gesetze aufstellen, Theorieentwicklung betreiben, Suche nach Wahrheit, nach Erklärungen von Welt und Ähnliches. Fragt man die gleichen Studierenden nach ihrem Verständnis von Pädagogik, erhält man dagegen folgende Antworten: Mit Kindern oder Jugendlichen umgehen können, mit ihnen arbeiten, sie anleiten, unterrichten lernen oder Ähnliches. Pädagogik wäre in diesem Verständnis keine Wissenschaft, sondern eine Methode oder Praxis bzw. Praxisanleitung. Als solche hätte sie an einer Universität aber nichts zu suchen, sondern wäre als eine Art Lehre zu gestalten. Tatsächlich war Lehrer in früheren Jahrhunderten ein Handwerksberuf, so wie bis heute Erzieherinnen in Deutschland eher handwerklich ausgebildet werden – nicht an einer Universität oder Fachhochschule, sondern an einer Fachschule.

Studium

Was bedeutet es also, Erziehungswissenschaft zu *studieren*? Warum ist das wichtig? Und was verbindet ein solches theoretisches Studium mit der späteren beruflichen Praxis? Zunächst: Was unterscheidet ein Studium von einer nicht-wissenschaftlichen Ausbildung zum Beispiel an der Fachschule oder Berufsschule? – Der Unterschied liegt *nicht* darin, dass in der Fachschule keine wissenschaftlichen Erkenntnisse und keine Ergebnisse wissenschaftlicher Forschung vermittelt würden. Selbstverständlich lehrt man auch an der Fachschule, an der Berufsschule usw. die Ergebnisse von Wissenschaft. Es gibt heute keine Bildungsinstitutionen mehr, die keine wissenschaftlichen Erkenntnisse vermitteln. Der Unterschied liegt vielmehr darin, dass an Universitäten Wissenschaft nicht nur gelehrt, sondern auch betrieben wird. Traditionell spricht man deshalb von der Einheit von Forschung und Lehre. Das betrifft nicht allein die Lehrenden, die immer auch forschen (deren wissenschaftliche Publikationen sind beispielsweise auf den Homepages der Institute aufgelistet), das gilt auch für die Studierenden, die in Vorlesungen und Seminaren Wissenschaft nicht nur rezipieren, sondern auch aktiv betreiben sollen, bei der Seminarvorbereitung, in ihren Hausarbeiten und schließlich in der wissenschaftlichen Abschlussarbeit.

Studieren ist also etwas anderes als Lernen, wie es aus der Schule geläufig ist. Im Studium geht es weniger um die Aneignung fertiger Ergebnisse „der" Wissenschaft als darum, sich im selbständigen wissenschaftlichen Arbeiten zu üben und Verfahrensweisen zu lernen, mit denen die wissenschaftlichen Arbeiten anderer kontrolliert und überprüft werden. Im Studium geht es deshalb auch nicht zuerst und in erster Linie um die Präsentation gesicherten Wissens, sondern vor allem um Problematisierungen. Im Mittelpunkt stehen nicht die (vermeintlichen) Gewissheiten, sondern die Verfahrensweisen, mit deren Hilfe man zu solchen Gewissheiten kommt und mit deren Hilfe man sie wieder in Frage stellt oder relativiert, d.h. in ihrem Geltungsbereich einschränkt.

Der Kern der wissenschaftlichen Haltung ist die Haltung der Kritik. Damit ist selbstverständlich nicht gemeint, dass man ziellos und gedankenlos an allem herumnörgelt, vielleicht nur um seine vermeintliche Überlegenheit herauszustellen; vielmehr geht es darum, die Voraussetzungen und Bedingungen der jeweiligen Gewissheiten – also beispielsweise das, was über pädagogische Fragen zu hören und zu lesen ist – aber vor allem auch die Gewissheiten des eigenen Denkens und Handelns zu *prüfen*, nicht um zu widersprechen (das *kann* ein Resultat sein, muss aber nicht), sondern um besser nachvollziehen und verstehen zu können. Dazu gehört, dass man verschiedene Positionen kennt, Einwände berücksichtigt, verschiedene Sichtweisen auf ein Phänomen oder Problem und deren jeweilige Möglichkeiten und Grenzen.

Wissenschaftliche Verfahrensweisen

Was heißt in diesem Zusammenhang nun aber Erziehungswissenschaft und welche Bedeutung hat sie für die pädagogische Praxis? Zunächst kann man ganz allgemein sagen, dass Erziehungswissenschaft wie jede Wissenschaft darauf zielt, methodisch gesicherte, allgemeingültige und für jeden Menschen, soweit er seinem Verstand folgt, zwingende Erkenntnisse hervorzubringen. Solche Erkenntnisse muss man nicht glauben müssen; sie müssen begründet sein. Begründet sind sie, weil ihr Zustandekommen methodisch gesichert, die Verfahrensweisen beim Zustandekommen der Erkenntnisse gedanklich nachvollzogen werden können und einer kritischen Überprüfung standhalten.

Es gibt dazu verschiedene Verfahrensweisen. Welche Verfahrensweisen man wählt, hängt von der jeweiligen Fragestellung ab. Eine dieser Verfahrensweisen ist die empirische Untersuchung – Test, Fragebogen oder Befragung, Experiment. Soweit solche Untersuchungen zu statistisch verwertbaren Ergebnissen führen, scheinen sie in der Öffentlichkeit einen besonders guten Ruf zu genießen oder zugeschrieben zu bekommen – vor allem wohl, weil die Zahlen besondere Genauigkeit und Exaktheit vorgaukeln. Tatsächlich ist diese Verfahrensweise aber weder die einzige noch die wichtigste.

Grundlegender ist die Arbeit am Begriff, die Theoriebildung. Bevor irgendeine Untersuchung stattfinden kann, muss das Untersuchungsfeld abgesteckt (definiert) und müssen die Begriffe geklärt werden, mit deren Hilfe ein Phänomen, ein Zusammenhang beschrieben, untersucht und erklärt werden soll. Untersuchungen sind wissenschaftlich wertlos, wenn aus ihnen nicht hervorgeht, *was* genau *wie* untersucht worden ist. (Deshalb ist mit vielen Pressemeldungen über irgendwelche wissenschaftlichen Erkenntnisse nicht viel anzufangen – man müsste in der entsprechenden Fachzeitschrift nachlesen, wenn man ihren Wert tatsächlich beurteilen wollte.)

Aber nicht nur als Hilfsmittel für empirische Untersuchungen ist die Arbeit am Begriff zentral, wissenschaftliche Arbeit kann auch darin bestehen, Sachverhalte oder Probleme gründlich, „bis zum Grunde hin", und systematisch zu untersuchen, indem man zum Beispiel den Worten und ihrer Bedeutung nachspürt, indem man die geschichtliche Entwicklung eines Begriffs oder eines Konzeptes (eines Denkzusammenhangs) nachzeichnet, indem man Widersprüche im alltäglichen Sprachgebrauch oder in wissenschaftlichen Auffassungen diskutiert. Ein großer Teil der wissenschaftlichen Tätigkeit besteht aus solcher theoretischer Arbeit.

Verstehen – Interpretieren

Neben der Arbeit am Begriff gehört zu solcher theoretischer Arbeit vor allem das *Verstehen*. Die Kunst der Auslegung, die Hermeneutik (ursprünglich aus der Theologie; Auslegung des Heiligen Textes) ist die für die Pädagogik wahrscheinlich wichtigste Methode, jedenfalls gilt das für die Pädagogik des vergangenen, des 20. Jahrhunderts, und hier vor allem für die sog. Geisteswissenschaftliche Pädagogik. In dieser Tradition ging es dabei meist um die Auslegung von Texten, in der Regel klassische Texte, etwa von

Pestalozzi oder Rousseau. Man kann aber ebenso gut Bankkritzeleien, Schülerzeitungen oder Aufsätze, Plakate, Karikaturen oder bestimmte Situationen etwa mit Hilfe von Protokollen, Feldaufzeichnungen einer Tonband- oder Videoaufzeichnung zum Gegenstand der Auslegung machen. – Es versteht sich, dass auch die genannten empirischen Untersuchungen nicht ohne ein derart systematisiertes Verstehen auskommen. Jede Art der Untersuchung ist immer eine *Interpretation*. Keine kommt ohne die Sprache und ihre Mehrdeutigkeiten aus.

Hier deutet sich schon an, dass die Grenze zwischen alltäglichen und wissenschaftlichen Verfahrensweisen nicht absolut ist. „Die wissenschaftlichen Verfahren sind spezialisierte, verfeinerte, verifizierbar gemachte Alltagstechniken" (Bernfeld 1978, S. 356). Es muss beachtet werden, dass der wissenschaftliche keineswegs der einzige Weltzugang ist. Man kann verschiedene Modalitäten des Erfahrens und Urteilens unterscheiden, den theoretischen auf Kognition und verstandesmäßiges Erkennen und Urteilen ausgerichteten, den moralisch praktischen, der sich auf das richtige Handeln bezieht und schließlich den ästhetischen Weltzugang, in dem die besondere Qualität der jeweiligen Erfahrungen betont wird. Außerdem muss berücksichtigt werden, dass Wissenschaft nicht im gesellschaftsfreien Raum stattfindet. Sie ist immer auch Kind ihrer Zeit und der jeweiligen gesellschaftlichen Verhältnisse. Insofern kann Wissenschaft niemals „objektiv" in dem Sinne sein, dass die Welt gleichsam von außen betrachtet würde. Ein solcher Standpunkt ist für Menschen nicht denkbar. Wissenschaftliche Erkenntnisse sind mithin nicht objektiv (auch wenn sie Objektivität anstreben), aber sie sind – zumindest ihrem Anspruch nach – besser begründet und systematischer gewonnen als gewöhnliche Kenntnisse (Lippitz 2003).

1.2 Aufgaben der Theorie – Verhältnis zur Praxis

Welche Bedeutung hat die Wissenschaft, die Theorie, jetzt für die so genannte Praxis? Und was ist überhaupt Praxis? Darüber, was Praxis ist, gibt es nämlich sehr praxisferne Vorstellungen. Die bei Pädagogen und Pädagoginnen beliebteste ist, man hätte es in erster Linie mit Kindern und Jugendlichen zu tun. Das kann zwar auch der Fall sein, je nach Arbeitsgebiet umfasst pädagogische Praxis einer akademisch ausgebildeten Pädagogin aber viel mehr. Häufig bewegt man sich dabei in einem Handlungsfeld, das einerseits ein pädagogisches, zugleich aber auch ein politisches und wirtschaftliches ist. Pädagogische Praxis endet nicht bei der Arbeit mit pädagogischen Konzepten und Konzeptionen. Sie beinhaltet zugleich die Erstellung eben solcher Konzepte, d.h. Lesen und Schreiben, Vorstellung und Verteidigung solcher Konzepte in diversen Gremien, pädagogisches Argumentieren im Gegensatz zu verwaltungstechnischem oder juristischem, pädagogische Anleitung von Mitarbeitern und Mitarbeiterinnen usw. Es handelt sich dabei um Tätigkeiten, wie sie im Studium an der Universität ausgeübt und geübt werden können. Die Folgerung ist: Die Praxis des Studierens ist zugleich Vorbereitung auf die Praxis.

Eine andere ziemlich verbreitete Vorstellung des Verhältnisses von Theorie und Praxis stellt es sich so vor wie beim Führerschein-Machen: Praxis ist das (interessantere) Fahren; Theorie ist das, was man sich anhören und – für die Prüfung – lernen muss. Theorie ist deshalb entweder erstens nutzloses Wissen, das man nach der Prüfung wieder vergessen kann, weil man es nie mehr braucht; zweitens handelt es sich um Regeln, die man beachten sollte oder wenigstens kennen (falls die Polizei in der Nähe ist); drittens sind es Regeln, die einem mit der Praxis in Fleisch und Blut übergehen („rechts vor links"). Von solchen Regeln sagt man völlig zu Recht, dass man sie erst wirklich in der Praxis lernt; nur in der „Theorie" bleiben sie totes Wissen.

Aufklärung über Alltagstheorien

Solche Regeln gibt es auch in der Pädagogik. Teilweise werden sie explizit erlernt, meist sind sie aber schon in Fleisch und Blut übergegangen, ohne jemals expliziert worden zu sein. Es handelt sich dabei um Selbstverständlichkeiten, die oft kulturell vorgeprägt sind, also um Gedanken und Regeln, die man nur deshalb für richtig hält, weil man noch nie darüber nachgedacht hat. Alle Menschen, also auch Studierende der Erziehungswissenschaft, verfügen immer schon über thematische Erfahrungen als Erzogene und als Lernende. Diese Erfahrungen prägen und präformieren das Handeln und das Denken über Erziehung und Bildung und nicht selten beeinflussen sie das eigene pädagogische Handeln mehr als das Studium. Zum pädagogischen Studium gehört deshalb die Auseinandersetzung mit den eigenen Erfahrungen mit Erziehung und Schule und das Bemühen, die in der eigenen Lebensgeschichte grundgelegten Haltungen zu erkennen, um sie überprüfen und ggf. verändern zu können.

Jede pädagogische Praxis folgt bestimmten, oft nicht explizierten Grundsätzen, Vorstellungen, Vorurteilen, also einer Art Theorie, die als solche aber nicht bewusst ist. Es gibt so etwas wie eine unausgesprochene Voreinstellung des in Erziehungssituationen Handelnden. Selbst wo der Praktiker jedwede Theorie ablehnt und auf seine persönliche Erfahrung pocht, ist so etwas wie Theorie am Werk. Denn in den vermeintlich ursprünglichen Erfahrungen kommen immer schon Voreinstellungen zum Tragen (Weniger 1953, S. 11f.). Von Theorien unterscheiden sich solche

Voreinstellungen allerdings dadurch, dass sie weder artikuliert, sprachlich gefasst sind noch konsistent. Aufgabe der Theorie ist es hier, über Praxis aufzuklären, indem sie dazu beiträgt, diese „Alltagstheorien" bewusst und durchschaubar und damit der kritischen Auseinandersetzung zugänglich zu machen, also professionelle Selbstkontrolle zu unterstützen.

Theorie als eigene Wissensform – „pädagogischer Takt"

Als Wissenschaft hat Pädagogik oder Erziehungswissenschaft die Aufgabe, den professionellen Blick der Studierenden zu schulen, ihre Wahrnehmungsfähigkeit zu erweitern, erziehungswissenschaftliches Wissen zu vermitteln und die Entwicklung von Kompetenzen zu unterstützen, die benötigt werden, um fachlich fundiert über pädagogische Probleme der Praxis reflektieren zu können.

Es ist nicht Aufgabe der Theorie, Regeln aufzustellen und Rezepte für richtiges Handeln auszugeben. Es handelt sich bei der Theorie um eine eigene Wissensform, die sich nicht einfach in Praxis überführen lässt. Wissenschaft stellt eine eigene Praxis mit einer eigenen Logik dar, die nicht mit der der Praxis von Erziehung und Bildung identisch ist.

Einer der wichtigsten pädagogischen Theoretiker des 20. Jahrhunderts, John Dewey (1858–1952), dem besonders viel an der pädagogischen Praxis gelegen war, hat in diesem Zusammenhang festgestellt, „dass Gesetze und Tatsachen, sogar wenn man zu ihnen in echt wissenschaftlicher Form gelangt, keine *Regeln der Praxis* ergeben. Ihr Wert für die Erziehungspraxis – und *alle* Erziehung ist eine Art Praxis, vernünftige oder zufällige und gewohnheitsmäßige – ist indirekt; er besteht in der Lieferung vom Erzieher zu benutzender *intellektueller Werkzeuge*." (Dewey 1935, S. 113; H.i.O.)

Daraus zieht Dewey dann den folgenden Schluss: „Wenn wir das Wort ‚Regel' überhaupt beibehalten, müssen wir sagen, dass wissenschaftliche Resultate eine Regel für die Durchführung von Beobachtungen und Untersuchungen liefern, nicht ein Rezept für offenes Handeln. Sie funktionieren nicht direkt unter Hinsicht auf die Praxis und ihre Ergebnisse, sondern indirekt durch das Mittel einer geänderten geistigen Haltung." (Ebd., S. 114)

Wissenschaftliches Wissen ist also kein Wissen, das sich unmittelbar in Praxis umsetzen ließe. In für die Pädagogik klassischer Weise hat Johann Friedrich Herbart (1776–1841) das Verhältnis von Theorie und Praxis charakterisiert. Bloße Praxis, so Herbart, ergebe nur „Schlendrian". Theorie sei also unabdingbar. Theorie sei aber immer allgemein. Von ihr würden überzeugende Generalisierungen erwartet. Ihre Regeln und Lehrsätze vermögen daher nie den konkreten Einzelfall zu treffen. Die „Erziehung als Kunst", wie

Herbart sagt, hat es anders als die Pädagogik als Wissenschaft stets mit Einzelnen und Einzelnem zu tun, mit konkretem Besonderem. Die Erziehungskunst bedarf deshalb eines Elements, das es gestattet, das Allgemeine so auf das Besondere zu beziehen, dass dieses Besondere in seiner Eigenart auch getroffen wird und nicht nur als beliebiger Fall unter eine abstrakte Regel subsumiert wird. Dieses Element nennt Herbart den „pädagogischen Takt".

„Nun schiebt sich aber bei jedem noch so guten Theoretiker, wenn er seine Theorie ausübt, [...] zwischen die Theorie und die Praxis ganz unwillkürlich ein Mittelglied ein, ein gewisser *Takt* nämlich, eine schnelle Beurteilung und Entscheidung, die nicht, wie der Schlendrian ewig gleichförmig verfährt, aber auch nicht, wie eine vollkommen durchgeführte Theorie wenigstens *sollte*, sich rühmen darf, bei strenger Konsequenz und in völliger Besonnenheit an die Regel, zugleich die wahre Forderung des individuellen Falles ganz und gerade zu treffen." (Herbart 1986, S. 56)

Der Takt tritt gewissermaßen an die Stelle, die die Theorie leer ließ, lassen muss; er wird zum unmittelbaren Regenten der Praxis. Er bildet sich in der Praxis, aber nicht ohne Theorie.

„Im *Handeln* nur lernt man die Kunst, erlangt man Takt, Fertigkeit, Gewandtheit, Geschicklichkeit, aber selbst im Handeln lernt die Kunst nur *der,* welcher vorher im Denken die Wissenschaft gelernt, sie sich zu eigen gemacht, sich durch sie gestimmt und die künftigen Eindrücke, welche die Erfahrung auf ihn machen soll, vorbestimmt hatte." (Ebd., S. 58)

Peter Menck versucht Herbarts Gedanken für die Gegenwart etwas vereinfacht folgendermaßen zu verdeutlichen:

„Heute würden wir vielleicht von der Bildung einer begründeten und reflektierten subjektiven Theorie der Erziehung sprechen, einer praktisch tragfähigen Alltagstheorie. Als ‚subjektive Theorie' wird dabei das System von Wissen bezeichnet, das die Wahrnehmungen und Handlungen von einzelnen Subjekten leitet. Dieses Wissen setzt sich auf je individuell besondere Weise aus Elementen von Theorien ganz unterschiedlicher Herkunft zusammen. Welche Theoriestücke das auch immer sind, sie können erst dann von Nutzen sein, wenn man sie sich erarbeitet hat, das heißt, wenn man sie in seine eigene Alltagstheorie integriert hat [...], wenn man sie als einen Beitrag zur pädagogischen Bildung nutzt." (Menck 2012, S. 132)

Mit der Lehre vom pädagogischen Takt haben wir ein Konzept – das macht ihre Aktualität aus –, in dem der Theorie zwar eine kritische Orientierungsfunktion zugeschrieben wird, sie aber nicht zu einer normierenden Instanz für die Praxis verabsolutiert wird. Praxis bewahrt so ihre eigene Dignität, sie kann aber dennoch nicht so tun, als käme sie ganz ohne Theorie aus. Der pädagogische Takt ist weder unmittelbares Resultat der Theorie noch unmittelbares Produkt der Praxis.

Pädagogische Professionalität: Reflexives Deutungswissen

Der Gedankengang ist in den gegenwärtigen Debatten zur pädagogischen Professionalität wieder aufgegriffen und weiter zu entwickeln versucht worden. Mit dem Studium und der Auseinandersetzung mit theoretischen Konzepten – Begriffen – und Forschungsergebnissen werden dem Praktiker eine Fülle von Interpretationsangeboten und Argumentationen zugänglich gemacht. Begriffe, Theorien und Forschungsergebnisse wären in dieser Sicht als Möglichkeiten zu verstehen, wie pädagogische Situationen erklärt, gedeutet und verstanden werden können. Theoretisches Wissen ist also potentielles Deutungswissen. Die besondere Fähigkeit der wissenschaftlich ausgebildeten Pädagoginnen und Pädagogen liegt darin, aus der Vielzahl der theoretischen Möglichkeiten das für die jeweiligen Fälle passende Wissen auszuwählen und damit situationsangemessen umzugehen. Pädagogischer Takt besteht und bewährt sich entsprechend in der Fähigkeit, allgemeines Wissen mit einem je besonderen Fall vermitteln zu können. Was im Alltag als die pädagogische Intuition der erfahrenen Fachkraft erscheint, ist eben diese Fähigkeit, sich auf Grundlage profunder theoretischer Kenntnisse in unterschiedlichen Situationen rasch orientieren und entsprechend Entscheidungen treffen zu können. Im Studium wird nicht nur theoretisches Wissen angeeignet, sondern auch die Kunstfertigkeit eingeübt, eben dieses Wissen situativ angemessen zu nutzen.

Berufsethik

Zur pädagogischen Professionalität gehören neben diesem pädagogischen Takt, mit dessen Hilfe theoretische Gesichtspunkte und praktische Gegebenheiten und Herausforderungen immer wieder neu vermittelt werden müssen, auch eine eigene Berufsethik und die Fähigkeit, die eigenen fachlichen Perspektiven gegenüber anderen Perspektiven zur Geltung bringen zu können. Eine Berufsethik ist für alle anspruchsvollen Tätigkeiten notwendig, die selbständig und verantwortungsvoll durchgeführt werden müssen.

Ein zentraler Grund für die Bedeutung dieser Berufsethik ist schlicht, dass äußere Kontrollen der Tätigkeit fehlen, schwierig oder gar nicht möglich sind. Es gibt (im Wesentlichen) zwei Formen der äußeren Kontrolle: die direkte unmittelbare Überwachung oder die Überprüfung des Arbeitsergebnisses. Beides ist bei pädagogischen Tätigkeiten kaum möglich (selbst, wenn Politiker es immer wieder fordern und Verwaltungsleute sich immer wieder daran versuchen). Das eine, die äußere Kontrolle, wäre zu aufwendig, das andere, die Überprüfung des Arbeitsergebnisses, wäre allenfalls begrenzt aussagekräftig. Die pädagogische Arbeit ist nur in eingeschränktem Maße steuerbar. Professionelle Pädagogen können sich um Lernen und Erziehung bemühen. Ob die Zöglinge tatsächlich lernen und tatsächlich erzogen werden, darüber können sie nicht verfügen. Dieser altbekannte Tatbestand ist in den letzten Jahrzehnten meist unter dem missverständlichen Titel „Technologiedefizit der Erziehung" (Luhmann/Schorr 1979) verhandelt worden. Tatsächlich handelt es sich bei diesem vermeintlichen Defizit um eine Eigenart, die jeglichen Umgang mit Menschen auszeichnet. Man kann nicht unmittelbar auf sie einwirken; es sei denn, man geht sie direkt körperlich an, was ja auch in Erziehungszusammenhängen versucht wird: früher mit Prügel, heute mit chemischen Cocktails.

Jedenfalls muss die eigene pädagogische Tätigkeit weitgehend selbst kontrolliert werden können. Dazu muss der oder die pädagogisch Tätige Maßstäbe professionellen Handelns kennen und selbst anwenden können. Dazu muss sie oder er umfassend über Aufgaben, Grenzen und Möglichkeiten der eigenen Tätigkeit orientiert sein. Er oder sie muss seine pädagogische Verantwortung erkennen und selbständig wahrnehmen können. Dazu ist Wissen notwendig und eben jene selbständige Urteilskraft, die mit der wissenschaftlichen Bildung und Ausbildung entwickelt und gestärkt werden soll. Relative Autonomie der Kontrolle über die eigene Tätigkeit bedarf als Voraussetzung einer entsprechenden wissenschaftlichen Ausbildung, die nach Gründen fragt, nichts als selbstverständlich hinnimmt und sich unabhängig von Anderen, deren Meinungen oder gängigen Auffassungen macht. Eine solche Haltung ist zentrales Ziel wissenschaftlicher Ausbildung.

Eigene fachliche Perspektive zur Geltung bringen

Ganz entscheidend für die Professionalität pädagogischer Tätigkeiten ist schließlich die Fähigkeit, die eigene professionelle Perspektive gegenüber anderen Professionellen und deren Perspektive zur Geltung zu bringen und durchzusetzen. So müssen etwa pädagogische Belange gegenüber juristischen Sichtweisen geltend gemacht werden oder gegenüber Ansprüchen von Eltern oder politischen Vertretern. Auch dafür ist eine wissenschaftliche Ausbildung und Bildung notwendig.

Professionalität bedeutet also nicht allein ein berufs- oder fachmäßig großes Können – das ist nur die *eine* Seite –, sondern zugleich die Fähigkeit, dieses Können nach eigenen ausgewiesenen Standards zu kontrollieren, argumentativ zur Geltung zu bringen, kritisch und selbstkritisch zu prüfen und selbständig weiterzuentwickeln. „Können allein reicht nicht aus; man muss auch über das Können reflektieren und sprechen können" (Diederich 1994, S. 249). Nicht zuletzt diese zweite Seite ist es, die ein akademisches Studium notwendig macht.

1.3 Pädagogik und Allgemeine Erziehungswissenschaft

Zur Professionalität gehört eine möglichst klare Vorstellung von der eigenen Disziplin, ihren Möglichkeiten, ihren Besonderheiten, ihren Grenzen. Sie ist eine Voraussetzung dafür, dass die eigenen fachlichen Perspektiven überzeugend zur Geltung gebracht werden können, aber ebenso für selbstbewusstes pädagogisches Handeln und für selbstkritische, fachlich begründete Reflexion. Diese Vorstellung ergibt sich in der konkreten Auseinandersetzung mit der Disziplin, im Studium und in der beruflichen Tätigkeit. Einen ersten Einblick vermittelt dieses Buch, das insgesamt aus Sicht der Allgemeinen Erziehungswissenschaft geschrieben ist. An dieser Stelle vorab einige Hinweise: Sie betreffen zum einen die Bezeichnungen Pädagogik und Erziehungswissenschaft, zum anderen das Fachgebiet Allgemeine Erziehungswissenschaft.

Pädagogik – Erziehungswissenschaft

Die Begriffe Pädagogik und Erziehungswissenschaft werden oft synonym verwendet und sind seit Ende des 18. Jahrhunderts im deutschen Sprachraum gebräuchlich (Böhm 2004, S. 750; Tenorth 2004, S. 341). Die Austauschbarkeit zeigt sich im alltäglichen Sprachgebrauch, aber auch an gängigen Begriffskombinationen wie kritische Pädagogik oder kritische Erziehungswissenschaft, feministische Pädagogik oder feministische Erziehungswissenschaft, Interkulturelle Pädagogik/Erziehungswissenschaft, Vergleichende Pädagogik/Erziehungswissenschaft, Schulpädagogik/angewandte Erziehungswissenschaft, Allgemeine Pädagogik oder Allgemeine Erziehungswissenschaft etc.

Aber im Sprachgebrauch zeigen sich auch Unterschiede. Die Pädagogin oder den Pädagogen kann man sich ohne weiteres im Kreis von Kindern

oder im Austausch mit Jugendlichen vorstellen; die Erziehungswissen-
schaftlerin oder der Erziehungswissenschaftler gehört – von den sprachlichen Assoziationen her gesehen – eher in die Studierstube oder in das La-
bor. Man spricht von Reformpädagogik, Medienpädagogik, Sozialpädagogik oder Montessori-Pädagogik, Waldorf-Pädagogik; entsprechende
Ausdrücke mit Erziehungswissenschaft kann man sich kaum vorstellen.
Offenbar ist der Begriff Pädagogik umfassender und sprachlich näher an
der Praxis der Erziehung; Erziehungswissenschaft näher an der Praxis der
Forschung. In diesem Sinne wird Pädagogik (oder „wissenschaftliche Pädagogik") traditionell meist im doppelten Sinn als Theorie und praktische
Lehre, also als praktische Wissenschaft verstanden (Böhm 2004, S. 750).

Wenn die Differenz zwischen den beiden Ausdrücken herausgestellt
wird, so bezeichnet Erziehungswissenschaft die theoretische, Pädagogik die
praktische Disziplin. Es wird also zwischen „Handeln" und „Forschen",
zwischen praktischem Erziehungshandeln und dessen wissenschaftlicher
Erforschung getrennt. In der neueren Diskussion wird daraus bisweilen
eine strikte Entgegensetzung. Pädagogik ist demnach vor allem eine Kunst-
lehre: geordnetes, reflektiertes und durchdachtes Wissen aus der Praxis, das,
zusätzlich angereichert mit Forschungsergebnissen, wiederum als Handrei-
chung für die Praxis dient. Pädagogik hängt in diesem Verständnis von
kulturellen und historischen Hintergründen ab und wandelt sich dementsprechend. Insofern kann man im Plural von „Pädagogiken" sprechen.
Erziehungswissenschaft ist demgegenüber ausschließlich der wissenschaftlichen Untersuchung von Erziehung und diesen Pädagogiken verpflichtet. Sie
betont eher die Distanz zur Praxis, indem sie unter Anwendung systematischer Methoden – begriffliche Analysen oder empirische Untersuchungen
z.B. – Aussagen auf ihre Richtigkeit und Berechtigung hin überprüft. Praktisch ist diese Distanz wichtig, um der jeweils gegebenen Praxis nicht hilflos
und distanzlos ausgeliefert zu sein. Theoretisch ist sie wichtig, weil man
Distanz braucht, um unvoreingenommen wahrnehmen und erkennen zu
können. Erst die Distanz ermöglicht Problembewusstsein, die Fähigkeit das
Selbstverständliche nicht als allzu selbstverständlich hinzunehmen, sondern
in einem verfremdenden Licht zu sehen.

„Für *Pädagogik* ist es typisch, dass sie ‚Wissen in Praxis' präsentiert, sich
in Handlungssystemen der Erziehung manifestiert, dass sie von den dort
tätigen Professionen selbst erzeugt und auch dort reflektiert wird, dass
sie den Anforderungen der pädagogischen Akteure folgt und der (sozialen und theoretischen) Logik wie den Schwierigkeiten und Problemen
ihres Handelns. *Erziehungswissenschaft* dagegen folgt – wie jede Wissenschaft – den Imperativen des Wissenschaftssystems, sie ist als Forschung
organisiert, beobachtet (d.h. analysiert, kritisiert, erforscht usf.) in den

Standards, die für solche Beobachtungen im Wissenschaftssystem ausgebildet worden sind, mit eigenen Methoden, Theorien, Kriterien der Geltung und durch die Optimierung des Wissens usf." (Tenorth 1997, S. 178; H.i.O.)

Die Unterscheidung ist umstritten und nicht ganz trennscharf. Erziehungswissenschaft ist auch von historischen und kulturellen Umständen abhängig und Pädagogik kommt (auch als Praxis) nicht ohne wissenschaftliche Methoden aus. Beide sind – wie vermittelt auch immer – auf pädagogische Praxis bezogen und erhalten durch sie Sinn und Berechtigung. Im Zweifel ist aber Pädagogik näher an der Praxis. Auf jeden Fall ist eine allzu sehr an die jeweilige pädagogische Praxis gebundene Pädagogik (oder Erziehungswissenschaft) problematisch. Wichtig ist es daher, Distanz zu schaffen und sich einen eigenen theoretischen Standpunkt gegenüber den jeweiligen Praktiken zu erarbeiten. In diesem Sinne fragt Erziehungswissenschaft ganz nüchtern, was Erziehung, was Bildung ist. Sie muss Erziehung nicht begründen oder rechtfertigen; Erziehung ist als gesellschaftliche Tatsache da und kann als solche untersucht werden. Es geht ihr nicht mehr um normative Bestimmungen, was Erziehung soll und zu leisten hat, sondern um den Tatbestand der Erziehung in verschiedenen Zeiten und Kontexten. Wie hat sie sich in der oder jener Zeit, in diesen oder jenen kulturellen Kontexten abgespielt, wie vollzieht sie sich heute in verschiedenen Zusammenhängen und wie muss sie gestaltet werden? Was ist die Funktion der Erziehung im jeweiligen Kontext? Zur Beantwortung solcher Fragen kann man sich an die jeweilige Wirklichkeit halten, soweit sie sich – im historischen Fall – rekonstruieren lässt und soweit sie mit wissenschaftlichen Methoden zugänglich ist. Erziehungswissenschaft ist eine Tatsachenwissenschaft, die das Phänomen Erziehung in seinen verschiedenen Facetten und Ausprägungen untersucht. Das bedeutet aber nicht, dass Erziehungswissenschaft keine Ziele weisen könnte. Aus der Analyse, Gliederung und Ordnung der tatsächlichen Gegebenheiten, von Entwicklungen und Entwicklungstendenzen lassen sich auch Aussagen über notwendige und wünschenswerte Maßnahmen entwickeln.

Erziehungswissenschaft (oder Pädagogik) wissenschaftlich zu betreiben, heißt also sich einen unabhängigen Standpunkt gegenüber den jeweils vorfindbaren Praktiken zu erarbeiten, nicht, sich in die jeweilige Praxis kritiklos einzufädeln. Die wissenschaftliche Ausbildung zielt auf eine Praxis, bei der sich die Einzelnen sowohl der äußeren sachlichen als auch der inneren persönlichen Bedingungen ihres Handelns bewusst sind. Praxis soll in ihrer jeweiligen Gestalt mit dem Studium nicht einfach reproduziert werden; vielmehr kommt es darauf an, die theoretischen und methodischen Mittel zu erarbeiten, um die jeweilige Praxis von außen betrachten und reflektieren zu können. Allerdings kann die Erziehungswissenschaft die Praxis nie vollständig erfassen und schon gar nicht unmittelbar anleiten.

Allgemeine Erziehungswissenschaft

Allgemeine Erziehungswissenschaft wird heute als Teildisziplin der Erziehungswissenschaft verstanden, die sich schwerpunktmäßig mit Fragen befasst, die alle angehen, die mit Erziehung und Bildung zu tun haben. Angesichts unterschiedlicher pädagogischer Ansätze und der Ausdifferenzierung der Erziehungswissenschaft in ganz unterschiedliche Teildisziplinen mit zunehmender Spezialisierung – von den schon älteren Bereichen wie Schulpädagogik, Sozialpädagogik, Erwachsenenbildung bis hin zu neueren Arbeitsfeldern wie etwa Medien-, Freizeit-, Verkehrs-, Friedens-, Umwelt- oder Museumspädagogik – erscheint es notwendig, „das verbindlich Gemeinsame" (Mollenhauer 1983, S. 16) aufzusuchen und sich jener Herausforderungen zu vergewissern, die sich in allen pädagogischen Handlungs- und Denkzusammenhängen auf die eine oder andere Weise stellen. Verbunden sind damit Fragen des Selbstverständnisses der Disziplin. Sie werden in der Erziehungswissenschaft manchmal sehr heftig diskutiert und bisweilen als besonderes Krisensymptom gedeutet. Ihr spezifisches Selbstverständnis hat allerdings jede Wissenschaft, und es versteht sich selten von selbst. Probleme damit gehören daher zu jeder Wissenschaft. In der Erziehungswissenschaft mögen sie jedoch eher auffallen als beispielsweise bei der Neurobiologie, weil sich mehr Menschen in ihrem beruflichen Alltag auf sie berufen (und vielleicht mit ihr unzufrieden sind). Entscheidende Aufgaben für die Erziehungswissenschaft hat der schon erwähnte Johann Friedrich Herbart vor gut zweihundert Jahren so formuliert:

> „Es dürfte wohl besser sein, wenn die Pädagogik sich so genau als möglich auf ihre *einheimischen Begriffe* besinnen und ein *selbständiges* Denken mehr kultivieren möchte, wodurch sie zum *Mittelpunkte* eines Forschungskreises würde und nicht Gefahr liefe, als entfernte, eroberte Provinz von einem Fremden aus regiert zu werden." (Herbart 1986, S. 74; H.i.O.)

Eine Pädagogik, die sich an den Vorgaben anderer Wissenschaften – Philosophie, Ethik, Psychologie, Soziologie – orientiert, bleibt unselbständig, im Denken wie im Handeln. Damit steht sie nicht nur in Gefahr, von den Nachbarwissenschaften kolonialisiert zu werden, sie wird auch weder den Ansprüchen der pädagogischen Praxis noch den Maßgaben einer eigenständigen Wissenschaft gerecht. Vielmehr bedarf sie eigener („einheimischer") Begriffe und eigener Perspektiven, einer eigenen Sicht auf ihre Gegenstände. Einer der bedeutendsten Erziehungswissenschaftler der DDR, Robert Alt (1905–1978), charakterisiert die vorwissenschaftliche Pädagogik, die Herbart zu überwinden versuchte, in den 1950er Jahren so:

> „Eine solche Pädagogik [...] war nur Anwendung der Erkenntnisse anderer Wissenschaften. Sie hatte kein eigenes Erkenntnisobjekt und entwickelte keine ihr eigenen Methoden. Sie sah Erziehung nur als planmäßige, absichtliche Herausgestaltung eines normativ gesetzten Leitbildes, das durch bewusstes Handeln eines Erziehers erfolgte gemäß den aus diesem Ziel abgeleiteten Einzelzielen und menschenmöglichen Mitteln. Erziehung konnte sich nur so vollziehen, dass der Erzieher ein allgemein gültiges Bildungsideal erkannte und den Zögling nun nach festem Plan mit den durch die Psychologie als richtig erkannten Methoden diesem Ziel näherbrachte." (Alt 2005, S. 15)

Dagegen fragt eine wissenschaftliche Pädagogik „nicht mehr zuerst, was soll Erziehung immer und zu allen Zeiten leisten und wendet sich dabei an die Ethik oder an die Metaphysik oder Religion, an ein konstruiertes menschliches Idealbild, sondern was ist Erziehung" (ebd., S. 17). Gegenstand der „Erziehungswissenschaft ist die Gesamtheit der in der Fülle des gesellschaftlichen Lebens wirkenden Erziehungsmächte [...]. Ihre Aufgabe ist die Analyse einer empirisch gegebenen – nicht einer spekulativ zu schaffenden – komplexen Wirklichkeit und damit auch die Beeinflussung dieser Wirklichkeit, von der sie selbst nur ein Stück ist, in der sie selbst nur bewirkte und bewirkende Kraft ist. Eine solche Wissenschaft ist nicht mehr eine unselbständige oder angewandte. Sie hat ihren eigenen Bereich" (ebd., S. 18). Er ergibt sich nicht aus dem Gegenstand selbst – Erziehung wird auch von der Soziologie, der Psychologie, der Ethnologie usw. erforscht –, sondern aus der Beziehung zu diesem Gegenstand.

> „Maßgebend ist der Gesichtswinkel, unter dem ich das Dasein betrachte; entscheidend ist, was in der zentralen Blickrichtung liegt. Was anders sollte diese Blickrichtung bei der Erziehungswissenschaft sein als die Betrachtung der Wirklichkeit unter dem Aspekt der Erziehung." (Ebd., S. 19)

In diesem Sinne ist unsere Einführung um die „einheimischen Begriffe" herum arrangiert:

Erziehung und Bildung stehen im Mittelpunkt der ersten beiden Kapitel, abgegrenzt von konkurrierenden (Sozialisation, Lernen) und erweitert um ergänzende und präzisierende Konzepte (Generation, Bildsamkeit). Herausforderungen, die sich mit der Institutionalisierung von Erziehung und Bildung ergeben – historisch und aktuell – werden in den folgenden beiden Kapiteln diskutiert. Der angestrebte Überblick über Grundfragen der Disziplin widerspricht nicht der immer wieder betonten Pluralität des Faches. Pluralität ist nicht Beliebigkeit. Grundfragen können unterschiedlich beantwortet werden. Es gibt Sachverhalte, über die weitgehend Einigkeit besteht, es gibt aber auch Fragen, über die *mit guten Gründen* gestritten wird. Wichtig ist, dass man sich nicht naiv am jeweils Gegebenen orientiert, sondern sich überhaupt mit diesen Fragen auseinandersetzt – Fragen, die alle angehen, die pädagogisch tätig sind.

Kapitel 2
Erziehung – Oder:
Wie kultiviere ich Freiheit
bei dem Zwange?

Erziehungswissenschaft hat mit Erziehung zu tun. Erziehung ist deshalb zumindest *ein*, wenn nicht *der* zentrale Begriff der Erziehungswissenschaft, und seine Klärung betrifft sämtliche erziehungswissenschaftlichen Einzeldisziplinen und Studienrichtungen. Was Erziehung meint, ist trotzdem oder gerade deshalb schwer zu sagen (wenn das anders wäre, bräuchten wir ja keine ganze Wissenschaft, die sich damit befasst). Einerseits haben wir alle eine vage Vorstellung davon, was Erziehung ist. Wir alle sind erzogen worden und erinnern uns daran mit Wehmut oder Ärger oder beidem, und wir sprechen und hören von Erziehung als von einem selbstverständlichen und gewöhnlichen Alltagssachverhalt, der gleichwohl oft problematisch zu sein scheint. Erziehung wird von Familien oder Betreuungsinstitutionen erwartet, an Erziehung werden Hoffnungen geknüpft, und Erziehung wird als Problem behandelt und verhandelt. Nicht selten wird Erziehung oder der Mangel an Erziehung für alle möglichen Übel verantwortlich gemacht: falsches Verhalten im Straßenverkehr, zu viel Essen oder das Führen von Kriegen. Entsprechend gibt es Verkehrserziehung, Gesundheitserziehung oder Friedenserziehung. In diesem Sinne ist Erziehung eine starke Erwartung, die immer dann abgerufen wird, wenn soziale oder moralische Probleme auftreten, die auf Kinder und Jugendliche bzw. ihre Eltern oder andere Erziehungsinstitutionen projiziert werden können (Oelkers 2001, S. 17).

Andererseits ist es schwierig, genauer zu sagen, was Erziehung nun eigentlich meint. Bei dem Ausdruck handelt es sich um eine Abstraktion, der wie alle Abstraktionen schwer konkret fassbar ist. Erziehung bezieht sich *nicht* auf eine einheitliche oder eindeutige Realität; sie ist kein anschaulich gegebenes, konkretes Objekt, kein Gegenstand, auf den man wie auf einen Berg oder einen Baum zu zeigen vermöchte. Erziehung ist nicht sichtbar: Wahrnehmen können wir Interaktion, Kommunikation oder Kooperation. Ob und wann es sich dabei um Erziehung handelt, ist bereits Interpretation. Erziehung kann für ganz unterschiedliche Prozesse und Handlungen und selbst für ihr Ergebnis (gute oder schlechte Erziehung) stehen und sich auf verschiedene Institutionen, Situationen und Zielsetzungen beziehen. Eine einfache Referenz in dem Sinne, dass ich sagen könnte „ich erziehe", so wie ich sagen kann „ich spreche", gibt es nicht. Das Verb *erziehen* oder das Substantiv *Erziehung* ergibt nur als Umschreibung eines ganzen Zusammenhangs verschiedener Handlungen und Strukturen Sinn. „Erziehung existiert nicht als eigene, von Nicht-Erziehung abgrenzbare Substanz, Gestalt oder Wesenheit. Erziehung vollzieht sich immer im Medium von ‚Nichterziehung', beispielsweise in mitmenschlichem Umgang, in der Beschäftigung mit Sprache oder mathematischen Problemstellungen" (Heid 1994, S. 59).

Deshalb kann man die Probleme einer eindeutigen Definition dessen, was Erziehung meint, nicht aus dem Weg räumen, indem man versucht, sich „der Sache selbst" zuzuwenden und beispielsweise Erziehung beobachten möchte. Denn um beobachten zu können, muss man wissen, was man beobachten will: Wir können also Erziehung nur wahrnehmen (und feststellen), wenn wir schon „wissen", was Erziehung ist. Das heißt, dass ein Vorverständnis von Erziehung eine notwendige Bedingung dafür ist, dass wir eine wahrgenommene Situation als Erziehung interpretieren können. Das verweist auf hermeneutische Prozesse (vgl. Kap. 1.1). „Die Entscheidung der Frage, ob ein beobachtbares Handeln Erziehung ist oder nicht, ist demnach (zunächst und primär) nicht ein Gegenstand der Beobachtung, sondern im Vorwissen, im Denken und im Urteilen des Beobachters begründet. […] Die Feststellung von Erziehung setzt einen Begriff von Erziehung voraus." (Ebd., S. 51)

Um zu verstehen, was Erziehung ist, um es genauer zu verstehen als im landläufigen Sprachgebrauch, bleibt uns also nichts anderes übrig, als uns zunächst mit dem Begriff auseinanderzusetzen und uns bei verschiedenen Theoretikern zu erkundigen – also bei Leuten, die das Problem besonders gründlich und systematisch durchdacht haben und dies von verschiedenen Gesichtspunkten aus. Da die Theoretiker von solchen verschiedenen Gesichtspunkten her denken, verschiedene Akzente setzen, ihre Überlegungen unterschiedlich gewichten, kommen sie zwangsläufig zu unterschiedlichen Gewichtungen. Neben diese unvermeidliche Perspektivität tritt der Umstand der zeitlich verstandenen Flüchtigkeit des Phänomens Erziehung: Als Erziehung kann eine einzelne Handlung, ein Wort oder ein Blick bezeichnet werden: Dann ist Erziehung eine minimale Interaktionssequenz. Oder Erziehung kann die Gesamtheit aller Wirkungen meinen, die einem Heranwachsenden zuteil wurde. Dann ist Erziehung ein komplex verflochtener Zusammenhang von Strukturen und Handlungen. In der Erinnerung (etwa an die eigene Erziehung) ist immer nur eine komplexe Mischung von Begebenheiten und Ereignissen von unterschiedlicher Dauer festhaltbar. Manchmal erkennen wir ein Erziehungsmoment sogar erst rückblickend, der alltägliche Umgang erscheint kaum als Erziehung – aber ist er es nicht doch? Erziehung tritt solchermaßen als etwas Vorübergehendes auf, etwas, das für einen Augenblick zutage tritt, um danach direkt wieder sich aufzulösen.

Es wäre daher geradezu erstaunlich, wenn Erziehung nicht auch theoretisch sehr unterschiedlich gefasst würde. Das ist weiter kein Problem. Jede Wissenschaft kennt – neben gesichertem Wissen – unterschiedliche Auffassungen und verschiedene Sichtweisen des gleichen Problemzusammenhangs. Solche Unterschiede beleben nicht nur die wissenschaftliche Auseinandersetzung; sie bieten den praktisch Tätigen überdies die Möglichkeit, für die Reflexion und Diskussion ihrer jeweiligen Handlungsprobleme die wissenschaftliche(n) Perspektive(n) zu wählen, die der Sachlage am ehesten gerecht wird und sich inhaltlich als produktiv erweist. Wichtig ist daher weniger zu beurteilen, ob die Ansätze richtig oder falsch sind – das lässt sich ohnehin nur in wenigen Fällen entscheiden, sofern sie eindeutig hinter dem Stand der gegenwärtigen Diskussion zurückbleiben. Interessant ist vielmehr erstens, *wie* die Ergebnisse hergeleitet werden, welche Überlegungen, welche Perspektiven dahinter stehen, und zweitens, *was* daraus folgt, welche Sichtweisen und Orientierungen uns die jeweiligen Überlegungen ermöglichen. Bei dieser Gelegenheit werden nicht nur unterschiedliche Dimensionen von Erziehung und unterschiedliche Definitionsversuche eingeführt, sondern auch verschiedene andere Begriffe, die in diesem Zusammenhang wichtig sind. Wir widmen uns zunächst unterschiedlichen, vor allem im Alltag vorherrschenden Bildern von Erziehung, die auch im wissenschaftlichen Denken eine gewisse Rolle spielen, um dann verschiedene Definitionsversuche von Erziehung und verschiedene Arten, sich dem Phänomen Erziehung wissenschaftlich zu nähern, ausführlicher vorzustellen und zu diskutieren. Dabei werden wir auch auf den Wechsel der Generationen (das Problem, das durch Erziehung gelöst werden soll) zu sprechen kommen und das nicht ganz unproblematische Verhältnis von Erziehung und Sozialisation. Ein systematisierender Überblick über verschiedene Dimensionen von Erziehung wird das Kapitel beschließen.

2.1 Bilder von Erziehung: Führen oder Wachsenlassen?

Für Erziehung gibt es – im Alltag wie in der Wissenschaft, in Gesprächen von Praktikern wie in der schönen Literatur – eine Fülle von Bildern und Metaphern, die immer wieder auftauchen. Sie lassen sich in unterschiedlicher Weise gruppieren – solche Gruppierungen sind nicht frei von Willkür –, aber gleichgültig, wie sie aussehen, zeigen sie doch eine große Bedeutungsfülle. Mit wie unterschiedlichen, zum Teil gegensätzlichen Vorstellungen Erziehung verknüpft wird, bleibt im öffentlichen Reden darüber allerdings oft verdeckt: Erziehung erscheint als Führung, Zucht oder Anpassung, als Begleitung, Unterstützung oder „Wachsenlassen". Auf die Frage, was Studierende unter Erziehung verstehen, erhält man als erste Antwort häufig „Anpassung an die Gesellschaft". Sind also Kinder nicht angepasst? Gleichzeitig trifft man auf die Vorstellungen, die Kinder erzögen auch die Eltern oder Ehepartner erzögen sich gegenseitig. Müssen Erwachsene ebenfalls an die Gesellschaft angepasst werden – durch die nicht angepassten Kinder? Bei der Seminaraufgabe, eine Situation zu beobachten und zu beschreiben, in der Erziehung stattfindet, liefern die meisten Studierenden eine Situation mit belehrendem oder strafendem Charakter. Kann Erziehung auch Unterstützung sein? – Im Folgenden sollen ohne jeden Anspruch auf Vollständigkeit drei Bildergruppen diskutiert werden, nämlich Erziehung als Führung oder Zucht, Erziehung als Wachsenlassen und Erziehung als Anpassung.

Erziehung als Führung oder Zucht

Das Bild von Erziehung als Führen oder als Verhältnis von Führer und Geführtem geht von der sozialen Erfahrung aus, dass es immer ältere und jüngere Menschen gibt, erfahrene und unerfahrene, wissende und weniger wissende, die in sozialen Beziehungen zueinander stehen. Es versteht sich, dass nicht jedes beliebige Führungs-Nachfolge-Verhältnis als Erziehung gefasst wird; dass Führung als Bild für Erziehung genutzt wird, heißt vielmehr, dass eben Erziehung im Rückgriff auf ein allgemeines soziales Verhältnis, wie es sich auch in Wirtschaft, Politik, Militär usw. findet, zu fassen versucht wird. Gleichzeitig spielen in das Bild von Führung immer auch Vorstellungen hinein, die auf elementare pädagogische Situationen anspielen: etwa das An-die-Hand-Nehmen oder, in Verknüpfung mit dem Generationenverhältnis, die Beziehung von Jüngeren und Älteren.

Mit der Vorstellung von Führung ist die der Nachfolge verbunden; und Nachfolge oder Gefolgschaft setzen wiederum Gehorsam, Disziplin und „Zucht" voraus. Bereits im Ausdruck Erziehung steckt das Wort Zucht. Es wird heute ausschließlich mit (mehr oder minder) martialischer Gewaltausübung assoziiert (Schul- und Zuchtmeister, Züchtigung), die mit Zucht verbundene Sittlichkeit als repressiv gedeutet (züchtig, Zucht und Ordnung). Dass der Begriff im Zusammenhang mit Erziehung kaum mehr gebraucht wird, heißt aber nicht, dass die damit verbundenen Vorstellungen nicht mehr existieren. Nach wie vor wird Erziehung oft – durchaus im negativen Sinne von Zucht – als Unterwerfung der Kinder unter den Willen der Eltern verstanden. Es scheint so, als wollten die Erwachsenen das Kind nach eigenem Geschmack und Gutdünken formen. So kann man beispielsweise hören, dass Eltern bei ihren drei- bis vierjährigen Kindern im sog. Trotzalter versuchen (sollen), den „Eigenwillen" zu brechen. Auch Formen der physischen und psychischen „Züchtigung" sind nach wie vor verbreitet: von den mittlerweile sowohl in den Schulen als auch in den Familien gesetzlich verbotenen Körperstrafen bis zum In-die-Ecke-Stellen, dem Aussperren aus dem sozialen Handlungsraum oder dem Liebesentzug.

Ein Element von Führung ist gewiss in jedem erzieherischen Verhältnis vorhanden. Trotzdem ist die Vorstellung von Erziehung als Führung problematisch. Denn Führung bedeutet ja, dass die Geführten dem Willen und dem Ziel des Führenden folgen. Dies kann mit dem Ziel des Geführten übereinstimmen, ein vorgeschriebenes Ziel sein oder ein mit der Gruppe vereinbartes. Zumal in modernen, demokratischen Gesellschaften kann Ziel von Erziehung aber niemals Gefolgschaft sein, sondern nur Selbständigkeit. Führungsverhältnisse müssen daher nicht nur vor Missbrauch (Irreführung, Verführung) geschützt werden, sondern sollten auch stets als zeitweilig und reversibel gestaltet werden – entsprechend der vornehmsten Pflicht des Pädagogen und der Pädagogin: sich selbst überflüssig zu machen.

Erziehung als Wachsenlassen

In pädagogischen Zusammenhängen sind Gartenbaumetaphern beliebt. Schon Zucht gehört in diesem Zusammenhang (Blumenzüchter), ebenso das Wachsenlassen. Die Vorstellung von Erziehung als Wachsenlassen markiert gewissermaßen den Gegenpol zu der Vorstellung von Erziehung als Zucht oder Führung. Erziehung als Zucht geht von einer negativen Anthropologie aus. Das Kind gilt als sündig („Erbsünde") und verdorben. Sein natürlicher Eigenwille würde es stets vom rechten Weg abbringen. Daher muss dieser Eigenwille rechtzeitig gebrochen werden. Das Kind gilt als roh und ungeschliffen und muss beständig verbessert werden.

Das Bild von Erziehung als Wachsenlassen geht dagegen davon aus, dass das Kind selbst am besten weiß, was gut für es ist. Aufgabe der Erziehung – sofern dieser Begriff hier überhaupt noch benutzt wird – ist es, das Kind wohlwollend und „freundschaftlich" zu begleiten. Man muss ihm Ruhe lassen, Zeit, sich ungestört zu entfalten, dann wird es sich am besten entwickeln. Pointiert hat dieses Bild die schwedische Journalistin Ellen Key (1849–1926) in ihrem Buch „Das Jahrhundert des Kindes" (1900, deutsch 1902) vertreten und hat damit eines der wichtigsten Stichworte für die aufkommende Reformpädagogik geliefert. Das größte Verbrechen der gegenwärtigen Erziehung bestehe demnach darin, das Kind nicht in Frieden zu lassen. Das größte Geheimnis der Erziehung, so Key, ist: nicht erziehen. „Ruhig und langsam die Natur sich helfen lassen […], das ist Erziehung." (1992, S. 77)

Eine solche Position lässt sich nur vertreten, wenn dem Kind ein substantielles Anlagegefüge unterstellt wird, das sich als Potenz der kindlichen Natur über den „natürlichen" Explorationsdrang von selbst entfaltet.

> „Sie [die gegenwärtigen Erzieher] erziehen noch immer, als glaubten sie noch an die natürliche Verderbtheit des Menschen, an die Erbsünde, die nur gezügelt, gezähmt, unterdrückt [...] werden könne." (Ebd., S. 76) „Wie wäre es, wenn man endlich anfinge, dieser Anweisung der Natur zu folgen und einzusehen, dass das größte Geheimnis der Erziehung gerade darin verborgen liegt, nicht zu erziehen?! Das Kind nicht in Frieden zu lassen, das ist das größte Verbrechen der gegenwärtigen Erziehung gegen das Kind." (Ebd., S. 78)

Das Kind in diesem Bild ist nicht mehr verdorben, sondern trägt alle Potenziale bereits in sich – es muss nur noch wachsen – ja, es ist kraft dieser Potenziale sogar zum Weltretter bestimmt. Bei Ellen Key wird das Kind – in zeit- und berufsbedingtem Überschwang (Key war Journalistin) – geradezu zum göttlichen Kind. Die Eltern dürfen ihm nicht nur keine Vorschriften machen, sie sind gehalten, sich vor dem Kind tief zu verneigen:

> „Bevor nicht Vater und Mutter ihre Stirn vor der Hoheit des Kindes in den Staub beugen; bevor sie nicht einsehen, dass das Kind nur ein anderer Ausdruck für den Begriff Majestät ist; [...] werden sie auch nicht begreifen, dass sie ebenso wenig Macht oder das Recht haben, diesem neuen Wesen Gesetze vorzuschreiben." (Ebd., S. 120)

Das ist weniger kurios, als es sich zunächst vielleicht anhören mag. Sowohl das Bild vom verdorbenen Kind, das vor sich selbst geschützt werden muss, als auch das Bild des unverdorbenen Neuankömmlings, der kraft dieser Unverdorbenheit eben einen neuen Anfang bedeutet (und der insofern nicht selten als berufen gilt, die Welt zu retten), durchzieht die Geschichte der Moderne. Beide Vorstellungen finden sich bis heute: das böse Kind, der „wilde" Neuankömmling, dem man unentwegt Grenzen setzen muss, damit es die Welt und die Ordnung der Erwachsenen nicht zerstört, oder das gute Kind, der oder die „edle Wilde", das die Welt zu retten berufen ist.

Wichtig zu betonen ist, dass es sich bei beiden Vorstellungen um *Bilder* handelt, die mit den wirklichen Kindern (und Jugendlichen) nichts zu tun haben. Die Realität fällt immer hinter die Erwartungen zurück, mit denen man ihr oft begegnet: Wirkliche Kinder sind weder böse Biester noch kleine Tugendbolde. Doch sind es vielfach diese Bilder von ihnen, die die Reflexion über Erziehungsfragen beherrschen. Gespeist wird diese Macht päda-

gogischer Bilder durch die Suche nach Eindeutigkeiten, Widerspruchslosig-
keiten, die die komplexe Realität auf einfache Formeln reduzieren (Cloer
2001). Entweder ist das Kind böse von Grund auf, dann hilft nur Repres-
sion, oder es ist heilig, der „Messias" (wie die Katholikin Maria Montessori
blasphemisch sagt), dann sind von Beginn an Wachsenlassen und Selbstor-
ganisation geboten.

Einführen

Eine Verbindung der beiden Perspektiven hat Theodor Litt (1880–1962) in
seinem bekannten Werk „Führen oder Wachsenlassen?" von 1927 vorgelegt. Er begreift Führen und Wachsenlassen als die äußersten Pole in einem
Spektrum pädagogischer Handlungsformen, die für sich genommen jeweils
nur sehr einseitige und unpraktische Orientierungen zu geben vermögen. In
ihrer Reinform beschreiben beide eher die Grenze pädagogischer Handlungsformen, weder reines Führen, noch reines Wachsenlassen sind mit
Erziehung kompatibel. Litt sucht die Mitte zwischen beiden Formen und
schlägt vor, von *Ein*führen statt von Führen zu sprechen, um die besondere
Aufgabe der Erziehung zu kennzeichnen. Während der Erzieher in einen
Themenkreis einführt, ist es dann die Aufgabe des Zöglings sich damit aktiv
auseinanderzusetzen:

> „Vor dem Begriff des Führertums, wenn er ganz ernst genommen wird,
> ist doch […] die Beziehung auf ein dem Willen des Führers vorschwe-
> bendes *Ziel* und die durch diesen Willen bewirkte Bindung der geführ-
> ten Schar nicht abzutrennen; in ihm ist also gerade dasjenige das konsti-
> tutive Moment, was in der sogenannten „Führung" des Erziehers unter
> allen Umständen unterbleiben muss. Man kann die damit nahegelegte
> Begriffsverwirrung damit vermeiden, wenn man dem fraglichen Wort
> eine Vorsilbe beigibt und von der „*ein*führenden" Tätigkeit des Erzie-
> hers spricht: denn einzuführen, d.h. den Zugang zur gestaltenden Welt
> des Geistes zu bahnen ist in der Tat sein höchster Beruf. […]
> Ein auf *Ein*führung bedachter Erzieherwille hingegen wird mit der
> höchsten und angespanntesten Aktivität den tiefen Respekt vor dem
> Recht des Wachsenden zu vereinen keine Mühe haben; denn die Schätze
> des geformten Geistes, die seinem Bemühen das Material geben, enthe-
> ben ihn der Notwendigkeit und der Versuchung, *sich selbst* mit seinem
> zeitgebundenen Wollen in den Prozess des Werdens hineinzudrängen."
> (Litt 1927/1995, S. 59; H.i.O.)

Erziehung als Anpassung

Dieses Bild ist recht unkompliziert und weit verbreitet. Es geht von der Alltagsvorstellung einer übermächtigen Realität aus und folgert daraus, dass man lernen muss, sich dieser Übermacht anzupassen, wenn man überleben will. Erziehung ist hier Verhaltensänderung entsprechend der jeweiligen Gegebenheiten, denen man sich zu fügen hat. Aber ist dafür Erziehung nötig? Kinder und Jugendliche (auch Studierende und andere Erwachsene) sind manchmal auf geradezu erschreckende Weise anpassungsbereit. (Wohin Anpassungsbereitschaft bei Erwachsenen im Extremfall führen kann, hat der deutsche Faschismus gezeigt.) Die Frage ist eher, woran man sich anpasst, und wer definiert, woran man sich anzupassen hat. Eltern sind manchmal verzweifelt, weil ihr Kind sich an die Gepflogenheiten seiner Freunde und Freundinnen oder die neuesten Kinderkonsumtrends anpasst, und Lehrerinnen und Lehrer registrieren ratlos, dass ihre Schüler sich einem häuslichen Milieu angepasst haben, in dem es als unschicklich gilt, sich ausführlicher mit Schreib- und Lesekram zu beschäftigen.

Der schlichteste Grund, warum die Auffassung von Erziehung als Anpassung zu kurz greift, ist deshalb zugleich der überzeugendste: Moderne Gesellschaften sind so komplex und vielfältig – pluralistisch –, dass man, wenn man sich anpassen will, gar nicht wissen *kann*, *woran* man sich anpassen soll; es gibt so viele unterschiedliche Forderungen, dass man gar nicht allen genügen kann. Anders gesagt: In einer modernen pluralistischen Gesellschaft kann nur zurechtkommen, wer gelernt hat, sich *nicht* allen Forderungen und Wünschen anzupassen, sondern selbst auszuwählen, eigene Orientierungen zu finden. Paradox formuliert: Die beste Anpassung an eine moderne Gesellschaft ist die individuelle Selbständigkeit.

Gegen die Vorstellung von Erziehung als Anpassung lassen sich darüber hinaus noch viele Gründe anführen. Ein politischer wurde schon kurz angedeutet. Eine demokratische Gesellschaft ist auf Pluralität von Meinungen, Auffassungen, Lebensstilen angewiesen, denn wenn sich alle Menschen den gerade herrschenden Trends verschreiben, sind Innovationen und gesellschaftliche Weiterentwicklung kaum mehr möglich. Der bedeutende deutsche Philosoph Immanuel Kant (1724–1804) vertritt beispielsweise die Auffassung, man müsse im Interesse der „Vervollkommnung der Menschheit" bei der Erziehung nicht den gegenwärtigen, sondern den zukünftig möglichen besseren Zustand des menschlichen Geschlechts vor Augen haben. Kinder sollten „der Idee der Menschheit, und deren ganzer Bestimmung angemessen, erzogen werden. […] Eltern erziehen", so Kant weiter, „gemeiniglich ihre Kinder nur so, dass sie in die gegenwärtige Welt, sei sie auch verderbt, passen. Sie sollten aber besser erziehen, damit ein zukünftiger besserer Zustand dadurch hervorgebracht werde." (Kant 1983, Bd. 10, S. 704)

29

So idealistisch wird das heute kaum noch jemand formulieren. Die Denkfigur findet sich aber nach wie vor recht häufig und meist unreflektiert, wenn etwa von irgendwelchen Verbesserungen oder (angeblichen) Reformen die Rede ist, die pädagogisch unterstützt werden sollen. In seinen „Studien zur Theorie der Erziehung und Bildung" (1995) argumentiert Dietrich Benner aus erziehungswissenschaftlicher Perspektive gegen alle Erziehungskonzepte – konservative und fortschrittliche –, die im positiven Sinn Normen setzen, die befolgt werden sollen. Dadurch unterscheiden sie sich letztlich nicht (oder nur unwesentlich) von normativen Konzepten der Manipulation oder Indoktrination. Benner bezeichnet solche theoretischen und praktischen Pädagogiken als affirmativ (anpassend).

Die Vermittlung fixierter Positionen (Werte) verfehle jedoch die Anforderungen spezifisch menschlicher Lernprozesse. Lernen besteht nicht darin, fremdgesetzte Ziele zu erreichen oder fremde Werte zu bestätigen. Bedeutsam ist vielmehr die aktiv-kritische Aneignung. Das Ergebnis ist dabei nicht vorhersehbar.

Im Gegensatz zu affirmativen Erziehungstheorien bezeichnet Benner das Grundprinzip pädagogischen Handelns einer nicht-affirmativen Erziehung als „(Fremd-)Aufforderung zur Selbsttätigkeit". Dabei müssen gesellschaftliche Einflüsse auf den Erziehungsprozess in pädagogisch legitime Einflüsse transformiert werden.

„Nicht-affirmative Erziehung wird [...] weder den Lernenden noch die ihm real oder ideal vorgegebenen Lernleistungen als Positivität bejahen, sondern wird vermittelt über die Negation solch schlechter Positivitäten den Lernenden vor Anforderungen stellen, durch die er gerade als jemand anerkannt wird, der er noch nicht ist, und die jeweiligen Anforderungen so bemessen, dass sie Aufforderungen zur selbsttätigen Mitwirkung am eigenen Lernprozess sein können." (Benner 1995b, S. 57)

Benner geht zwar davon aus, dass sich affirmative Erziehung nicht grundsätzlich vermeiden lässt, sie muss aber in nichtaffirmative übergehen, oder sagen wir besser, demokratische Spielregeln beherzigen, wenn sie den Ansprüchen professionellen pädagogischen Handelns gerecht werden soll. Eine Auseinandersetzung mit anderen Positionen und Meinungen muss stattfinden, die Lernenden müssen dazu angehalten werden, einen eigenen Standpunkt zu formulieren und zu begründen, mit Bezug auf die jeweiligen gesellschaftlichen Gegebenheiten. Jeder Ansatz, der Werte nur schlicht vermitteln oder übereignen will, bleibt affirmativ. Ein ‚nicht-affirmatives', demokratisch bewusstes pädagogisches Handeln sollte dagegen einerseits begründet Position beziehen, andererseits aber Positionen offen halten, um das stets mögliche Nein des Zöglings zu berücksichtigen. Das Nein des Zöglings ist ein wichtiges pädagogisches Ziel, das – bei klarer Positionierung des Erziehenden – anerkannt werden muss.

2.2 Definitionsversuche und Herleitungen: Arbeit am Begriff

Wie kann man sich dem Phänomen Erziehung nun auf wissenschaftliche Weise nähern? Eine einheitliche unumstrittene wissenschaftliche Definition von Erziehung gibt es wie gesagt nicht. Aber es gibt diesbezügliche Versuche. Zunächst sollen drei verschiedene Definitionsversuche exemplarisch vorgestellt und diskutiert werden. Ergänzend wird in einem zweiten Schritt nach Grundlagen von Erziehung gefragt. Ein weiterer Zugang wird schließlich anhand der Frage erprobt, wie Erziehung überhaupt zu einem wissenschaftlich zu untersuchenden Problem wird.

Wie lässt sich Erziehung definieren?

Beginnen wir mit zwei Definitionsversuchen aus repräsentativen Fachlexika von 1964 und 2004:

1. „Unter Erziehung (lat. Educatio, frz. wie engl. Education, ursprünglicher Sinn wie bei ‚Erziehung' auch – ‚Aufzucht') versteht man einerseits das Ganze der möglichen Hilfen an der Menschwerdung der Jugend, andererseits diejenigen Hilfen, die sich unmittelbar auf Haltung und Verhalten gegenüber anderen und sich selbst (Charakter, Moralität, Sozialität usw.) beziehen." (Groothoff 1964, S. 74)

2. „Unter ‚Erziehung' kann allgemein die moralische Kommunikation zwischen Personen und Institutionen sowie mit und über Medien verstanden werden, soweit sie auf dauerhafte Einwirkungen abzielt und ein Gefälle voraussetzt. Die Praxis moralischer Kommunikation ist Objekt beständiger Reflexion, die sich generalisieren lässt. Die Generalisierung ist unterschiedlichen Theorien zugänglich, die ihrerseits tradiert werden können. Pädagogik als Sprach- und Denkform verweist insofern ständig auf die eigene Geschichte, unabhängig von der ‚Erziehung' nicht dargestellt werden kann." (Oelkers 2004, S. 303)

An beiden Definitionen lassen sich sowohl wichtige Gesichtspunkte als auch Schwierigkeiten und Probleme verdeutlichen. Die erste erscheint umfassend, da sie gleich zwei Verständnisse präsentiert, bleibt aber trotzdem (notwendig?) allgemein. Bei näherem Hinsehen sind die einzelnen Definitionselemente aber doch recht voraussetzungsvoll und damit erläuterungsbedürftig:

Der Ausdruck „Menschwerdung" spielt auf Kants Vorlesung über Pädagogik (1803) an: „Der Mensch kann nur Mensch werden durch Erziehung" (Kant 1983, Bd. 10, S. 99). Angesprochen ist damit die anthropologische Tatsache, dass der Mensch die für ihn und die Gattung jeweils wesentlichen Merkmale nicht qua biologischer Ausstattung mitbekommt, sondern sich diese erst in der Auseinandersetzung mit der wesentlich vom Menschen geschaffenen Welt aneignen muss. Viele Vertreter der pädagogischen Anthropologie sprechen deshalb von der Erziehungsbedürftigkeit des Menschen und vom Menschen als einem erziehungsbedürftigen Wesen.

Die zweite Teildefinition bezieht sich auf *spezifische* Hilfen (also nicht mehr das Ganze dieser Hilfen), dafür aber nicht mehr allein auf Jugend bzw. Kindheit und Jugend, sondern auf (alle?) Andere(n) und sich selbst. Unseres Erachtens passt das auf educatio oder education im Sinne von Erziehung *und* Bildung, aber nicht auf Erziehung allein (schon vom allgemeinen Wortgebrauch her). Hilfen, die man anderen Erwachsenen gibt, können zu dessen Bildung beitragen, aber es handelt sich nicht um Erziehung. Erziehung ist anders als Bildung irgendwann zu Ende, nämlich wenn das Individuum mündig, selbständig geworden ist.

Die zweite Definition berücksichtigt demgegenüber indirekt, dass es sich um „Kommunikation" zwischen Erwachsenen und Kindern oder Jugendlichen handelt, indem sie von einem vorausgesetzten *Gefälle* spricht. Die Begriffe Kind und Erwachsener werden jedoch vermieden, vermutlich weil es sich um historische Kategorien handelt und die Definition allgemeingültig sein soll. Der Definitionsversuch von Oelkers ist einerseits *enger* als der von Groothoff, weil er statt von Hilfen unterschiedlicher Art nur noch von „moralischer Kommunikation" spricht. Wissensvermittlung ist damit explizit ausgeschlossen. Andererseits ist er insofern *umfassender* als er „Medien" und „Institutionen" einschließt. Und die Definition ist insofern umfassender, als sie gleich eine Bestimmung der Pädagogik mitliefert – womit sowohl diese selbst als auch „Erziehung" historisiert wird. „Erziehung" wird als Begriff direkt an die Existenz von „Pädagogik" gebunden.

Eine der bekanntesten und immer wieder zitierten Definitionen von Erziehung stammt aus den 1970er Jahren und wurde im Zuge der sozialwissenschaftlichen Wende möglichst präzise und wertneutral zu formulieren versucht:

„Unter Erziehung werden soziale Handlungen verstanden, durch die Menschen versuchen, das Gefüge der psychischen Dispositionen anderer Menschen in irgendeiner Hinsicht dauerhaft zu verbessern oder seine als wertvoll beurteilten Komponenten zu erhalten. Die kürzeste Formulierung für diesen Begriffsinhalt ist folgender Satz: Als Erziehung werden Handlungen bezeichnet, durch die Menschen versuchen, die Persönlichkeit anderer Menschen in irgendeiner Hinsicht zu fördern." (Brezinka [4]1974, S. 95)

Sie stammt von Wolfgang Brezinka und erscheint auf den ersten Blick klar und ansprechend, auch wenn eine Unterscheidung von Kindern und Erwachsenen oder ein „Gefälle" nicht vorkommt. So kann man ebenfalls fragen, wie man seine Eltern erzieht. Immerhin kann man Erziehung von Werbung oder Propaganda unterscheiden, weil es um „Förderung" oder „Verbesserung" geht. Der Propagandist selbst wird allerdings sicher sein, dass er mich fördert, wenn er mich von seiner Weltanschauung zu überzeugen versucht. Insofern bleibt die Definition doch sehr deskriptiv. Unter Förderung oder Verbesserung kann man sich sehr Unterschiedliches vorstellen. Die Ziele der Förderung bleiben unreflektiert, es sind beliebige Ziele denkbar. Der Förderungsprozess scheint überdies einseitig, linear, vom Erzieher zum Zögling zu verlaufen. Er wird – mit den entsprechenden Fachbegriffen – vom Educator zum Educandus gedacht; eine Art erzieherische Kausalmechanik. Unzulänglich erscheint vor allem, dass der zu Erziehende gar nicht als Subjekt vorkommt. Der freie eigene Wille des Zöglings wird nicht erwähnt, obwohl er für jeden Erziehungsprozess zentral ist. An anderer Stelle fasst Brezinka unter Erziehung

„Handlungen [...], die in der Absicht erfolgen (oder: die den Zweck haben), in anderen Menschen gemäß für sie gesetzten Normen (Sollensforderungen, Idealen, Zielen) psychische Dispositionen hervorzubringen, zu fördern, zu ändern, abzubauen oder zu erhalten." (Brezinka 1976, S. 129)

Auch hier bleibt die normative Frage nach dem Erziehungsziel mit der Formulierung „gesetzte Normen" völlig offen. Überdies will Brezinka hier unter Erziehung offenbar allein die erzieherischen Intentionen verstanden wissen. Damit stellt sich auf empirischer Ebene ein neues Problem: Wie können die Absichten untersucht werden? Was ist mit nicht bewussten „Absichten"? Sollen die Wirkungen ganz außer Acht bleiben? Was ist mit möglichen Wirkungen, die nicht beabsichtigt sind? Heid (1994, S. 58) verdeutlicht diese Probleme durch mengentheoretisch inspirierte Überlegungen: Dabei ergeben sich unterschiedliche Teil- und Schnittmengen. Zum einen sind da Handlungen mit erzieherischer Absicht, gleichgültig, ob sie wirken oder nicht. Zum anderen sind da erzieherische Wirkungen, gleichgültig, ob sie beabsichtigt sind oder nicht. Absichten und Wirkungen können wie geplant, aber auch zufällig oder gar nicht zusammentreffen. Außerdem bleibt die Wechselwirkung zwischen Erzieher und Zögling im Konzept Brezinkas außer Acht.

Der pädagogische Bezug nach Herman Nohl

Das ist im nächsten Beispiel anders. Es stammt von Herman Nohl (1879–1960), einem der maßgeblichen Vertreter der Geisteswissenschaftlichen Pädagogik.

> „Die Grundlage der Erziehung ist [...] das leidenschaftliche Verhältnis eines reifen Menschen zu einem werdenden Menschen, und zwar um seiner selbst willen, dass er zu seinem Leben und zu seiner Form komme." (Nohl 1933, S. 22)

Nicht direkt von Erziehung ist hier die Rede, sondern von ihrer Grundlage. Sie wird als ein Verhältnis bestimmt, zu dem immer zwei gehören, hier als Verhältnis des Erziehers zum Zögling. Das Adjektiv „leidenschaftlich" erscheint in diesem Zusammenhang gegenwärtig fremd. Gemeint ist damit, dass vom Erzieher ein gewisses Engagement gefordert wird. Der oder die Erwachsene muss erziehen *wollen*. Ersichtlich ist weiter, dass es bei Nohl – anders als bei Brezinka – nicht einfach um andere Menschen geht, sondern dass ein „Reifungsgefälle" vorausgesetzt wird.

Auch Nohl fasst Erziehung als einen zielgerichteten Prozess, aber das Ziel wird näher bestimmt und durch die Formel „um des jungen Menschen willen" gekennzeichnet. Erziehung hat Ziele, aber diese Ziele kommen nicht von außen, sondern haben ihre Begründung allein im zu erziehenden Menschen. Nohl sieht in diesem Bezug auf den Zögling sogar den „unabhängigen Maßstab", der die (relative) Autonomie der Pädagogik in Theorie und Praxis begründen kann. Die Grundeinstellung der Pädagogik

> „ist entscheidend dadurch charakterisiert, dass sie ihren Ausgangspunkt unbedingt im Zögling hat, das heißt, dass sie sich nicht als Vollzugsbeamter irgendwelcher objektiver Mächte dem Zögling gegenüber fühlt, des Staats, der Kirche, des Rechts, der Wirtschaft, auch nicht einer Partei oder Weltanschauung, und dass sie ihre Aufgabe nicht in dem Hinziehen des Zöglings zu solchen bestimmten vorgegebenen objektiven Zielen erblickt, sondern – und das nennen wir ihre Autonomie, die ihr einen von allen anderen Kultursystemen unabhängigen Maßstab gibt, mit dem sie ihnen allen auch kritisch gegenübertreten kann – dass sie ihr Ziel zu-

nächst in dem Subjekt und seiner körperlich-geistigen Entfaltung sieht. Dass *dieses* Kind hier zu seinem Lebensziel komme, das ist ihre selbständige Aufgabe, die ihr niemand abnehmen kann." (Nohl 1927, S. 72)

Pädagogik wird also als ein eigenes „Kultursystem" neben anderen Kultursystemen (Staat, Kirche, Recht, Wirtschaft) gefasst, das wie jedes Kultursystem über *eigene* Maßstäbe verfügt, mit denen seine spezifischen Aufgaben gegenüber den Ansprüchen und Erwartungen der anderen „Kultursysteme" begründet und zur Geltung gebracht werden. Darin gründet die professionelle Autonomie des Pädagogen und der Pädagogin. Die *spezifische* Aufgabe des Kultursystems Erziehung liegt im Zögling und seiner Entwicklung.

Was bedeutet das konkret? Kinder und Jugendliche werden – zumal in modernen Gesellschaften – ständig vor Anforderungen gestellt und dadurch beeinflusst und herausgefordert. Die Wirtschaft sieht im Heranwachsenden die künftige Arbeitskraft und mehr noch, den gegenwärtigen Verbraucher (zwei übrigens ganz gegensätzliche Anforderungen: Die künftige Arbeitskraft muss rechnen lernen, der gegenwärtige Verbraucher sollte möglichst nicht allzu viel rechnen). Die Kirchen (und Moscheen) bemühen sich um die Eingliederung der Kinder und Jugendlichen in die Gemeinde. Eltern erwarten gute Schulleistungen – das Kind soll den erworbenen Sozialstatus halten oder zumindest nicht arbeitslos werden. Solche Ansprüche und Forderungen werden nicht verworfen – sie stammen, wie Nohl sagen würde, aus der „objektiven Kultur" und den „sozialen Bezügen" – die Ansprüche und Forderungen sind wichtig, weil Kinder und Jugendliche nur an Aufgaben und Anforderungen ihre eigenen Möglichkeiten entdecken und ihre Fähigkeiten entwickeln können.

Dennoch bedarf es eines *pädagogischen* Maßstabes, eines *pädagogischen* Kriteriums, an dem solche Anforderungen von professionellen Pädagogen und Pädagoginnen bewertet werden können. Als Frage formuliert: Dienen die Forderungen tatsächlich den Kindern oder Jugendlichen, oder sollen sie nur übervorteilt, verführt, verleitet werden? Kommt das Kind oder der Jugendliche zu seinem Recht? Kann es, kann er oder sie in der Auseinandersetzung mit solchen Forderungen kompetenter, selbständiger, urteilsfähiger oder froher und glücklicher werden? Oder zeigt die Prüfung der Forderung, dass das Kind oder der Jugendliche gar nicht in seinem Eigenrecht und Eigenwert berücksichtigt wird, sondern als Mittel zu fremden Zwecken dienen soll? (Klafki 1970, S. 59)

Der Pädagogik obliegt also eine Art professionelle Anwaltschaft für den Zögling, der als Unmündiger seine Rechte gegenüber den verschiedenen gesellschaftlichen Ansprüchen noch nicht hinreichend eigenständig vertreten kann. Praktisch bewährt sich diese Anwaltschaft in der *pädagogischen* Umwandlung der als berechtigt anerkannten Forderungen. Das heißt, die

Pädagoginnen und Pädagogen versuchen, zwischen den von außen kommenden Forderungen und den Ansprüchen des Kindes, des Jugendlichen und dessen Ansprüche auf Erziehung und Bildung zu vermitteln (genau dies ist die Begründung für die Notwendigkeit didaktischer Konzepte).

Bei dieser Vermittlung handelt es sich um eine schwierige Aufgabe, denn was die Ansprüche der Kinder und Jugendlichen sind, kann ja nicht einfach vorausgesetzt werden. Sicher kann und soll man darüber mit den Kindern sprechen, aber die Beantwortung der Frage, was sie lernen sollen, können sie uns (den Erwachsenen, den Pädagogen) nicht abnehmen. Sie ist schon für uns, die wir immerhin ausgebildet sind, schwierig genug zu beantworten. – Was „um des jungen Menschen willen" konkret heißt, unterliegt dem historischen Wandel und muss immer wieder neu diskutiert werden. Die Frage hat mindestens zwei Seiten:

Erstens eine individuelle Seite: Hier beziehen sich Frage und Antwort auf die Gegenwart und die individuellen Möglichkeiten des jeweiligen Kindes, die aber immer nur sehr schwer abzuschätzen sind. (Die prognostischen Fähigkeiten von Lehrkräften etwa bei der Schullaufbahnentscheidung werden oft überschätzt.) Nohl versucht deshalb ein sozusagen *positives Vorurteil* gegenüber dem Zögling festzuschreiben, wenn er im Anschluss an Pestalozzi von „pädagogischer Liebe" spricht.

> „Sie ist einmal auf den jungen Menschen hier und heute gerichtet, auf das, was er jetzt kann oder nicht kann, wofür er sich jetzt interessiert oder nicht interessiert, wie er sich in seiner derzeitigen Entwicklungsphase und unter den realen Bedingungen, in denen er lebt, tatsächlich verhält, kurz: an seiner gegenwärtigen Wirklichkeit. Aber zugleich greift die pädagogische Bemühung immer vorweg auf noch nicht verwirklichte Möglichkeiten dieses jungen Menschen und auf seine Zukunft." (Klafki 1970, S. 64f.)

Zweitens hat die Frage, was „um des jungen Menschen willen" konkret heißt, eine gesellschaftlich-historische Seite. Nicht nur die Anforderungen, was gelernt werden soll, ändern sich und sind teilweise beständig umstritten. Auch die Bilder von Erziehung und gelungener Erziehung wandeln sich, vor allem das, was notwendig ist, um einigermaßen selbstbestimmt leben zu können. Dies zu erkennen und zu erfassen – auch und gerade in der historischen Dimension –, gehört zu jeder verantwortungsvollen pädagogischen Tätigkeit. Das heißt nicht, dass nun jeder pädagogisch Tätige entsprechende Untersuchungen anstellen sollte, wohl aber dass er oder sie in der Lage sein muss, vorliegende Untersuchungsergebnisse kritisch zur Kenntnis zu nehmen und in seine Überlegungen mit einzubeziehen.

Wie wird Erziehung zum Problem?

Die folgenden beiden Bestimmungen zeichnen Wege, wie man sich dem Phänomen Erziehung auf andere Art nähern kann. Die erste geht vom Alltagsbegriff aus und fragt danach, wie es kommt, dass etwas so Selbstverständliches wie Erziehung zum Gegenstand unserer Aufmerksamkeit wird. Antwort: Wenn sie zum Problem wird.

„Die pädagogische Wissenschaft hat zu ihrem allgemeinsten Gegenstand die ganze Zone des menschlichen Lebens, in der sich die Erziehungsvorgänge abspielen. Nennen wir sie die Erziehungswelt, so vollziehen wir eine Abstraktion, denn dieses Wirkliche ist in alle übrige Lebenswirklichkeit hineingeschmolzen und nur im Begriff abzugrenzen. Was aber die Erziehung ist, wissen wir alle, wenn es auch schwer ist, Definitionen davon aufzustellen. Alle haben die Tätigkeit von Erziehern, Lehrern und Meistern an sich erfahren und üben selbst erzieherische Wirkung aus. Alle haben auch die Tatsache im Sinn, dass es vielerlei hierhergehörige Phänomene gibt, deren erzieherischer Charakter undeutlich oder unbewusst ist. Die hellste Aufmerksamkeit richtet sich erst dann auf das Erziehen, wenn wir an uns und anderen schmerzliche Erfahrungen machen: wenn uns Zweifel kommen an der Erziehung, der wir unterworfen wurden, oder wenn wir unseres Versagens inne werden gegen Tochter und Sohn, gegen Freunde und junge Menschen, die sich Hilfe erwartend an uns wenden." (Flitner 1950, S. 25)

Die „hellste Aufmerksamkeit" kommt hier durch zwischenmenschliche bzw. pädagogische Probleme im Alltag zustande. Die zweite Bestimmung zeichnet den gleichen Vorgang – etwas wird problematisch – als historischen Prozess. Sie beruht damit auf einem zentralen Gedanken, der auch in der Definition von Oelkers leitend war: dass Erziehung sich nur historisch fassen lässt.

„Das Wort Erziehung (engl. education, franz. éducation) entstammt der Alltagssprache und hat in Europa im Zuge der Emanzipation des Bürgertums und der sie begleitenden zunehmenden theoretischen Reflexion über das Problem der gesellschaftlichen Reproduktion und Entwicklung begriffliche Fassungen erhalten. Die Entfaltung der neuzeitlichen Erziehungstheorie geht einher mit der stufenweisen Trennung von Kapital und Arbeit, der Industrialisierung, der Ausdifferenzierung der gesellschaftlichen Institutionen und der dadurch bedingten Auflösung der alten traditionellen Ordnungen. Erziehung verliert allmählich ihre Selbstverständlichkeit als Einweisung in Brauchtum, Sitte und Religion des

Gemeinwesens und wird zum Gegenstand literarischer und philosophischer Bemühungen sowie historischer Untersuchungen und planmäßiger pädagogischer Versuche. Mit dem Funktionswandel der Familie, die seit dem Aufkommen des Manufakturwesens immer seltener noch Produktions- und Lebenseinheit zugleich ist, werden spezielle institutionelle Vorkehrungen für die Erziehung notwendig. Zugleich wird die Erziehung zu einem wesentlichen Bestandteil der Anstrengung, die darauf gerichtet ist, die gesellschaftliche Entwicklung in die menschliche Regie zu nehmen und bewusst zu planen. Seinen spezifischen Charakter erhält dabei das Problem der Erziehung in der bürgerlichen Gesellschaft durch die Ausrichtung auf den Bürger als autonom seine Geschäfte führendes, freies vertragsschließendes Subjekt." (Auernheimer 1974, S. 187f.)

In dieser knappen Herleitung ist es der historische Prozess, durch den Erziehung problematisch geworden ist. Er kann im zitierten kurzen Fachwörterbuchartikel nur sehr grob und schematisch skizziert werden (vgl. Kap. 4). Angesichts tiefgreifender gesellschaftlicher Wandlungsprozesse, vor allem der zunehmend arbeitsteiligen Organisation der Gesellschaft, zu denen wesentlich die umfassende Durchsetzung einer geld- bzw. kapitalgestützten Wirtschaft und die Industrialisierung beigetragen haben, verändert sich das Zusammenleben in den Familien. Sie sind immer weniger Produktions- und Lebenszusammenhang, in dem die agrarische Selbstversorgung oder die handwerkliche Produktion gemeinsam arbeitsteilig organisiert werden, sondern werden zu privaten Lebensgemeinschaften, aus denen die Produktion ausgelagert ist. Kinder können kaum mehr nebenher im Umgang mit den Anderen im Haus alles für ihr späteres Leben Wichtige lernen. Erziehung muss außerhalb des Hauses eigens organisiert werden. Hinzu kommen die Emanzipation des Bürgertums – ein längerer Prozess innerhalb der alten feudalabsolutistischen Gesellschaft – und die damit verbundenen neuen Ambitionen und Aufgaben. Nicht allein die Forderung von Bürgerrechten, Bürgerfreiheiten, Demokratisierung und die Infragestellung willkürlicher Herrschaftsstrukturen im Feudalismus, sondern auch die wirtschaftliche Emanzipation und der damit verbundene Anspruch, die Standesgrenzen durch eigene Leistung überwinden zu können, machen Erziehung zu einem politischen Schlüsselthema. Insbesondere für männliche Individuen bürgerlicher Herkunft entwickelt sich ein neues Selbstverständnis: Als freie und selbständige Individuen sehen sie sich in der Lage, ihr Leben selbst in die Hand zu nehmen und ihre Zukunft zu planen, sowohl gesellschaftlich – Konzepte wie Fortschritt und Aufklärung werden zentral – als auch individuell.

Diese neue Freiheit des Individuums verweist – wie im letzten Satz des Zitats angedeutet – zugleich auf eine neue Anforderung in der sich herausbildenden bürgerlichen Gesellschaft, nämlich die, autonom seine Geschäfte zu führen und als freies vertragsschließendes Subjekt sich in den versachlichten Abhängigkeitsverhältnissen selbständig zurecht zu finden und sein Leben aus eigenem Vermögen heraus zu planen (Auernheimer 2010; Schubert 2004b). Damit ist erneut das zentrale Ziel der Erziehung in der bürgerlichen Gesellschaft angesprochen, eben jene Selbständigkeit, die es dem Individuum ermöglicht, für sich selbst und die Gestaltung seines Lebens Verantwortung zu übernehmen.

Daraus ergibt sich ein zentrales Dilemma moderner Pädagogik, die Selbständigkeit hervorbringen soll, zugleich aber auf Zwangsverhältnisse, vor allem die Schulpflicht, verwiesen ist. Wohl als erster hat es am Ende des 18. Jahrhunderts Immanuel Kant auf den Begriff gebracht. Er schreibt:

> „Eines der größten Probleme der Erziehung ist, wie man die Unterwerfung unter den gesetzlichen Zwang mit der Fähigkeit, sich seiner Freiheit zu bedienen, vereinigen könne. Denn Zwang ist nötig! Wie kultiviere ich die Freiheit bei dem Zwange? Ich soll meinen Zögling gewöhnen, einen Zwang seiner Freiheit zu dulden, und soll ihn selbst zugleich anführen, seine Freiheit gut zu gebrauchen. Ohne dies ist alles bloßer Mechanism, und der der Erziehung Entlassene weiß sich seiner Freiheit nicht zu bedienen." (Kant 1983, Bd. 10, S. 711)

Dieses Dilemma ist wie gesagt grundlegend für moderne Pädagogik. Freiheit und Selbständigkeit sind dabei nicht als idealistische Werte zu verstehen; es handelt sich vielmehr um Anforderungen, die sich aus der Struktur der Gesellschaft ergeben. In der modernen, der bürgerlichen Gesellschaft, die Kant im Auge hat, ist das erwachsene Individuum auf sich allein gestellt und muss selbst für sich sorgen. Kant macht das deutlich, wenn er das Problem erläutert und Hinweise gibt, wie man sich die Lösung des Dilemmas vorstellen kann. So schreibt er, man müsse nicht nur beachten, „dass man das Kind von der ersten Kindheit an, in allen Stücken frei sein lasse (ausgenommen in den Dingen, wo es sich selbst schadet, z.e. [zum Exempel] wenn es nach einem blanken Messer greift)", sondern man muss ihm auch

> „beweisen, dass man ihm einen Zwang auflegt, der es zum Gebrauche seiner eigenen Freiheit führt, dass man es kultiviere, damit es einst frei sein könne, d.h. nicht von der Vorsorge anderer abhängen dürfe. Dieses letzte ist das späteste. Denn bei den Kindern kommt die Betrachtung erst spät, dass man sich z.e. nachher um seinen Unterhalt bekümmern müsse. Sie meinen, das werde immer so sein, wie in dem Hause der Eltern, dass sie Essen und Trinken bekommen, ohne dass sie dafür sorgen

dürfen. Ohne jede Behandlung sind Kinder, besonders reicher Eltern, und Fürstensöhne, [...] das ganze Leben hindurch Kinder" (ebd., Bd. 10, S. 711 f.)

2.3 Wechsel der Generationen: Das Problem, das durch Erziehung gelöst werden soll

Man kann die Frage nach Erziehung grundsätzlicher stellen und nach einer übergreifenden Perspektive suchen, die geeignet ist, die verschiedenen Fakten, Probleme und Gesichtspunkte, die für Erziehung charakteristisch sind, in eine Ordnung zu bringen. Im Idealfall wäre eine solche Systematik auf die Gesamtheit pädagogischer Sachverhalte bezogen und könnte das Gemeinsame bei unterschiedlichen Formen von Erziehung, in verschiedenen historischen, sozialen und kulturellen Kontexten und bei entsprechend unterschiedlichen Ansichten und Absichten bezüglich der Erziehungsverhältnisse systematisch erfassen. Eine solche allgemein akzeptierte Systematik gibt es – in der Erziehungswissenschaft wie in den meisten anderen Wissenschaften – nicht, aber es gibt Ansätze dazu. Wir möchten an einen älteren dieser Ansätze anknüpfen, weil wir meinen (und sukzessive begründen werden), dass er den Ansprüchen einer Darstellung der grundlegenden Problemstellungen der Erziehungswissenschaft in einer globalisierten Welt am ehesten entspricht. Es ist der des romantischen Theologen und Pädagogen Friedrich Daniel Ernst Schleiermacher (1768–1834), der mit einem anthropologischen Tatbestand ansetzt, also mit einem grundlegenden Tatbestand, der für die Gattung Mensch insgesamt gilt, in verschiedenen Zeiten und Gesellschaften aber sehr unterschiedlich aussieht: dem Wechsel der Generationen oder dem Generationenverhältnis.

Anthropologische Begründung der Erziehungstheorie auf Grundlage des Generationenverhältnisses

Was, so könnte die Grundfrage lauten, ist das Problem, das durch Erziehung gelöst wird? – Schleiermacher stellt seinen Gegenstand – die Erziehung – in der Einleitung zu seinen berühmten Vorlesungen von 1826 wie folgt vor:

„Das menschliche Geschlecht besteht aus einzelnen Wesen, die einen gewissen Zyklus des Daseins auf der Erde durchlaufen und dann wieder von derselben verschwinden, und zwar so, dass alle, welche gleichzeitig einem Zyklus angehören, immer geteilt werden können in die ältere und die jüngere Generation, von denen die erste immer eher von der Erde scheidet. Allein wenn wir das menschliche Geschlecht betrachten in den größeren Massen, die wir Völker nennen, so sehen wir, dass diese in dem Wechsel der Generationen sich nicht gleich bleiben; sondern es gibt darin ein Steigen und Sinken in jeder Beziehung, worauf wir Wert legen. […] Ein großer Teil der Tätigkeit der älteren Generation erstreckt sich auf die jüngere, und sie ist um so unvollkommener, je weniger gewusst wird, was man tut und warum man es tut. Es muss also eine Theorie geben, die von dem Verhältnisse der älteren Generation zur jüngeren ausgehend sich die Frage stellt: Was will denn eigentlich die ältere Generation mit der jüngeren? Wie wird die Tätigkeit dem Zweck, wie das Resultat der Tätigkeit entsprechen? Auf diese Grundlage des Verhältnisses der älteren zur jüngeren Generation, was der einen in Beziehung auf die andere obliegt, bauen wir alles, was in das Gebiet dieser Theorie fällt." (Schleiermacher 1983, S. 9)

Der Ausgangspunkt, den Schleiermacher damit für seine Argumentation gefunden hat – das Verhältnis der Generationen in Gesellschaft und Geschichte – „hat nichts von zufälligen Bestimmungen an sich: er ist in jeder Hinsicht notwendig. Denn erstens knüpft er an das biologische Zeugungsverhältnis an, die Grundlage menschlichen Lebens überhaupt. Und zweitens ist das Generationenverhältnis die Grundlage der geschichtlichen Existenz des Menschen. ‚Dem Steigen und Sinken‘ der Völker ‚in dem Wechsel der Generationen‘ liegt ‚menschliche Tätigkeit zum Grunde‘, die von der jeweils älteren Generation gegenüber der jeweils jüngeren ausgeübt wird. Diese Tätigkeit ist die Erziehung, die hier von Schleiermacher nicht mehr als ein individuelles Verhältnis *eines* Erziehers zu *einem* Zögling aufgefasst wir, sondern als kollektives Verhältnis zweier Generationen. Darüber hinaus ist Erziehung eine der geschichtemachenden Tätigkeiten der Gesellschaft." (Sünkel 1964, S. 34)

Die zitierte Passage enthält eine im Kern noch heute tragfähige Systematik der pädagogischen Wissenschaft und ist in mehrfacher Weise bemerkenswert. Schleiermacher sieht die Grundlage seiner Erziehungstheorie („…bauen wir alles, was in das Gebiet dieser Theorie fällt") nicht in irgendwelchen Soll-Bestimmungen, Normen, Werten, Idealen, Ansprüchen oder vorausgesetzten Definitionen, wie sie sich bis heute in zahlreichen pädagogischen Arbeiten finden. Vielmehr geht er von einem grundlegenden anthropologischen Sachverhalt aus: Menschen werden geboren und sterben, im Leben von Gesellschaften gibt es, durch „menschliche Tätigkeit" hervorgerufen, Kontinuität und Wandel.

Unter diesen Tätigkeiten gibt es speziellere, bei der sich die ältere Generation direkt auf die jüngere bezieht: die Erziehung, durch die allein gewährleistet werden kann, dass die in einer Gesellschaft oder gesellschaftlichen Gruppe angesammelten Kenntnisse und Fertigkeiten, Orientierungen und Wertsetzungen, ihre Überlieferungen und ihre Kultur an die nachwachsende Generation weitergegeben werden, lebendig bleiben und nicht verschwinden. Das Problem liegt also, so erläutert Wolfgang Sünkel (1934–2011) Schleiermachers Grundlegung der Erziehungstheorie weiter, „im *nichtgenetischen Erbe*, das heißt: in dem Ensemble der anthropogenen Tätigkeitsvoraussetzungen in seiner jeweils gegebenen Entwicklungsstufe und besonderen Gestalt" (Sünkel 2011, S. 22). Die in einer Gesellschaft oder Kultur jeweils verfügbaren Ergebnisse der Gattungsentwicklung müssen den Nachfolgenden übermittelt werden, wenn sie nicht verloren gehen sollen. Das gilt zumal für solche Ergebnisse, die nicht in der gegenständlichen Umwelt, in Arbeitsprodukten oder Institutionen gleichsam vergegenständlicht sind: „die *subjektiven Voraussetzungen*, die ein tätiges Subjekt ‚in sich haben' muss, um seine Tätigkeit angemessen ausführen zu können. Das sind Kenntnisse, Fertigkeiten und Willensstellungen (Motive). Denn um Bestimmtes zu tun, muss man Bestimmtes wissen, Bestimmtes können und Bestimmtes wollen." (Ebd., S. 23) Erziehung ist demnach also diejenige Tätigkeit, die die Kontinuität der Gattungseigenschaften, insbesondere ihre subjektiven Seite, über die Mortalität der Individuen und der Generationen hinweg sichert.

Betrachtet man das Generationenverhältnis aus dieser anthropologischen Perspektive, so verlieren vielfach vorgebrachte Einwände gegenüber der pädagogischen Verwendung des Generationenbegriffs ihre Plausibilität. Dass ältere Menschen auch von jüngeren lernen, dass Jüngere sich womöglich schneller auf gesellschaftliche Veränderungen einstellen können oder dass die Grenzen zwischen den Generationen durchlässiger werden, ja man vom Ende der Kindheit und des traditionellen Erwachsenenstatus spricht, ändert nichts an dem grundlegenden Tatbestand, dass nur durch den intergenerationellen Transfer das mit der Mortalität (oder Natalität) gegebene fundamentale Existenzproblem der menschlichen Gattung gelöst werden kann. Auch die Art der Organisation der Weitergabe – ob die Jüngeren unmittelbar von den Älteren lernen oder ob sie sich gemeinsam etwa in Gleichaltrigengruppen um Kenntnisse und Fertigkeiten bemühen – kann zwar die jeweilige Pädagogik und das Verhältnis der Generationen zueinander stark beeinflussen, ändert aber nichts an der grundlegenden Bedeutung der Weitergabe der nicht genetisch fixierten Errungenschaften der Kulturentwicklung an die Jüngeren.

Für die Begründung einer Erziehungstheorie – und darüber hinaus der Erziehungswissenschaft – ist diese anthropologische Bestimmung in verschiedener Hinsicht von großer Bedeutung:

Erstens wird Erziehung damit nicht gefordert, begründet oder gerechtfertigt, sondern als unvermeidliches soziales Faktum vorausgesetzt. Indem er den Erziehungsbegriff „an ein reales gesellschaftliches Verhältnis anknüpft", kann Schleiermacher ihn „von der ihm früher anhaftenden abstrakten Normativität befreien; und er kann […] demzufolge die Erziehung nicht als ein gesolltes, sondern als ein gegebenes gesellschaftliches Geschehen auffassen, das so, wie es gegeben (d.h. real) ist, auch verstanden werden muss" (Sünkel 2011, S. 37). Erziehung wird so durch das Problem definiert, dessen Lösung sie darstellt (ebd., S. 23). Damit können auch die ganz unterschiedlichen Formen, in denen dieses Problem in verschiedenen Epochen und in unterschiedlichen Kulturen gelöst worden ist, unvoreingenommen – ohne vorausgesetzte Normativität – in ihrem jeweiligen Kontext und in ihren jeweils besonderen Möglichkeiten und Grenzen untersucht werden.

Die Erziehungswissenschaft gewinnt so *zweitens* einen spezifischen Gesichtspunkt, unter dem sie die gesellschaftlichen Verhältnisse betrachten und ihre eigene Bedeutung als Pädagogik gesellschaftlich reflektieren kann. Die Fokussierung auf das Generationenverhältnis charakterisiert nicht nur den gesellschaftlichen Ort, an dem Erziehung stattfindet, sondern führt in den historischen Prozess auch eine spezifisch pädagogische Problemstruktur ein. Historische Kontinuität ebenso wie Wandel (soweit in der Abfolge der Generationen begründet, also nicht primär in ökonomischen Entwicklungen, ökologischen Katastrophen usw.) wird nicht als Selbstverständlichkeit, sondern als Problem behandelt, das insbesondere der Erziehung aufgegeben ist. Es wird damit eine Problemstruktur freigelegt, die es erlaubt, soziale Wirklichkeit in erziehungswissenschaftlicher Perspektive zu untersuchen. Gleichzeitig wird Erziehung (im umfassenden Sinne) in ihrer spezifischen historisch-gesellschaftlichen Bedeutung sichtbar, als „Ort der Selbstauslegung und Selbstüberschreitung von Kultur und Gesellschaft" (Müller 1999, S. 799).

Drittens entwickelt Schleiermacher aus dieser Grundkonstellation den Ansatzpunkt für die Begründung seiner eigenen – und unserer – Tätigkeit: der erziehungswissenschaftlichen Reflexion. Denn wie jede Tätigkeit ist auch die Tätigkeit, die sich auf die jüngere Generation „erstreckt", „umso vollkommener, je mehr ihr eine Vorstellung von dem, was geschehen soll, vorangeht", je geplanter, verständiger, bewusster sie gestaltet wird, je mehr sie – wie Schleiermacher sagt – eine „Kunst" hier im Sinne von Können darstellt.

Viertens ist in dieser anthropologischen Bestimmung eine grundlegende Aussage über das Verhältnis von Theorie und Praxis enthalten. Die Praxis ist als sozialer Tatbestand gegeben und hat ihre eigene Logik und Würde: die „Dignität der Praxis", von der Schleiermacher spricht. Die Theorie ist dafür da, sie zu qualifizieren, sie bewusster und verständiger zu machen. Die Praktiker sollen sich Gedanken machen, was sie da tun und warum, um es besser machen zu können – und dazu soll die Theorie anleiten.

Fünftens haben wir damit schließlich ein Kriterium, um die Güte der Tätigkeit der älteren Generation, soweit sie sich auf die jüngere bezieht, zu beurteilen. Eben die Frage: „Was will denn eigentlich die ältere Generation mit der jüngeren?" und: „Wie wird die Tätigkeit dem Zweck, wie das Resultat der Tätigkeit entsprechen?" Mit der ersten (berühmten) Frage ist die grundlegende erziehungstheoretische Problematik in die Gesellschaft hineingeholt worden. Für ihre Beantwortung sind keine überzeitlichen Prinzipien nötig, sondern eine Analyse der jeweiligen Gesellschaft und Kultur. Denn die Frage, was die ältere mit der jüngeren Generation will, lässt sich keineswegs einfach beantworten. Wen sollen wir fragen in einer pluralistischen Gesellschaft, in der es wahrscheinlich sehr unterschiedliche, sogar antagonistische Vorstellungen in der älteren Generation gibt, möglicherweise überhaupt keine, weil bei Teilen der älteren Generation der Glaube an die Zukunft verloren gegangen ist? Die Frage verweist mithin auf die Notwendigkeit einer sorgfältigen Analyse von Gesellschaft und Politik und insbesondere der Reproduktionsverhältnisse. Die zweite Frage („Wie wird die Tätigkeit dem Zweck, wie das Resultat der Tätigkeit entsprechen?") lässt sich nur beantworten, wenn die über die erste zumindest ansatzweise Klarheit besteht. Sie bezieht sich auf die Erziehung, die im gegebenen Rahmen als Praxis untersucht wird.

Exkurs: Natalität

Mit dem pädagogischen Begriff der Generation und der Generationenabfolge wird in der Erziehungswissenschaft das Problem bezeichnet, das durch Erziehung gelöst wird. Eine interessante Alternative dazu stammt von der Philosophin und politischen Theoretikerin Hannah Arendt (1906–1975). Sie spricht von Natalität, um damit die grundlegende Tatsache zu bezeichnen, dass jede Geburt einen Neuanfang bedeutet, durch den das Leben immer wieder ganz von vorn beginnt. Betont wird damit weniger die Kontinuität in der Abfolge der Generationen als der radikale Neuanfang, der sich mit jeder Geburt ereignet. Kraft der „Gebürtlichkeit" ist jeder Mensch zunächst „einmal als ein einzigartig Neues in der Welt erschienen. Wegen dieser Einzigartigkeit, die mit der Tatsache der Geburt gegeben ist, ist es als würde in jedem Menschen noch einmal der Schöpfungsakt Gottes wiederholt und bestätigt." (Arendt 1981, S. 167)

„Das Wunder, das den Lauf der Welt und den Gang menschlicher Dinge immer wieder unterbricht und vor dem Verderben rettet, [...] ist schließlich die Tatsache der Natalität, das Geborensein." Das Wunder „besteht darin, dass überhaupt Menschen geboren werden, und mit ihnen der Neuanfang, den sie handelnd verwirklichen können kraft ihres Geborenseins." (Ebd., S. 243)

Entsprechend ist der Tod die negative Bedingung der Freiheit; er ermöglicht Geburten und gewährleistet damit die Chance, immer wieder neu zu beginnen (Lütkehaus 2006, S. 52). Durch Tod und Geburt erneuert sich die Welt täglich. Aber das Neue, das unvorhersehbar und unkontrollierbar in die Welt einbricht, ist nicht nur Anlass zu Freude und Hoffnung. Der Neuanfang birgt immer auch ein Risiko. Mit jeder Geburt bestätigt sich die Freiheit des Menschen und wird die Kontinuität des Zusammenlebens erschüttert. Das Neue verwirrt und gefährdet die bewährte Ordnung des Lebens. Doppelte Aufgabe der Pädagogik ist es laut Arendt deshalb, einerseits die Kinder und die mit ihnen verbundenen Möglichkeiten des Neuanfangs vor der Welt der Erwachsenen, aber auch vor den anderen Kindern zu schützen, andererseits gleichzeitig die Welt vor den heranstürmenden Horden der Neuankömmlinge zu bewahren.

> „In der Erziehung übernehmen sie [die Erwachsenen] die Verantwortung für beides, für Leben und Werden des Kindes wie für den Fortbestand der Welt. Diese beiden Verantwortungen fallen keineswegs zusammen, sie können sogar in einen gewissen Widerspruch miteinander geraten. Die Verantwortung für das Werden des Kindes ist in einem gewissen Sinne eine Verantwortung gegen die Welt: Das Kind bedarf einer besonderen Hütung und Pflege, damit ihm nichts von der Welt her geschieht, was es zerstören könnte. Aber auch die Welt bedarf eines Schutzes, damit sie vor dem Ansturm des Neuen, das auf sie mit jeder neuen Generation einstürmt, nicht überrannt und zerstört werde." (Arendt 1994, S. 266 f.)

Aus der Tatsache, dass mit der Geburt immer wieder das Neue in die Welt kommt, folgt für Arendt keine Verklärung der Kindheit und ihrer vermeintlichen Freiheit. Vielmehr bedarf es einer sorgfältigen Erziehung, um das mit der Gattungsgeschichte Überlieferte zu erhalten. Es ist angesichts der rasanten Veränderungen in der Moderne ohnehin bedrängt genug; es darf nicht auch noch durch eine Erziehung gefährdet werden, die sich an den Kindern und dem vermeintlich von ihnen vertretenen Neuen orientiert und sich ihren zufällig angeeigneten Interessen und Bedürfnissen ausliefert. Gerade weil Erwachsene gehalten sind, für die Kinder zu sorgen, müssen sie auch Verantwortung für die Welt übernehmen, in die diese hineinwachsen. Eine Erziehung, die den Kindern Eigenständigkeit und Freiheit bei ihrem Aufwachsen gewährt – oder wie man hier wohl eher sagen müsste: – zumutet, weigert sich damit, ihnen gegenüber Verantwortung zu übernehmen. Unter dem Vorwand, ihre Eigenständigkeit zu respektieren, verschließe man das Universum der Erwachsenen vor den Kindern und halte sie in ihrer eigenen kleinen Welt gefangen. Erziehung ist für Arendt ihrem Wesen nach konservativ. Ihre Aufgabe ist es in doppelter Weise „etwas zu hegen und zu schützen – das Kind gegen die Welt, das Neue gegen das Alte" (ebd., S. 273) –, aber eben auch „das Alte gegen das Neue" (ebd.). Die Potentiale der Neuankömmlinge können sich überhaupt nur entfalten, wenn sie nicht vorzeitig dem Einfluss der Welt und der anderen Kinder ausgeliefert werden und wenn sie nicht für die Ziele der Erwachsenen – und seien sie noch so fortschrittlich – instrumentalisiert werden. In diesem Sinne kritisiert sie die US-amerikanische Reformpädagogik, die *progessive education*.

Die „Kinder, die man zu den Bürgern eines utopischen Morgen erziehen will, schließt man in Wahrheit aus der Politik aus. Indem man sie auf etwas Neues vorbereitet, schlägt man den Neuankömmlingen ihre eigene Chance des Neuen aus der Hand." (Arendt 1994, S. 258)

Für Arendt geht der pädagogische Konservatismus nicht mit einem politischen einher. Im Gegenteil: Politische Bewegungen, die das Neue, das jede Generation bringt, für sich zu vereinnahmen suchen, verhindern, dass dieses Neue tatsächlich produktiv wird. Arendt plädiert für eine klare Trennung der verschiedenen Praxisfelder. Politische Veränderungen sind Resultat des politischen Handelns und der Überzeugungsarbeit mit Erwachsenen, nicht der Erziehung. „Gerade um des Neuen und Revolutionären willen in jedem Kinde muss die Erziehung konservativ sein; dies Neue muss sie bewahren und als ein Neues in eine alte Welt einführen, die, wie revolutionär sie sich auch gebärden mag, doch im Sinne der nächsten Generation immer schon überaltert ist und nahe dem Verderben." (Ebd., S. 273)

Der „dritte Faktor" in der Erziehung

Mit der Grundfrage der Erziehungstheorie nach dem, was die ältere mit der jüngeren Generation will, ist bereits impliziert, dass es bei der Erziehung stets um ein Drittes geht. Nicht nur von Erzieher und Zögling, von der älteren und der jüngeren Generation ist die Rede, sondern zugleich von Aufgaben, Gegenständen, Inhalten, Perspektiven, mit denen sich die Jüngeren auseinandersetzen und die von ihnen übernommen werden sollen. Zur Erziehung gehören also – allgemein gesprochen – neben dem Vermitteln und dem Aneignen immer auch die Inhalte, um die es geht und um die sich Erzieher und Zögling bemühen (sollen). Das verweist auf den „dritten Faktor". Es geht immer um etwas Bestimmtes: eine Sache, ein Können, eine Verhaltensweise, etwas, was mit dem Verhältnis von Zögling und Erzieher zu Kultur oder Gesellschaft zu tun hat. Vermittlung wie Aneignung sind bezogen auf gattungsgeschichtlich akkumulierte Erfahrungen, wie sie in von Menschen hergestellten Produkten oder in Sprache enthalten sind. Die jeweils verfügbaren menschlichen Eigenschaften und Bedürfnisse sind den Neuankömmlingen gleichsam aufgegeben; die Zöglinge entfalten oder entwickeln sich nicht von selbst (wie im Bild vom Wachsenlassen), sondern bilden erst im Umgang mit den Gegenständen und Verkehrsformen ihre spezifische Gestalt (vgl. Kap. 3).

Damit ist nun nicht einfach eine Gegebenheit, sondern ein Problemfeld bezeichnet. Pädagogisch begegnet es uns beispielsweise als Frage nach der Auswahl des Anzueignenden. In Bezug auf die Schule sind hier nicht nur curriculare Entscheidungen angesprochen, sondern auch Fragen der Unterrichtsorganisation, der Medien oder des Schulbaus. Auch sie repräsentieren Kultur, und zwar eine jeweils bestimmte und schließen damit anderes aus. In der Familie reicht der Objektbereich von der Einrichtung des Kinderzimmers, über das (fehlende) Angebot verschiedener Förderungen (Sport, Kunst etc.) bis zu Fragen nach geeignetem Spielzeug und Medienumgang. Im Kindergarten oder der außerschulischen Kinder- und Jugendarbeit ist die Frage der Auswahl von Angeboten ebenfalls zentral. Im Internet stellen sich solche Auswahlfragen etwa bei der Einrichtung der Homepage von Schulen oder bei Kommunen, wenn sie Kinder- und Jugendseiten anbieten. Fragen nach Norm- und Wertorientierungen, der moralischen, religiösen oder sozialen Erziehung, der inhaltlichen Ausfüllung von Rollen, der Frage „Was kennzeichnet eine gebildete Person?", kurz: Fragen nach den möglichen und notwendigen Inhalten von Erziehung und Bildung stellen sich in allen pädagogischen Institutionen, wenn auch auf je spezifische Weise. Damit ist nicht gesagt, dass die Vermittlung gelingt. Vermittlung und Aneignung gehen nicht nahtlos ineinander auf. Die aneignende Generation kann sich weigern, Träger kultureller Kontinuität zu werden oder sich schlicht desinteressiert zeigen. Das, was die Älteren vermitteln (möchten), und das, was sich die Jüngeren aneignen (wollen), ergibt keine identische Menge. Vielmehr müssen wir diesbezüglich von Differenzen ausgehen, auch zwischen den Generationen, oder gar von einem Antagonismus, der dann als Generationenkonflikt thematisiert wird (Klika 2002).

Der „dritte Faktor" verweist nicht nur auf die Aufgabe von Erziehung; er bezeichnet zugleich das für das pädagogische Verhältnis entscheidende Moment. Während (im Allgemeinen) der Zögling Subjekt der Aneignung, der Erzieher Subjekt der Vermittlung ist, stellt der gemeinsame Gegenstand das Objekt der Erziehung dar, auf das sich beide beziehen. Er ist beiden vorgegeben und kann auch vom Zögling eingeführt werden. Denn selbstverständlich bringen Kinder und Jugendliche in der alltäglichen Interaktion vieles ein, was sie verhandelt wissen möchten, doch die Erwachsenen entscheiden ihrerseits (oder tragen zumindest die pädagogische Verantwortung dafür), was, in welcher Form und in welche Richtung das Eingebrachte aufgegriffen und vertieft wird. Aus dem Bezug auf den gemeinsamen Gegenstand ergibt sich zugleich die Möglichkeit, die Ko-Aktivität von Erzieher und Zögling der subjektiven Willkür zu entziehen. Die Inhalte stehen zwischen Erzieher und Zögling und können beide binden.

Das Generationenverhältnis als Problemfeld

Das Generationenverhältnis und die Weitergabe der nichtgenetischen Ergebnisse der Gattungsentwicklung sind also keineswegs so unproblematisch, wie es auf den ersten Blick vielleicht aussehen mag. Schleiermacher zeichnet beide in recht mildem Licht; zumindest spricht er kaum von den Schwierigkeiten und Problemen, die mit seiner Gestaltung verbunden sind. Dabei ist nicht einmal in erster Linie an sog. Generationenkonflikte zu denken; auch die gewöhnliche Überlieferung ist nicht selten gefährdet – und zwar von beiden Seiten her, von der vermittelnden Generation her nicht weniger als von der aneignenden. Problematisch ist häufig schon, was überhaupt überliefert wird. Deutlicher als Schleiermacher spricht das der amerikanische Philosoph und Erziehungstheoretiker John Dewey (1859–1952) aus, der ohne den Begriff zu verwenden, fast ein Jahrhundert später – im Jahre 1916 – ebenfalls die Abfolge der Generationen zum Ausgangspunkt seiner Argumentation in seinem pädagogischen Hauptwerk „Demokratie und Erziehung" macht. „Was Ernährung und Fortpflanzung für das physische Leben sind, ist Erziehung für das soziale Leben", erklärt er bündig (deutsch 1993, S. 25) Und ausführlicher:

„Die beständige Erneuerung des physischen Daseins ist – bei menschlichen Wesen – von einer beständigen Wiedererzeugung von Glaubenssätzen, Idealen, Hoffnungen, von Glück, Elend und Brauch begleitet. Dass jede Erfahrung durch beständige Erneuerung der sozialen Gruppe fortdauert, ist eine buchstäbliche Tatsache. Erziehung im weitesten Sinne ist das Werkzeug dieser sozialen Fortdauer des Lebens. Jedes der Mitglieder, aus denen eine soziale Gruppe, eine moderne Stadt ebenso wie ein wilder Volksstamm, besteht, wird unreif, hilflos, ohne Sprache, Glauben, Ideen und soziale Normen geboren. Jedes von den Einzelwesen, die die Träger der Lebenserfahrung ihrer Gruppe sind, geht dahin zu seiner Zeit. Aber das Leben der Gruppe dauert fort.
Die unerklärbaren Urfaktoren von Geburt und Tod jedes Mitgliedes einer sozialen Gruppe machen Erziehung notwendig. Auf der einen Seite steht der Gegensatz zwischen der Unreife der neugeborenen Mitglieder der sozialen Gruppe, ihren einzigen späteren Vertretern, und der Reife der erwachsenen Mitglieder, die das Wissen und die Gebräuche der Gruppe besitzen. Auf der anderen Seite steht die Notwendigkeit, dass diese unreifen Glieder nicht nur in entsprechender Zahl körperlich erhalten, sondern dass sie auch in die Interessen, Zwecke, Kenntnisse, Fertigkeiten und Handlungsweisen der reifen Mitglieder eingeführt werden: sonst würde das eigentümliche Leben der Gruppe aufhören. [...] Mit der fortschreitenden Entwicklung der Kultur erweitert sich die Kluft zwi-

schen den ursprünglichen Fähigkeiten der Unreifen und den Normen und Sitten der Älteren. Bloß körperliches Heranwachsen, bloßer Erwerb des für die Erhaltung des Lebens unmittelbar Notwendigen genügt nicht mehr, um das Leben der Gruppe fortzupflanzen. Planvolle Anstrengungen, verständige Bemühungen werden erforderlich. Lebewesen, die bei ihrer Geburt von den Zwecken und Gewohnheiten der sozialen Gruppe nichts wissen, die ihnen gegenüber völlig gleichgültig sind, müssen sie nicht nur kennenlernen, sondern an ihnen tätig interessiert werden. Es ist die Erziehung, die diese Kluft überbrückt – und nur die Erziehung." (Dewey 1993, S. 16f.)

Gegenüber Schleiermachers Bestimmungen enthält diese Passage einige wichtige Differenzierungen und Präzisierungen. Während dessen Erziehungskonzept wesentlich an die Tätigkeit zwar nicht eines, aber doch von Erwachsenen (im Plural) gebunden bleibt, definiert Dewey sie explizit als gesellschaftlichen Prozess, wenn er von „Erziehung im weitesten Sinne" spricht. Offenbar ist der intergenerationale Transfer für Dewey nicht allein durch die Tätigkeit des Erziehens – in den von Schleiermacher genannten Grundformen Behüten, Gegenwirken und Unterstützen – zu fassen, sondern hat verschiedene Dimensionen, die über das intentionale Handeln hinausgehen.

Auch der aktive Charakter der Übermittlungstätigkeit wird deutlicher betont – und zwar für beide Seiten. In diesem Sinne thematisiert Dewey die Weitergabe als „Erneuerung" oder „Wiedererzeugung". Wenn die Erziehung, das Lernen, der Unterricht irgendeinen Sinn in Bezug auf die Fortdauer des sozialen Lebens haben soll, so reicht ein einfacher Transfer nicht aus. Wissen, Kenntnisse, Fertigkeiten, die mit dem Erwerb nicht *erneuert*, lebendig werden, bleiben „tot" (totes Wissen) und sind für das soziale Leben verloren. Der Ausdruck macht zugleich deutlich, dass Lernen *Aktivität* voraussetzt. Dabei wird sich das Weitergegebene stets mehr oder weniger verändern; Erneuerung impliziert immer auch Modifikation. Es ist ganz und gar unwahrscheinlich, dass ein Tatbestand, eine Einsicht, eine Fähigkeit, gar eine Haltung auch nur annährend identisch übertragen werden. Der oder die Jüngere lebt in einer anderen Welt, in einer anderen Zeit, hat andere Erfahrungen gemacht und erlebt und erfährt den Tatbestand etc. eben anders. Bedeutende Kunstwerke oder philosophische Einsichten beispielsweise muss sich jede Generation neu aneignen. Aber auch soziale Umgangsformen und Konventionen oder die Sprache werden von jeder Generation in gewisser Weise neu geschaffen. Und Dewey rechnet durchaus mit der Möglichkeit, dass die Weitergabe misslingt. „Die Erneuerung", so schreibt er, „erfolgt jedoch nicht automatisch. Wenn nicht mit genügender Sorgfalt darauf gehalten wird, dass eine wirkliche und gründliche Übertragung stattfindet, fällt die höchst kultivierte Gruppe in Barbarei und Wildheit zurück." (Ebd., S. 18) Dabei wird keineswegs nur Positives oder Wertvolles erneuert und wiedererzeugt, sondern auch das „Elend". Das ist provozierend für Erziehungstheorie, die in der Regel am Guten interessiert ist, aber es ist realistisch. Die Bemerkung zeigt zugleich, dass der Erziehungsbegriff bei Dewey sehr weit gefasst ist und dass er sich eher an sozialen Tatbeständen als an normativen Vorgaben orientiert.

Trotzdem zeichnet Dewey das Generationenverhältnis noch kaum als das Kampffeld, das es in vielen Fällen eben *auch* ist. Pädagogisch zur Genüge bekannt sind zwar die Widerstände der Jüngeren gegen die Lernzumutungen der Älteren; sie werden aber meist als Motivations- oder Disziplinprobleme individualisiert. Dass die Erwachsenen bei ihren Versuchen, die nachwachsende Generation in ihrem Sinne zu beeinflussen, nicht vor Gewalt zurückschrecken, ist zwar bekannt, aber noch kaum systematischer untersucht worden. Dabei ist Gewaltanwendung in der Erziehung historisch gesehen fast eine Selbstverständlichkeit (Krebs/Forster 2003).

Prominentes Beispiel für die Gewalttätigkeit institutionalisierter Erziehung sind die Initiationsriten, wie sie in vielen (aber bei weitem nicht in allen) sog. Stammesgesellschaften praktiziert wurden. Konkret sehen die Riten sehr unterschiedlich aus; meistens bezeichnen sie aber „eine Zeit der Qualen und Belehrungen. [...] Es scheint ein uralter pädagogischer Glaube zu sein, dass man nur das im Kopf behält, was man mit Schmerzen gelernt hat" (Erdheim 1982, S. 286). „Am Anfang der organisierten Erziehung steht die Aggressionsorgie." (Bernfeld 1973, S. 65) Eine psychoanalytische Deutung aus den 1930er Jahren erklärt das so:

> „Die Pubertätsriten sind der Ausdruck des ewigen Kampfes zwischen den Generationen der Söhne und der Väter. Feindseligkeit und Freundschaft sind in ihnen vertreten, also Ausdruck des Zusammenwirkens des Hasses der Väter gegen die Söhne, die gekommen sind, sie zu verdrängen und zu ersetzen, und der werbenden Liebe der Väter zu den Söhnen, mit denen sich die Väter identifizieren und in denen sie sich fortsetzen hoffen." (Stengel, zit. n. Erdheim 1982, S. 330)

Aus modernen Gesellschaften sind solche Riten weitgehend verschwunden. Reste finden sich allenfalls noch in „großen Prüfungen" wie Abitur (in Deutschland), Matura (in Österreich), Hochschulzugangsprüfungen (in den meisten Ländern der Welt) oder anderen Examina, in denen das aus den Initiationen bekannte Drama von Tod und Wiedergeburt in entkörperlichter Form wieder aufgeführt wird (Erdheim 1982, S. 328). Auch in unserer Gesellschaft gibt es durchaus diese Form des Kampfes der Erwachsenen mit den Jugendlichen. Von den klassischen Initiationsriten unterscheiden sie sich zwar „durch eine gewisse Vielfalt der Praktiken, die den Schein von Individualität produzieren, sowie durch die Herrschaftsverhältnisse, innerhalb derer sie stattfinden. Aber auch bei uns ist die Adoleszenz eine Zeit, in welcher die Belehrungen durch Leiden vermittelt und innere (Trieb-) und äußere (Real-) Ängste vermischt werden, die den Veränderungswillen der Individuen einschränken und die Kulturentwicklung in wichtigen Bereichen einfrieren." (Ebd., S. 331)

Weniger spektakulär, aber nicht weniger charakteristisch für Konflikte im Bereich der Generationenverhältnisse ist der Umstand, dass Ältere keineswegs immer begeistert sind, dass sie ihre Fähigkeiten und Kenntnisse weitergeben sollen. So wird die Weitergabe des Wissens bisweilen recht restriktiv gehandhabt und erfolgt mit großer Zurückhaltung. Ein Beispiel stammt aus der Autobiographie eines Künstlers aus seiner Zeit an der Kunstakademie:

„Eines Tages ging ich auf dem Korridor entlang und las plötzlich auf einem alten Türschild ‚Componierklasse'. Ich trat näher, [...] die Tür war verschlossen. Ich versuchte, durchs Schlüsselloch zu sehen, aber ein dahinter [...] aufgestellter Wandschirm ließ nur graue Rupfen erkennen. Leise drückte ich auf die Klinke; die Tür blieb verschlossen. [...] Wie verwunschen war es. Man hörte keinen Laut – oder doch? [...] Ich klopfte schüchtern an, doch niemand öffnete. Ich klopfte lauter. Keine Antwort. Es war also niemand drinnen. Sicherlich existierte diese ganze Komponierklasse nicht mehr, war ja auch unzeitgemäß. [...]
Als ich abermals anklopfte, hörte ich drinnen schlurfende Schritte, dann drehte sich fast unwillig ein Schlüssel im Schloß, und ich stand vor einem griesgrämigen alten Herrn, der leicht nach Rotwein und Zigarren roch – Professor Wehle. Er ließ mich nicht hinein, sondern versperrte mit seinem Bauch die Türe und grunzte unwirsch: ‚Was wollen Sie?' Ich sagte: ‚Herr Professor mögen doch gütigst entschuldigen, wenn ich störe' – ich hatte den Eindruck, ihn im Schlaf gestört zu haben – ‚aber ich möchte gerne komponieren lernen.'
‚Was? Was wollen Sie? Sie – Sie wollen was lernen? Komponieren wollen Sie lernen? Ja, wer hat Ihnen denn den Floh ins Ohr gesetzt? – Haben Sie Feuer?' Dabei holte er aus der Rocktasche eine halb angerauchte Zigarre hervor. Ich hatte Gott sei Dank Streichhölzer bei mir und bot ihm höflich das schnell angezündete Hölzchen an. [...]
‚So, so, komponieren wollen Sie lernen. Naja –, [...] noch immer stand er vor der Türe. Plötzlich sagte er: ‚Na, dann komm'se mal hier rein ...'
Hinter dem Wandschirm sah es aus wie in einen unaufgeräumten Museum, dabei ganz gemütlich." (Grosz 1955, S. 62 f., zit. n. Bilstein 2009, S. 79f.)

Es gibt Berichte, nach denen der Widerstand der Älteren gegen die Weitergabe ihrer Kenntnisse und Fertigkeiten so groß ist, dass die Jüngeren es ihnen gleichsam entwenden müssen. „In Japan, wo das On-The-Job-Learning eine hervorragende Rolle spielt, gibt es bei älteren Beschäftigten noch Erinnerungen an ihre Lehrzeit, als sie oft genug das Wissen des Meisters sozusagen ‚stehlen', d.h. durch alleinige Beobachtung für sich selbst verarbeiten mussten" (Kopp 2002, S. 29). Vom pädagogischen Standpunkt aus mag man das beklagen. Aber „vielleicht macht Professor Wehle es ja gerade richtig, vielleicht ist dieser Grund-Gestus des Widerstandes und des Entzuges geradezu nötig, damit die jüngere Generation sich aus eigener Kraft und aus eigenem Entschluss einen Weg in die Welt der Erwachsenen sucht" (Bilstein 2009, S. 81).

Konkret betrachtet erweisen sich Generationenverhältnisse also als außerordentlich komplex und von vielen Widersprüchen durchdrungen. Macht spielt ebenfalls eine große Rolle. Das Verhältnis zur nachwachsenden Generation wird durch Macht definiert; die (realen oder vermuteten) Optionen der Nachwachsenden können in die Erziehung betreffende Entscheidungsprozesse einbezogen werden oder auch nicht. Dieser Machtaspekt, der sich in den personalen Beziehungen spiegelt, ist der Beziehung zwischen den Generationen inhärent und er ist unumkehrbar. Er beruht nicht nur auf der Herrschaft der Erwachsenen, sondern auch auf der leiblichen Angewiesenheit der Nachwachsenden auf „nicht-reziproke Sorgebeziehungen" (Honig 1999, S. 212; Winterhager-Schmid 2000).

In den meisten Gesellschaften gibt es nicht nur Regeln, Bräuche und Gewohnheiten, die die Weitergabe und Erneuerung der jeweils angesammelten Ergebnisse der Gattungsentwicklung regeln (sollen), sondern auch Institutionen, die diesem Zweck dienen. Sie sollen gewährleisten, dass die Alten ihre Kenntnisse und Fertigkeiten weitergeben, und die Jungen sie aufnehmen, sie sich aneignen und erneuern. Das gelingt meistens nur teilweise. Kenntnisse und Fertigkeiten, die nicht weitergegeben und nicht angeeignet werden, verschwinden, sterben aus. Zu den zahlreichen Beispielen zählen kleine Sprachen ebenso wie Großmutters Kochkünste. Gäbe es keine Institutionen, die für die Weitergabe sorgen, wäre das Aussterben wahrscheinlich noch häufiger. Indem diese Institutionen die Weitergabe regeln, sichern sie sie (zumindest in gewissem Maße); sie wählen aber zugleich aus, was der Weitergabe Wert ist und wie es weitergegeben wird. In Klassengesellschaften oder Gesellschaften mit ungleich verteilten Machtverhältnissen werden mit den Ergebnissen der Gattungsentwicklung somit immer auch Macht- und Herrschaftsverhältnisse konserviert und erneuert. Zum Beispiel war Mädchen im 19. Jahrhundert in Deutschland der Zugang zum Gymnasium verwehrt, der Besuch eines Gymnasiums kostete Schulgeld und diente der sozialen Abgrenzung nach unten (vgl. Kap. 4.4).

Insofern hat Erziehung, insbesondere institutionalisierte Erziehung, stets eine doppelte Funktion: Sie gehorcht einerseits sachlichen Notwendigkeiten, dient andererseits und gleichzeitig der Aufrechterhaltung bestehender Machtverhältnisse. Da diese beiden Seiten sich wechselseitig durchdringen und schwer voneinander zu unterscheiden sind, verstrickt sich die Kritik daran oft in Antinomien und steht in Gefahr, entweder mit dem Herrschaftscharakter von Erziehung diese insgesamt zu denunzieren oder mit der Verteidigung der sachlichen Notwendigkeiten den Herrschaftscharakter zu legitimieren.

Strukturelle Antinomien im Generationenverhältnis

Erziehung ist stets eine Angelegenheit von zwei Subjekten; die *Bi-* oder *Inter-Subjektivität* ist zusammen mit dem *dritten Faktor* kennzeichnend für sie. Beim Zögling handelt es sich um ein eigenständiges Individuum, ein Subjekt mit eigenem Willen, eigenen Ansichten, eigenen Impulsen, eigener Geschichte usw. Ein solches Subjekt darf und *kann* nie als Objekt behandelt werden. Das bedeutet, dass Erzieher und Zöglinge zusammen wirken müssen, und dass zur Erziehung Auseinandersetzungen über die unmittelbare Erziehungssituation gehören. Oft kommen explizite pädagogische Handlungen gerade durch Konflikte zustande, unterschiedliche Deutungen einer Situation durch Erzieher und Zögling beispielsweise. Man kann also auf personaler Ebene keineswegs von einer Homogenität der Absichten von Erzieher und Zögling ausgehen (Müller 1999); das Generationenverhältnis ist kein gleichsam natürlich gegebenes Komplementärverhältnis von Älteren und Jüngeren, sondern bezeichnet eine Problemstruktur.

Schon in ihrer Struktur sind Generationenbeziehungen deshalb, wie besonders Herman Nohl herausgearbeitet hat, prinzipiell antinomisch (Klika 2000b). Von beiden Seiten her, von der des Zöglings wie von der des Erziehers, enthält das Generationenverhältnis *unaufhebbare* Spannungen, die auf einander widerstrebende Haltungen der Beteiligten zurückzuführen sind: Der Erzieher (die ältere Generation) schwankt strukturell gesehen zwischen den Polen „Veränderungswille" einerseits und „Zurückhaltung" andererseits. Die Position des Zöglings (der jüngeren Generation) ist gekennzeichnet durch die Antinomie „Hingabe" vs. „Widerstand": Jeder Zögling, so Nohl, „will bei aller Hingabe [...] doch sich, will selber sein und selber machen" (Nohl 1933, S. 24).

Koordiniert man die Kennzeichnungen der Antinomien systematisch, lassen sich vier Typen des pädagogischen Bezuges bzw. der personalen Generationenbeziehung unterscheiden (Tab. 1), wobei denkbare Mischungen hier vernachlässigt bleiben (Klika 2000a):

53

Tabelle 1

Zögling \ Erzieher	Veränderungswille (Führen)	Zurückhaltung (Wachsenlassen)
Hingabe	Typ A: Intimität	Typ B: Idolbildung
Selbstbewahrung	Typ C: Kampf	Typ D: Beziehungslosigkeit bzw. kein pädagogisches Verhältnis

Klassisch ist das pädagogische Verhältnis, wie Nohl es fasst (vgl. Kap. 2.2), meist als die Form gekennzeichnet worden, die sich bei Typ A ergibt; durch die Antinomien sind aber schon bei Nohl auch die übrigen Typen denkbar. In Typ D wollen die Generationen nichts voneinander. Nohl kennzeichnet die Typen nicht näher, sondern betont lediglich die mögliche Variationsbreite:

„Aus dieser Doppelseitigkeit in der Struktur der pädagogischen Gemeinschaft und ihrer [je] verschiedenen Betonung ergeben sich ihre verschiedenen Formen und die verschiedenen Typen von Erziehern – Biographien und Romane sind voll davon." (Nohl 1933, S. 26)

Die Antinomien der Generationenbeziehung eröffnen die prinzipielle Möglichkeit, dass das Wollen des Zöglings und des Erziehers einander verfehlen. In seiner Anthropologie geht Nohl von der grundsätzlichen Freiheit des Kindes aus; das Erzwingenwollen von Autorität etwa rufe den Widerspruchsgeist des Kindes hervor:

„Im erzieherischen Verhältnis entwickelt der Zwang aber vor allem den feindlichen Gegensatz, und die Widersetzlichkeit ist einfach der Ausweg der Freiheit des Kindes. Es flüchtet sich in die Negation." (Nohl 1970, S. 83)

Nohl sieht das auch in biographischer Perspektive. Er betont, dass jedes Erlebnis in der Erinnerung festgehalten und durch „assoziative Verbindung" wachgerufen werden kann. „So werden die personalen Erfahrungen in der Familie die Grundlage für alles soziale Verständnis und Verhalten" (Nohl 1933, S. 46). Nohl erkennt die Bedeutung des Unbewussten an. Das bedeutet, dass das Kind erzieherischen Eingriffen nicht einfach verfügbar ist: Notfalls verfolgt es seine Triebziele auf Umwegen. Ohne kooperative Offenheit des Kindes „steht der Erwachsene dem Kinde und dem eigentümlichen Geschehen in ihm viel fremder gegenüber als seinesgleichen" (Nohl 1927, S. 56), d.h. ohne Kooperation seitens das Kindes bleiben erzieherische Intentionen ergebnislos.

Überpersonale Generationenverhältnisse – der weite Begriff von Erziehung

Geht man vom Generationenverhältnis aus, gerät überdies ein wichtiger Aspekt von Erziehung in den Blick, der in unseren Ausführungen nur am Rande aufgetaucht ist. In den bisherigen Definitionen und Herleitungen wurde Erziehung meist in einem engen Sinne verstanden, als personales Verhältnis von Erziehendem und Zögling, als direkte Begegnung zwischen Eltern, Erzieherinnen, Lehrerinnen und Lehrern und Kindern bzw. Jugendlichen. Mit dem Generationenbegriff kommen darüber hinaus gesellschaftliche Verhältnisse ins Spiel, die sich nicht auf diese personale Ebene beschränken (Müller 1999).

Das bedeutet zum einen, dass wesentliche – wahrscheinlich die wesentlichsten – Entscheidungen über die Gestaltung der Lebensform, schon gefallen sind, bevor die Neuankömmlinge in die Welt eintreten. Selbst wenn man sagt, dass das Verhältnis der Generationen in modernen Gesellschaften seine Eindeutigkeit verloren habe, weil angesichts des beschleunigten gesellschaftlichen Wandels beträchtliche Teile des relevanten Wissens und der relevanten Fähigkeiten für alle Generationen gleichermaßen neu sind, ja die Jüngeren sie sich wahrscheinlich schneller aneignen können als die Älteren (Mead 1971), ist aufgrund bestehender Lebens- und Machtverhältnisse „überpersonal", von der älteren Generation ohne Absprache mit den Jüngeren längst besiegelt, wie die Gesellschaft aussieht und was vermittelt werden soll, sei es bezogen auf symbolische kulturelle Ordnungen oder sei es bezogen auf konkrete kulturelle Objekte. Die Aushandlung möglicher Differenzen findet innerhalb der Erwachsenen-Generation(en) statt. Das gilt etwa bei der Konzeption von Schulbüchern und Lehrplänen, Fragen der Schulpflicht oder Unterrichtsorganisation, der Bereitstellung von Geldern oder Festsetzung von Mündigkeitsterminen; das gilt gleichfalls für die Konzeption pädagogischer (soziologischer, psychologischer) Theorien über Kinder und Jugendliche; und das gilt in den Familien bei Fragen des Lebensstils, der bevorzugten Freizeitgestaltung, die Erwachsene den Kindern präsentieren, oder im Kindergarten für das pädagogische Konzept, dem die Einrichtung folgt.

Zum anderen bedeutet das, dass Erziehung auch unter dem Gesichtspunkt überpersonaler Generationenverhältnisse betrachtet werden muss. Von Erziehung in einem weiten Sinn könnte man dann überall dort sprechen, wo Erwachsene die sozialen Lebensverhältnisse für die nachwachsende Generation gestalten, nicht allein bei pädagogischen Institutionen, sondern überall, wo sich die ältere Generation durch die Gestaltung des gesellschaftlich-kulturellen Lebens „zur nachwachsenden Generation in ein Verhältnis setzt" (Müller 1999, S. 792). Dazu zählen dann auch Arbeitsmarktpolitik, Stadtplanung oder Sozial-, Familien-, Jugend- oder Bildungspolitik, Schulbauten, kommunale Freizeitangebote u.a.m.

Ein solcher weiter Erziehungsbegriff, der sich auf die Gesamtheit der Einflüsse der Umgebung und der Menschen auf die nachwachsende Generation bezieht, hat durchaus Tradition. So versteht z.b. der schon genannte John Dewey nicht nur die geplante, kontrollierte Einwirkung von Erwachsenen (Eltern, Lehrern usw.) auf Jüngere als Erziehung, sondern sozusagen die Wirkung der Welt der Erwachsenen auf die Nachwachsenden insgesamt. Für Dewey werden die direkten und persönlichen Formen der Führung – also das, was wir uns landläufig als Erziehung vorstellen – gewöhnlich überschätzt. Viel wichtiger, d.h. dauernder und einflussreicher, sind für ihn demgegenüber die Formen der Führung, die aus der sozialen Umgebung, der Atmosphäre herrühren, „die in jedem Augenblick unablässig und *ohne* bedachte Absicht unsererseits wirken" (Dewey 1993, S. 46; H.i.O.).

„Die natürlichen und angeborenen Impulse der Jugendlichen stimmen mit den Lebensgewohnheiten der Gruppe, in die sie hineingeboren sind, nicht durchweg zusammen. Sie müssen daher geleitet oder geführt werden. Diese Führung ist keineswegs identisch mit physischem Zwang; sie besteht darin, dass die zu irgendeiner Zeit wirkenden Impulse auf ein bestimmtes Ziel gesammelt und dass in die Folge der Handlungen Ordnung und Zusammenhang gebracht werden. Die Handlungen der Menschen sind immer beeinflusst durch die Reize, von denen sie ausgelöst werden. In einigen Fällen jedoch, nämlich bei Befehlen, Verboten, Billigungen und Missbilligungen gehen die Reize von Personen aus im direkten Hinblick auf die Beeinflussung von Handlungen derjenigen, an die sie sich richten. Da wir uns in solchen Fällen des Einflusses auf die Handlungen anderer am deutlichsten bewusst werden, neigen wir dazu, diese Formen der Beeinflussung zu überschätzen auf Kosten anderer, viel häufigerer und wirksamerer Methoden der Beeinflussung. Die grundlegende Beeinflussung erfolgt durch die Natur der Situation, an der der Jugendliche teilhat. In sozialen Situationen müssen die Jugendlichen ihre Art zu handeln in Beziehung setzen zu dem, was andere tun und sie daran anpassen. Dadurch wird ihr Handeln auf ein gemeinsames Ziel gelenkt und ein allen Teilhabern gemeinsames Verständnis erzielt. [...] In diesem gemeinsamen Verstehen der Mittel und Ziele einer Handlung liegt das Wesen des von der Gemeinschaft ausgehenden Einflusses auf den einzelnen. Dieser Einfluss ist mittelbar, gefühlsmäßig, intellektuell, nicht unmittelbar oder persönlich. Er ist ferner nicht äußerlich, nicht ein Zwang, sondern liegt in den Anlagen der Person selbst begründet. Diese Unterstellung des einzelnen (von innen her) unter die Kontrolle der Gesellschaft durch das Mittel übereinstimmender Interessen und gemeinsamen Verstehens herbeizuführen, ist die Aufgabe der Erziehung." (Ebd., S. 63f.)

Wie „erzieht" die Umgebung? – Deweys Antwort in aller Kürze: Indem sie die Individuen in Tätigkeiten verwickelt, also indem ein Kind beispielsweise an den Aktivitäten in einer sozialen Umgebung teilhat. Die Tätigkeiten in der Umgebung, das was dort geschieht, rufen bei den Jungen, so Dewey, gewisse Reaktionen hervor. Glaubensüberzeugungen, Einstellungen, Haltungen können nicht eingetrichtert oder angeklebt werden, aber die besondere Umwelt, in der ein Mensch lebt und – was für Dewey dasselbe ist – tätig ist, führt ihn dazu, ein Ding zu sehen und ihm besondere Aufmerksamkeit zukommen zu lassen und ein anderes nicht. Sie veranlasst ihn, „gewisse Pläne zu machen, damit er mit den anderen erfolgreich zusammenwirken kann; sie schwächt gewisse Meinungen und verstärkt andere". (Ebd., S. 27) Vermittels der Tätigkeit in einer bestimmten Umgebung erzeugt das heranwachsende Individuum ein System von Verhaltensweisen und von Dispositionen zum Handeln. Es sind diese Aktivitätszusammenhänge, die soziale Umgebung, und *nicht* die Ermahnungen, Belehrungen, Erklärungen usw., durch die die wesentliche Formung der Individuen stattfindet. „Es kommt uns selten zu Bewusstsein", so Dewey, „in welch großem Umfange unsere bewussten Wertungen auf Normen zurückgehen, die uns nicht im geringsten bewusst sind. Im Allgemeinen bestimmt gerade all das, was wir ohne eigene Überlegung oder Untersuchung als gegeben hinnehmen, unser bewusstes Denken und unsere Schlussfolgerungen. Gerade diese unter der Schwelle des Nachdenkens liegenden Gewöhnungen aber sind in dem beständigen Hin und Her der Beziehungen zu andern entwickelt worden." (Ebd., S. 37)

Wichtig ist ein solch weiter Begriff von Erziehung zum einen, weil er geeignet ist, Funktion und Bedeutung der Erziehung im Zusammenleben der menschlichen Gesellschaft zu fassen, und zwar grundsätzlich, unabhängig von der jeweils konkreten Gesellschaft, sozusagen auf der Ebene menschlicher Gattungseigenschaften, „anthropologisch", bezogen auf die Grundtatsachen Geburt und Tod und die spezifisch menschlichen Formen der Lebenserhaltung. Zum anderen ist er zugleich praktisch bedeutsam. Das weite Verständnis von Erziehung macht deutlich, dass die direkte persönliche Einwirkung nicht die einzige und nicht die wichtigste pädagogische Handlungsweise ist. Eine Auffassung von Erziehung als Wirkung der Umgebung schließt solche direkten pädagogischen Operationen nicht aus, aber sie hebt die große Zahl anderer wirksamer Faktoren hervor. Davon, wie weit oder wie eng Erziehung gefasst wird, hängt ganz entscheidend ab, was pädagogischer Verantwortung unterliegt und was als pädagogisch gestaltbar gedacht wird.

In Deutschland gab es wenig später – ebenfalls um die Zeit der sog. Reformpädagogik, in der viele überkommene Vorstellungen von Erziehung aus ganz unterschiedlichen Richtungen in Frage gestellt wurden – ganz ähnliche Überlegungen, die sich allerdings nicht durchsetzen konnten und hierzulande erst wieder seit den 1970er Jahren rezipiert wurden. Im Hinblick auf einen weiten, umfassenden Erziehungsbegriff ist hier vor allem der Ansatz von Siegfried Bernfeld (1892–1952) zu nennen. Wie Dewey sieht er Erziehung nicht mehr allein und in erster Linie als personales Verhältnis, sondern als umfassenderen gesellschaftlichen Prozess, bei dem die Versuche von Erwachsenen, unmittelbar auf Kinder und Jugendliche einzuwirken, nur einen kleinen Teil ausmachen, eine fast zu vernachlässigende Größe. In diesem Sinne formuliert Bernfeld eine sehr handliche und brauchbare, wenn auch – wie er selbst schreibt – ungewohnte Definition von Erziehung:

„So mannigfaltig menschliche Gesellschaften strukturiert sein mögen, das Kind hat von Geburt an eine Stelle in ihnen. Es muss eine bestimmte Menge Arbeit für es von der Gesellschaft geleistet werden, sie hat irgendwelche Einrichtungen, die nur wegen der Entwicklungstatsache bestehen, gewisse Einstellungen, Verhaltungen, Anschauungen über sie. Die Kindheit ist irgendwie im Aufbau der Gesellschaft berücksichtigt. Die Gesellschaft hat irgendwie auf die Entwicklungstatsache reagiert. Ich schlage vor, diese Reaktionen in ihrer Gänze Erziehung zu nennen. Die Erziehung ist danach die Summe der Reaktionen einer Gesellschaft auf die Entwicklungstatsache.
Der Begriff der Erziehung erfährt durch diese Definition gewiss eine ungewohnte Erweiterung, die aber nicht unerwartet sein kann, denn betrachtet man die Erziehung als gesellschaftlichen Prozess und nicht [...] als System von Normen und Anweisungen, so wird der Umfang der zu betrachtenden und in einem Begriff zu vereinenden Erscheinungen natürlicherweise größer." (Bernfeld 1973, S. 51)

Ungewohnt ist ein derart umfassender weiter Erziehungsbegriff bis heute (Menck 1998, S. 24), aber er ist in vielerlei Hinsicht sinnvoll. Die Pädagogik, so der Vorwurf Bernfelds, setze willkürlich Grenzen zwischen dem, was sie als Erziehung ansieht, und dem, was sie nicht als Erziehung anerkennt. Aber wie kann man wissen, in welcher Weise Kinderkleidung, Kinderschuhe, Überraschungseier, Plüschteddybären, Pokemon-Sammelkarten, Spielplätze usw. Wirkungen im Blick auf das Aufwachsen, die Art des Weltverständnisses und der Lebensbewältigung zeigen, bevor das untersucht wurde? Alles Genannte sind gesellschaftliche Veranstaltungen für Kinder und können insofern nach der Definition von Bernfeld als „Erziehung" gelten. Alles, was eine Gesellschaft erfindet, um auf die Entwicklungstatsache des Kindes zu reagieren, wäre als Erziehung zu bezeichnen: Dazu zählen u.a. Jugendschutzgesetze, Schulpflicht, Kinderspielzeug, Lehrerausbildung, Bildungspolitik, Kinderkrankenhäuser und -ärzte. Insbesondere in Bezug auf die Schule hieße das, dass alles, was mit Schule zu tun hat, der Erziehung zuzurechnen ist, nicht nur Bildungsauftrag und Lehrpläne, sondern auch die finanziellen, ökonomischen architektonischen und organisatorischen Rahmenbedingungen. Für Kindergärten und andere pädagogische Institutionen gilt das entsprechend (vgl. Kap. 4).

Faktisch hat das die Erziehungswissenschaft durchaus anerkannt, auch wenn sie sich für andere Dinge mehr interessiert als beispielsweise den Kinderalltag, nicht aber terminologisch. Wenn Spielzeug, Medien usw. untersucht werden, ist meistens nicht von Erziehung, sondern von Sozialisation die Rede.

2.4 Sozialisation: Die Gesellschaft in uns

Der Begriff der Sozialisation stammt aus der Soziologie. Seine Aufnahme in die Erziehungswissenschaft ist Ergebnis der sozialwissenschaftlichen und realistischen Wende, die in den 1960er Jahren stattfand und das bis dahin weitgehend geisteswissenschaftlich geprägte Selbstverständnis der Erziehungswissenschaft veränderte. Wesentlich geprägt wurde der Sozialisationsbegriff von dem französischen Soziologen Emile Durkheim (1858–1917), der selbst allerdings noch von Erziehung im umfassenden Sinne, von *éducation*, nicht von Sozialisation spricht. Ein wichtiger Ausgangspunkt seiner Argumentation ist die Beobachtung, dass das Aufwachsen von Kindern und Jugendlichen und der Umgang mit ihnen sowohl innerhalb einer Gesellschaft als auch in verschiedenen Gesellschaften und in verschiedenen historischen Epochen unterschiedlich aussehen, dass „Erziehung so außerordentlich nach Zeit und Ort verschieden ist" (Durkheim 1973, S. 42). Sie könne daher, so Durkheim, nicht als individuelle Angelegenheit behandelt werden; sie sei vielmehr abhängig von den jeweiligen gesellschaftlichen Verhältnissen (ebd., S. 39f.). Auch die Fragestellung ist eine andere als in der herkömmlichen Erziehungstheorie. Es geht weniger um die Aufgaben, die der Erziehung von den Erziehern und Anderen zugeschrieben werden, auch nicht um die Bedeutung der Erziehung für den Einzelnen, sondern um ihre Funktion im gesellschaftlichen Reproduktionsprozess. Ähnlich wie für Schleiermacher ist Erziehung für Durkheim „das Mittel, mit dem die Gesellschaft immer wieder die Bedingungen ihrer eigenen Existenz erneuert" (ebd., S. 45f.). Den Sozialisationsbegriff führt er ein, indem er von einer „methodischen Sozialisierung der jungen Generation" (ebd., S. 46) spricht, um das bewusste, auf die Zöglinge bezogene intentionale Handeln von den

Einflüssen abzugrenzen, die von der Gesellschaft auf die Heranwachsenden wirken, ohne dass dies beabsichtigt oder geplant wäre. An diese Abgrenzung knüpfen Bestimmungen des Verhältnisses von Sozialisation und Erziehung bis heute an. Als Beispiel hierfür kann die Definition von Geulen gelten:

> „Sozialisation meint [...] die Gesamtheit der Lernprozesse im weitesten Sinne, gleichgültig, ob sie bewusst, gewünscht oder geplant sind und wann und wo sie stattfinden. Erziehung meint dagegen ein intentionales, geplantes und dabei normativ orientiertes Handeln [...]. Erziehung ist also immer ein Teil der Sozialisation, der Sozialisationsbegriff ist jedoch weiter gefasst." (Geulen 1994, S. 102)

Den Sozialisationskonzepten liegt dabei insgesamt die

> „anthropologische Annahme zugrunde, dass Menschen nur mit rudimentären Instinkten und in jedem Sinne offen zur Welt kommen, dass sie erst durch die jeweils spezifische Kultur und Gesellschaft, in der sie sich befinden, ‚in Form kommen' oder ‚festgelegt werden' [...]. Bewusste, bzw. in pädagogischer Absicht stattfindende Erziehung leistet nur einen Teil dieser Formung und Festlegung. Erkenntnisse aus der vergleichenden Völkerkunde wiesen zudem auf eine weitreichende Plastizität oder Formbarkeit menschlichen Lebens hin." (Hagemann-White 2004, S. 148)

Die Aussage, etwas sei sozialisationsbedingt, heißt also zunächst, es ist nicht biologisch determiniert.

Im deutschen Sprachraum hat sich der Sozialisationsbegriff erst seit den 1970er Jahren durchgesetzt. Der vergleichende Aspekt trat dabei gegenüber der Bedeutung gesellschaftlicher Verhältnisse für die Prozesse des Aufwachsens zurück. Im Hintergrund steht dabei die soziologische Grundfrage, wie überhaupt gesellschaftliche Ordnung möglich ist. Die sozialisationstheoretische Teilantwort auf diese Frage lautet: Indem die Individuen frühzeitig und ohne dass ihnen dies unbedingt bewusst sein müsste, die in einer Gesellschaft verbindlichen Normen, Werte und Gepflogenheiten lernen, sich aneignen – und zwar so, dass sie ihnen ganz selbstverständlich, gewissermaßen zur zweiten Natur werden. Wäre dem nicht so, müssten und würden die Individuen bei allen ihr gesellschaftliches Handeln betreffenden Entscheidungen neu nachdenken, wäre die gesellschaftliche Ordnung permanent gefährdet und müsste immer wieder neu legitimiert werden (ganz abgesehen davon, dass dies den gesellschaftlichen Verkehr beträchtlich verzögern würde).

In der Sozialisationsforschung existieren unterschiedliche Positionen, die sich grob etwa so kennzeichnen lassen: Die eine (verbreitetere) geht von einem vorgängig vorhandenen Individuum aus, das erst mit dem Sozialisationsprozess gesellschaftlich wird. Die Sozialisation wird damit gewissermaßen auf einen gesellschaftlichen Einfluss reduziert. Entsprechend herrscht hier häufig ein vergleichsweise enges Verständnis von Sozialisation vor. Sozialisation bezeichnet dann meist die Übernahme überlieferter Werte und Normen, manchmal (schon etwas weiter) auch von Handlungsmustern, die auf die Übernahme gesellschaftlicher Rollen vorbereiten sollen. Dabei wird das Individuum eher passiv gedacht; jedenfalls wird seine aktive Rolle bei der Auseinandersetzung mit den jeweiligen gesellschaftlichen Realitäten nicht besonders betont. Da das weite Feld der vielfältigen Beziehungen zwischen Individuum und Gesellschaft, auf das der Sozialisationsbegriff referiert, tatsächlich alle Einflüsse umfasst, ist es unvermeidlich, diese je gesondert zu untersuchen. In den entsprechend vielfältigen empirischen Untersuchungen, etwa zu Sozialisationsprozessen im Kindergarten, in der Familie, in der Schule u.a.m., (zusammenfassend Hurrelmann/Ulich 1980; 1991) sind die Forschungsdesigns oft so angelegt, dass die Heranwachsenden kaum als aktive Subjekte, sondern mehr oder weniger als Objekte der Sozialisationsbedingungen erscheinen, die der Sozialisation passiv ausgeliefert sind. Das führt Forscher in jüngerer Zeit dazu, in Abgrenzung zu den klassischen Studien von „Selbstsozialisation" zu sprechen, um den aktiven eigenen Anteil der Sozialisation zu betonen. Ungeachtet der Abstraktion und Weite des Konzepts hat der Begriff unter vereinfachten Vorstellungen Eingang in das Alltagsbewusstsein und die Alltagssprache gefunden.

Die andere Position, die sich in der Fachdiskussion inzwischen weitgehend durchgesetzt hat, setzt grundsätzlicher an. Für sie wird das Individuum nicht erst zu einem gesellschaftlichen Wesen, sondern ist es von Anfang an. Vermittels des Sozialisationsprozesses eignet es sich jedoch die (historisch und kulturell) spezifischen Formen von Gesellschaftlichkeit und Individualität an, die für die jeweilige Gesellschaft und Kultur charakteristisch sind. Mit dem Lernen und Verinnerlichen von Normen und Werten ist es deshalb nicht getan; die Eingliederung in die Gesellschaft ist ein Prozess, der die Einzelnen gleichsam mit Haut und Haaren ergreift. Es geht nicht allein um Auffassungen und Einstellungen, um Fertigkeiten und Fähigkeiten, sondern auch um körperliche Haltungen, um Wahrnehmungs-, Verhaltens- und Denkstile, um Empfindungen und Gefühle. In diesem Sinne wird Sozialisation heute oft sehr weit gefasst:

„Sozialisation bezeichnet den Gesamtzusammenhang der kognitiven, sprachlichen, emotionalen und motivationalen Entstehung und lebenslangen Veränderung der Person im Rahmen sozialer, interaktiver und gegenständlicher Einflüsse. Sozialisation ist dabei ein aktiver Prozess der Auseinandersetzung (d.i. eine aktive Auseinandersetzung des Subjekts mit seiner sozialen und gegenständlichen Umwelt). Die Auseinandersetzungsmöglichkeit der Person mit den äußeren Verhältnissen ist aber selbst ein Ergebnis der Sozialisationsprozesse und kann darin auch beeinträchtigt werden." (Helsper 2004, S. 80)

Das Individuum ist hier deutlich als Subjekt angesprochen. Vergesellschaftung und Individualisierung sind den entwickelteren Varianten der Sozialisationstheorie nach keine getrennten Prozesse, sondern gehören unauflöslich zusammen. Indem das Individuum sich sozialisiert, wird es zugleich zum autonomen Individuum; Vergesellschaftung ist zugleich Individuierung.

Phasen, Felder, Dimensionen und Ebenen der Sozialisation

Sozialisation als lebenslanger Prozess lässt sich in verschiedene Phasen gliedern. Unterschieden werden Instanzen, in denen die Sozialisation stattfindet (Tab. 2).

Da es um *alle* Bereiche der Entwicklung der Persönlichkeit geht, werden verschiedene *Dimensionen* der Sozialisation unterschieden: sprachliche, kognitive, emotionale, motivationale, soziale, moralische, personale, religiöse, politische, ästhetische, literarische, musikalische usw. Empirische Forschungen gibt es zu allen Phasen, Instanzen, Altersstufen und Dimensionen. Darüber hinaus akzentuieren weitere Forschungen andere Bereiche, z.B. schicht- oder kulturvergleichende Aspekte. Auch die Altersgruppen werden weiter ausdifferenziert. Neuere Forschungen etwa zum Generationenverhältnis, die die Weitergabe von Traditionen innerhalb der Familien untersuchen, oder Kindheitsforschung, die den Aspekt der sog. „Selbstsozialisation" betont, können ebenfalls zur Sozialisationsforschung gezählt werden.

Tabelle 2

Phase	Instanz	Alter
Primäre Sozialisation	Familie	Kinder
Sekundäre Sozialisation	Kindergarten, Schule	Kinder
	Schule, peer group	Jugendliche
Tertiäre Sozialisation	Beruf	Erwachsene

Ein prominent gewordener Ansatz versucht die verschiedenen Dimensionen von der Person bis hin zur Gesellschaft miteinander zu verbinden. Er stammt von Urie Bronfenbrenner (1917–2005) und beschreibt die Entwicklung des Menschen in ökologischen Systemen (1981). Diese Systeme sind ineinander verschachtelt und beeinflussen sich gegenseitig. Er unterscheidet vier ökologische Teil-Systeme:

- **Mikrosystem:** das unmittelbare System, in dem das sich entwickelnde Kind lebt: Dazu gehören die Familie (Mutter-Kind-Beziehung, Vater-Kind-Beziehung, Geschwister-Beziehungen, Dyaden, Triaden, usw.), Beziehungen zu Großeltern, Nachbarn, Freunden sowie die räumlich-stoffliche Umgebung (Wohnverhältnisse, soziale Lage) und soziale Netzwerke.
- **Mesosystem:** Auf mittlerer Systemebene kann das Kind mehreren Systemen gleichzeitig angehören: der Familie und zugleich der Kindertagesstätte oder der Schule, einem Verein, einer Kirchengemeinde u.a. Die Wechselbeziehungen dieser Systeme bilden ein weiteres für die Entwicklung des Kindes relevantes System: Das Kind z.B. bringt aus der Schule etwas mit nach Hause und umgekehrt.
- **Exosystem:** Damit sind Teilsysteme gemeint, denen das Kind nicht unmittelbar angehört, die aber die Entwicklung des Kindes indirekt beeinflussen: z.B. der Arbeitsplatz der Eltern, die Familie des Lehrers oder der Lehrerin oder andere Teilsysteme, denen signifikante erwachsene Bezugspersonen angehören.
- **Makrosystem:** Es bezeichnet das gesellschaftliche Gesamtsystem in Bezug etwa auf Kultur, Ideologie, Ökonomie, Weltanschauung der Gesellschaft bzw. der Subkultur, die alle Mitglieder beeinflusst. Heute wird man davon ausgehen müssen, dass das Makrosystem in den meisten Fällen mit der Weltgesellschaft identisch ist.

Das Modell zeigt, wie komplex Sozialisationsprozesse sind und wie viele Ebenen berücksichtigt werden müssen (oder müssten), wenn man die Sozialisation von Kindern umfassend verstehen oder untersuchen will. Es zeigt ebenfalls, dass es sich bei der Sozialisation um ein enorm voraussetzungsvolles Geschehen handelt, bei dem keine einfachen, kausalen Handlungslogiken unterstellt werden können. Es versteht sich daher beinahe von selbst, dass zur wissenschaftlichen Erforschung von Sozialisation unterschiedliche theoretische Konzepte herangezogen werden. Schon die älteren soziologischen Ansätze – etwa Parsons' strukturfunktionalistische Rollentheorie – haben Anleihen bei Freuds psychoanalytischer Theorie der Charakterentwicklung und teilweise auch bei G.H. Meads pragmatistischer Sozialphilosophie gemacht. Inzwischen existieren eine ganze Reihe von

Ansätzen, die verschiedene Disziplinen berühren: Erziehungswissenschaft, Psychologie, Soziologie u.a. In der Psychologie sind etwa die Lern- und Verhaltenstheorien, Theorien der Entwicklung, insbesondere der Entwicklung des Denkens, des moralischen Urteilens, der sozialkognitiven Wahrnehmung (Piaget, Kohlberg), der Persönlichkeit relevant; in der Soziologie sind es z.B. materialistische Ansätze (z.B. Marx), der Symbolische Interaktionismus (Mead), die Theorie des kommunikativen Handelns (Habermas) oder die Theorie der sozialisatorischen Interaktion (Oevermann). Eine übergreifende Theorie, die die Komplexität des Sozialisationsgeschehens integriert erfassen könnte, gibt es nicht. Alle Theorieansätze sind von begrenzter Reichweite, die sich – aus bildungstheoretischer Sicht – ergänzen.

Rollenhandeln

Der im Zusammenhang mit sozialisationstheoretischen Fragen wohl bekannteste soziologische Ansatz liegt mit dem Rollenmodell vor (Corsten 2011, 78ff.). Die – durchaus umstrittene – Voraussetzung dieses Ansatzes ist zunächst, dass die gesellschaftliche Ordnung wesentlich durch Verhaltensregeln und Regularitäten aufrechterhalten wird. Der Sozialisationsprozess vermittelt demnach – grob zusammengefasst – eben jenes Regelwissen, das es den Individuen erlaubt, die in ihrem Umfeld geltenden Regeln zu identifizieren und sich entsprechend (regelkonform, ggf. aber auch abweichend) zu verhalten. Das muss nicht bewusst geschehen, geht aber nach dem klassischen Verständnis nicht ohne Aktivität des individuellen Akteurs oder gar gegen seine Absichten.

Der zentrale Begriff des Modells ist der der Rolle. In soziologischer Perspektive – von der gesellschaftlichen Struktur her gesehen – ermöglicht das Rollenmodell Verhalten nicht primär als Äußerung eines Individuums, sondern als Element im System des sozialen Handelns zu beschreiben. Vom Individuum aus betrachtet wird unter Rolle ein Bündel von Verhaltenserwartungen verstanden, die mit einer bestimmten sozialen Position verbunden sind. Eine Schülerin beispielsweise muss lernen, mitschreiben, aufpassen (oder wenigstens so tun), Hausaufgaben machen usw. Dabei lassen sich (etwa nach Dahrendorf 1964) Muss-Erwartungen, Soll-Erwartungen und Kann-Erwartungen unterscheiden. Man *muss* zur Schule gehen – das ist in diesem Fall in Deutschland durch die Schulpflicht sogar gesetzlich festgelegt –, *soll* mitmachen und möglichst gute Noten schreiben – andernfalls hätte man als Schülerin auf Dauer einen schweren Stand – und *kann* sich für ein Thema besonders interessieren und zusätzliche Arbeiten übernehmen.

Darüber hinaus können allerdings weitere, je nach Bezugsgruppe unterschiedliche Erwartungen an die Rolle herangetragen werden. Daraus können sich *Intrarollenkonflikte* ergeben. Die Schülerinnenrolle wird von der Lehrerin anders verstanden als von den Mitschülerinnen. Was für die Lehrerin begrüßenswertes Engagement (entsprechend den Kann-Erwartungen) darstellt, erscheint den Mitschülerinnen womöglich schon als Strebertum. Da jeder Akteur mehrere Rollen einnimmt, kann es auch dabei zu Gegensätzen, zu *Interrollenkonflikten* kommen. Die Schülerin ist gleichfalls Freundin ihrer Freundin. Wenn diese in der Schule bei ihr abschreiben möchte, muss vermittelt oder eine Entscheidung getroffen werden zwischen den Verpflichtungen, die eine Freundschaft mit sich bringt, und den Muss-Erwartungen, die mit der Schülerinnenrolle verknüpft sind.

Nur scheinbar haben wir also mit dem Rollenmodell eine einfache und klare Erklärung für angemessenes soziales Verhalten. Tatsächlich sind Rollenanforderungen kaum einigermaßen eindeutig definiert. An der Schülerinnenrolle lässt sich das verdeutlichen. Für das Kind, das zur Schule kommt, ist nur klar, dass es – aufgrund gesetzlicher Vorgaben – zur Schule gehen muss, wobei auch hier unter Umständen noch gewisse Interpretationsspielräume bestehen. Vieles andere muss es sich aus meist wenigen unsystematischen Hinweisen der Lehrerin, aus deren nachträglichem Tadel, aus Erzählungen von Eltern und Ermahnungen von Großeltern, aus dem, was es von Mitschülerinnen und Mitschülern erfährt oder bei ihnen beobachtet, mühsam zusammenreimen. Dabei sind die Kinder höchst unterschiedlich erfolgreich. Die Vermutung liegt nahe, dass dieser Erfolg maßgeblich mit der sozialen Nähe des Elternhauses zur Schule zu tun hat. Lehrerkinder werden sich leichter tun als Kinder von Eltern, die an ihre eigene erfolglose Schulzeit am liebsten gar nicht mehr erinnert werden möchten. Nach wie vor (wenn nicht mehr denn je) bevorzugt die Schule Kinder aus den Mittelschichten, und Kinder mit Eltern, die das deutsche Schulwesen nie kennen gelernt haben, weil sie aus dem Ausland kommen, haben besondere Schwierigkeiten. – In Japan ist es übrigens üblich, zu Beginn der Schulzeit – in der Grundschule, aber ebenso in Mittel- und Oberschule – oft monatelang systematisch einzuüben, was Schule bedeutet und was von den Schülerinnen und Schülern verlangt wird. Differenzen, die aus der sozialen Herkunft resultieren, werden damit zu minimieren versucht. Deutschen Beobachtern (die in aller Regel aus den Mittelschichten stammen) erscheint ein solches Training meist unangemessen pedantisch, aber es trägt wahrscheinlich nicht unerheblich dazu bei, dass es dem japanischen Schulwesen besser als anderen gelingt, soziale Unterschiede auszugleichen.

Ein Rollenmodell muss also berücksichtigen, dass Rollenanforderungen nicht einfach gegeben, sondern interpretationsbedürftig sind. Die verschiedenen rollentheoretischen Ansätze haben daraus unterschiedliche Konsequenzen abgeleitet. Für den US-amerikanischen Soziologen Talcott Parsons (1902–1979), dessen Strukturfunktionalismus zu den einflussreichsten soziologischen Theorien des 20. Jahrhunderts gehört, müssen die Akteure bei (auch für ihn keineswegs seltenen) Unklarheiten oder Konflikten auf übergreifende gesellschaftliche Werte zurückgreifen (Parsons 1976). Die Schülerin, bei der ihre Freundin abschreiben möchte, kann sich beispielsweise an den Wert der Ehrlichkeit erinnern. Natürlich ist das nicht zwingend; sie könnte auch die Werte der Freundschaft höher einschätzen. Entscheidend ist, dass die Individuen aufgrund der Verinnerlichung von gesellschaftlichen Wertorientierungen angesichts von Rollenkonflikten in der Lage sind, mit Erwartungen selbständig umzugehen.

Diese Lösung erscheint vielen Autoren aber als zu einfach. Insbesondere im Umkreis des sogenannten Symbolischen Interaktionismus ist betont worden, dass sich das Spiel der Erwartungen und der Erwartungserwartungen meist wesentlich komplexer und unübersichtlicher darstellt. Die Schülerin, deren Freundin abschreiben möchte, wird noch einiges mehr berücksichtigen können und müssen: Wie wird die gerade anwesende Lehrerin auf den Regelverstoß reagieren? Bemerkt sie ihn überhaupt? Welches Bild hat sie von mir und würde sich das ändern? Ist mir das wichtig? Würde meine Freundin meine moralischen Skrupel verstehen, wenn ich sie äußerte? Passen sie zu dem Bild, das sie von mir hat oder das ich ihr von mir vermitteln will? Passen die Skrupel überhaupt zu meinem Selbstbild? Bin ich denn ein Tugendbold? – Die Vorstellung, Rollen könnten (zumindest unter günstigen Bedingungen) schlicht übernommen werden und auf eine vorab festgelegte Weise erfolgreich ausgeführt werden, verkennt die Komplexität menschlichen Handelns. Erwartungen stehen – jedenfalls außerhalb reiner Routinen – niemals fest, sondern sind stets interpretationsbedürftig und werden in jeder Situation mehr oder weniger neu ausgehandelt. Soziale Erwartungen existieren nur als interpretierte. Rollen können nicht einfach übernommen werden, sondern müssen selbst hergestellt werden. Turner (1976) stellt dem „role-taking" deshalb das „role-making" gegenüber. Rollenhandeln erscheint in dieser Perspektive als ein äußerst komplexer Prozess, Anpassungen an Erwartungen als anspruchsvolles Unternehmen:

> „Unter Berücksichtigung der durch die jeweilige Situation eingegrenzten Handlungsmöglichkeiten müssen sich Interaktionspartner [...] bemühen, Rollen zu entwerfen, innerhalb derer sie sowohl ihre in einer persönlichen Vorgeschichte entstandenen Erwartungen als auch die gleichzeitig zu beachtenden Verpflichtungen aus anderen Rollen unterzubringen versuchen, aber sich dennoch die Anerkennung ihres Handlungskonsenses durch relevante Dritte nicht verscherzen." (Krappmann 1989, S. 1316)

Theorie des dramaturgischen Handelns

Erving Goffman (1922–1982), gegenwärtig einer der meistgelesenen Soziologen, hat Interaktionen auf der Mikroebene, in der face-to-face-Interaktion, sehr ausführlich und detailliert untersucht. Er vergleicht die Interaktionen von Personen mit einer Theatervorstellung. Wir alle sind Darsteller und zugleich Publikum. Jede Interaktionssituation ist sozusagen ein Theaterstück, das wir aufführen. Wir verkörpern unsere Rollen mit Hilfe dramaturgischer Elemente, um so gut wie möglich zu spielen und das Publikum zu überzeugen. Die Rollen sind Hüllen, in die wir schlüpfen, wir verfügen über ein Ausdrucksrepertoire und verschiedene Techniken, die wir verwenden, um den Anderen, dem Publikum, die Rolle glaubhaft vorzuspielen. Letztendlich sollen wir die Rollen, die wir spielen, plausibel verkörpern und authentisch „selbst" sein. Goffman bezeichnet das als „Selbst-als-Rolle" sein (Goffman 1983, S. 230).

Für Goffman ist das, was traditionell Kern der Person oder Persönlichkeit genannt wird, eine gesellschaftlich geforderte Inszenierung: „Eine richtig inszenierte und gespielte Szene veranlasst das Publikum, der dargestellten Rolle ein Selbst zuzuschreiben, aber dieses zugeschriebene Selbst ist ein Produkt einer erfolgreichen Szene, nicht ihre Ursache." (Goffman 1983, S. 231) D.h. Goffman bezweifelt, ob es so etwas wie einen Kern einer Person überhaupt gibt.

Für die Frage der Sozialisation in der Schule bietet der Ansatz eine Reihe von interessanten Perspektiven. Das, was im *Unterricht* stattfindet, kann dementsprechend *als Theaterstück* interpretiert werden. Jeder der Beteiligten hat neben dem Spiel auf der Vorderbühne noch eine Hinterbühne zur Verfügung. Da geschieht das, was „hinter den Kulissen" stattfindet: Schüler lästern in der Pause über Lehrkräfte, geben ihnen Spitznamen etc., Lehrpersonen tun umgekehrt möglicherweise das Gleiche. Die Hinterbühne kann zur Vorderbühne werden: In der Pause etwa oder im Lehrerzimmer wird der Unterricht zur Hinterbühne, dort werden jeweils andere Stücke aufgeführt. Fragen könnte man zur Lehrerrolle: Wie inszenieren Lehrkräfte sich vor den Schülern und Schülerinnen? Als welche Person wollen sie gern erscheinen? Wirken Sie überzeugend auf ihr Publikum? – Analog gilt das selbstverständlich in anderen pädagogischen Praxisfeldern.

Praktischer Sinn und Habitus

Es ist klar, dass ein solches Theaterspiel, ein solcher Abgleich verschiedener Erwartungen und Erwartungserwartungen, von Fremd- und Selbstbildern nur teilweise bewusst abläuft. Andernfalls wären wir mit den Erwartungen und dem Eindrucksmanagement derart beschäftigt, dass wir zu nichts anderem mehr kämen und das Interaktionsgeschehen schon tendenziell pathologische Züge annähme. Trotzdem machen die Modelle der Rollenbalance und des Identitätsmanagements – trotz aller Relativierungen – noch einen reichlich intellektualistischen oder logozentrischen Eindruck. Sie scheinen bewusste Überlegungen überzubetonen. Tatsächlich denken wir aber wohl nur ausnahmsweise über Rollenerwartungen nach – in ungewöhnlichen oder fremden Situationen etwa. Auch die viel beschworenen Sanktionen spielen nur eine sehr untergeordnete Rolle. Wenn ein Student bei der erziehungswissenschaftlichen Einführungsvorlesung nicht in Anzug und Krawatte erscheint, so nicht, weil er sonst gehänselt würde oder die spöttischen Blicke von Kommilitoninnen und Kommilitonen fürchtet, sondern weil er sich in dieser Aufmachung wahrscheinlich unwohl fühlen würde.

Dass einem solchen körperlich erlebten Gespür oder Gefühl für die Situation entscheidende Bedeutung für das Handeln und die Orientierung im sozialen Raum zukommt, hat vor allem der französische Soziologe Pierre Bourdieu (1930–2002) herausgearbeitet. Er spricht von einem „praktischen Sinn" (*sens pratique*),[1] der es den Individuen ermöglicht, sich – zumal in ihnen vertrauten Kontexten – mit großer Sicherheit und Selbstverständlichkeit zu bewegen, ohne dabei weiter nachdenken zu müssen. Dieser praktische Sinn beruht nicht auf Regelbefolgung oder bewussten Einschätzungen, sondern auf unwillkürlich inkorporierten Handlungs- und Wahrnehmungsmustern, die zu beinahe instinktiven Gewohnheiten geworden sind. Eingeübt werden sie im praktischen Handeln, „ohne im Bewusstsein thematisiert oder erklärt werden zu müssen":

„In allen Gesellschaften zeigen die Kinder für die Gesten und Posituren, die in ihren Augen den richtigen Erwachsenen ausmachen, außerordentliche Aufmerksamkeit: also für ein bestimmtes Gehen, eine spezifische Kopfhaltung, ein Verziehen des Gesichts, für die jeweiligen Arten, sich zu setzen, mit Instrumenten umzugehen, dies alles in Verbindung mit dem jeweiligen Ton der Stimme, einer Redeweise und – wie könnte es anders sein? – mit einem spezifischen Bewusstseinsinhalt." (Bourdieu 1976, S. 190)

Die Handlungsmuster und Orientierungen, die nach und nach unwillkürlich angeeignet werden, erscheinen als selbstverständlich, verstehen sich von selbst, sie sind „natürlich", dem Körper eingeschrieben und werden als

---

1 In der deutschen Übersetzung wird „sens pratique" unverständlicherweise mit „sozialer Sinn" wiedergegeben; vgl. Bourdieu 1987.

„natürlich", nämlich körperlich erlebt: als Wohlfühlen oder Unbehagen, als befriedigend oder unbefriedigend, als peinlich oder passend, als schön oder hässlich, als ansprechend oder abstoßend, als spannend oder langweilig usw. Wir wissen spontan, was richtig, was passend ist und was nicht passt; nach Regeln fragen wir allenfalls in (wichtigen) Ausnahmesituationen, in Situationen, die wir nicht (genügend) kennen, aber für bedeutsam halten. Wir fühlen uns normalerweise keineswegs eingeschränkt, wenn wir uns angemessen verhalten. Weil die Handlungsmuster und Orientierungen körperlich gespürt und erfahren werden, weil sie sozusagen unser „innerstes Wesen" betreffen, werden sie nicht als fremd, als gesellschaftliche Vorgaben, als äußere Zumutung erlebt, sondern als subjektive, innere Instanz. „Was der Leib gelernt hat, das besitzt man nicht wie ein wieder betrachtbares Wissen, sondern das ist man." (Bourdieu 1987, S. 135) „Nichts erscheint unaussprechlicher, unkommunizierbarer, unersetzlicher, unnachahmlicher und dadurch kostbarer als die einverleibten, zu Körpern gemachten Werte" (Bourdieu 1976, S. 200).

Bourdieu hat sich vor allem dafür interessiert, wie soziale Differenzen und Ungleichheiten mit den damit verbundenen gesellschaftlichen Hierarchien, Privilegierungen und Unterprivilegierungen verkörpert und von Generation zu Generation weitergegeben werden. Damit verbunden ist die Frage, warum sie mit so großer Selbstverständlichkeit hingenommen und nur selten überwunden werden – im Schulwesen z.B. trotz formal gleicher Chancen. Seine Antworten gründen auf einem Konzept des inkorporierten „praktischen Sinns". Er spezifiziert sich gewissermaßen in – nach sozialen Schichten und Milieus – unterschiedlichen Habitusformen. Der praktische Sinn ist immer schon mit einem besonderen sozialen Raum oder Milieu verknüpft, er existiert nur als besonderer Haltung, als spezifischer Habitus. Der „Habitus, diese geregelte Disposition zur Erzeugung geregelter und regelmäßiger Verhaltensweisen außerhalb jeder Bezugnahme auf Regeln" (Bourdieu 1992, S. 86), steht für die individuelle Verkörperung der Stellung im sozialen Raum; er ist immer schon an eine bestimmte Soziallage gebunden. Aufgrund unseres Habitus „wissen" wir, was sich je nach Situation, Ort, Milieu, Schicht, Geschlecht usw. „gehört" und was nicht – nur dass dieses eben an eine bestimmte Herkunft gebunden und deshalb z.B. eher kleinbürgerlich und weiblich oder proletarisch und männlich ist. Indem wir gemäß unseres jeweiligen Habitus wahrnehmen und handeln, was immer schon spontan, ohne besondere Überlegung und entsprechend unseren Gefühlen für die Situation ganz von selbst geschieht, ordnen wir uns im sozialen Gefüge ein und werden von Anderen, aufgrund deren Habitus und deren unwillkürlichem Gespür, wahrgenommen und eingeordnet. So erklärt sich, wo wir uns wohlfühlen, wo wir unbefangen und ungezwungen und wo wir befangen und gezwungen agieren, unsere Vorlieben und Abneigungen, sogar wen wir sympathisch und wen wir unsympathisch finden, aus der inkorporierten sozialen Struktur.

Der jeweilige Habitus determiniert das Handeln und Denken eines Individuums selbstverständlich nicht völlig; er begrenzt vielmehr den Spielraum des Verhaltens, eröffnet aber gleichzeitig auch bestimmte Verhaltensmöglichkeiten. Bourdieu bezeichnet ihn als strukturierte und strukturierende Disposition. Auch nach diesem Erklärungsansatz inkorporiert das Subjekt die sozialen Zwänge, Anforderungen, Erwartungen, Beschränkungen nicht nur, sondern eignet sich damit zugleich einen Möglichkeitsraum individueller Ausdeutung und Gestaltung an. Der Habitus gibt gewissermaßen den Rahmen vor, innerhalb dessen wir uns ausleben und unsere Individualität ausgestalten können, ohne uns dabei unwohl zu fühlen.

Mit diesem Erklärungsansatz lassen sich schulische Schwierigkeiten besser verstehen. Manche Kinder fühlen sich in bestimmten Schulen – in einem bestimmten Milieu – einfach nicht wohl, weil hier Habitusformen vorherrschen, die ihnen fremd sind. Aber die Bedeutung des Habitus geht noch darüber hinaus. Die Schule bevorzugt Kinder, die mit einem Habitus eintreten, der dem schulischen und dem unter den Lehrpersonen vorherrschenden Habitus entspricht; die anderen lernen das Schweigen und das Nicht-Können, weil ihr Habitus nicht anerkannt oder sogar stigmatisiert wird (Liebau 1987, S. 87). Berücksichtigt man dieses, die größtenteils präreflexiven körperlichen Praktiken betonende Konzept des Habitus systematisch, so wird deutlich, dass Schülern und Schülerinnen aus anderen als den in der deutschen Schule kulturell dominierenden deutschstämmigen Mittelschichten der Zugang zur Schule nicht erst auf der Ebene der Lehrpläne, der offiziellen Leistungskriterien und Bewertungsmaßstäbe erschwert wird, „sondern bereits auf der stummen Ebene der Praktiken und des nicht-expliziten Wissens" (Alkemeyer 2009, S. 135). Implizit privilegiert werden dagegen die Schülerinnen und Schüler, „die sich in der Schule bereits aufgrund ihres Herkunftshabitus heimisch fühlen und so sicher bewegen wie Fische im Wasser" (ebd.).

Entscheidend ist, dass dies unwillkürlich, ohne Absicht (also auch ohne böse Absicht) geschieht; es ist weder den Schülerinnen und Schülern oder ihren Eltern noch den Lehrpersonen bewusst. Und da es so tief in unserem leiblichen Spüren verankert ist, fällt es besonders schwer, darüber selbstkritisch nachzudenken und sich die soziale Bedingtheit der eigenen Empfindungen, Neigungen und Abneigungen bewusst zu machen.

Sozialisation und Geschlecht

Geschlecht ist ebenfalls Produkt des Sozialisationsprozesses. Es ist grundlegend für die Subjektkonstitution – es gibt kein Subjekt ohne Geschlecht – und es ist eine zentrale Bedeutungskategorie gesellschaftlicher Ordnungen. Aber es ist weder „natürlich" noch einfach biologisch vorgegeben. Durch die feministische Diskussion hat es sich eingebürgert, zwischen „sex" (biologisches Geschlecht) und „gender" (soziales Geschlecht) zu unterscheiden. Da es im Deutschen dafür keine unterschiedlichen Begriffe gibt, wurden die englischen Begriffe übernommen (Faulstich-Wieland 2004). Diese Differenzierung geht zurück auf den symbolischen Interaktionismus. Nach Goffman (1994) dient das Geschlecht „in modernen Industriegesellschaften, und offenbar auch in allen anderen, als Grundlage eines zentralen Codes, demgemäß soziale Interaktionen und soziale Strukturen aufgebaut sind" (S. 107). In allen Gesellschaften werden Säuglinge bei der Geburt in eine der beiden Geschlechtsklassen eingeordnet. Dies geschieht nach Goffman so wie bei Haustieren durch in Augenschein nehmen der „dimorphen Genitalien" (ebd.). Die Zuordnung ermöglicht „die Verleihung einer an das Geschlecht gebundenen Identifikationskette (Mann-Frau, männlich-weiblich, Junge-Mädchen, er-sie)" (ebd., S. 108). Dieser Code prägt „die Vorstellungen der Einzelnen von ihrer grundlegenden menschlichen Natur entscheidend" (ebd., S. 105). Dieser ersten Zuordnung folgt ein fortlaufender Sortierungsvorgang, durch die Angehörigen der beiden Klassen einen unterschiedlichen Sozialisationsprozess durchlaufen.

> „Von Anfang an werden die der männlichen und der weiblichen Klasse zugeordneten Personen unterschiedlich behandelt, sie machen verschiedene Erfahrungen, dürfen andere Erwartungen stellen und müssen andere erfüllen." (Ebd., S. 109)

Der Sozialisationsprozess ist dann charakterisiert durch an das Geschlecht gebundene „Interaktionsketten", die das Individuum lebenslang durchläuft, und in deren Folge „sich eine geschlechtsklassenspezifische Weise der äußeren Erscheinung, des Handelns und Fühlens" über die individuellen biologischen Muster lagert, sie „ausbaut, missachtet oder durchkreuzt" (ebd., S. 109). Idealbilder von Männlichkeit und Weiblichkeit gehören ebenso zu diesem Code wie Normen geschlechtstypischen Verhaltens. Sie verdichten sich zum Habitus, den Goffman als Genderismus (genderism) bezeichnet (ebd., S. 113).

Die Vorstellungen über solche Geschlechterdifferenzen sind historisch gesehen gekoppelt an die Entstehung der bürgerlichen Gesellschaft: Das Konzept der freien und gleichen Individuen sollte für Frauen nicht oder nur eingeschränkt gelten. Das musste aber begründet werden, konnte nicht als selbstverständlich oder gottgegeben dargestellt werden. Die wichtigste Begründung fand sich in der „Natur", den „natürlichen" Unterschieden zwischen den Geschlechtern. Daraus wurde eine ganze Reihe von Eigenschaften konstruiert, die für Frauen bzw. Männer charakteristisch sein sollten. Diese Entgegensetzungen von „Geschlechtscharakteren" halten sich bis heute (Tab. 3).

Tabelle 3

Männlich	Weiblich
Aktivität	Passivität
Rationalität	Emotionalität
Vernunft	Empfindung
Logik	Intuition
Orientierung nach außen	Orientierung nach innen
Selbstständigkeit	Abhängigkeit
Zielstrebigkeit	Betriebsamkeit
Abstraktion	Konkretes Verständnis
Durchsetzungsvermögen	Selbstverleugnung, Anpassungsbereitschaft
Würde	Anmut, Schönheit

„Der Geschlechtscharakter wird als eine Kombination von Biologie und Bestimmung aus der Natur abgeleitet und zugleich als Wesensmerkmal in das Innere des Menschen verlegt." (Hausen 1976, S. 369f.) Die beiden Seiten ergänzen sich wechselseitig, für sich allein sind sie einseitig. Erst beide Seiten zusammen geben den ganzen Menschen. Dieses Verhältnis der Komplementarität erlaubt es, die unterschiedliche Behandlung von Männern und Frauen ideologisch zu rechtfertigen, ohne damit den Frauen ihre Rechte absprechen zu müssen. Sie sind eben von Natur aus anders; als komplementär zum Mann können sie gönnerhaft als „bessere Hälfte" bezeichnet werden. Ihre Benachteiligung beruht auf ihren besonderen, einzigartigen Eigenschaften, aufgrund derer sie besonders geschätzt werden müssen.

Aufgrund solcher Zuordnungen werden die Kinder von klein auf mit geschlechtstypischen Erwartungshaltungen und Kompetenzzuschreibungen konfrontiert (Bilden 1991; Rendtorff 2006). Alle Menschen haben Vorstellungen davon, wie Mädchen und Jungen „von Natur aus" sind und zu sein haben („richtiger Junge"). Durch diese Brille unserer Erwartungen nehmen wir Kinder als Mädchen oder Jungen wahr und agieren entsprechend unterschiedlich. Im Kindergarten etwa spielen Jungen gern in der Bauecke, Mädchen mit Puppen (Büttner/Dittmann 1992).

Für die Geschlechter gibt es unterschiedliche Verhaltensnormen, denen gesellschaftliche Glaubensvorstellungen über die Geschlechter zugrunde liegen (Stereotype). Sie betreffen die äußere Erscheinung (Kleidung, Frisur, Körperhaltung, Gang), den Sprachgebrauch (Kommunikation, Interaktion), die Interessenentwicklungen, die Berufswahl u.v.a.m. Massiv stereotypisierend wirken Medien, aber auch in Familien, Kindergärten und Schulen sind Geschlechterstereotype verbreitet (Rendtorff 2006).

Durch die Sozialisationsforschung wurde zugleich deutlich, dass nicht nur Erwachsene Kinder von Geburt an in Klischees pressen, sondern Mädchen und Jungen schon im Kindergartenalter aktiv und selbsttätig in Geschlechtermustern handeln. Geschlecht ist in viel stärkerem Maße selbstgemacht als das ältere Ansätze geschlechtsspezifischer Erziehung wahrhaben wollten. Kinder wollen sich die Welt der „Großen" aneignen und übernehmen die Geschlechtervorstellungen, die sie in ihrer Umgebung vorfinden. Jüngere Kinder haben zunächst die Vorstellung, das Geschlecht später wechseln zu können, z.B. als Junge eine Mama werden zu können, d.h. sie halten Geschlecht für eine variable Kategorie. Im Alter von 3 bis 6 Jahren entsteht dann die Aufgabe der Entwicklung einer eindeutigen Geschlechtsidentität; d.h. in diesem Alter lernen die Kinder, dass das Geschlecht eine Kategorie ist, die als unveränderbar gilt und dass jeder Mensch nur einer der Gruppen angehören kann. Um das zu lernen, entwickeln Kinder zunächst ein rigides Geschlechtsrollenkonzept. Sie lernen, dass die eigene Geschlechtszugehörigkeit nicht austauschbar ist. Erst im Grundschulalter wird das rigide Konzept sehr allmählich durch flexiblere Vorstellungen von Geschlecht ersetzt (Breidenstein/Kelle 1998).

Das soziale Geschlecht, *gender*, ist also im Gegensatz zum biologischen, *sex*, das, was wir selbst in Interaktionen tun (zur Weiterentwicklung und Kritik vgl. Kap. 5.2). Wir stellen Geschlecht selbst her („doing gender"), indem wir uns entsprechend der Normen verhalten. In zahlreichen Untersuchungen wurden Interaktionen auf der Mikroebene erforscht, um zu analysieren, wie derartige Konstruktionsprozesse von Geschlecht sich in unseren Köpfen und unserem Habitus manifestieren (Überblick bei Glaser/Klika/Prengel 2004).

Wie kann man sich geschlechtstypische Sozialisation konkret vorstellen? – Eine grundlegende (ethnographische) Untersuchung von Thorne (1993) befasst sich mit den Beziehungen von Jungen und Mädchen in US-amerikanischen Grundschulen. Die Untersuchung gehört zu den ersten, die Kinder als soziale Akteure betrachten, die allerdings stets in bestimmten Kontexten agieren, also nicht im emphatischen Sinne „frei" sind. Die Untersuchung geht nicht – wie dies gemeinhin geschieht – vom Individuum aus, von seiner Entfaltung als Junge oder Mädchen, sondern vom Gruppenleben, von sozialen Beziehungen, von der Organisation und Bedeutung von sozialen Situationen, den kollektiven Praktiken, in denen Kinder und Erwachsene Geschlecht produzieren und reproduzieren. Es geht also nicht um vermeintliche Eigenschaften der Individuen, sondern um ihr Verhalten, ihre Praxis. Geschlecht ist nicht etwas, was man passiv hat oder ist, sondern eine Aktivität: „We do gender".

Geschlecht wird beständig im Handeln konstruiert, und zwar – dies ist ein erstes wichtiges Ergebnis der Studie – in unterschiedlichen Situationen und Kontexten je anders. Zwar kann in unserer Gesellschaft (oder Gesellschaften unseres Typs) niemand der Identifikation als „weiblich" oder „männlich" – dem kulturellen System der Zweigeschlechtlichkeit (Hagemann-White 1985) – entgehen, aber sie kann in unterschiedlichen Kontexten mehr oder weniger relevant sein oder auf unterschiedliche Weise relevant werden. Weniger wichtig ist das Geschlecht interessanterweise zu Hause und in der Nachbarschaft; wichtiger wird es in der Schule. Thorne hat etliche Jungen und Mädchen beobachtet, die nach der Schule freundschaftlich miteinander spielen, in der Schule aber, auf dem Pausenhof, beim gemeinsamen Mittagessen nichts miteinander zu tun haben wollen (Thorne 1993, S. 50). Die Schule selbst unterstützt explizit oder implizit die Trennung der Geschlechter, es scheint einen „heimlichen Lehrplan" der Geschlechtertrennung zu geben, z.B. dadurch, dass die Kinder nach Gruppen getrennt als Mädchen oder Jungen angesprochen werden. Transportiert werden Geschlechterstereotype ebenso, wenn etwa ein „paar starke Jungen" zum Tische rücken gesucht werden oder ähnliches. Untersuchungen zeigen, dass Pädagogen, beispielsweise Lehrerinnen und Lehrer, unterschiedlich mit Mädchen und Jungen umgehen und auf diese reagieren. Beispielsweise schenken Lehrkräfte Jungen mehr Aufmerksamkeit, im positiven wie im negativen Sinne, und nehmen das gleiche Verhalten bei Mädchen oder Jungen unterschiedlich wahr, indem ein unpersönlicher und abstrakter Redestil und behauptendes Argumentieren bei Jungen als Ausdruck von Intelligenz und Autorität angesehen, bei Mädchen dagegen als unangemessen wahrgenommen wird (Faulstich-Wieland 1991; 1995).

Unter dem offiziellen Anspruch der Gleichbehandlung von Mädchen und Jungen, so die feministische Schulforschung, reproduziere die Schule durch den „heimlichen Lehrplan" die gesellschaftliche Geschlechterhierarchie. Der heimliche Lehrplan transportiere Geschlechtsrollenklischees, traditionelle kulturelle Wertorientierungen und Bilder von Weiblichkeit und Männlichkeit. In Ergänzung zu den Forschungen über Mädchen werden inzwischen auch die „Zurichtungen" untersucht, denen Jungen unterliegen, um „richtige Männer" zu werden (Böhnisch/Winter 1993, Budde/Mammes 2009). So wie Mädchen in den naturwissenschaftlich-technischen

Bereichen kaum Förderung erfahren, fehlt die Förderung der Jungen im sprachlich-ästhetischen Bereich (vgl. Kap. 5.2).

Schule als Sozialisationsfeld

In den vorangegangenen Abschnitten ist die Schule bereits mehrfach als Sozialisationsfeld angesprochen worden. Betrachtet man sie unter diesem Gesichtspunkt, so werden vielfach Wirkungen und Funktionen von Schule sichtbar, die nicht in den Lehrplänen und ihren Präambeln auftauchen, oft auch gar nicht beabsichtigt sind und teilweise sogar im Widerspruch zu den offiziell proklamierten Unterrichts- und Erziehungszielen stehen (Tab. 4).

Tabelle 4

Struktur	Prozesse
Ort – Zeit – Raum	Zeittakt der Industrialisierung, der Arbeitswelt
Schulsystem: Schule als Institution	Organisation und Differenzierung von Schule und Unterricht: Normierung/Kontrolle des Schülerverhaltens, Leistung, Leistungsbewertung, Selektion, Sicherung von Loyalität: Rechtfertigung der Reproduktion von Ungleichheit
Schulklasse	Kommunikationsprozesse der Personen: L-S, S-S, Gruppen
offizieller Lehrplan	Teilhabe an Kultur, Aufgaben bewältigen, Selbsteinschätzungen lernen, sich bilden, …
heimlicher Lehrplan	konkurrieren, sich anpassen, gehorchen, täuschen, Versagen sich selbst zuschreiben, Verstärkung der Geschlechterdifferenzen, …

Ausgehend von einem weiten Erziehungsbegriff hat Siegfried Bernfeld schon in den 1920er Jahren festgestellt: „Die Schule – als Institution – erzieht".

„Das Schulwesen hat offenbar Wirkungen, die über den eigentlichen Unterricht weit hinausreichen. Die Schule – als Institution – erzieht. Sie ist zum wenigsten *einer* der Erzieher der Generation; einer jener Erzieher, die – zum Hohne [...] allen Lehr- und Erziehungsprogrammen, allen Tagungen, Erlässen, Predigten – aus jeder Generation eben das machen, was sie heute ist, immer wieder ist, und gerade nach jenen Forderungen und Versprechungen ganz und gar nicht sein dürfte." (Bernfeld 1973, S. 28)

Die Programme, Pläne usw. sind machtlos gegenüber dem, was die Institution als solche bei den Schülerinnen und Schülern anrichtet. In den 1970er Jahren ist diese These unter dem Stichwort „heimlicher Lehrplan" wieder aufgenommen worden. Nicht so sehr das Lernen der schulischen Inhalte, die vordergründig veranschlagte Vermittlung und Aneignung der Unterrichtsstoffe (der offizielle Lehrplan), ist für die Erziehung oder die Sozialisation in der Schule ausschlaggebend, sondern das langjährige Einüben der (teilweise unausgesprochenen) Verhaltensanforderungen der Schule, sozusagen die „schulkulturellen Strukturen". Unterschwellig verinnerlicht man so beispielsweise hierarchische Kommunikationsformen, die Unterordnung unter Autorität, bestimmte eher unselbständige Lernformen. Geschlechterdifferenzen und Konkurrenzbereitschaft werden eingeübt, obwohl im offiziellen Lehrplan Kooperation, Teamfähigkeit u. ä. stehen; Schülerinnen und Schüler lernen, sich in hierarchische Machtstrukturen einzuordnen und sie als selbstverständlich hinzunehmen, ohne es zu bemerken; Wissen wird zum „Schulwissen", präsentiert als Ergebnis, als gesicherter Erkenntnisstand, als Paket richtiger Aussagen, die weder Geschichte haben noch veränderbar sind. Terhart fasst einige Ergebnisse aus der einschlägigen Diskussion zusammen:

> „Vor allem durch empirische Untersuchungen über den Zusammenhang von Unterrichtsstil und sozialen Lernerfahrungen der Schüler, über die verzerrenden Wirkungen von Erwartungen und Vorurteilen der Lehrer beim Umgang mit den Schülern und bei der Bewertung ihrer Leistungen, über die durch Sprach- und andere Rituale manifestierte Interaktionsdominanz des Lehrers im Unterricht, über die ‚Lehrerzentriertheit' unterrichtlicher Kommunikation generell und die geringen Möglichkeiten von Schülern, ihre speziellen Bedürfnisse und Weltansichten in den Unterricht einzubringen, wurde deutlich: Entgegen den hohen Erziehungszielen und Bildungsansprüchen des offiziellen Lehrplans schienen noch immer Einordnung, Anpassung, strategisches Verhalten und geschicktes Taktieren, Konkurrenz um gute Noten, Unterdrückung von Eigeninteresse etc. die wichtigsten Erziehungserfahrungen als Konsequenz der Teilhabe an Unterrichtsprozessen zu sein. Unterricht ‚erzog' tatsächlich – nur eben in einem Sinn, der durch den offiziellen Bildungsauftrag nicht gedeckt war oder ihm sogar entgegenstand." (Terhart 1994, S. 150)

Mittlerweile ist es allerdings umstritten, wie weit es sinnvoll ist, hier von einem „heimlichen" Lehrplan zu sprechen, ist er doch – so meint jedenfalls Tenorth – für jeden verständigen Beobachter klar und deutlich erkennbar:

„Die Rituale und Formen im Alltag, Stile, Taktiken und Strategien, in denen Lernende und Lehrende ihren Umgang organisieren, sind (…) keineswegs heimlich und verborgen, sondern liegen offen zutage. Von der Bildung von Hierarchien und Cliquen bis zur Sitzordnung, vom Spickzettel bis zu professionellen Techniken der Entlastung von Arbeit, von den ritualisierten Entschuldigungen bis zu den typisierten Formen von Fest und Feier werden diese Mechanismen alltäglich und mehr oder weniger souverän genutzt. Zugleich sind sie notwendig und schon zum Überleben in der Institution unentbehrlich." (Tenorth 1994, S. 439)

John Dewey: Die Schule als Umgebung besonderer Art

Was hier – aus einer eher soziologischen Perspektive – als schulische Sozialisation vorgestellt wurde, lässt sich allerdings auch als Erziehung begreifen, sofern man einen weiten Begriff von Erziehung zugrunde legt. Das schulische Geschehen erscheint dann nicht mehr als fast schon unabänderliche Begleiterscheinung der Institutionalisierung von Erziehung, sondern als Ergebnis einer besonderen Anordnung, eines spezifischen sozialen oder pädagogischen Arrangements, das auch pädagogisch gestaltet werden kann und pädagogisch verantwortet werden muss. In diesem Sinne hat John Dewey am Beispiel der Schule gezeigt, wie ein weiter Erziehungsbegriff pädagogisch produktiv werden kann. Denn wie Erziehung *gedacht* wird, hat Auswirkungen darauf, wie sie organisiert wird. Wenn das, so Dewey, was wir uns gewöhnlich als Erziehung vorstellen, die direkte persönliche Einflussnahme, für die tatsächliche Ausbildung von Haltungen, Anschauungen oder Überzeugungen allenfalls eine untergeordnete Rolle spielt, so folgt daraus eine zentrale Einsicht:

„dass nämlich die einzige Möglichkeit für die Erwachsenen, diese Art der Erziehung zu beeinflussen, in der Beeinflussung der Umgebung besteht, innerhalb deren die Unreifen handeln und deshalb auch denken und fühlen. Wir erziehen niemals unmittelbar, sondern mittelbar, und zwar durch das Mittel der Umgebung." (Dewey 1993, S. 37)

Die entscheidende erzieherische Aufgabe besteht daher in der Schaffung geeigneter Umgebungen.

„Worauf es ankommt, ist, ob wir einer *zufälligen* Umgebung das Werk überlassen oder eine *besondere* Umgebung" zum Zweck der Erziehung „schaffen. […] Ein verständiges Heim unterscheidet sich von einem unverständigen hauptsächlich dadurch, dass die Gewohnheiten des Lebens und des Verkehrs der Mitglieder untereinander ausgewählt oder zum mindesten gefärbt werden im Gedanken an ihre Bedeutung für die Entwicklung der Kinder." (Dewey 1993, S. 37ff.)

Das gilt für die Familie, die Schule und alle anderen pädagogischen Umgebungen und Institutionen. Entsprechend ist für Dewey das Bemerkenswerte an der Schule nicht, dass hier *unterrichtet* wird, sondern zunächst und vor allem, dass es sich um eine Umgebung handelt, „die ausdrücklich im Hinblick auf die Beeinflussung der geistigen und moralischen Dispositionen ihrer Mitglieder angelegt und eingerichtet ist" (ebd., S. 38). Es versteht sich, dass in dieser Perspektive Schule anders beschrieben und konzipiert wird als in einer Perspektive, die die Belehrung und die personale Beziehung von Lehrer und Schüler in den Mittelpunkt stellt. Als besondere Umgebung gefasst nennt Dewey drei wesentliche Gesichtspunkte, die Schulen im Unterschied zu gewöhnlichen Umgebungen auszeichnen oder auszeichnen sollten:

Erstens die Bereitstellung einer vereinfachten Umwelt (Lehrplan), die es den Angehörigen der nachwachsenden Generation ermöglicht, einen allmählichen Zugang zur Komplexität der Welt zu finden. *Zweitens* die Schaffung einer „gereinigten Atmosphäre des Handelns", die Wünschenswertes hervorhebt und Unerwünschtes nach Möglichkeit auszuschalten versucht.

„Jede Gesellschaft ist durchsetzt mit Wertlosem, mit toten Überresten der Vergangenheit und mit positiv Schlechtem. Die Schule hat die Pflicht, solche Dinge, an der Umwelt, die sie herstellt, auszuschalten und dadurch zu tun, was sie kann, um ihrem Einfluss in der gewöhnlichen sozialen Umgebung entgegenzuwirken." (Ebd., S. 39)

Der *dritte* Gesichtspunkt schließlich, der Schulen als Umgebung gegenüber anderen Umgebungen auszeichnet oder auszeichnen sollte, ist die Ausbalancierung der verschiedensten Faktoren in der sozialen Umgebung, damit jeder und jede Einzelne Gelegenheit findet, sich den Beschränkungen derjenigen sozialen Gruppe, in die er hineingeboren wurde, zu entziehen und „in lebendige Berührung mit einer breiteren Umgebung zu kommen" (ebd., S. 40). In jeder modernen Gesellschaft gibt es eine Vielzahl unterschiedlicher sozialer Milieus, in denen Kinder in sehr unterschiedlichen Aktivitätszusammenhängen aufwachsen und daher sehr unterschiedliche Dinge lernen. Man kann dabei an verschiedene häusliche Lebensbedingungen denken (traditionelle Familie, Kleinfamilie, Alleinerziehende), an unterschiedliche Wohnsituationen, an Beruf und Bildungsstand der Eltern usw., aber auch an verschiedene kulturelle Hintergründe. Dewey schreibt dazu 1916: Mit dem Begriff Gesellschaft verbinde man oft falsche Vorstellungen, insbesondere im Hinblick auf Einheitlichkeit.

„In Wirklichkeit ist eine moderne Gesellschaft ein Gewebe vieler, mehr oder weniger innig verbundener Gesellschaften. Jeder Haushalt mit seinem nächsten Freundeskreis bildet eine Gesellschaft; die Dorf- oder Straßengruppe von Spielgefährten ist eine Gemeinschaft; jede wirtschaftliche Gruppe, jeder Klub ist eine solche. Über den Rahmen dieser festeren Gruppen hinaus gibt es in einem Lande eine große Mannigfaltigkeit von Rassen, religiösen Gemeinschaften, wirtschaftlichen Gruppen. Innerhalb einer modernen Stadt gibt es – trotzdem sie dem Namen nach eine politische Einheit darstellt – mehr Gemeinschaften, mehr verschiedene Sitten, Überlieferungen, Wünsche und Formen der Herrschaft und Unterordnung als in früheren Zeiten in einem ganzen Erdteil." (Ebd., S. 40)

Für Dewey ist diese Vielfalt – auch diese kulturelle Vielfalt – *kein Problem*, sondern Garant für „eine weitere und reichere Umwelt" (ebd., S. 41). Kulturelle Pluralität ist in diesem Sinne Bedingung für eine demokratische Erziehung. Pädagogische Tätigkeit beinhaltet zuerst und vor allem die Schaffung oder Bereitstellung einer Umgebung, die es den Kindern oder Jugendlichen ermöglicht, die mitgebrachten Erfahrungen im Austausch mit anderen zu erweitern und neue Erfahrungen zu machen, die ohne eine solche vorstrukturierte Umgebung nicht oder allenfalls teilweise möglich wären.

Bei diesen drei Merkmalen von Schule als einer besonderen Umgebung handelt es sich einerseits um *analytische* Bestimmungen, d.h. Bestimmungen, die (mehr oder weniger) für jede Schule gelten, einfach weil sie Schule ist, weil in ihr Kinder aus verschiedenen sozialen Milieus zusammenkommen, weil in ihr nicht alles gelehrt, was gelernt wird, und weil es einen gegliederten Lehrplan, ein Curriculum gibt. Andererseits handelt es sich aber auch um *programmatische* Forderungen in dem Sinne, dass – sobald erkannt ist, dass Erziehung vorrangig durch Beeinflussung der Umgebung möglich ist – Schulen eben auch entsprechend dieser Einsicht gestaltet werden können und müssen.

Wir haben damit ein Beispiel dafür, wie Theorie *erstens* die Wirklichkeit der Erziehung, hier die Wirklichkeit der Schulen, von einem bestimmten theoretischen Hintergrund aus interpretiert (eben als besondere Umgebung), was *zweitens*, wenn die Interpretation akzeptiert wird, zu einem veränderten Verständnis von Erziehung bzw. von Schule führt, so dass *drittens* bei der Veränderung oder Weiterentwicklung der Schule auf andere Aspekte geachtet wird, also eher auf die Umgebung, auf das soziale Miteinander verschiedener Gruppen von Schülern als auf Unterricht und Differenzierung.

Tatsächlich lässt sich beim internationalen Vergleich verschiedener Schulsysteme feststellen, dass etwa in den USA oder in den skandinavischen

Ländern auf die Gestaltung der Schule als besondere soziale Umgebung, in der Schülerinnen und Schüler mit unterschiedlichen Hintergründen und verschiedenen Interessen gemeinsam tätig sind, wesentlich mehr Wert gelegt wird als etwa in Deutschland, wo der Unterricht und die Arbeit der Lehrerinnen und Lehrer als zentral gelten. Es stehen sich also gewissermaßen Lebensschule und Unterrichtsschule gegenüber. Das lässt sich selbstredend nicht auf den Einfluss eines einzelnen Theoretikers zurückführen – es gibt für die Unterschiede eine ganze Reihe von Gründen – aber es ist doch auffällig, dass Dewey international als einer der bedeutendsten pädagogischen Theoretiker überhaupt gilt, während er in Deutschland relativ unbekannt geblieben ist.

Exkurs: Schularchitektur

Die künstlich gestaltete Lernumwelt von Schule und von allen anderen pädagogisch genutzten Räumlichkeiten beginnt mit der Architektur. Dazu gehören beispielsweise das Schulgebäude, seine Lage im Stadtteil, seine Umgebung, der Schulhof sowie die Gestaltung der Klassenzimmer, Flure, Gemeinschaftsräume etc. Das alles gehört zur Schulkultur und beeinflusst das Schulleben und die Erziehung der Heranwachsenden. Wie sieht die Kultur aus, die wir den Heranwachsenden architektonisch präsentieren? In der Regel sind Schulen von außen sehr schnell als solche zu erkennen. Häufig handelt es sich um eine wenig einladende gleichförmige Architektur, die Schulhöfe sind, vor allem an weiterführenden Schulen, monoton betoniert und meistens eingezäunt. Grundschulen erkennt man in der Regel an den überladenen vollen Fensterscheiben, durch die der freie Blick nach draußen behindert wird.

Formen der Architektur erleichtern oder erschweren Unterricht und Erziehung und sind daher von nicht geringer Bedeutung. Die architektonische Gestaltung vieler pädagogisch genutzter Gebäude ist dem Ausbau der 1970er Jahre geschuldet, technische Funktionalität und Zweckmäßigkeit standen im Vordergrund der Entwürfe. Seit einiger Zeit wird dieses kritisch diskutiert. Rittelmeyer hat bereits in den 1990er Jahren die Wirkungen der Schularchitektur auf Schülerinnen und Schüler untersucht und nachgewiesen:

„Die Architektur von Gebäuden (einschließlich ihrer Farbgebung, ihres Dekors, ihrer unmittelbaren Umfeldgestaltung, ihrer Belichtung und Beleuchtung sowie ihres Inventars) entspricht oder widerspricht demnach grundlegenden kognitiven, aber auch emotionalen und sozialen Bedürfnissen der Betrachter. Die Schularchitektur bringt jeweils spezifische Botschaften zum Ausdruck. In ihr werden grundlegende Bewusstseinsfiguren und Begriffe anschaulich inszeniert, wenngleich diese Mitteilungen vermutlich in der Regel nur unbewusst wahrgenommen werden." (2009, S. 157)

Schulbauten und ihre Umgebung, etwa die Schulhöfe oder Klassenzimmer, werden von Schülerinnen und von Lehrern nicht nur visuell, sondern leiblich-ganzkörperlich wahrgenommen, da wir uns immer im Raum bewegen. Neben Zeit bildet Raum eine der Grundkoordinaten unseres Lebens: Jeder Mensch nimmt räumlich immer einen bestimmtem Platz ein, von dem aus er, sich selbst als Mittelpunkt erlebend, den Raum durch Bewegung in der Zeit erschließt (Waldenfels 2000; Bollnow 1963). Die Schularchitektur vermittelt uns daher eine Atmosphäre, die sich in der Grundeinstellung zu Schule niederschlagen kann. Auch das geschieht meistens unbewusst, trägt aber dazu bei, dass wir ein Gebäude nicht einfach als schön oder hässlich, sondern auch als einladend oder zurückweisend wahrnehmen.

Rittelmeyer macht darauf aufmerksam, dass die gestaltete Schularchitektur zu dem propagierten pädagogischen Konzept in Widerspruch geraten kann. Das ist etwa der Fall, wenn eine „kinderfreundliche Pädagogik" durch eine kalt und abweisende „architektonische Mitteilung" konterkariert wird (2008, S. 717). Rittelmeyer verweist auf internationale Studien, die ergeben haben, dass eine als positiv erlebte architektonische und farbliche Gestaltung des Gebäudes Einfluss hat auf die Gesundheit (das gilt übrigens auch für Krankenhäuser). Selbst Vandalismus kann architektonisch heraufbeschworen werden. Wie weitreichend die Einflüsse der Schularchitektur sein können, verdeutlichen Rittelmeyers Untersuchungen:

> „Je nach vorherrschenden Formen und Farben werden Spannungs- und Entspannungsgefühle, Gefäßdurchblutung, Blickbewegungen und andere körperliche Prozesse in einer besonderen Weise provoziert; diese leibliche Komponente der Architekturwirkung macht erst verständlich, warum z.B. Schulvandalismus, Krankheitsanfälligkeit oder Antipathien durch bestimmte Schulbauformen hervorgerufen bzw. vermindert werden." (Rittelmeyer 2008, S. 718)

Die materielle Ausstattung von Schulhof und Klassenräumen können das soziale (und übrige) Lernen unterstützen oder behindern. Dabei ist zu bedenken, dass angesichts der gegenwärtigen Scholarisierung der Schulhof ein bedeutsamer Faktor der Peersozialisation geworden ist. Wo sonst können Kinder anderen Heranwachsenden in so großer Zahl begegnen, sie beobachten, sich mit ihnen auseinandersetzen?

Inzwischen gibt es viele Praxiskonzepte, die Vorschläge zur Umgestaltung von Schulen und Schulhöfen unterbreiten. Besonders an Grundschulen ist die „naturnahe", „ökologische" oder bewegungsfreudige Gestaltung von Schulhöfen schon verbreitet. Rittelmeyer warnt allerdings vor zu schnellem pädagogisch-begeistertem Aktionismus. Die Architekturwahrnehmung ist ein komplexes Geschehen, bei der wegen unserer leiblichen Resonanz verschiedene Sinne gemeinsam beteiligt sind. Wollen wir den architektonischen Gesamteindruck eines Gebäudes untersuchen, gilt es folgende Dimensionen zu berücksichtigen:

1. Aus *anthropologischer* Sicht ist die Wahrnehmung der Architektur „von der gesamten Leiblichkeit des Menschen her zu interpretieren" (2008, S. 719); wichtig erscheint insbesondere die Gestaltung des gesamten Ensembles. Bei der Farbgebung ist etwa zu beachten, dass Farbwirkungen bei einzelnen Individuen durchaus unterschiedlich sind.
2. Aus *historischer und kulturkritischer* Sicht folgt die Architektur jeweils bestimmten Moden und Stilen. Hier wäre kritisch zu prüfen, ob architektonisches und pädagogisches Konzept übereinstimmen oder sich widersprechen.
3. Aus *sozialer* Sicht erscheint es dazu notwendig, dass Pädagogen und Bildungsplanerinnen zunächst ihre „Lesefähigkeit" von Architektur erhöhen, um die eigene Sensibilität und Bewusstheit in der Wahrnehmung möglicher (widersprüchlicher) Wirkungen zu differenzieren, bevor sie an die Umgestaltung gehen.
4. Aus Sicht der *Raumwidmung* ist zu beachten, dass die Gestaltung der Räume in Abstimmung zu ihren Funktionen (Musikraum, Physiksaal) und ggf. dem Alter der Kindern unterschiedliche Farb- und Formgebungen erfordern.
5. Die *regionale* Sicht schließlich muss prüfen, ob und wie das Gebäude in die örtliche Umgebung passt und entscheiden, ob eher ein regionaler oder überregionaler, gar internationaler Baustil zur Anwendung kommen soll.

2.5 Dimensionen von Erziehung: Zwischen Belehren und Arrangieren

Die verschiedenen vorgestellten und diskutierten Definitionen, Ansätze und Herleitungen stellen jeweils bestimmte Seiten von Erziehung in den Vordergrund. Bei allen Unterschieden und trotz einiger vorgebrachter Einwände ist auf diese Weise doch ein recht breites und ausdifferenziertes Bild entstanden. Gegenüber den Ansätzen, die vor allem Aspekte der personalen Beziehung thematisieren, haben sich umfassendere Begriffe von Erziehung, die das breite Gesamtfeld der immer auch überpersonalen Generationenverhältnisse in den Blick nehmen, allerdings als grundlegender erwiesen. Sie sollen daher den Ausgangspunkt des folgenden Versuchs bilden, Dimensionen von Erziehung systematischer darzustellen. Es schließen sich Überlegungen zu verschiedenen pädagogischen Handlungsformen an. Eine einheitliche Systematik liegt dafür allerdings nicht vor. Vielmehr werden verschiedene Gesichtspunkte zusammengetragen, die Berücksichtigung finden sollten, wenn von Erziehung die Rede ist. Nur wenn die Erzieherinnen und Erzieher eine genaue Vorstellung von pädagogischen Handlungsformen haben, nur wenn sie wissen, was sie tun und was sie tun könnten und warum, kann von verantwortungsvoller und professioneller pädagogischer Tätigkeit gesprochen werden.

Intentionale und funktionale Erziehung

Dass Menschen geboren werden und sterben und dass sie in einer selbst geschaffenen Welt leben, für die ihre genetische Ausstattung nicht ausreicht oder zu umfassend und zu flexibel ist, macht es erforderlich, dass jeder Neuankömmling eine ganze Menge lernen muss, um sich möglichst bald einigermaßen in der Welt zurecht finden zu können. Darauf reagieren Gesellschaften – im Interesse ihres eigenen Fortbestands, der zugleich der Fortbestand der nachwachsenden Generation ist – auf die eine oder andere Art und recht unterschiedlich. Die Summe dieser Reaktionen auf die Entwicklungstatsache nennen wir mit Bernfeld (1973, S. 51) Erziehung. Sie bezeichnet also kein verblasenes Ideal und keinen hehren Anspruch, auch nicht den anmaßenden Versuch, zarte Kinderseelen für das raue gesellschaftliche Leben zuzurichten, sondern einen unvermeidlichen gesellschaftlichen Tatbestand. Fraglich ist nur, *wie* Erziehung aussieht.

Dieser weite Erziehungsbegriff hat den Vorteil, dass er eine analytische Perspektive zeigt, in der Erziehung (das was die älteren Generationen mit der jüngeren Generation anstellen) übergreifend untersucht werden kann. Anders als der enge, personale Erziehungsbegriff kann er überdies deutlich machen, dass einerseits die pädagogische Verantwortung weiter reicht als die individuellen guten Absichten, weil Erziehung als gesellschaftlicher Prozess von vornherein auch gesellschaftlicher Verantwortung unterliegt, dass eben deshalb aber andererseits die individuelle pädagogische Verantwortung begrenzt ist, weil Erzieher und Zögling sich vor jeder bewussten Erziehungsmaßnahme in einer bestimmten gegenständlichen und sozialen Welt befinden, die ihrerseits „erzieht" (Lippitz 1993).

Allerdings bringt dieses weite Verständnis von Erziehung auch Probleme mit sich. Das wohl schwerwiegendste ist, dass der Erziehungsbegriff zu weit ist und damit unhandlich wird. Ein früher, heute nicht mehr sehr häufig verwendeter Versuch, das Problem zu lösen und die begrifflichen Unschärfen zu beheben, die sich mit der Entdeckung eines weiten Verständnisses von Erziehung ergeben haben, stellt die Differenzierung von funktionaler und intentionaler Erziehung dar. Unter funktionaler Erziehung wird dabei der „absichtslose" Einfluss der Verhältnisse und des Geflechts sozialer Interaktionen verstanden; intentionale Erziehung verweist demgegenüber auf „von erklärter Erziehungsabsicht geleitete Akte" (Böhm 1982, S. 157). Hinter dieser Unterscheidung steckt die auch bei Dewey und Bernfeld anklingende Einsicht, dass von Sitten, Traditionen und Gewohnheiten, von der in einer Umgebung allgemein vorherrschenden, aber unaufdringlich wirkenden Atmosphäre und den gesellschaftlichen Zusammenhängen der jeweiligen Umgebung in starkem Maße entwicklungsbestimmende Einflüsse ausgehen. Schon durch das bloße Dasein der Eltern beispielsweise, durch das bloße Dabeisein bei deren Lebensbewältigung wird das Kind viel nachhaltiger geformt als durch ausdrückliche Erziehungsmaßnahmen, die ohnehin vergleichsweise selten sind. Hinzu kommen die vielfältigen Einflüsse der „Straße" oder der Medien, gegen die intentionale Erziehung meist machtlos ist. Dieser funktionalen Erziehung steht die intentionale Erziehung gegenüber, womit all jene Erziehungsmaßnahmen zusammengefasst werden sollen, die bewusst und absichtlich zumeist in der Face-to-Face-Beziehung vorgenommen werden und entsprechend in persönlicher erzieherischer Verantwortung stehen.

Das Hauptproblem dieser Unterscheidung (und wohl der Grund, warum Dewey oder Bernfeld auf sie oder eine ähnliche Unterscheidung verzichten) liegt darin, dass bewusste intentionale Erziehung kaum von der funktionalen Erziehung, den übrigen Einflüssen, abgrenzbar ist. Auch *analytisch* kann die Unterscheidung kaum trennscharf vorgenommen werden. Mutter und Vater wirken erzieherisch sowohl durch die Art, wie sie leben, wie sie ihre Wohnung einrichten, wie sie handeln, sich verhalten, miteinander umgehen, durch ihre Präsenz, wie durch ausdrückliche Ermahnungen beispielsweise, die überdies – obgleich gleichlautend – in verschiedenen Kontexten ganz unterschiedliche Bedeutungen haben können. Ebenso wirkt eine Lehrerin oder ein Erzieher, eine Sozialpädagogin durch körperliche Präsenz, Haltung, Stimme oder „Ausstrahlung" ebenso wie durch geplante pädagogische Handlungen, ganz zu schweigen von den übrigen Einflüssen: Gestaltung der Umgebung und nicht zuletzt die anderen Kinder bzw. Jugendlichen. Als zusätzliche Komplikation kommen noch die ungewollten Nebenwirkungen geplanter erzieherischer Maßnahmen hinzu, die nicht selten viel nachhaltiger sind als die geplanten Maßnahmen selbst. Dewey bezeichnet sogar die Frage danach als die entscheidende: „Aber die *erzieherische* Fragestellung lautet, welche *anderen* Dinge von der Art der Wünsche, Geschmacksrichtungen, Abneigungen, Fähigkeiten und Unvermögen er [der Lernende] sich zugleich mit seinen besonderen Erwerbungen aneignet." (Dewey 1935, S. 134, H.i.O.)

Bei der gegenwärtig sehr verbreiteten Unterscheidung von Sozialisation und Erziehung stellt sich ein ganz ähnliches Problem. Sozialisation bezeichnet hier den übergreifenden Prozess, „die Gesamtheit der Lernprozesse im weitesten Sinne" (Geulen 1994, S. 102), Erziehung dagegen lediglich die intentionale Erziehung, „intentionales, geplantes und dabei normativ orientiertes Handeln" (ebd.). Sozialisation wäre demnach mit einem weiten Begriff von Erziehung, wie ihn Dewey oder Bernfeld formulieren, nahezu identisch. Dagegen bliebe Erziehung auf das enge Verständnis begrenzt – wie gesagt mit dem Problem einer einigermaßen klaren Abgrenzung.

Unterscheidungen wie die zwischen funktionaler und intentionaler Erziehung oder zwischen Sozialisation und Erziehung im engen Sinne sind nicht eindeutig oder gar trennscharf. Das müssen sie auch gar nicht sein.

Ihr Wert für die wissenschaftliche und praktische Auseinandersetzung liegt vielmehr darin, dass sie eine in pädagogischen Prozessen unaufhebbare Problemstruktur festhalten. Erziehung, gleichgültig ob wir sie im weiten Sinne der „Summe der Reaktionen einer Gesellschaft auf die Entwicklungstatsache" oder als isolierten Akt einer bewusst versuchten Einflussnahme auf ein heranwachsendes Subjekt verstehen, ist immer funktional und intentional zugleich, enthält stets Elemente von Sozialisation und intentional geplantem Handeln, geschieht teilweise nicht bewusst, unbeabsichtigt und teilweise bewusst. Das muss bei der Beschreibung von Dimensionen des Erzieherischen berücksichtigt werden.

Präsentieren

Wenn wir von einem weiten Erziehungsbegriff ausgehen, aber auch wenn wir die Ergebnisse der Sozialisationsforschung berücksichtigen, beginnt jede Erziehung mit der *Präsentation* von Lebensformen und Lebensentwürfen (Mollenhauer 1983). Indem Erwachsene mit Kindern oder Jugendlichen zusammen leben oder zusammen arbeiten – in der Familie, aber auch im Kindergarten, in der Schule oder in anderen Institutionen –, führen sie immer schon *bestimmte* Lebensformen vor, in denen immer bestimmte Lebensentwürfe stecken, und veranlassen die Heranwachsenden damit dazu, sich in diese Lebensformen einzufädeln, sich einen Platz in ihnen zu suchen. Insofern „erziehen" wir Kinder auch, wenn wir daran vielleicht gar nicht denken, einfach durch unsere Präsenz, durch die Art wie wir uns bewegen, verhalten, handeln, wie wir miteinander, mit uns selbst oder mit unserer Umwelt umgehen, wie wir Unterricht oder Gespräche gestalten, die eigene Arbeit planen, was wir wichtig nehmen und was nicht, wie wir Ordnung herstellen usw. Die Heranwachsenden nehmen an diesem Leben teil, machen mit und lernen nach und nach, wie sie ihre verschiedenen Beteiligungen gestalten (können).

Die unterschiedlichen Arten dieser Präsentation von Lebensformen und Lebensentwürfen und die entsprechend unterschiedlichen Fähigkeiten der Kinder und Jugendlichen, sich in diese präsentierten Lebensformen einzuordnen (und *nicht* die bewussten Orientierungen und Ziele), sind Grund dafür, dass wir beispielsweise in der Schule oder anderswo Kindern mit sehr unterschiedlichen schicht-, kultur-, milieu-, geschlechtstypischen Vorstellungen und Gewohnheiten begegnen. Aber nicht nur in Familien und pädagogischen Institutionen werden Lebensformen und Lebensentwürfe präsentiert; mit unserer gesamten Umgebung, Stadtplanung, Verkehrswesen und der Gestaltung des gesellschaftlich-kulturellen Lebens präsentieren wir bestimmte Formen in der Welt zu sein und uns zu ihr zu verhalten, in die die Nachkommen wie selbstverständlich hineinwachsen.

Solche Wirkungen der familiären und aller anderen Umgebungen werden meistens als Sozialisationseffekte thematisiert, die sich aufgrund vorgegebener sozialer Strukturen, Traditionen usw. gleichsam von selbst ergeben. Unsichtbar bleibt damit, dass solche Effekte Produkt der Tätigkeit der Älteren sind, gleichgültig, ob sie sich dessen nun bewusst sind oder nicht. Gegen einen „pädagogisch unterbestimmten Sozialisationsbegriff" (Müller 1999, S. 791) richtet der Begriff der Präsentation die pädagogische „Aufmerksamkeit auf den Erziehungsgestus der Lebensform" (ebd., S. 792), der nicht nur in pädagogischen Institutionen deutlich wird, sondern überall, wo Jüngere auf von Älteren gestaltete Lebensverhältnisse treffen. Mit dem Begriff der Präsentation gewinnen wir einen Gesichtspunkt, der es erlaubt, das, was sonst als Sozialisation anonymen Mächten zugerechnet wird, als – wie vermittelt auch immer – Produkt der Praxis der Erwachsenen zu verstehen.

Präsentation ist weder völlig absichtlich noch völlig unabsichtlich; sie ist weder zur Gänze bewusst noch zur Gänze nicht bewusst. Sie wird durchaus geplant. Das Paar, das ein Kind erwartet, überlegt sich, wie die Wohnung kindgerecht gestaltet werden kann, ob vielleicht ein Umzug notwendig wird und ob die gegenwärtige Wohnumgebung einem Kind förderlich ist. Selbstverständlich macht man sich bei der Stadtplanung auch Gedanken über die Belange der Kinder und Jugendlichen. Irgendwo auf dem weiten Feld zwischen selbstverständlich und reflektiert gibt es Vorstellungen darüber, was Heranwachsenden zuträglich ist und was nicht.

Präsentation wird strukturiert. Kindern wird nicht alles gezeigt; manches wird nicht oder zumindest nicht ungebremst zu ihnen durchgelassen. Mollenhauer (1983, S. 35) spricht in diesem Zusammenhang von einem „Filter", der zwischen Kind und Wirklichkeit geschoben wird. Solche Filter können sehr unterschiedlich aussehen – Tragetuch, Kinderwagen, Kinderzimmer; Regeln für Medienkonsum, die Trennung von Kindheit und Erwachsenenwelt, Jugendschutzgesetze usw. – wichtig ist festzuhalten, dass Kultur und Lebensformen der Erwachsenen nicht ausschließlich unmittelbar präsentiert werden, sondern (pädagogisch) strukturiert.

Zugleich gibt es einen großen Bereich kultureller Selbstverständlichkeiten, über den kaum jemand nachdenkt. Gerade das Alltägliche versteht sich in der Regel von selbst. Wir präsentieren unseren Kindern Dinge, Sachverhalte, Ordnungen, über die wir nie nachgedacht haben, die uns selbstverständlich erscheinen und die von den Kindern ebenfalls als selbstverständlich übernommen werden – jedenfalls so lange sie nicht mit anderen Selbstverständlichkeiten konfrontiert werden. Die Ordnung unseres Lebens und unserer Gesellschaft, die Sprache und das Sprechen, der Umgang mit den Dingen, die uns umgeben, den Macht- und Herrschaftsverhältnissen werden kaum ausdrücklich thematisiert, sondern unbemerkt eingeübt.

Pädagogisch interessant ist, wo jeweils die Grenzen zwischen willentlich und unwillkürlich, zwischen bewusst und nicht bewusst verlaufen. Manche Filter werden sehr bewusst eingesetzt, andere verstehen sich in einem bestimmten kulturellen Kontext von selbst. Es gibt in jeder Gesellschaft, jedem Milieu, jeder Familie, jedem Individuum unterschiedliche mehr oder minder bewusste Vorstellungen darüber, wo diese Grenzen zu ziehen sind. Jede und jeder wird sich irgendwann Gedanken darüber gemacht haben, wie sie oder er lebt und leben möchte, was für einen selbst und was für die Kinder gut oder schlecht ist. Er oder sie hat also eine Vorstellung davon, was dem Nachwuchs präsentiert werden soll und kann. Aber niemand wird jeden Aspekt seines Lebens durchdacht haben und bewusst gestalten. Er oder sie wird das weiterzugeben versuchen, was ihm oder ihr wichtig ist, er oder sie wird vieles weitergeben, ohne jemals darüber nachgedacht zu haben.

Schließlich kommt das Unbewusste im psychoanalytischen Sinne hinzu, also das, was wir nicht einfach nicht wissen, sondern das, das wir aufgrund mehr oder weniger schwerwiegender Konflikte (ohne es zu wissen) verdrängt haben. Siegfried Bernfeld spricht davon, dass jeder Erzieher es mit zwei Kindern zu tun habe, „dem zu erziehenden vor ihm und dem verdrängten in ihm. Er kann gar nicht anders, als jenes zu behandeln wie er dieses erlebte." (Bernfeld 1925/1973, S. 141) Pädagogisches Handeln bringt stets die Gefahr mit sich, dass sich die oder der Erziehende in den Fallstricken der eigenen Biographie verheddert. Angesichts ungelöster eigener Konflikte „wird der Erzieher auf das Kind vor ihm mit Ärger, Strenge, Inkonsequenz, Verfolgung reagieren – sich meint er und den Zögling schlägt er" (ebd.). Nicht nur die ödipalen Konfliktkonstellationen, auf die Bernfeld besonders hinweist, auch andere unzureichend bearbeitete Erfahrungen mit Erziehung, Erzieherinnen, Erziehungsinstitutionen können die Handlungs- und Reflexionsfähigkeit pädagogischer Praktikerinnen nachhaltig beeinträchtigen. Für pädagogische Professionalität ist es daher unerlässlich sich mit der eigenen biographischen Gewordenheit auseinanderzusetzen (vgl. Kap. 3.7)

Pädagogisch Tätige müssen sich bewusst sein, dass sie selbst ganz spezifische Lebensformen und Lebensentwürfe präsentieren, die keineswegs für alle Kinder gleich selbstverständlich sind, die für manche vielleicht nahe liegen, für andere aber sehr weit entfernt. Aufgabe von Schule und andere Erziehungsinstitutionen ist nicht eine dieser Lebensformen (de facto ist es meist die der Lehrerin bzw. Pädagogin) gegen alle anderen durchzusetzen, sondern sie zu vermitteln, sie miteinander ins Gespräch zu bringen, so dass alle (einschließlich der Lehrperson) die Chance haben, die Vielfalt und Reichhaltigkeit der eigenen Gesellschaft kennenzulernen. Entsprechend sollten sich professionelle Erzieher überlegen, welche Umgebung sie ihren

Zöglingen präsentieren, welche Umgangsformen, welche Verhaltensweisen, welche Sprache, aber auch welche äußerliche Erscheinung. Mit unserem Aussehen, unserem Verhalten, unserer Sprache machen wir nicht nur einen individuellen Eindruck, uns verständlich oder eine gute Stimmung; wir präsentieren Lebensformen und Lebensentwürfe. Gleichgültig, wie wir uns dazu stellen: Weil wir immer schon präsentieren, können wir in diesem Sinne nicht nicht erziehen.

Arrangieren

Damit ist bereits eine weitere Dimension von Erziehung angesprochen. Lebensformen werden Kindern und Jugendlichen nicht nur präsentiert, sie werden bewusst für sie gestaltet, arrangiert. Dewey hatte davon gesprochen, dass die jeweilige Umgebung und die Tätigkeit in ihr das heranwachsende Individuum viel nachhaltiger formt als jede bewusste Einflussnahme durch Erwachsene. Die nachhaltigste Form der Erziehung ist für ihn deshalb die Gestaltung der Umgebung, in der die Heranwachsenden tätig sind, in der sie handeln und deshalb auch denken und fühlen. „Wir erziehen", so lautete die Formulierung von Dewey, „niemals unmittelbar, sondern mittelbar, und zwar durch das Mittel der Umgebung" (1993, S. 37). Schule ist in diesem Sinne eine für pädagogische Zwecke geschaffene Umgebung, ein pädagogisches Arrangement. Da solche Umgebungen oft schon vorgegeben sind – neben Schulen auch Kindergärten, Jugendhäuser, Workcamps usw. – wird kaum mehr bewusst, dass solche Umgebungen pädagogisch arrangiert sind oder zumindest pädagogisch (und nicht allein nach architektonischen oder versicherungsrechtlichen Gesichtspunkten) gestaltet werden könnten und sollten. Wie lassen sich Umgebungen und Situationen so arrangieren, dass sie sowohl dem Kind als auch den jeweiligen Ansprüchen an eine gelingende Erziehung gerecht werden?

Viele bedeutende Pädagogen haben sich mit dieser Frage befasst; etliche von ihnen sehen im Arrangieren sogar den Kern jeder pädagogischen Tätigkeit. Eines der bekanntesten Beispiele hat Jean-Jacques Rousseau (1712–1778) mit seinem Erziehungsroman „Emile oder über die Erziehung" (1762) gezeichnet. Er untersucht in einem faszinierenden Gedankenexperiment, wie ein von der Gesellschaft nicht verdorbener, „natürlicher" Mensch herangebildet werden könnte. Dazu wäre eine Erziehung notwendig, die in allem dem „Gang der Natur" (Rousseau 1976, S. 102) folgt und den Heranwachsenden durch ein Aufwachsen in Freiheit erlaubt, ihre Möglichkeiten als Menschen wirklich zu realisieren. Eine solche „natürliche" Erziehung ist in einer von ihren natürlichen Grundlagen entfremdeten Welt aber nicht möglich. Wo die Gesellschaft – wie Rousseau vor allem in seinen kulturkritischen Schriften beklagt – durch Anpassung, Konformismus, vielfältige persönliche Abhängigkeiten, Konkurrenz- und Ausbeutungsverhältnisse, Neid und Missgunst, durch „Unterwerfung, Druck und Zwang" (ebd., S. 118) geprägt ist, kann das Individuum seine „natürlichen" Anlagen nicht entfalten. Die natürliche Erziehung bedarf einer natürlichen Umgebung. Da eine solche natürliche Umgebung nirgendwo zu finden ist, muss sie künstlich geschaffen werden.

Das ist der Kern des pädagogischen Arrangements, wie Rousseau es sich ausmalt: Es wird eine abgeschiedene, ländliche Umgebung benötigt und ein Erzieher, der die Einflüsse, denen sein Zögling ausgesetzt ist, vollständig kontrolliert und so dafür sorgt, dass er keinen anderen als natürlichen Einflüssen ausgesetzt ist. „Ihr werdet nie Herr über das Kind, wenn ihr es nicht über seine ganze Umgebung seid." (Ebd., S. 216) Dabei muss die Erziehung „rein negativ sein" (ebd., S. 213); der Erzieher soll sich nicht einmischen, so wenig wie möglich eingreifen und dem Zögling keine Vorschriften machen. Trotzdem hat er im Hintergrund alle Fäden in der Hand und lenkt das Kind indirekt, jedoch äußerst bewusst. „Zweifellos darf es tun, was es will. Aber es darf nur das wollen, von dem ihr wünscht, dass er es tut." (Ebd., S. 265 f.) Alles wird so eingerichtet, dass es ohne es zu wissen, erzogen wird. „Es darf keinen Schritt tun, den ihr nicht für es vorgesehen habt, es darf nicht den Mund auftun, ohne dass ihr wisst, was es sagen will." (Ebd., S. 266) Auch „die Zeit der Arbeit, des Unterrichts, der Studien" (ebd., S. 252), in der Emile naturwissenschaftliche Kenntnisse erwirbt, wird als natürlicher Prozess inszeniert. Nicht durch Schulbücher soll er lernen; vielmehr soll er sich durch das Erleben, Beobachten und Erfahren in der Natur Lerninhalte selbsttätig erschließen. „Er soll nichts wissen, weil ihr es ihm gesagt habt, sondern weil er selbst es verstanden hat. Er soll die Naturwissenschaften nicht erlernen, er soll sie finden." (Ebd., S. 356)

Die „naturgemäße Erziehung" (ebd., S. 215) bedarf also eines ausgesprochen künstlichen Arrangements. Freiheit gibt es nicht in der Gesellschaft. Da „die ordnungswidrige Abhängigkeit von den Menschen", zu der auch die Liebe zwischen Eltern und Kind gehört, „alle Laster" erzeugt, „durch die der Herr und der Sklave sich gegenseitig verderben" (ebd., S. 197), muss der pädagogische Raum so arrangiert werden, dass der Zögling nicht Personen, auch nicht Personen seines Vertrauens, sondern allein sachlichen Notwendigkeiten gehorcht: „Erhaltet das Kind einzig in der Abhängigkeit von den Dingen, dann werdet ihr in seiner Erziehung dem Gesetz der Natur gehorcht haben." (Ebd., S. 197)

Das Arrangement, das dem Zögling scheinbar alle Freiheit lässt, ihn durch die Gestaltung der Umgebung aber genau lenkt, ohne dass er eine Chance hätte, dies zu bemerken, ist als totalitär kritisiert worden. Es ziele auf eine vollständige, möglichst lückenlose „Determination der Sicht- und

Handlungsweisen des Kindes" und lasse ihm keinerlei „Spielräume der Verweigerung offen" (Schäfer 2002, S. 95; ähnlich Oelkers 2001, S. 63ff.). In Rousseaus Perspektive lässt sich das damit rechtfertigen, dass er mit seinem Arrangement ja nicht von ihm selbst willkürlich gesetzte Ziele durchzusetzen versucht, sondern lediglich der Natur zu ihrem Recht verhilft. Aber selbst wenn man seinem fiktiven Konzept von Natur, das er den „unnatürlichen" Verhältnissen der feudalabsolutistischen Gesellschaft seiner Zeit entgegensetzt, nicht folgt, erscheint seine Argumentation durchaus konsequent. Denn wenn die in einer Gesellschaft vorherrschenden Lebensformen dem kindlichen Aufwachsen so wenig zuträglich sind, wie Rousseau dies annimmt, so kann dem pädagogisch – wenn überhaupt – allenfalls durch ein pädagogisches Arrangement entgegengewirkt werden, das gesellschaftlichen Einflüssen keine Chance mehr lässt. Der Übermacht der Gesellschaft ist anders nicht beizukommen. Wenn Rousseaus pädagogisches Arrangement totalitär ist, so reagiert es damit nur auf eine nicht weniger totalitäre Gesellschaft, der anders nicht zu entkommen ist.

Zum Ahnherrn moderner Pädagogik wird Rousseau aber auch gerade durch seine radikale Entgegensetzung von (natürlichem) Individuum und (unnatürlicher, entfremdeter) Gesellschaft. Seine Argumentation ermöglicht es, eine Erziehung zum Menschen zu konzipieren, die ihren Bezugspunkt nicht mehr in normativen Erwartungen der Gesellschaft hat, „sondern im einzelnen Menschen, den sie jenseits der Gesellschaft auf ein Leben in ihr vorbereiten will" (Schäfer 2002, S. 61). Das entspricht auf längere Sicht den Erfordernissen des Lebens in einer liberal verfassten und sich rasch wandelnden modernen Gesellschaft, in der die Individuen sich selbständig orientieren und ggf. von überkommenen Vorurteilen und vorgegebenen Wertsetzungen frei machen müssen, um erfolgreich sein zu können und damit – indirekt – zur Weiterentwicklung der Gesellschaft beizutragen. Modern ist dieses Erziehungskonzept auch, insofern es – wie die liberale bürgerliche Gesellschaft ihrem Selbstverständnis nach– keine persönlichen Abhängigkeiten mehr kennt. Die erwachsenen mündigen Individuen sind persönlich frei und unabhängig, nur dem Gesetz und sachlichen Notwendigkeiten verpflichtet. Das Faszinierende an Rousseaus Konzept – etwa für die Reformpädagogik des ersten Drittels des 20. Jahrhunderts – liegt nicht zuletzt darin, dass es den unmündigen, von ihren Erziehungsberechtigten persönlich abhängigen Heranwachsenden diese Unabhängigkeit zugesteht. Das Arrangement ermöglicht Freiheit, begrenzt aber die Möglichkeiten, falsch, auf pädagogisch unerwünschte oder für den Zögling selbst riskante oder schädliche Weise zu handeln. Es liefert das Muster für die Schaffung eines pädagogisch geschützten und verantwortbaren Raumes, „in dem gute Entscheidungen wahrscheinlich und auch Fehler möglich werden, ohne dass sie irreversible Folgen für die autonome Lebensführung und das Wohl des Adressaten haben" (Drerup 2012, S. 649). Damit verspricht es, das von Kant formulierte Paradox moderner Erziehung, unter Zwang zu Freiheit erziehen zu müssen, dadurch zu lösen, dass es die Zwänge unsichtbar macht.

Praktisch pädagogisch hat Johann Heinrich Pestalozzi (1746–1827) sich durch Rousseaus radikales Gedankenspiel anregen lassen. Für sein Waisenhaus in Stans (1799), wie er es in seinem berühmten „Stanser Brief" (entstanden 1799; zuerst gedruckt 1807) schildert, ist das Gegenbild zur Gesellschaft allerdings nicht das „natürliche Individuum", sondern die „natürliche" Kleinfamilie mit der großen Mutter im Zentrum, wie er sie schon in seinem europaweiten Bestseller „Lienhard und Gertrud" (4 Bde., 1781–1787) idyllisch verklärt hatte. So versucht er die Kinder „zu Geschwistern zu machen" und „das Haus in den einfachen Geist einer großen Haushaltung zusammen zu schmelzen" (Pestalozzi 1983b, S. 231), wobei er selbst „das Mutterauge in der Wohnstube" ebenso zu verkörpern beansprucht wie die „reine und durch das Dasein des ganzen Umfangs der häuslichen Verhältnisse allgemein belebte Vaterkraft" (Pestalozzi 1983b, S. 226). Sein Programm erläutert er im Rückblick so:

> „Meine […] Handlungsweise ging von dem Grundsatz aus: Suche deine Kinder zuerst weitherzig zu machen und Liebe und Wohltätigkeit ihnen durch die Befriedigung ihrer täglichen Bedürfnisse ihren Empfindungen, ihrer Erfahrung und ihrem Tun nahezulegen, sie dadurch in ihrem Innern zu gründen und zu sichern, dann ihnen viele Fertigkeiten anzugewöhnen, um dieses Wohlwollen in ihrem Kreise sicher und ausgebreitet ausüben zu können!
> Endlich zuletzt komme mit den gefährlichen Zeichen des Guten und Bösen, mit den Wörtern: Knüpfe diese an die täglichen häuslichen Auftritte und Umgebungen an und sorge dafür, dass sie gänzlich darin gegründet seien, um deinen Kindern klarer zu machen, was in ihnen und um sie vorgeht, um eine rechtliche und sittliche Ansicht ihres Lebens und ihrer Verhältnisse mit ihnen zu erzeugen!" (Pestalozzi 1983b, S. 232)

Die uns heute etwas fremde Sprache der Empfindsamkeit verbirgt vielleicht die ganz handfeste „Konstruktionsregel für pädagogische Felder und Einrichtungen" (Mollenhauer 1983, S. 73), die in diesen Sätzen steckt. Voraussetzung jeder pädagogischen Tätigkeit ist demnach, dass die Kinder überhaupt ansprechbar sind – hier zu gewährleisten versucht durch die Befriedigung der ersten und unmittelbarsten Bedürfnisse der Kinder nach Nahrung, Unterbringung, Sauberkeit von Körper und Kleidung sowie emotionaler Zuwendung. Mindestens ebenso wichtig ist aber das äußere Arrangement. Pestalozzi möchte es nicht vorgeben. „Es sollte das Erzeugnis […] der harmonischen Aufmerksamkeit und Tätigkeit der Kinder selbst werden und aus ihrem Dasein, ihren Bedürfnissen und ihrem gemeinschaftlichen Zusammenhange unmittelbar hervorgehen." (Pestalozzi 1983b, S. 231) Erst aus der aktiven Mitarbeit der Kinder, der gegenseitigen Unterstützung, dem Umgang miteinander kann das projektierte Gefühl der Geschwisterlichkeit hervorgehen und sich verfestigen. Nicht Einsicht ist dabei leitend, sondern Empfindung, konkrete Erfahrung und – nicht zuletzt – Gewohnheit. Erst danach kommt – mit deutlichem Vorbehalt gegenüber „den gefährlichen Zeichen des Guten und Bösen" – die explizite Reflexion der Erlebnisse und Erfahrungen in der Hausgemeinschaft. Sie hat deutlich eine untergeordnete, aber wichtige Funktion. Denn die „Worte geben nicht die Sache selbst, sondern nur eine deutliche Einsicht, das Bewusstsein von ihr" (ebd., S. 227).

Auch dieses Arrangement hat seine blinden Stellen. So wie Rousseau seinen fiktiven Zögling (und seine Leser) auf die individualistische Ideologie des „natürlichen Individuums" verpflichtet, so orientiert Pestalozzi seine bis zu achtzig Kinder auf ein kleinfamiliäres Idyll, das er seinerseits für „natürlich" hält. Da die Arrangements pädagogisch geplant sind und pädagogischer Verantwortung unterliegen, können allerdings ihre blinden Flecken eher pädagogisch diskutiert werden als jene oft nicht weiter in Frage gestellten Arrangements im Alltag, die entweder durch pure Zufälle bedingt sind, auf kulturelle Selbstverständlichkeiten zurückgehen oder auf andere vorgängige Entscheidungen von Gesetzgebern, Versicherungsjuristen, Architekten usw. Für pädagogische Arrangements gilt, dass sie oft nicht oder nur teilweise bewusst sind und oft erst in der Reflexion als solche kenntlich und der pädagogischen Diskussion zugänglich werden.

Behüten, Gegenwirken und Unterstützen

Anthropologisch gesehen wird durch Erziehung im umfassenden Sinne die Lücke geschlossen zwischen der genetischen Ausstattung des Menschen und dem jeweiligen Stand der mit der historisch-gesellschaftlichen Entwicklung hervorgebrachten menschlichen Fähigkeiten und Bedürfnisse (Kultur). Anders gesagt: Zur genetischen Ausstattung des Menschen gehört das Vermögen, sich die menschlichen Fähigkeiten und Bedürfnisse auf dem jeweiligen Stand der historisch-gesellschaftlichen Entwicklung anzueignen. Dabei muss der Mensch als immer schon aktiv und insofern als Subjekt gesehen werden. Kants klassischer Satz: „Der Mensch wird nur Mensch durch Erziehung" ergibt nur Sinn, wenn Erziehung sehr weit und umfassend verstanden wird. Dass der kleine Mensch zum erwachsenen Menschen im Sinne der jeweiligen historisch-gesellschaftlichen Verhältnisse wird, ist nicht allein Verdienst des oder der Erziehenden, es geht aber auch nicht ohne sie. Der Mensch ist von Anfang an aktiv und Subjekt seiner Entwicklung. Seine Erziehung ist Prozess und Produkt des Zusammenwirkens des kleinen, jungen tätigen Subjekts mit den größeren und älteren tätigen Subjekten. Dieses bi-subjektive oder multi-subjektive Zusammenwirken hat einen Gegenstand, ein Objekt, etwas, auf das sich beide (oder alle Beteiligten) beziehen und um das sich beide (alle) bemühen (sollten): die jeweilige gesellschaftliche Realität, soweit sie den beiden (allen beteiligten) Subjekten zugänglich ist.

In diesem Sinne ist die bekannte Trias zu verstehen, in der Schleiermacher die Aufgaben von Erziehung zu beschreiben versucht. Behüten, Gegenwirken und Unterstützen haben ihren zentralen Bezugspunkt jeweils in dem, was ohnehin geschieht, in der Auseinandersetzung des heranwachsenden Subjekts mit der sozialen und gegenständlichen Realität, in der es aufwächst. Grundlage jeder absichtlichen pädagogischen Tätigkeit ist das Zusammenleben mit den Heranwachsenden, der

„gesellige Verkehr mit der Jugend, auch insofern es von seiten der Erziehenden mitteilende Äußerung ist. Es ist alles aus dem Hauptgesichtspunkt zu betrachten, dass das Zusammenleben mit den Kindern gleichsam ein Lebenhelfen sein soll, ein unterstützendes, entwickelndes Zusammenleben, aus dem sich erst die Prämissen zu einer bestimmten Organisation absichtlicher Tätigkeit [...] entwickeln müssen." (Schleiermacher 1983, S. 167)

Vorausgesetzt wird zum einen „die natürliche Selbstentwicklung" und zum anderen „die Totalität der unabsichtlichen Einwirkung", wobei kaum zu unterscheiden ist, „was sich von selbst, von innen heraus in dem Zögling entwickelt, und das, was durch die Einwirkung anderer entsteht" (ebd., S. 99). Die absichtlichen pädagogischen Einwirkungen, die in Frage stehen, orientieren für Schleiermacher entsprechend den Anforderungen einer modernen Gesellschaft einerseits auf die Fähigkeit des Zöglings, am gesellschaftlichen Leben zu partizipieren, zum anderen an seiner Eigentümlichkeit als Individuum.

„Die Erziehung soll so eingerichtet werden, dass beides in möglichster Zusammenstimmung sei, dass die Jugend tüchtig werde einzutreten in das, was sie vorfindet, aber auch tüchtig in die sich darbietenden Verbesserungen mit Kraft einzugehen." (Ebd., S. 31)

Dabei ist das Gegenwirken zweifellos die problematischste unter den absichtlichen pädagogischen Maßnahmen. Denn sie muss immer der Selbsttätigkeit des Zöglings entgegenstehen, die doch eigentlich verstärkt und unterstützt werden soll. Insofern erscheint es günstiger, das Kind von vornherein vor schädlichen Einflüssen zu bewahren. Aber ein solches Behüten ist nur möglich, wenn der Zögling zumindest teilweise isoliert wird.

Abgesehen davon, dass das schwierig ist, geht damit jedoch alles „Frische, Freie, Lebendige, Unmittelbare verloren" (ebd., S. 67).

Vorzuziehen ist daher, wenn irgend möglich, das Unterstützen. Es bezieht sich auf das, „was [...] von selbst geschieht" (ebd., S. 66), geht aber darüber hinaus, weil es versucht, es in eine Ordnung zu bringen oder durch eine neue zu ersetzen und damit etwas Zusammenhängenderes, Vollständigeres und Bewussteres zu schaffen als das, was das reine Hineinwachsen in die Gesellschaft mit sich bringt. Eine methodisch geregelte Unterstützung sieht Schleiermacher vor allem bei der Vermittlung von Fertigkeiten, also namentlich beim Unterricht, als notwendig an. Für die Bildung der „Gesinnung" ist die freie Geselligkeit das passendere Medium.

„Das Maximum von pedantischer Erziehung ist dies, wenn für das Leben der Jugend alles unter bestimmte Regeln gebracht wird. Die Erziehung enthält dann keine Aufforderung zu einem lebendigen freien Handeln [...]. Das Leben der Jugend soll also auch ein solches Gebiet haben, wo die Umgebung nur unter dem Charakter ursprünglich freier Selbsttätigkeit einwirkt, damit die Jugend auf das mannigfaltige Leben vorbereitet werde und ihre Freiheit ausüben lerne. Es ist durchaus notwendig, dass die Periode der Erziehung in Analogie stehe mit dem späteren Leben." (Ebd., S. 102)

Interagieren

Wenn der Educand stets als Subjekt mit eigenen Absichten und Zwecken verstanden werden muss, die denen des Erziehers entgegenstehen können, so ist es zwingend, Erziehung als interaktives Geschehen zu fassen, an dem beide Parteien gleichermaßen Anteil haben. In dieser Perspektive ist das „Nein-Sagen-Können des Zöglings [...] nicht der schlimmste denkbare Fall im Erziehungsprozess, sondern geradezu der schönste Ausdruck lebendiger Reflexivität" (Kunert 1997, S. 58.) Geht man etwa von der gegenwärtigen Schulrealität aus, so ist der praktische Umgang mit diesem einsichtigen Postulat allerdings nicht einfach. Dazu ein Beispiel: Studierende lernen, dass Unterricht eine geplante Veranstaltung ist. Sie lernen Lehrziele für eine Stunde zu setzen und Unterrichtsformen und -methoden so zu wählen, dass diese Ziele auch erreicht werden. Das ist jedoch ein Konzept von störungsfreiem Unterricht, das unterstellt, dass die Planungen der Lehrkraft „aufgehen" und das erwartete Schülerverhalten auch tatsächlich eintritt. Ein eigener Wille der Educanden gilt hier als Störfaktor und gerade nicht als Ziel von Erziehung. Bei einem Konzept von Erziehung als interaktivem Geschehen wäre also „Störung" zu differenzieren: Manche Arten von Störung lassen zwar möglicherweise die Unterrichtsplanung „scheitern", können aber aus erzieherischer Sicht willkommen sein.

Fasst man Erziehung als interaktives Geschehen, so kann man die Struktur dieses Geschehens so beschreiben: Es gibt (mindestens) zwei Subjekte in diesem Prozess, in der Theorie werden sie traditionell Erzieher und Zögling genannt, moderner auch Erzieher und Educand (der Herauszuführende von lat. educare = herausführen). Beide Subjekte vollführen unterschiedliche Tätigkeiten – der Erzieher präsentiert etwas, der Zögling eignet sich etwas an. Erziehung setzt sich also zusammen aus den beiden „Teiltätigkeiten" Präsentation und Aneignung. Dieses „Etwas" ist das Objekt (der dritte Faktor), auf das sich beide Subjekte richten. Es ist die Sache, die Kultur. Dabei kann es sich um das „Schleife binden" oder „die Uhr lernen" ebenso handeln wie um den Satz des Pythagoras, eine moralische Norm oder eine politische Überzeugung.

In der Didaktik ist diese Struktur als „didaktisches Dreieck" bekannt. Das verweist darauf, dass jeder Unterricht zugleich erzieht. Diese Einsicht geht auf Herbart zurück, der das Konzept des „erziehenden Unterrichts" entwickelte: „Und ich gestehe gleich hier", schrieb er in seiner Einleitung zur Allgemeinen Pädagogik, „keinen Begriff zu haben von Erziehung ohne Unterricht; so wie ich rückwärts, in dieser Schrift wenigstens, keinen Unterricht anerkenne, der nicht erzieht". Unterricht ist nie nur dem „Stoff", der Sache verpflichtet, sondern immer zugleich dem Heranwachsenden; auch zielt er nicht auf Konditionierung der Kinder, sondern soll den Lernenden die Möglichkeit zu eigener Reflexivität auf die Sache bieten (Benner 1997, S. 50 ff.). Das gilt gleichermaßen für pädagogische Fachkräfte im Kindergarten und außerschulischer Kinder- und Jugendarbeit. Für sie gäbe es Herbart zufolge keine Erziehung ohne „Unterricht" – er hat hier allerdings eine andere Form. Pädagogische Fachkräfte präsentieren nicht nur Fachwissen, sondern immer auch sich selbst und die eigenen Lebensentwürfe, den eigenen Umgang mit der kulturellen Ordnung.

Interaktionen sind nicht voll bewusst. Wir sagen mehr, als wir sagen wollen. Und unser Gegenüber versteht in aller Regel weniger, mehr oder etwas ganz anderes als das, was wir bewusst übermitteln wollten. Ein ganz einfaches Beispiel ist die oft beobachtbare Differenz zwischen Denken und Handeln, d.h. eine Pädagogin kann zwar die Absicht haben, Kinder gerecht zu beurteilen oder ihre Selbstständigkeit zu fördern, in ihrem faktischen Handeln aber unterläuft sie diese Ziele, ohne es selbst zu bemerken. In der Kommunikationstheorie ist versucht worden, verschiedene Seiten einer Botschaft analytisch zu unterscheiden (Schulz von Thun 1981, Bd. 1, S. 45 ff.):

- Der Inhaltsaspekt enthält die Information über eine Sache.
- Der Appell „sagt", wozu der Empfänger veranlasst werden soll.

- Der Beziehungsaspekt „sagt", was der Sender vom Empfänger hält bzw. wie sie zueinander stehen.
- Im Selbstdarstellungsaspekt teilt der Sender etwas über sich selbst mit.

Da jede gesendete Nachricht immer mehrere indirekte Botschaften enthält, auch solche, die nicht unbedingt bewusst beabsichtigt waren, stimmt die gesendete Nachricht nie mit der empfangenen Botschaft überein. Der Empfänger kann die Nachricht auf „verschiedenen Ohren" hören. Missverständnisse entstehen nicht nur aufgrund der vielfältigen Botschaften, die in einer Nachricht enthalten sind, sondern auch dadurch, dass der Empfänger auswählt, welche Botschaften er aus dem Gesagten oder Gezeigten heraushört, wie er es versteht und worauf er reagiert. Die ankommende Nachricht wird „Machwerk" des Empfängers. Häufig bilden wir bestimmte Empfangsgewohnheiten aus, d.h. wir hören bevorzugt auf bestimmten „Ohren" und nicht auf allen vier Ohren gleichzeitig.

Dazu ein Beispiel: Der Satz „Fabian, setz dich bitte hin" kann neben dem Inhaltsaspekt also beispielsweise aus Sicht der Lehrerin gemeint sein

- als Appell: „Komm zur Ruhe";
- als Beziehungsaspekt: „Ich will dir helfen";
- als Selbstdarstellungsaspekt: „Ich sorge mich um dich".

Fabian dagegen könnte die Botschaft verstehen

- als Appell: „Die befiehlt mir was";
- als Beziehungsaspekt: „Die will der Boss sein";
- als Selbstdarstellungsaspekt: „Die ist zickig".

Meistens bestimmen die Betonung, begleitende Gestik und Mimik die Aspekte von Selbstoffenbarung, Appell und Beziehung. Je nach Betonung kann der Satz also als Unterstützung, als sanfte Mahnung oder strenger Verweis gedeutet werden. Darüber hinaus kann eine Nachricht zu Missverständnissen führen, wenn sie gleichzeitig widersprechende Botschaften enthält (Inkongruenz), ohne dass der Sender sich dessen bewusst ist. In diesem Fall ist es denkbar, dass die Lehrerin Fabian bewusst helfen möchte, zur Ruhe zu kommen, unbewusst aber strafen will. Sie sagt den Satz dann vielleicht freundlich, guckt dabei aber sehr streng. Fabian wird nun seinerseits den Satz aufgrund seiner Vorerfahrungen und Empfangsgewohnheiten auf seine Weise deuten und entsprechend reagieren. Dies wiederum bildet die Basis für die kommende Interaktion der Lehrerin usw.

Das Beispiel verdeutlicht, dass die Beziehungsebene, die sich zwischen den beiden entwickelt, bestimmt, wie beide Seiten die Nachricht des Anderen deuten, wie also die Beziehungsebene den Sachverhalt bestimmt. Die Struktur von Erziehung als Interaktion zeigt demnach, dass es unterschiedliche Muster oder Typen geben kann: Im Idealfall unterstellen wir, dass 1. die bewussten und unbewussten Absichten des Erziehers und des Zöglings sich nicht zu sehr widersprechen, und 2. die Zöglinge sich auch genau das aneignen, was die Erzieher beabsichtigen. Die Erfahrung zeigt jedoch, dass diese Vorstellung unrealistisch ist. Kommunikationsstörungen und damit Störungen dieser Idealvorstellung von Erziehung sind eher der Normalfall und treten in verschiedener Hinsicht auf:

- In scheinbaren Sachauseinandersetzungen wird über Sachargumente gestritten, obwohl der Konflikt auf der Beziehungsebene liegt (wer darf was bestimmen).
- Eine Person gewichtet die Beziehungsseite stark, bezieht alles auf sich, nimmt alles persönlich, fühlt sich leicht angegriffen oder beleidigt.

Zwar ließe sich also beschreiben, wie Erzieher und Zögling miteinander interagieren. In einer Beobachtungssituation, etwa im Unterricht, Kindergarten oder Heim, kann man aber über die Absichten, auch die bewussten, nur Vermutungen anstellen. Welche Ziele die beteiligten Personen verfolgen, wird nicht direkt sichtbar. Über die bewussten Ziele können die Beteiligten befragt werden, die nicht bewussten scheinen eher auf, wenn Inkongruenzen wahrgenommen werden.

Die Ausführungen zeigen die Komplexität erzieherischer Interaktionen, hier aber nur die mikrostrukturelle Perspektive. Berücksichtigt werden müssen außerdem weitere Faktoren, die in dem Beispiel der Übersichtlichkeit halber ausgelassen wurden:

- Erziehung setzt sich aus einer Vielzahl solcher Interaktionssequenzen zusammen.
- Als Erzieher hat man es in und außerhalb der Schule meist mit vielen Zöglingen zu tun. Jedes dieser Kinder hat eigene Hörgewohnheiten und Interaktionsmuster in seiner Lebensgeschichte ausgebildet (Hier spielen die Biographie, Milieu, Klasse, Geschlecht etc. eine Rolle; vgl. dazu Kap. 5).
- Auch Kinder und Jugendliche haben es nie nur mit einem, sondern mit vielen Erziehern und Erzieherinnen zu tun. Neben der Differenz von bewussten und nicht bewussten Absichten müssen sie die Absichten der verschiedenen Erziehungspersonen unterscheiden und irgendwie damit umgehen.

- Die Erziehungssequenz ist immer eingebettet in institutionelle Rahmenbedingungen, die Regeln für die Interaktion vorgeben und ihr Grenzen setzen (das gilt in Familie, Schule, Heim, Sportverein, Musikschule etc.)

Die Darlegungen zeigen, dass Erziehung nicht als eine einseitige Beeinflussung gefasst werden kann, in der der Erwachsene auf ein nur reagierendes, nur aufnehmendes, zu beeinflussendes Objekt „Kind" einwirkt. Deshalb lassen sich erzieherische Intentionen nie ungebrochen und umstandslos realisieren. Immer müssen mindestens zwei Personen ihre gegenseitigen Erwartungen aufeinander einstellen. Nichts ist falscher und für die Praxis verhängnisvoller als die Vorstellung, Erziehung sei eine Einbahnstraße, bei der sich bei richtiger Wahl der Mittel und Methoden alle Absichten direkt realisieren lassen. Wer dieser Ansicht anhängt, wird entweder beständig enttäuscht – „dabei habe ich mir doch solche Mühe mit der Unterrichtsvorbereitung gegeben" – oder er wird die Pädagogik beschimpfen, dass sie noch nicht die richtigen „Techniken" erfunden hat. Es gibt zwar einige pädagogische Techniken, aber keine, die einen sicheren Erziehungserfolg garantieren könnten. Das Ergebnis von Erziehungsprozessen ist offen; der Ausgang des Geschehens liegt in der Hand des Zöglings. Mit der Selbständigkeit des Zöglings ist die Erziehung beendet.

Zeigen

Erziehung ist nicht unmittelbar sichtbar. Alle bislang angesprochenen Dimensionen von Erziehung sind in andere Aktivitäten eingebettet. Gibt es Tätigkeiten, die spezifisch für Erziehung sind? Was tun wir eigentlich, wenn wir pädagogisch tätig sind?

Einen Versuch, Erziehung operativ zu fassen, hat Klaus Prange vorgelegt. Seine Ausgangsfrage ist, was wir meinen, wenn wir von Erziehung sprechen. Grundlegend ist für ihn die begriffliche Trennung von Lernen und Erziehung. Meist wird zwischen diesen beiden Begriffen nicht genügend differenziert. „Wenn von Erziehung die Rede ist, meldet sich zugleich und offenbar unvermeidlich das Lernthema, so dass oft nicht zu erkennen ist, ob tatsächlich das Erziehen oder nicht vielmehr das Lernen gemeint ist." (Prange 2005, S. 57) – Worin liegt nun der Unterschied oder – wie Prange sagt – die „pädagogische Differenz" (ebd., S. 58) zwischen Lernen und Erziehen? – Kurz gesagt: Lernen ist Voraussetzung von Erziehung. Alles Erziehen, alles Lehren, Unterrichten setzt das Lernen voraus. Lernen ist der anthropologische Tatbestand, auf den wir mit Erziehung reagieren. In Variation der Definition von Bernfeld sagt Prange (mit Schulze 1995, S. 407): Erziehung ist die Reaktion auf den Tatbestand des Lernens (Prange 2005, S. 44).

Was sind nun die Formen des pädagogischen Handelns, mit denen wir uns auf das Lernen beziehen? Wie fast alle Pädagogen stellt Prange die positiven Formen in den Mittelpunkt und unterscheidet elementare und komplexe Formen. Unter Form versteht Prange dabei das, „was sich bei aller Verschiedenheit nach Alter, Geschlecht, sozialer Schicht, Zeitlage usw. als dasjenige identifizieren lässt, was immer als Gemeinsames gegeben sein muss, damit man von Erziehung sprechen kann" (ebd., S. 37). Formen kommen in der konkreten Erziehungswirklichkeit selten „rein" vor; hier geht es darum, sie aus dem jeweiligen Kontext herauszuheben, um sie sichtbar zu machen.

Die Grundform ist das *Zeigen*. „Überall wo erzogen wird, wird etwas gezeigt" (Prange/Strobel-Eisele 2006, S. 38). Erziehung ist Zeigen. Was damit gemeint ist, kann man sich leicht an Beispielen verdeutlichen: „Wir machen Kindern vor, wie man mit Messer und Gabel isst, wie man richtig grüßt und mit welchen sozialen Abstufungen, wie man eine Schleife bindet oder wie man Rad fährt" (Prange 2005, S. 66). Wir erklären etwas, z.B. die Bedeutung von Verkehrszeichen, oder erzählen, zeigen etwas, vermittels Geschichten oder Gleichnissen. Pädagogisch wird das Zeigen durch den Bezug auf das Lernen. Ich zeige etwas, *damit* es gelernt werden kann (nicht um Kompetenz zu demonstrieren oder Mut – Seiltanzen – oder um etwas zu verkaufen). Zeigen ist dabei als kommunikatives Handeln zu verstehen. Es ist angewiesen auf Berücksichtigung der Lage und Eigenart des oder der Adressaten. Das Lernen reagiert nicht automatisch auf pädagogisches Handeln (wie der Körper auf die Spritze oder eine Flasche Wein); es reagiert selektiv und produktiv, eigensinnig.

Das Zeigen braucht einen Gegenstand, ein Thema. „Man kann nicht bloß kommunizieren und ‚aufeinander zugehen', sondern es gehört immer etwas dazu, worüber man spricht und verhandelt, worum man andere bittet oder was man ihnen befiehlt, worauf man sich verständigt und dann gemeinsam betreibt" (Prange/Strobel-Eisele 2006, S. 41). Zeigen hat immer zwei Seiten: die eine bezieht sich auf den Gegenstand, auf das, was gezeigt wird, und auf das damit verbundene Anliegen, dies verständlich zu machen, das Verständnis zu erweitern oder zu verändern. Die andere Seite bezieht sich auf den Zeigenden, auf die Art, wie er sich im Zeigen selbst zeigt, welche Art des Umgangs mit dem Gegenstand, mit dem Gegenüber und mit sich selbst er im Zeigen präsentiert. Wie jedes andere Handeln braucht Zeigen Zeit, d.h. es muss in der Zeit gegliedert werden und bedarf eines geeigneten Zeitpunkts. Ort des Zeigens ist gewöhnlich das Gespräch. Zeigen erschöpft sich nicht im Hinzeigen und Benennen; es gibt unterschiedliche Varianten der Grundform. Prange und Strobel-Eisele nennen vier:

1. **Das ostensive Zeigen: die Übung.** Zeigen ist hier vergleichsweise handgreiflich: Einüben auf Seiten des Erziehenden; Ausüben auf Seite des Lernenden. „Verglichen mit den anderen Formen des Zeigens besteht hier die größte Nähe zwischen denen, die pädagogisch handeln, und den Lernenden" (Prange/Strobel-Eisele 2006, S. 49). Üben besteht zum einen aus dem gemeinsamen Tun, zum anderen gehört dazu eine Begleitung in direktiver Absicht durch Gesten und Worte. Das Üben findet ein gleichsam natürliches Ende im Gelingen, wenn die Handlung gewissermaßen automatisiert ist. Beispiele liegen nahe: Mithilfe im Haushalt, Fahrschule, Tanzschule, Sport, die Meisterlehre oder die Arbeit als Praktikant. Einübung erfolgt hier durch Teilnahme, Zusehen oder Mitmachen beim oder im Arbeitsprozess unter Obhut oder Aufsicht eines ‚Meisters' oder einer ‚Meisterin', der oder die dann auch Tricks verrät usw.

2. **Das repräsentative Zeigen: die Darstellung.** Hier wird etwas vor Augen geführt, das unmittelbar nicht gegeben ist. Die Repräsentation eröffnet ein Feld des Lernens ganz anderer Art und entschieden größerer Reichweite als das Üben und Mitmachen. Wir reagieren nicht mehr nur auf tatsächlich anwesende Sachverhalte, sondern auf *Zeichen*, so dass wir uns in einer Welt der Verweise und Hinweise, der Symbole und Bedeutungen bewegen. Damit wird ein Erfahrungsraum erschlossen, der anders niemals zugänglich würde. Kinder lernen das Leben und die Welt gar nicht überwiegend unmittelbar, sondern *über Bilder und Erzählungen* kennen. Solche Darstellungen zeigen die Welt, sie sind aber zugleich nötig zur Ordnung des Erlebens und zur vereinfachenden Orientierung in einer komplexen Welt. Diese Form zeichnet sich durch eine besondere Ambivalenz aus: Sie kann Mittel der Aufklärung wie der Manipulation sein (vgl. Kap. 4.2).

   Die Weiterentwicklung dieser Form ist das *erklärende Zeigen*, heute vorzugsweise in der Schule. Es ist sachlicher als das Erzählen; es bezieht den Unterschied von Zeichen und Sachen ein. Es ist in anderer Weise auf das Lernen bezogen als das Erzählen; es ist neutraler und unpersönlicher, weil das Gezeigte zunehmend im Kontext objektiver Verhältnisse erscheint.

3. **Das direktive Zeigen: die Aufforderung.** Mit dieser Form ist ein empfindlicher Punkt und eine grundlegende Frage jeden pädagogischen Handelns angesprochen: Wie lässt sich *das Wollen* des Adressaten erreichen, wie kann man auf Verhalten und Verhaltensdispositionen einwirken? Das ist nicht nur ein sozusagen „technisches" Problem, sondern zugleich ein ethisches. Wenn Selbständigkeit des Zöglings das wichtigste Ziel ist, darf dann überhaupt auf sein Wollen eingewirkt werden? Und wenn es ein Ziel gibt, zum Beispiel Selbständigkeit, *muss* dann nicht auf

sein Wollen eingewirkt werden, etwa wenn er für sein Handeln partout keine Verantwortung übernehmen will?

Aber abgesehen von der Zulässigkeit, stellt sich immer noch die „technische" Frage: Geht das überhaupt? Wie kann man auf das Wollen anderer einwirken? Einen direkten Zugang zum Wollen, zum Selbst gibt es bekanntlich nicht. „Das bedeutet: das pädagogische Handeln in direktiver Absicht kann sich nicht unabhängig von dem, was ostensiv und repräsentativ gezeigt worden ist und gezeigt wird, auf das Kind und die Heranwachsenden beziehen, um ihre Motive und Absichten zu erreichen. Anders gewendet: das direktive Üben bewegt sich im Zusammenhang von Übungen und Darstellungen, wenn anders es nicht als leeres Fordern [...] erscheinen soll" (Prange/Strobel-Eisele 2006, S. 74). Ohne thematischen Bezug laufen Aufforderungen ins Leere.

Beim direktiven Zeigen handelt es sich um die zugleich anspruchsvollste und schwächste Form pädagogischen Handelns: anspruchsvoll, weil sich das direktive Zeigen auf das Gesamtverhalten, gewissermaßen auf den Charakter bezieht; schwach wegen der Wahlfreiheit des Adressaten und seinen gesteigerten Möglichkeiten, Nein zu sagen und sich zu verweigern. Das direktive Zeigen „ist in einer ganz anderen Weise als das Üben und Darstellen auf Zustimmung angewiesen, sozusagen darauf, wie sich der Lernende zu sich selbst verhält, ob er willig und einsichtig unserer Erwartung folgt oder sich widerspenstig, uneinsichtig und harthörig zeigt. [...] Beim direktiven Zeigen beziehen wir uns darauf, wie die Lernenden sich auf sich selbst beziehen. Sie können immer auch anders: zuhören oder nicht zuhören, antworten oder nicht antworten, sich unsere Ansinnen zu eigen machen oder sie verwerfen." (Ebd., S. 75) Hier vor allem ist der Ort der immer wieder beklagten Unsicherheit der Erziehung.

4. **Das reaktive Zeigen:** das Rückmelden. Diese Form ist ebenso nah an der „gefühlten" Erziehung wie das direktive Zeigen. Auch es bezieht sich auf das Verhalten des Zöglings, allerdings nicht auf das zukünftige, sondern auf das schon zurückliegende Lernverhalten. Wenn schon moralische Vorhaltungen oft als kränkend erlebt werden, so erst recht Rückmeldungen, sofern sie nicht positiv ausfallen. Aus solchen Rückmeldungen „ergibt sich [...] geradezu unvermeidlich das vielfach erlebte Leiden an der Erziehung" (ebd., S. 84). „Was uns rückgemeldet wird, betrifft uns anders als das, was uns vorgemacht und erklärt wird, wozu wir aufgefordert und angeleitet werden" (ebd., S. 93). Trotzdem sind Rückmeldungen nötig, zumal in den Fällen, in denen Lernende nicht selbst erkennen können, ob sie vorangekommen sind oder nicht. Erst durch die Rückmeldung, durch Lob, Tadel, Kritik usw. erfahren wir, ob etwas gut, weniger gut oder gar nicht gelungen ist. Zu den zahlreichen Prob-

lemen, die mit diesem reaktiven Zeigen verbunden sind, gehört, dass es gemeinsame Wertmaßstäbe voraussetzt. Wo diese nicht gegeben sind oder unklar bleiben, erscheint das reaktive Zeigen oft als willkürlich („Der mag mich nicht.") und bleibt unverständlich.

Zum Zeigen gehört das Verbergen. Teilweise werden Sachverhalte und Möglichkeiten ganz bewusst aus dem Blick gerückt. „Die Kinder sollen schließlich nicht alles sehen, üben und ausprobieren, schon zu ihrem eigenen und zu unserem Schutz. Insofern gehört das Verdecken und Verbergen, das Vorenthalten und der Entzug von Erfahrungsmöglichkeiten zum Formenkreis des Erziehens." (Prange 2005, S. 75) Teilweise mag dieses Verbergen aber auch unabsichtlich geschehen, weil uns die Bedeutung der fraglichen Sachverhalte nicht bewusst ist oder weil sie uns selbst gar nicht zugänglich sind. Angesichts der Fülle der Möglichkeiten können wir gar nicht anders als verbergen; das Problem liegt hier in der Auswahl.

Probleme können sich darüber hinaus aus der Art und Weise ergeben, *wie* wir zeigen – unsere Haltung gegenüber den gezeigten Gegenständen vermittelt sich immer mit – und aus der Tatsache, *dass* und *wie viel* wir zeigen. Durch jedes Zeigen wird man daran gehindert, etwas selbst zu entdecken. Wer alles (oder sehr viel) gezeigt bekommt, verlernt womöglich, selbst zu sehen, von sich aus zu üben, sich Zusammenhänge selbst zu erschließen, sich selbst etwas vorzunehmen und von sich aus mit dem Ergebnis seiner Arbeit zufrieden zu sein. In einer Zeit umfassender Scholarisierung des Lernens ist das keine zu vernachlässigende Gefahr. Umso wichtiger ist es, auch hier nicht die wichtigste Verpflichtung der Erzieherin, des Erziehers aus den Augen zu verlieren: sich selbst überflüssig zu machen.

Kooperieren

Meist wird Erziehung als Gegeneinander von Erzieher und Zögling gedacht. Der Erzieher möchte etwas vom Zögling (ihn beeinflussen, belehren, verbessern usw.), der Zögling reagiert darauf, indem er mitmacht, es gutwillig geschehen lässt oder aber Widerstand leistet. Viele erziehungstheoretische Probleme resultieren aus dieser Entgegensetzung.

Allerdings lässt sich Erziehung auch anders denken, nämlich als Miteinander, als gemeinsames Handeln, als Kooperation. Dabei lassen sich unterschiedliche Varianten unterscheiden. Die *erste* gehört nach wie vor zu den verbreiteten Alltagssituationen und wird meist gar nicht als erzieherisch wahrgenommen. Im Zusammenleben mit dem Kind oder dem Heranwachsenden – in der Familie, in Kindergarten, Schule, Lehre usw. – wird ihm nicht nur eine bestimmte Lebensform *präsentiert*; es nimmt überdies immer selbst an ihr teil, ist involviert, arbeitet mit – im Haushalt, im Garten, bei Ausflügen, bei der Gestaltung der Umgebung usw. Das Leben in der Familie enthält trotz Auslagerung zahlreicher ehemaliger Hausarbeiten und trotz Technisierung noch immer kooperative Elemente. Indem die Kinder sich daran beteiligen (oder indem sie davon ferngehalten werden), machen sie Erfahrungen mit Arbeitshaltungen, mit Formen der Zusammenarbeit, der Verständigung usw. Wichtige Arbeits- und Verantwortungserfahrungen sind in solchen Zusammenhängen möglich.

Aus den Schulen sind Formen der Mithilfe fast völlig verschwunden. Das liegt nicht nur an den technischen Medien und den Fotokopien, die selbst den Tafeldienst verdrängt zu haben scheinen, sondern vor allem auch an einer im deutschen Raum vorherrschenden Lehr- und Lernkultur, in der nahezu alle anfallenden Tätigkeiten mit erstaunlicher Selbstverständlichkeit von den Lehrpersonen übernommen werden. Die Kinder sitzen häufig nur da und warten, bis sie endlich wieder irgendetwas „dürfen". Schule ist ganz ähnlich wie die Familie ein Ort des (mehr oder weniger) kontrollierten Konsums geworden.

In welch hohem Maß dies der Fall ist, wird oft erst im Vergleich deutlich. Während Schule beispielsweise in Japan als „Angelegenheit der Schüler und Schülerinnen arrangiert ist, bei der die Lehrperson hinzutritt, um ihren zweifellos entscheidenden Beitrag dazu zu leisten, erscheinen Schule und Unterricht in Deutschland primär als Veranstaltungen von Lehrern und Lehrerinnen. Die Schüler ,besuchen' den Unterricht, *machen mit* oder auch nicht, tun mehr oder weniger gutwillig, was die Lehrperson von ihnen verlangt, ansonsten geht sie die ganze Sache nichts an. Während japanische Schülerinnen und Schüler eigentlich immer zu tun haben – diese oder jene Aufgabe lösen, in der Gruppe etwas erklären, etwas organisieren oder der Lehrperson zuhören –, machen ihre deutschen Alterskollegen meistens den Eindruck, als warteten sie erstmal ab. Sie sind nicht fauler oder weniger eifrig als die Japaner; ihnen bleibt gar nichts anderes übrig, da sie in aller Regel nicht wissen, was als nächstes kommt. Das hängt ab vom Lehrer und seiner zumindest für Außenstehende oft willkürlich anmutenden didaktischen Entscheidung. Wo japanische Schüler als einzelne oder in der Gruppe den Schultag zumindest teilweise überblicken können und für einige Passagen selbst Verantwortung übernehmen, erscheint den deutschen ihr Vormittag als unabsehbare und unbeeinflussbare Folge von Willkürentscheidungen anderer, die allenfalls durch Klingelzeichen, Pausen – in höheren Klassen – den Wechsel der Zentralgestalten gegliedert wird. Den geteilten Zuständigkeiten und Verantwortlichkeiten an japanischen Schulen steht auf deutscher Seite die umfassende Zuständigkeit der

Lehrperson gegenüber, die den gesamten Ablauf organisieren und überwachen muss. Unterricht gestaltet sich so fast zwangsläufig als beständiger Kampf zwischen einer überbeschäftigten Lehrperson, die gleichzeitig unterrichten, für Ordnung sorgen, bewerten und dabei möglichst noch jeden einzelnen Schüler im Auge behalten soll, und unterbeschäftigten Schülern, die eigentlich nichts anderes zu tun haben als Wohlverhalten zu demonstrieren und ansonsten über jede Ablenkung dankbar sind." (Schubert 2010, S. 33f.)

Kooperationssituationen lassen sich – *zweitens* – auch in pädagogischer Absicht herstellen. Ein Beispiel dafür ist Pestalozzis schon angesprochenes Waisenhaus in Stans. Wie gesagt zielt sein Arrangement darauf ab zu beweisen, dass die häusliche Erziehung als Modell für die öffentliche Erziehung gelten kann (Pestalozzi 1983, S. 226). Kooperation ist dabei ein zentrales Element. Die postulierte geschwisterliche Hausgemeinschaft gründet nicht zuletzt auf der gemeinsamen Arbeit im gemeinsamen Haushalt.

Deutlicher wird diese Dimensionen der Kooperation bei dem sowjetischen Pädagogen und Schriftsteller Anton Semjonowitsch Makarenko (1888–1939). In seiner Gorki-Kolonie, die er von 1920 bis 1928 leitete und über die er sein literarisches Hauptwerk „Ein pädagogisches Poem" schrieb, orientiert er sich nicht an der häuslichen Erziehung, sondern am landwirtschaftlichen Großbetrieb, später – in der Dserschinski-Kommune von 1927 bis 1935 – an der Fabrik. Die Pädagogik ist hier um die gemeinsame Arbeit herum organisiert, die – neben der Schule – das Zentrum des Zusammenlebens der Jugendlichen bildet. Was Rousseaus fiktiver Erzieher durch die sorgfältige Gestaltung der Umgebung gewährleistet – sachliche statt persönliche Abhängigkeiten – erreicht Makarenko durch die Arbeit. Ihren sachlichen Anforderungen gegenüber sind alle gleich. Erwachsene und Jugendliche gelten als gleichberechtigte Mitglieder des Kollektivs, die sich gemeinsam bestimmten Aufgaben sachlicher Natur verpflichtet fühlen.

Ein solches Kollektiv entwickelt sich nicht von selbst. In den ersten Kapiteln des Romans wird dargestellt, wie in der Gorki-Kolonie in einem schwierigen und konfliktreichen Prozess allmählich ein erstes Kollektivgefühl entsteht, das langsam Gestalt gewinnt, aber vermittels gemeinsamer Tätigkeit und bisweilen sehr anspruchsvollen gemeinsamen Unternehmungen immer wieder neu aufgebaut und gefestigt werden muss (Sünkel 1994; Schubert 2012). Entscheidend für die Qualität der gemeinsamen Lebenspraxis sind die gemeinsame Tätigkeit und das Verhältnis der verschiedenen Subjekte dazu. Erzieher müssen in diesem Kontext als tätige Personen bemerkbar sein und in Erscheinung treten: Sie machen Angebote und Vorschläge, sprechen Erwartungen aus und stellen Forderungen, allerdings nicht nach pädagogisch begründetem (oder nur individuellem) Gutdünken, sondern in klar erkennbarem Bezug zur gemeinsamen Aufgabe. Dieser Bezug auf die gemeinsame Aufgabe ermöglicht Formen der Einwirkung auf die Jugendlichen, die hinausweisen über die – wie Makarenko schreibt – „alte Gewohnheit, einem Menschen wegen jeder Kleinigkeit aufs Dach zu steigen, die Gewohnheit der individuellen Erziehung" (Makarenko 1984, S. 698). An die Stelle des Moralisierens und Psychologisierens treten die sachlichen Anforderungen der gemeinsamen Unternehmungen. Richtiges Verhalten, Ordnung, Präzision sind sachlich begründet. Der moralische Appell wird durch den Sachzwang abgelöst.

Als eine *dritte* Form der Kooperation könnte man die gemeinsame Bemühung von Zögling und Erzieher um ein Anliegen des Zöglings sehen. Beispiele dafür finden sich im erzieherischen Alltag in großer Zahl. Bei kleineren Kindern kann man leicht beobachten, wie sie die Hilfe von Erwachsenen oder anderen Kindern einfordern, um Unterstützung und Anleitung zu bekommen und mit ihnen gemeinsam zu üben: Laufen, Sprechen, Singen, Springen, Schnürsenkelbinden, Fahrradfahren usw. Sie möchten all das tun, was andere in ihrer Umgebung auch machen, sie fragen nach, möchten etwas gezeigt oder erklärt bekommen. Sofern die Beziehung in dieser Hinsicht nicht schon allzu belastet ist, werden auch Schulkinder Eltern und Lehrkräfte um Unterstützung bitten, wenn sie mit Aufgaben oder Lerninhalten Schwierigkeiten haben. Auch Nachhilfeunterricht oder Training im Sport, soweit es den Heranwachsenden nicht aufgezwungen wird, können als Formen von Kooperation verstanden werden, ebenso alle gemeinsamen Unternehmungen oder Arbeiten, wo Unerfahrenere Anleitung von Erfahreneren einfordern und erhalten. Allerdings markieren solche Formen der Kooperation bereits die Grenze der Erziehung. Indem Zusammenwirken zunimmt, hört Erziehung auf (Schleiermacher 1983, S. 12).

Kapitel 3
Bildung – Oder:
Vom Kamel, das man zwar
zum Wasser bringen kann,
das aber selber trinken muss

3.1 Erziehung und Bildung: Zumutung und Angebot

Mit Bildung ist – neben Erziehung – ein zweiter zentraler Begriff und eine zweite zentrale Problemstellung der Erziehungswissenschaft bezeichnet. Beide Begriffe hängen eng zusammen, sind aber doch unterschiedlich. Oft werden sie in einer festen Verbindung verwendet – Erziehung und Bildung –, um so allgemein einen Gegenstandsbereich zu bezeichnen (oder um das englische *education* oder das französische *éducation* zu übersetzen). Gleichwohl gibt es Unterschiede, die schon deutlich werden, wenn wir uns vergegenwärtigen, dass wir im Alltag meist von Vorschul*erziehung*, aber erst neuerdings manchmal von „Vorschulbildung" sprechen und umgekehrt von Erwachsenen*bildung*, aber nicht von „Erwachsenenerziehung". „Alten-" oder „Seniorenerziehung" ist noch immer undenkbar, nicht aber „Altenbildung". Offenbar ist Erziehung zumindest im traditionelleren Sprachgebrauch etwas Elementareres, etwas was früher im Leben stattfindet und irgendwann ein Ende hat, während Bildung bei kleinen Kindern zumindest nicht im Vordergrund steht, aber durchaus etwas ist, was auch Erwachsene betrifft.

Umgangssprachlich kennen wir die Unterscheidung, nach der Erziehung mehr auf Verhaltensweisen, Haltungen und Werthaltungen zielt, während Bildung es mehr mit Wissen zu tun hat. In diesem Sinne sprechen wir vom Bildungswesen, wenn wir das Gesamtsystem von Schule und Hochschule als Wissen vermittelnde Institutionen im Auge haben, während man bei Erziehung eher an Eltern denkt oder an sog. Betreuungseinrichtungen, wie Kindergarten, Hort, Heim usw. In vielen Staaten (aber nicht in allen) findet sich diese Unterscheidung auch institutionell wieder: Das Bildungswesen unterliegt der Verantwortung des Staates und des Bildungs- bzw. Kultusministeriums (in Deutschland der jeweiligen Bundesländer), während Erziehung eher als soziale Angelegenheit gilt, die in Verantwortung der Kommunen oder der Sozial- und Wohlfahrtsverbände lokal organisiert wird oder einem Wohlfahrts- oder Sozialministerium untersteht.

„Bildung" im heute gängigen Sinn scheint es vor allem mit institutionalisierter Wissensvermittlung zu tun zu haben. Dieser Eindruck drängt sich auf, wenn wir an die zahlreichen Komposita mit „Bildung" denken, wie Bildungswesen, Bildungsberatung, Bildungsplanung, Bildungsreform, Bildungspolitik, Bildungsexpansion, Bildungskatastrophe usw. In solchen Ausdrücken steckt implizit die Vorstellung, dass bestimmte Institutionen – eben die des Bildungswesens – bilden können und dass Bildung in solchen Institutionen geplant werden kann.

Allerdings gibt es im Alltag noch eine andere Akzentuierung des Bildungsbegriffs, in der es nicht allein um Wissen und Wissensvermittlung geht. Diese Akzentuierung wird deutlich, wenn wir jemanden als „gebildet" bezeichnen. Eine solche „gebildete" Person verfügt nicht nur über Fachwissen, sondern hat umfassendere Kenntnisse auf verschiedenen Gebieten. Vor allem aber hat sie eine bestimmte Art, mit diesen Kenntnissen umzugehen: selbständig, souverän, auch überlegen und kritisch. Sie lässt sich nicht von jedem modischen Gefasel beeindrucken (oder aus dem Konzept bringen), sie ist aber offen für Neues, sie hat eine eigene Meinung und weiß sie zu vertreten, auch bei anderen Mehrheiten, ist aber zugleich bereit und in der Lage, etwas hinzuzulernen, sich in Frage stellen zu lassen, sich Problemen zu stellen statt ihnen auszuweichen.

Hier handelt es sich bei Bildung also um eine bestimmte Haltung, einen Habitus, der zwar nicht ohne Kenntnisse auskommt, den man aber nicht mit dem Wissen zugleich erwerben kann. Dass Bildung nicht ohne umfassendere Kenntnisse auskommt, unterscheidet sie zum Beispiel von Weisheit oder Erfahrung. Weise *kann* man werden durch Lebenserfahrung und ihre kluge und souveräne Verarbeitung; Wissen kann dabei nicht schaden, ist aber nicht unbedingt nötig. Bildung setzt dagegen ein gewisses Maß an Kenntnissen und Wissen voraus, aber diese Kenntnisse und dieses Wissen *allein* machen noch keine Bildung. Es gibt Menschen, die sehr viel wissen, die wir aber dennoch nicht als „gebildet" bezeichnen würden. Bildung kann also nicht allein durch langen Schul- und Hochschulbesuch erworben werden, es muss noch etwas hinzukommen, was aber schwer zu fassen ist, auf jeden Fall jedoch mit der Aktivität des Individuums zu tun hat.

Es gibt verschiedene Möglichkeiten, Bildung und Erziehung begrifflich voneinander abzugrenzen. Diese unterschiedlichen Möglichkeiten betonen jeweils verschiedene Gesichtspunkte, aber sie schließen einander nicht aus, sondern ergänzen sich. Eine den klassischen pädagogischen Diskurs aufnehmende und ihn kritisch zuspitzende Unterscheidung stammt von Hans-Joachim Heydorn (1916–1974), dem Begründer einer eigenständigen Variante der Kritischen Erziehungswissenschaft:

„Erziehung ist Zucht, notwendige Unterwerfung, die wir durchlaufen müssen, Aneignung, um die wir nicht herumkommen; Bildung ist Verfügung des Menschen über sich selber, Befreitsein, das in der Aneignung schon enthalten ist, aus ihr schließlich hervorgehen soll. Erziehung soll obsolet, Bildung Wirklichkeit werden. So haben es die bedeutendsten Vertreter des realistischen Aufstiegs [in der Aufklärung] ebenso gesehen wie die des beginnenden Neuhumanismus [...]." (Heydorn 1972, S. 120)

Hier werden Erziehung und Bildung in einer Art zeitlicher Abfolge gedacht. Auf Erziehung, die immer Zwänge oder sogar Unterdrückung mit sich bringt, folgt Bildung, die das in der Erziehung Angeeignete aufnimmt und in eigener Regie weiterführt. Erziehung und Bildung werden hier scharf gegeneinander gestellt und in ein antagonistisches Verhältnis gerückt. Erziehung enthält unvermeidlich ein Element von Zwang und Unterdrückung. Legitimierbar ist solcher Zwang – nach dem klassischen Sprachgebrauch, den Heydorn hier pointiert zusammenfasst – aber nur, weil und insofern er zu Bildung befähigt, Freiheit und Selbständigkeit ermöglicht. Bildung ist in diesem Sinne das, was wir aus dem machen, was aus uns gemacht worden ist.

Heydorns Formulierung enthält aber zugleich eine in die Zukunft gerichtete historische Perspektive: dass nämlich in einer freien Gesellschaft der Antagonismus aufgehoben und Erziehung obsolet, Bildung Wirklichkeit werden könnte. Eine solche heute schon utopisch anmutende Perspektive fehlt in der aphoristisch zugespitzten Formulierung des Erziehungswissenschaftlers Dieter Lenzen und des prominenten Soziologen und namhaftesten Vertreters der soziologischen Systemtheorie Niklas Luhmann (1927–1998): „Erziehung ist eine Zumutung, Bildung ein Angebot." (Lenzen/Luhmann 1997, S. 7) Die Formulierung erscheint weniger differenziert, betont aber – wie die Heydorns – einerseits den Zwangscharakter der Erziehung und andererseits die Freiwilligkeit und Selbsttätigkeit von Bildung.

Eine etwas anders akzentuierte Möglichkeit der Unterscheidung ergibt sich, wenn man Erziehung und Bildung als zwei unterschiedliche Perspektiven auf den gleichen Prozess der Personwerdung begreift. Nehmen wir als Beispiel das Ritual des Stuhlkreises am Montagmorgen in der Grundschule, bei dem die Kinder von ihrem Wochenende berichten. Da werden – in erzieherischer Absicht – beispielsweise bestimmte Formen der Kommunikation (erzählen, zuhören, ausreden lassen) präsentiert und eingeübt; zugleich können die Kinder dabei – in Bildungsprozessen – im Erzählen und Zuhören ihre Erlebnisse verarbeiten und sie zu neuen Erfahrungen formen. Das heißt, bei Erziehung geht es um Prozesse der Vermittlung von für wichtig gehaltenen Verhaltensweisen, Einstellungen, Fähigkeiten usw. (die

„Zumutung"). Bildung bezieht sich dagegen vor allem auf den Umgang mit diesem Vermittelten und darüber auch mit sich selbst. Bildung ist im bildungstheoretischen Verständnis das, was man aus sich macht. Sie ist nicht auf institutionelle Orte wie die Schule oder eine formelle Realisierung beschränkt, sondern vollzieht sich ebenso außerinstitutionell und informell, und sie ist auch nicht irgendwann, etwa mit dem Erwerb eines sog. Bildungsabschlusses, zu Ende. Zwar gehören Kenntnisse – auch solche, wie sie die Schule vermittelt – dazu, und Bildungsinstitutionen können Bildungsprozesse fördern und unterstützen. Aber oft machen wir gerade unsere prägendsten Erfahrungen nicht an solchen „offiziellen" Orten, sondern auf der Straße mit Freunden oder in Liebesbeziehungen, im Kino, in Konzerten usw.

Kennzeichnend für den Bildungsbegriff ist, dass er bei der Beschreibung pädagogischer Sachverhalte nicht beim Erziehenden oder den gesellschaftlich, sozial oder kulturell vorgegebenen Zielen ansetzt, sondern beim *zu Erziehenden* als Subjekt. Im Mittelpunkt steht nicht, was der oder die Erziehende beabsichtigt, sondern was der oder die zu Erziehende selber tut. Nicht die erzieherische Einwirkung wird in der bildungstheoretischen Perspektive betont, sondern der Vorgang des Sich-Bildens und der Selbstbildung. Gegenüber den festgelegten Angeboten von Lernen und Wissen tritt die eigene Aktivität und Leistung des Individuums in den Vordergrund.

Im Sinne dieser beiden unterschiedlichen Perspektiven stellt Alfred Schäfer die Bildungstheorie und die übrige moderne pädagogische Theorie einander gegenüber.

„Beide orientierten sich an der ‚Persönlichkeit', an der Vorstellung eines autonomen und selbstverantwortlichen Subjekts. Die Bildungstheorie zeichnet sich allerdings gegenüber der pädagogischen Denkweise durch einen Perspektivenwechsel aus. Während diese handlungstheoretisch vorgeht und Erziehung als einen Prozess intentionaler und verantwortlicher Steuerung der Personwerdung eines anderen begreift, den sie aus der Perspektive des zielorientierten Erziehers darstellt, setzt die Bildungstheorie anders an. Sie betrachtet die Personwerdung unter dem Gesichtspunkt der Eigenaktivität des sich Bildenden: Bildung, so könnte man vielleicht sagen, ist immer Selbstbildung. Aus diesem Perspektivenwechsel resultiert eine kritische Einstellung gegenüber pädagogischen Fremdbestimmungsansprüchen. Bildung steht ihrem Verständnis nach immer schon auf der Seite der möglichen Autonomie des Heranwachsenden. Deshalb findet sich in bildungstheoretischen Argumentationen immer ein kritisches Potenzial gegenüber pädagogischen Verantwortungs- und Steuerungsansprüchen." (Schäfer 2005, S. 153f.)

Dass Bildung insofern wesentlich als Selbstbildung charakterisiert werden kann, bedeutet jedoch nicht, dass sie als ein rein subjektiver Prozess zu verstehen ist, der losgelöst von anderen stattfindet. Bildung hat zugleich eine ganz wesentlich soziale Dimension. Und Bildung hat immer einen Gegenstand. Die individuelle Handhabung kultureller Bestände ist an deren Aneignung gebunden. Schlagwörter wie das der Selbstverwirklichung führen deshalb in die Irre. Unsere Bildung steckt nicht in uns wie der Samen einer Pflanze, die aus diesem Kern nur herauszuwachsen braucht. Wir entwickeln uns anhand dessen, was um uns herum ist und stattfindet. Im Zuge dieser Entwicklung sind wir in aller Regel nicht allein. Bildungsprozesse, zumal komplexere, bedürfen der Unterstützung, sei es begleitend, anregend oder fordernd. Immerhin handelt es sich um reflexive Vorgänge, die sich aus einer oft mühevollen und konfliktreichen Auseinandersetzung mit überlieferten Bedingungen der eigenen Existenz, materiellen Verhältnissen ebenso wie tradierten Überzeugungen und lebensweltlichen Orientierungen, ergeben. Gerade die gegenwärtigen, sehr komplexen Lebensverhältnisse präsentieren sich den Heranwachsenden nicht unmittelbar als Aufgabe und Herausforderung, und wenn, dann eher in einer verwirrenden Art und Weise. Bildung bedarf daher auf vielen Feldern qualifizierter Orientierungen und professioneller Anleitung, einer – wie die schon zitierte paradoxe Formel lautet – Aufforderung zur Selbsttätigkeit. Trotzdem ist es sinnvoll, von Selbstbildung zu sprechen, weil Bildung eben niemandem abgenommen werden kann, auch nicht durch pädagogische Maßnahmen. Ihr Maß hat Bildung im Individuum selbst, und sie ist bei aller notwendigen Unterstützung letztendlich immer nur das, was Menschen aus sich machen – mit Unterstützung durch andere und mit Hilfe des sogenannten Bildungssystems.

3.2 Lernen: Die unbekannte Betriebsprämisse

Lernen ist grundlegend. Bildung, aber auch den anderen Prozessen, die hier behandelt werden – Erziehung, Sozialisation – liegt Lernen zugrunde. Pädagogisches Handeln ist ohne Lernen nicht möglich. Lernen ist die „Betriebsprämisse" der Pädagogik (Prange). Trotzdem kann man Lernen nicht ohne weiteres als pädagogischen Grundbegriff bezeichnen. Obwohl mit den verbreiteten Schlagworten wie „lebenslanges Lernen", „Lernen des Lernens", „Lerngesellschaft" usw. meistens pädagogische Institutionen angesprochen sind – vor allem Schule und Weiterbildung –, wird der allgemeine Diskurs über Lernen keineswegs von der Pädagogik oder der Erziehungswissenschaft bestimmt, sondern von der Psychologie und neuerdings von den Neurowissenschaften.

Gegenwärtig ist Lernen in aller Munde, nicht nur Menschen lernen, angeblich lernen auch Computer, Organisationen, Gesellschaften, neuronale Netze, Gehirne und Gene. Bekannt sind vor allem psychologische Lerntheorien, die in der Tradition des Behaviorismus stehen. Allgemein verbreitet ist eine Vorstellung von Lernen, wie sie viele in der Schule kennengelernt haben: Da gilt es, sich Wissen anzueigenen und Wissenslücken zu füllen, Vokabeln und Formeln oder Erdzeitalter zu memorieren, sich „etwas reinzuziehen", wie es noch Studierende manchmal bezeichnen, Vorgefertigtes für den nächsten Test parat zu haben. Man sammelt Informationen an, die von der Lehrkraft mitgeteilt werden, damit man weiß, was man heute so zu wissen hat (Rumpf 2010). Es geht um Bescheidwissen. Dagegen ist zunächst nichts einzuwenden, doch bei näherem Hinsehen stellt sich nicht selten heraus, dass dieses Bescheidwissen sehr oberflächlich bleibt. Dem schulischen Lernen geht es um das *Was* des Lernens, doch wie verhält es sich mit dem *Wie* des Lernens? Das Wort „lernen" ist ein Verb, wir müssen lernen also „tun" können – kann man Lernen als Tätigkeit oder als Aktivität beschreiben?

Lernen ist unsichtbar, sichtbar werden allenfalls die Ergebnisse des Lernens, die Folgen: Jemand kann etwas, was er vorher nicht konnte – schwimmen, eine Fremdsprache sprechen, kochen, schreiben. Die meisten Definitionen von Lernen, die in pädagogischen Fachlexika zitiert werden, kommen aus der Psychologie. Eine der bekanntesten stammt von Hilgard und Bower. Lernen wird demnach gefasst als „relativ dauerhafte Veränderung von Verhalten aufgrund von Erfahrung, d.h. von Interaktionen eines Organismus mit seiner Umwelt." (Skowronek 1991, S 183) Auf drei Schlüsselbegriffe wollen wir besonders aufmerksam machen:

1. Veränderung ist in allen Lerntheorien das, was erklärt werden soll, das Explanandum. Verhalten oder Verhaltensbereitschaft haben sich verändert (zumindest ersteres kann man beobachten); also muss Lernen stattgefunden haben, es sei denn, es gibt andere Ursachen wie Müdigkeit oder Trunkenheit. Daher der zweite wichtige Begriff:
2. Erfahrung. Es geht um Veränderungen, die durch Erfahrungen zustande gekommen sind und nicht durch Erschöpfung oder Rauschzustände (ebd.). Durch den Hinweis auf Erfahrung sollen Veränderungen ausgeschlossen werden, die auf Instinkte (soweit es die bei Menschen überhaupt gibt) oder auf biologische Reifungsprozesse zurückgehen. Konkret wird die Abgrenzung allerdings schwierig, weil es bei Menschen wahrscheinlich keine Veränderungen gibt, die ausschließlich auf Reifungsvorgänge zurückgehen. „Reifung" findet immer in bestimmten sozialen Kontexten statt. Das betreffende Individuum und sein Umfeld gehen irgendwie damit um; insofern ist Erfahrung mit beteiligt.

3. Organismus. Dieser Begriff deutet darauf hin, dass es sich beim psychologischen Verständnis von Lernen um ein Grundlagen-Verständnis
handelt, das sich keineswegs allein und speziell auf den Menschen bezieht. Dem Grundlagen-Verständnis liegt die Frage zugrunde, wie eine
bestimmte Teilfunktion des Psychischen, das Lernen, grundsätzlich
funktioniert. Da es außer Menschen noch viele andere Lebewesen gibt,
die eine Psyche haben und lernfähig sind, bezieht sich die Definition auf
Lernprozesse allgemein. Deshalb kann die Psychologie viele ihrer Fragen
durch Experimente mit Tieren zu klären versuchen.

Pädagogen und Erziehungswissenschaftler sind damit meistens unzufrieden; nicht nur weil sie ihre Schützlinge nicht gerne mit Ratten verglichen
sehen. Wir nennen einige ihrer immer wieder vorgebrachten Einwände:
    Erstens ist der Begriff so weit gefasst, dass er alle Konturen verliert, in-
haltsleer wird. Entsprechend ist der Begriff *zweitens* für Menschen zu un-
spezifisch. Lernen funktioniert bei Menschen nur bedingt genauso wie bei
Ratten oder Mikroben. Der wichtigste Gesichtspunkt ist in diesem Zusammenhang, dass Menschen Subjekte sind, die ihren Aktivitäten Sinn zuschreiben und die Gründe haben, warum sie etwas tun oder lassen. Man
muss damit nicht leugnen, dass das Grundlagen-Verständnis der Psychologie wichtig ist. Man kann aber daran zweifeln, ob dies für das Verständnis
menschlicher Lernprozesse schon hinreichend ist. Ein pädagogischer Lern-
begriff müsste umfassender sein und die Dimension der Selbsttätigkeit der
Individuen oder die schon angesprochene Bedeutung der individuellen
Aneignung des in der Generationenfolge kollektiv hervorgebrachten und
bereit gestellten akkumulierten Wissens- und Kulturbestandes der Menschheit berücksichtigen (die weit über das hinausgeht, was wir bei Tieren an
Lernen finden können).
    Ein *dritter* für Pädagogik entscheidender Einwand bezieht sich darauf,
dass über das Lernen selbst eigentlich gar nichts gesagt wird. Auf das Lernen wird geschlossen: Verhalten oder Verhaltensbereitschaft haben sich
geändert, also muss Lernen stattgefunden haben, sofern man andere Prozesse ausschließen kann (Weidenmann 1989, S. 996). Das Lernen selbst
bleibt eine Leerstelle.

Behavioristische Lerntheorien

Da sich die empirisch-analytisch arbeitende Psychologie als Naturwissen-
schaft versteht, müssen dort alle Begriffe so definiert werden, dass sie quasi
naturwissenschaftlich in Experimenten erforscht werden können. John B.
Watson (1878–1958), der Begründer des Behaviorismus (behavior = Ver-

halten), der für psychologische Lerntheorien eine wichtige Rolle spielt, wollte die psychologische Forschung rein auf beobachtbares Verhalten beschränken. Deshalb haben die Behavioristen den eigentlichen innerpsychischen Lernvorgang als „black box" bezeichnet, der nicht erforscht werden könne. Definiert wird Lernen als dauerhafte Veränderung des *Verhaltens* (im Gegensatz zu vorübergehenden Änderungen), die nicht auf Reifung, Krankheit oder anderem beruhen. Die dauerhafte Verhaltensänderung wird durch Konditionierung herbeigeführt. Als Beispiel für die klassische Konditionierung (Reiz-Reaktions-Lernen) wurde der Pawlowsche Hund bekannt: Zeigt man ihm Futter, reagiert er natürlicherweise mit Speichelfluss. Lässt man zusätzlich zum gezeigten Futter ein Glöckchen ertönen (bedingter Reiz) und wiederholt das Setting einige Male, reagiert der Hund auf die Glocke mit Speichelfluss, ohne dass ihm Futter gezeigt wird – der Hund hat „gelernt" (bedingte Reaktion). Das zeigt, dass ein Organismus auch auf biologischer Ebene (Speichelfluss) veränderbar ist.

Verbreiteter wurde der Ansatz der operanten Konditionierung. Bei dieser Form, auch als instrumentelles Lernen bezeichnet, wird eine zufällig gezeigte Verhaltensweise durch positive (Belohnung oder Bestrafung) oder negative Verstärkung (Entzug eines negativen Reizes) stabilisiert. Diese Form des Lernens funktioniert bei Tieren und Menschen gleichermaßen, viele der Experimente wurden mit Ratten, Tauben oder Mäusen durchgeführt. Einer der einflussreichsten Vertreter dieser Richtung war der Psychologe B. F. Skinner (1904–1990). Dessen Erforschung des Lernens fand in Versuchsanordnungen mit Tieren statt, die nach folgendem Muster arbeiten: In einem Käfig (Skinner-Box) befindet sich ein Hebel. Bei Druck auf den Hebel fällt Futter in einen Behälter. Gewöhnlich macht das Tier zunächst zufällig („trial and error") eine Bewegung, die Futter in den Napf befördert. Später zeigt es die Tendenz, sein Verhalten an die gegebene Belohnungsstrategie anzupassen, d.h. es drückt den Hebel gezielt: Das Tier hat „gelernt". Solche Versuche zeigen bei verschiedensten Tierarten und beim Menschen ähnliche Ergebnisse. Die Verhaltensänderung ist die Reaktion des Lernenden auf die Verstärkung. Zufällig gezeigtes Verhalten kann auf diese Weise gezielt konditioniert werden, wenn es belohnt wird. In anderer Form funktioniert das ebenso mit Bestrafung – das Verhalten wird dann vermieden. Nach Skinner wird Lernen im Wesentlichen durch Belohnung und Bestrafung gesteuert (Bredenkamp/Bredenkamp 1974).

Der Mensch gilt im klassischen Behaviorismus als „tabula rasa", der wie ein „leeres Blatt" (tabula rasa) auf die Welt kommt. Alle Erfahrung, Kompetenz, Intelligenz, alles Wissen etc. kommen „von außen" in den Menschen hinein. Zwischen Tier und Mensch wird dabei nicht prinzipiell unterschieden. Es zählt nur das beobachtbare Verhalten. Den innerpsychischen Prozessen des Lernenden wird keine Aufmerksamkeit geschenkt, weil es nicht beobachtbar ist. Der Mensch wird als „Black Box" betrachtet. Es gibt unbestritten eine ganze Reihe von Verhaltensweisen, die Menschen durch Konditionierung erlernen. Experimente konnten zeigen, dass Furcht durch Konditionierung gelernt und wieder verlernt werden kann. Allerdings unterscheidet sich dieses Konzept nicht von Dressur. Erziehung, pädagogisches Handeln wäre wesentlich als Konditionierung zu beschreiben, der „Zögling" wäre dabei Objekt, dem nichts anderes als Re-Aktion übrig bleibt. Komplexere Tätigkeiten, wie beispielsweise das Sprechenlernen des Kleinkindes, kann dieses Konzept nicht erklären. Aus pädagogischer Perspektive ist der Umgang mit Belohnung und Bestrafung, etwa Lob und Tadel in diesem Zusammenhang von Bedeutung. Aus der Perspektive der klassischen Konditionierung erscheint es beispielsweise sinnvoll, erwünschtes Verhalten von Kindern zu belohnen und nicht erwünschtes Verhalten zu bestrafen. Dabei entsteht aber das Problem, dass eine Bestrafung, etwa ein Tadel, nicht grundsätzlich zum Verlöschen des Verhaltens führt, das zeigt die Alltagsbeobachtung.

Lernen am Modell

In der Psychologie konnte die Ausblendung der innerpsychischen und sozialen Aspekte des Lernens nicht durchgehalten werden. So erweitert Albert Bandura den Behaviorismus um sozial-kognitive Aspekte (1979). Er kritisiert die Ausblendung menschlichen Bewusstseins aus der behavioristischen Lerntheorie: Verstärkung wirke nicht automatisch, Lernen laufe nicht ohne Beteiligung oder gar gegen den Willen des lernenden Individuums ab. Bandura beschreibt Lernen als „Lernen am Modell", das nicht als unbewusste Imitation, sondern als aktive, bewusste Handlung konzipiert ist. Dazu differenziert er zwischen verschiedenen Teilprozessen des Lernens: Aufmerksamkeit, Behalten, Ausführung von Verhalten und motivationale Prozesse (Bandura 1979, S. 45 ff.).

Wichtiger als die externe Verstärkung (Belohnung oder Bestrafung) im Sinne Skinners ist für Bandura die stellvertretende Verstärkung: Nicht nur das Handeln des Modells wird beobachtet, sondern ebenfalls dessen positive oder negative Folgen. Erfährt also ein attraktiv erscheinendes Modell für seine Handlungsweisen positive Konsequenzen, so kann das die Nachahmung befördern. Pädagogen und Pädagoginnen haben diese Einsicht schon immer genutzt – sie erhoffen eine positive Ausstrahlung auf ein Kind oder eine Gruppe von Kindern, wenn Einzelne als vorbildhaft für die anderen hingestellt werden. Motivationale u. a. Faktoren können begründen, warum ein Tadel des Lehrers oder der Lehrerin von Seiten des Schülers oder der Schülerin nicht als Bestrafung im Sinne der Konditionierung gedeutet werden muss. Aus Sicht des Kindes kann es wünschenswert erscheinen, von der Lehrerin getadelt zu werden, weil dadurch sein Ansehen in der Klasse steigt. Wiederholtes Tadeln bestimmter Kinder kann auf diese Weise das vom Lehrer nicht erwünschte Verhalten verstärken. Dadurch kann sich mit Hilfe des Lehrverhaltens ein „Klassenkasper" entwickeln. Darüber hinaus bezeichnet Bandura die *Selbstverstärkung* als wichtige Motivationsquelle (ebd.).

Lernen als Konstruktion

Im Gegensatz zu behavioristischen Lerntheorien, in welcher der rein passive Lerner als weißes Blatt durch Umweltreize beschrieben und durch gezielte Stimuli zur Verhaltensänderung *determiniert* wird, beschreibt die kognitive Entwicklungstheorie Jean Piagets (1896–1980) Lernen als dynamischen, intrapersonellen Konstruktionsprozess eines selbsttätigen Individuums. Das Denken beginnt von Geburt an mit der sinnlichen Wahrnehmung und schreitet zu immer differenzierteren Lösungsformen auf abstrakt-begrifflicher Grundlage fort (Piaget/Inhelder 1972). Lernen wird gefasst als Informationsverarbeitung zur Anpassung an die Umwelt. Piaget interessiert sich besonders für die Entwicklung von Intelligenz und logischem Denken beim Kind. Für die Entwicklung seiner Theorie beobachtete er Kinder verschiedener Altersstufen, stellte ihnen Aufgaben und Experimente vor, zeichnete die Äußerungen der Kinder auf und interpretierte sie.

Für Piaget ist Lernen Äquilibration (Herstellung von Gleichgewicht, Homöostase) zwischen Assimilation und Akkomodation (die Begriffe sind der Biologie entlehnt). Beim Lernen werden bisherige motorische oder kognitive Schemata (Erfahrungen, Handlungen) aktiviert. Assimilation bedeutet Anpassung der Informationen an bis dahin aufgebaute Schemata (die bisherige kognitive Struktur bleibt erhalten). Gelingt die Assimilation nicht, kommt es zu einer kognitiven Störung. Das Streben nach Homöostase zwingt das Kind bei Störungen, nach neuen Lösungen zu suchen. Es spürt, dass das angewandte Schema nicht mehr passt und in irgendeiner Form differenziert werden muss. Durch Akkommodation wird das bisherige Schema verändert und den neuen Informationen angepasst. Vereinfacht könnte man sagen: Bei der Assimilation passt das Kind die Umwelt an die eigenen Möglichkeiten an, bei der Akkomodation passt sich das Kind an die Umwelt an. Dazu ein Beispiel: Säuglinge kommen mit angeborenen Greifreflexen zur Welt. Durch Assimilation und Akkomodation lernen sie, wie sie unterschiedliche Gegenstände ergreifen können – ein Greifschema wird aufgebaut und differenziert, etwa muss eine Schachtel anders angefasst werden als ein Stift. Wenn nun versucht wird, beispielsweise ein rohes flüssiges Ei oder Brei zu greifen, kommt es zu einer kognitiven Störung und der

Säugling muss eine neue Lösung finden. Auch wenn Assimilation und Akkommodation in der Äquilibration zusammenspielen, gibt es nach Piaget Prozesse, in denen eine der beiden Seiten dominiert. Im Spiel etwa und in der Übung überwiege die Assimilation, die Akkomodation dagegen sei Mittler des Neuen und somit des Lernens im eigentlichen Sinn. „Im wissenschaftlichen Denken z.B. ist die Akkomodation an die Wirklichkeit nichts anderes als die Erfahrung" (Piaget 1996, S. 207). Wirklich *Neues* lernt das Kind (der Mensch) also durch Akkomodation, während Assimilation eher den Bereich der Übung und des Spiels beschreibt.

Um die Entwicklung logischen Denkens zu untersuchen, unternahm Piaget eine Reihe von naturwissenschaftlich orientierten Experimenten mit Kindern verschiedener Altersstufen. Eines dieser Experimente bezieht sich auf einen Versuch zum Konzept der Mengeninvarianz. Ein Kind, das gelernt hat, dass Flüssigkeiten sich der Umgebung anpassen und dass eine bestimmte Menge Flüssigkeit unterschiedliche „Gestalten" je nach Form des Behälters annehmen kann, hat ein kognitives Schema zur Mengeninvarianz aufgebaut: Die gleiche Menge Flüssigkeit steht in einer breiten Schale weniger hoch als in einem schmalen Glas. Das Kind entwickelt solche kognitiven Schemata im Verlauf seiner Entwicklung allmählich und nacheinander. Zunächst entwickelt sich die Objektpermanenz, d.h. das Kind weiß, dass ein Gegenstand auch noch da ist, wenn er mit einem Tuch bedeckt wird, später kommen die Schemata von Gewicht, Volumen, Zeit und Tempo hinzu. Auf der Grundlage solcher Beobachtungen schuf Piaget eine Entwicklungstheorie, in der verschiedene Stadien der kognitiven Entwicklung unterschieden werden. Allerdings wird das kindliche Lernen hier quasi „von seinem Ende her", aus der Sicht des Erwachsenen, der bereits alle Entwicklungsstufen durchlaufen hat, beschrieben und beurteilt (Lippitz 1993). Aus dieser Sicht erscheint dann das kindliche Denken als defizitär (Meyer-Drawe 1982).

Noch weiter gehend als der konstruktivistische Ansatz Piagets sind die in der medialen Öffentlichkeit sehr präsenten Aussagen der Neurobiologie und Hirnforschung zum Lernen. Im radikalen Konstruktivismus wird das menschliche Gehirn als ein selbstreferentielles autopoietisches System beschrieben, das menschliche Gehirn und seine Nervenzellen bilden die Welt nicht ab, wie sie ist, sondern erzeugen Konstrukte zur Orientierung von Verhalten, die dem Organismus den Austausch mit seiner Umwelt ermöglichen. Roth differenziert deshalb die *„objektive,* bewusstseinsunabhängige oder transphänomenale Welt", die er *Realität* nennt, und die von unserem Gehirn konstruierte *Wirklichkeit* (Roth 1995, S. 288). Dementsprechend können etwa Pädagoginnen und Pädagogen Wissen – oder gar Normen und Werte – nicht vermitteln, das alles „muss im Gehirn eines jeden Lernenden neu geschaffen werden" (Roth 2004, S. 497). Die Untersuchungsdesigns der Hirnforschung, auch die der bildgebenden Verfahren, mit deren

Hilfe Prozesse im Gehirn sichtbar gemacht werden können, ermöglichen es neuronale Verschaltungen und synaptische Wechselwirkungen zu beschreiben – gewissermaßen die Orte, an denen Lernprozesse sich materiell manifestieren. Singer verdeutlicht, dass, solange man beim „materiellen Substrat" der Untersuchung bleibt, sich neuronale Vorgänge auf elektrophysiologischer, anatomischer bis hin zu molekularer oder atomarer Ebene untersuchen lassen, weil die wissenschaftlichen Beschreibungssysteme kompatibel sind. Geistes- und Sozialwissenschaften dagegen

„beschreiben und analysieren Hirnleistungen, ohne auf das materielle Substrat Bezug zu nehmen. Bei diesem Übergang treten in der Tat Schwierigkeiten auf. Zwischen den geistes- und naturwissenschaftlichen Beschreibungssystemen lassen sich noch keine direkten Brücken schlagen. Zwischen ihnen ist kein lückenloser Übergang konstruierbar" (Singer 2003, S. 68).

Das bedeutet aber, dass es zwischen den neurowissenschaftlichen Zusammenhängen im Gehirn, und dem, was wir auf „geistiger" Ebene etwa als „verstehen lernen" oder als „einen Zusammenhang erkennen" bezeichnen, keine direkte Brücke gibt. Letztendlich wird in den Neurowissenschaften Lernen nicht beschrieben als Prozess – lediglich die neurologischen Ergebnisse kommen in den Blick – in diesem Fall als Verstärkung neuronaler Verschaltungen bzw. als deren Abschwächung. Schließlich bleibt die neurowissenschaftliche Forschung bei einem mechanischen Paradigma des Menschen, etwa bezeichnet Spitzer das menschliche Gehirn als „Regelextraktionsmaschine" (Spitzer 2002, S. 75).

Pädagogische Sichtweisen

Gibt es eine Möglichkeit der „Dunkelkammer" (Prange) des Lernprozesses (black box) auf die Spur zu kommen? Aus pädagogisch-phänomenlogischer und biographischer Sichtweise erscheinen die psychologischen Lerntheorien technisch verkürzt und reduktionistisch. Selbst der Ansatz Piagets begreift kindliches Denken lediglich als Vorstufe des logischen Denkens von Erwachsenen. Betrachtet man das Phänomen kindlichen Lernens, so ist zunächst festzuhalten, dass es in der in der alltäglichen Lebenswelt von Geburt an stattfindet, es ist

„fundiert in vorrationalen und intersubjektiven sachlichen und sozialen Feldstrukturen. Sie betten jedes Lernen in präreflexive und vorsubjektive, schon bestehende soziale, natürliche und kulturelle Kontexte ein, ohne jedoch seinen innovativen und offenen Charakter zu unterdrücken" (Lippitz 2009, S. 346).

Das Lernen ist der Bildung vorgegeben, ebenso der Sozialisation oder der Erziehung. Das ist selbstverständlich oder jedenfalls unmittelbar einleuchtend. Wenn wir Kindern etwas sagen, ihnen etwas erklären, sie ermahnen oder warnen, unterstellen wir, dass sie lernen können, dass sich ihr Verhalten oder ihre Verhaltensbereitschaft nach unserer Intervention verändert oder zumindest verändern kann. Lernen ist Voraussetzung für pädagogisches Handeln. Lernen erscheint insofern als günstige Disposition, die von der Erziehung genutzt und ausgebeutet werden kann. Lernen ist aber zugleich eine Gefahr. Kinder lernen nicht nur das, was sie lernen sollen, sondern alles Mögliche andere auch. Erziehung ist deshalb zum Beispiel bei Schleiermacher, wie gesagt, nicht nur Unterstützen, sondern auch Behüten und Gegenwirken. Und Dewey sagt völlig zu Recht über die Schule, dass sie (oft vergeblich) versuche, den Einfluss von „wertlosen oder wertwidrigen Zügen" der existierenden Umwelt nach Möglichkeit zurückzudrängen. Was dieses Wertwidrige und Wertlose jeweils ist, unterliegt dem Wandel der Zeiten und Sitten, aber Erziehung (und Unterstützung von Bildung) ist keineswegs nur Fördern von Lernen, sondern immer zugleich Verhinderung, Ablenkung, Begrenzung. Dabei gilt es zunächst dreierlei festzuhalten:

1. Lernen ist eine anthropologische Konstante (Prange 2005, S. 88), d.h. die Fähigkeit lernen zu können ist uns angeboren (siehe Bildsamkeit), man kann also nicht das „Lernen lernen", denn um es zu lernen, müsste man ja schon lernen können. Gemeint ist mit diesem didaktischen Slogan, dass man bestimmte Methoden der Wissensaneignung lernen soll, nicht das Lernen überhaupt, um das es hier zunächst geht. Das heißt, Lernen ist der Erziehung vorgegeben, aber es ist eine nur bedingt bestimmbare Größe. „Es ist in der Erziehung präsent, aber eben nicht nur in der Erziehung, sondern auch daneben und oft genug gegenläufig" (Prange 2005, S. 82). Das Lernen bleibt in der Regel intransparent und unsichtbar. Darauf aufmerksam werden wir, wenn es misslingt und wir Hilfe brauchen. Wir kümmern uns meist erst um das Lernen bei besonderen fremden oder eigenen Ansprüchen.

2. Lernen ist „unvertretbar-individuell" (Prange 2005, S. 89), jeder kann nur selbst lernen und tut das für sich, das gilt auch für das soziale Lernen oder das Lernen in Gruppen. Als Pädagogen können wir – um ein in der Pädagogik beliebtes Bild aufzugreifen – das Pferd zur Tränke bringen, aber trinken muss es schon selbst. Lernen muss man sich dabei stets als aktiven Prozess vorstellen.

3. Auf diesen Sachverhalt, dass Lernen individuell ist, gründet der dritte Grundsatz: Lernen ist (im Wesentlichen) unsichtbar. Was wir sehen können, sind Fortschritte des Könnens oder des Wissens, nicht aber das Lernen. (Deshalb muss in der Psychologie eben auf das Lernen geschlossen werden, wenn Veränderung nicht anders erklärt werden kann.) „Sogar uns selbst bleiben viele Lernvorgänge verborgen; erst hinterher stellen wir fest, dass wir uns verändert und insofern etwas dazugelernt haben." (Ebd., S. 91) Aber selbst dies ist nicht immer der Fall. „Die übliche Lehrerfrage: ‚Habt Ihr das verstanden?' ist insofern zwar menschlich-moralisch verständlich, aber nicht besonders sinnvoll. Auch wenn die Schüler nicken, weiß der Lehrer immer noch nicht, ob sie ihn so verstanden haben, wie er das selbst gemeint hat." (Ebd., S. 92)

Da Kinder von Geburt an lernen und jedes Lernen notwendig auf ein Vorverständnis zugreifen muss, bezeichnet Meyer-Drawe alles Lernen grundsätzlich als „Umlernen". Vorher hat immer schon ein Lernen stattgefunden, dessen Anfänge jedoch im Dunkeln liegen, weil wir uns daran nicht erinnern können. Die Dinge, von denen die Kinder umgeben sind, haben einen appellativen Charakter, sie fordern zum Handeln heraus, bei dem die Kinder experimentell etwas über sich und ihre Umwelt lernen (Meyer-Drawe 1982). Um dem Lernen auf die Spur zu kommen, müssen wir uns vergegenwärtigen, dass in der Alltagswelt Handeln in sozialen Situationen stattfindet und unser Tun nicht nur eine Funktion (ein Ziel) hat, sondern zugleich ein Symbol für etwas ist, durch das wir etwas von uns zeigen: „Wir nehmen nicht nur Nahrung zu uns (weil wir sonst sterben), sondern wir speisen oder genießen, wir fressen oder schlingen etwas in uns hinein und eben dadurch stellen wir uns selbst in unserem Verhältnis zu anderen dar." (Prange 1978, S. 59)

Mitgängiges Lernen und Üben

Das alltägliche Handeln in der Lebenswelt und damit das Lernen, das in ihm stattfindet, hat immer zwei Seiten: eine technisch funktionale und eine symbolisch soziale. Den Interaktionen und dem Tun des Einzelnen liegt eine Interpretation der Situation zugrunde, ein Bild, das wir uns von der Situation gemacht haben über den Umgang mit den Dingen und den Menschen. „Dieses Bild kann eine Gewohnheit, eine Sitte oder ein Brauch, ein Ritual oder auch kodifizierte Norm sein." (Prange 1978, S. 65) In Bezug auf das Lernen geht es um beide Aspekte, „wir müssen die Funktionen erkennen und einsetzen lernen, wir müssen aber auch zuerst Bedeutungen aufnehmen und uns darüber verständigen" (ebd., S. 60). Wir lernen also nicht nur, wie man Messer, Gabel und Löffel oder in einem anderen Kulturkreis Stäbchen technisch beherrscht, sondern zugleich eine Kultur des Frühstückens. Im alltäglichen Umgang mit den Dingen, etwa beim Zubereiten einer Mahlzeit, kommt das Lernen nicht künstlich hinzu, sondern es ist schon in der Situation dabei, Prange nennt das „mitgängiges Lernen im Umgang" (ebd., S. 68).

> „Hier geht es zunächst darum, das Lernen im Mitvollzug und den Mitvollzug als Lernen zu begreifen. Das Kenntnisnehmen, Auffassen und Einleben einer Situation ist Lernen, und da die menschliche Situation selber nicht Gegenstand ist, sondern bestimmt wird durch die prinzipielle Offenheit des Menschen, hat das Lernen den Charakter der Bewegung, genauer, der Mitbewegung, die uns in den Stand setzt, mit anderen eine Situation zu bestehen." (Ebd., S. 73)

Auf diese Weise lernen wir quasi nebenbei, unbemerkt, vorreflexiv und nicht absichtlich. Das mitgängige Lernen geschieht uns gewissermaßen, dabei sind wir aktiv und passiv zugleich (Prange 2005, S. 95).

> „Dabei bleibt folgender Punkt unbedingt festzuhalten: Die Basis des Lernens ist die Wahrnehmung. Sie ist ästhetisch im ursprünglichen Wortsinn und betrifft erstens das eigenleibliche Spüren, zweitens das Wahrnehmen des Fremden und drittens das weitergehende Wahrnehmen in beweglicher Initiative." (Ebd., S. 101).

Das mitgängige Lernen ist gebunden an Situationen mit Anderen, also kommunikativ vermittelt, es ist grundsätzlich anschaulich und durch Bewegung gekennzeichnet: Das Handeln in einer Situation vollzieht sich durch verschiedene Verhaltensweisen, Abfolgen, begleitet von Gebärden. Dadurch bilden sich Routinen und Erfahrungen aus – wenn ich etwas aus Erfahrung weiß, heißt das, dass ich zu früherer Zeit schon etwas über die Sache gelernt habe.

Wichtig ist dabei der Zeithorizont. Prange unterscheidet die objektiv vergehende Zeit (Datenzeit), die linear gefasst ist, von der subjektiv gelebten Zeit, die immer vom gegenwärtigen Augenblick aus erfasst wird (heute, gestern, morgen; jetzt, vorhin, später) und daher nicht vergeht: „jetzt" ist zu unterschiedlichen Datenzeiten immer „jetzt". Während wir die Gegenwart zur Vergangenheit hin als abgeschlossen betrachten (die Vergangenheit ist bestimmt), scheint die Zukunft dagegen in die Gegenwart hineinzureichen, als Horizont und offene Möglichkeit (Modalzeit): „Die Zukunft steht als das herein, was die Gegenwart in einer grundlegenden Weise unsicher, unfertig, bestimmbar sein lässt. Insofern kommt der Zukunft für die Bestimmung des Menschen als offene Bestimmtheit ein besonderer Vorrang zu." (Prange 1978, S. 55)

Der Mensch lebt daher immer in einer „Spannung des ‚noch nicht – aber jetzt'". Unser Alltag ist von solchen Erwartungen der Zukunft durchzogen, die Zukunft überfällt uns nicht überraschend, wir erwarten Mahlzeiten zu bestimmten Zeiten, planen einen Kinobesuch oder eine Fahrradtour, den Besuch bei den Großeltern am Wochenende und machen uns jeweils vage oder genaue Vorstellungen davon. Dabei geschieht nicht bei jedem Eintreffen von Ereignissen etwas Neues, „vielmehr wird ein Geschehen erst als neu aufgefasst, wenn ihm eine Erwartung, sei es als Hoffnung, sei es als Angst, vorangeht. Erst innerhalb dieses Entgegenwartens kommt ein Geschehen als neu auf den Menschen zu." (Ebd., S. 56). Dass es aber als neu wahrgenommen wird, verweist wiederum auf die Vergangenheit bzw. unsere Erinnerung an vergangene Situationen, die Vorstellung und Erwartung knüpfen an die gebildeten Gewohnheiten und Routinen an. In der Erwartung greifen wir also zugleich auf Altes zurück und auf Neues vor. Wenn uns etwas Neues widerfährt, heißt das, dass unsere Erwartung enttäuscht wird. Aus dem umgängigen Lernen kann sich das systematische Üben ergeben, wenn das Handeln in einer Situation scheitert: „die enttäuschte Erwartung provoziert die einübende Wiederholung" (ebd., S. 86). Dabei sind wir zunächst passiv und „erleiden" etwas in der Situation, das „rührt daher, dass alles, was uns aus dem Vertrauten und Gewohnten herausreißt, Erwartungen enttäuscht, dass es in bestimmte Ordnungen einbricht, ohne sich naht- und schmerzlos in sie einzufügen" (Waldenfels 2004, S. 55).

Was wird geübt? In unseren Alltagssituationen ergeben die einzelnen Handlungen jeweils ein Bild, ein Schema oder eine Figur (so ergeben etwa bestimmte Schritte eine Tanzfigur, zum Frühstücken gehört in manchen Kulturen die Figur des Stäbchenbewegens), die dann wiederholt und geübt werden können, „um das Unvollkommene der Ausführung zu beseitigen oder zu mildern" (Prange 1978, S. 86). Erfahrung, Wahrnehmung und Lernen sind in einer Situation miteinander verwoben. Ein Beispiel soll das veranschaulichen:

„Die beiden Fahrräder waren ganz schwarz und etwas schwer, und ich bin auf eines der Fahrräder gestiegen und auf der Straße vor unserer Pension hin- und hergefahren. Das Fahren war sehr schön, aber ich musste sehr aufpassen, damit ich auch das Gleichgewicht hielt. Mein Fahrrad in Köln ist viel leichter und kleiner, und mit diesem Fahrrad ist es ganz einfach, im Gleichgewicht zu bleiben. Die schwarzen Fahrräder in Bullay aber waren sehr schwer, und am Anfang meines Fahrens auf diesen Fahrrädern bin ich etwas hin und her geschwankt." (Ortheil 2010, S. 133)

Der elfjährige Junge, von dem hier die Rede ist, fährt bereits lange und sicher Fahrrad (Erfahrung). Doch die Dinge (und die Menschen), mit denen wir umgehen, setzen uns Widerstände entgegen (Enttäuschung), die sich beim Umgang mit ihnen zeigen (Wahrnehmung). Beim Fahren mit diesem schweren Rad nimmt der Junge wahr, dass er „aufpassen" muss, das Gleichgewicht zu halten stellt sich nicht als Routine einfach her, es muss an diesem „Ding" neu ausgependelt (Umgang) werden, das gelingt dem Jungen nicht sofort, er schwankt etwas. Bevor sich der Junge auf eine Tour mit dem Vater macht, ist er auf der Straße hin- und hergefahren. In diesem Hin- und Herfahren liegt die Figur des Radfahrens als Auf und Ab der Beinbewegung, der Lenkung, der Körperhaltung und des Gleichgewichthaltens. Sie wird wiederholt (Übung) und so kann er bald das schwere Fahrrad ohne Schwanken fahren – er lernt im Umgang durch Übung. Wegen der Doppelseitigkeit des Lernens lernt er dabei zugleich etwas Funktionales, nämlich ein großes schweres Fahrrad zu handhaben, und etwas über sich selbst, auf der symbolisch-sozialen Seite zeigt er sich als einer, der diese neue Situation „mit Aufpassen" recht schnell meistert.

Das Üben ist nach Prange zwischen dem mitgängigen Lernen und dem „ausdrücklichen Lernen durch Unterweisung" angesiedelt, „es steht zwischen der direkten Ausführung und der Reflexion über Regeln, nach denen etwas ausgeführt werden soll" (Prange 1978, S. 87). Das Üben hat einen projektiven Charakter, es zielt auf die künftigen Ausführungen der Handlung. Wenn wir uns auf das Üben nicht einlassen, beschränken wir unser Lernen. Auch das Üben ist wie das mitgängige Lernen schon beim Säugling erkennbar. „Es wird gebraucht, um elementare Fertigkeiten auszubilden, um unser Können zu kultivieren und zu elaborierten Kompetenzen zu steigern. Es ist das erste Lernen, ohne dass wir weder ins Leben hineinfinden noch uns des weiteren darin behaupten zu können." (Prange 2005, S. 98)

Am Beispiel des Säuglings verdeutlicht Prange eine Stufenfolge des anfänglichen Lernens, auf das alles spätere Lernen aufbaut und zurückgreift: Sie beginnt mit der Nahrungsaufnahme in der sozialen Bezogenheit zur Mutter oder einer anderen Bezugsperson, in der das Kind ein Grundvertrauen entwickelt als *zentrisch-leibbezogenes* Lernen. Mit dem Greifen „lernt das Kind kennen, was sich ihm zeigt und übt den Gebrauch von Hand und Auge" (ebd., S. 100). Die Dinge sind erreichbar oder nicht erreichbar, warm oder kalt, dünn oder dick, groß oder klein, rau oder glatt, weich oder hart, laut oder leise, beweglich oder unbewegt, flüchtig oder beständig. Mit dem Greifen als dem *dezentrisch-objektbezogenen* Lernen erwirbt das Kind Kenntnisse über die Welt. Mit dem Krabbeln und Gehen schließlich wird das Lernen *beweglich und reflexiv*, der Radius des Kindes erweitert sich, es kann nun selbst wählen, wohin es will und wohin nicht. Es wendet sich Dingen und Menschen zu oder ab, darin liegt die Möglichkeit zur Stellungnahme zur Welt. Das begründet in nuce „die moralische Dimension unseres Verhaltens" (ebd., S. 101).

Die prinzipielle Offenheit des Menschen (Bildsamkeit) wendet Prange positiv: Sie führt den Menschen im Verlauf seines Lebens von der Offenheit zur Bestimmtheit, weshalb Prange von offener Bestimmtheit des Menschen spricht. Das gilt auch für die Lernverfassung des Menschen: „indem er erkennt, handelt, mit anderen umgeht, lernt er sich kennen und vermag zugleich diesen Umgang zu erkennen und als Frage zu thematisieren" (1978, S. 51). Demgemäß ist das Lernen als Prozess in der Zeitlichkeit „als die Mitte zwischen dem Erkennen und der Lebenspraxis" angesiedelt (ebd., S. 52). Lernen steht mit Erfahrung in einem Wechselverhältnis, der Vorgang führt zu einem Ergebnis, das wiederum Ausgangslage für einen neuen Vorgang werden kann.

Fühlen lernen

Gefühle spielen in der anthropologischen Fassung der leiblichen „Natur" des Menschen eine wichtige Rolle. Sie gelten als Fundament von Erziehungs- und Bildungstheorien. Nur auf Grundlage positiver emotionaler Haltungen in der zwischenmenschlichen Interaktion kann sich die Bildsamkeit des Zöglings entfalten (Klika 2004). Fühlen heißt nach Heller „*in etwas involviert sein*" (Heller 1980, S. 19; H.i.O.), es muss zunächst nicht gelernt werden, sondern ist wie das Lernen angeboren. Schon das Weinen des Neugeborenen ist eine Gefühlsexpression. Fühlen ist keine Begleiterscheinung von Handeln oder Denken, sondern dessen „inhärenter Bestandteil" (ebd., S. 21). Das Fühlen des Neugeborenen ist allerdings noch undifferenziert, „die Differenzierung der Gefühle und damit ihr Erlernen ist ein organischer Teil des universellen Lernprozesses" (ebd., 1980, S. 160).

Heller unterscheidet Triebgefühle (Hunger, Durst, Müdigkeit), Affekte (Sexual-, Furcht-, Scham-, Lust- und Unlustaffekte), Orientierungsgefühle (Ja-Nein-Gefühle, Geschmacksempfindungen) und Emotionen. Triebgefühle und Affekte sind angeboren, nicht aber unser Umgang mit ihnen. Das Kind muss lernen Hunger- und Durstempfinden zu unterscheiden, es muss deren Intensität einschätzen, es muss lernen, Orte des Schmerzempfindens zu benennen, ebenso die Art und Weise, wie sich ein Schmerz anfühlt (dumpf, stechend). „Alle Eltern sind erleichtert, wenn das Kind ihnen schon sagen kann, *was* und *wo* es ihm wehtut." (Ebd., S 155; H.i.O). Körperliche Signale wie Unruhe, Zittern, einen „Kloß im Hals haben" oder Erröten müssen einem Affektauslöser zugeordnet werden können. Gelernt werden muss nicht nur die Beherrschung der Affekte, sondern auch, was einen Affekt auslöst: „Der Säugling spielt genussvoll mit Kot, man muss ihm oft sagen, dass dies ‚Pfui' oder ekelig ist, bis der Kot zum ekelerregenden ‚Reiz' wird." (Ebd., S. 156)

Orientierungsgefühle (Ja-Nein-Gefühle, Geschmacksempfindungen) und Emotionen wie z.b. Achtung, Verachtung, Mitgefühl, Verbundenheit, Neid, Liebe, Hass, Dankbarkeit, Zuversicht sind im Gegensatz zu Affekten erlernte Gefühle. Dabei spielt die Sprache eine herausragende Rolle. Zunächst müssen wir lernen, welche Gefühle es überhaupt gibt, wir müssen sie benennen können, dann lernen wir dem Begriff eine Empfindung zuzuordnen. In einem langen Prozess werden Bezeichnung und Empfindung miteinander koordiniert.

„Wenn wir dem Kinde eine schöne Geschichte erzählen und es in Tränen ausbricht und sagt: ‚ich bin aber sehr traurig', dann kann der Erwachsene ihm ruhig antworten: ‚du bist jetzt nicht *wirklich* traurig, eher bist du gerührt'. Es ist möglich, dass auch das Kind das nächste Mal sagt: ‚ich bin gerührt'; in diesem Fall differenziert es zwei Gefühle voneinander, und passt sie verschiedenen Begriffen an." (Ebd., S.170f.).

Emotionen sind also nicht „im Bauch" lokalisiert, sondern an Situationen gebunden und von Kognitionen begleitet, Empfindungen werden benannt und mit den Benennungen ausdifferenziert; Heller bezeichnet Emotionen daher als „kognitiv-situative Gefühle" (ebd., S. 173). Schließlich müssen auch die Emotionen der Anderen lesen gelernt werden: Ist das echt oder unecht? Fühlen lernen ist also nicht nur an Kognitionen gebunden, es ist zugleich ein zutiefst sozialer Prozess: Ohne Deutungen und Austausch über die Interpretationen, zunächst von und mit den Eltern und anderen Bezugspersonen, später auch von und mit anderen Kindern, können Emotionen nicht gelernt werden. Dabei bilden sich zugleich kulturelle Differenzen heraus. Wann und wie darf ich Gefühle ausdrücken oder muss sie zurückhalten? Das ist in verschiedenen Kulturen (und Subkulturen) unterschiedlich geregelt.

Werner Loch (1928–2010) bezeichnet das Gefühlssystem von „Lust und Liebe, Vertrauen und Freude, Neugier und Mut, Bewunderung und Interesse", oder aber Ehrfurcht und Achtung, als konstitutiv für Erziehung (Loch 1983, S. 167 f.). Durch die erzieherische Haltung und durch „Hoffnung und Geduld, Anerkennung und Vertrauen" fädelt sich der Zögling in die gemeinsame Praxis ein, was „ihm die Angst nimmt und den Mut gibt, den Glauben an sich selbst bestärkt und das Interesse weckt, um seine Lernhemmungen durch Lernleistungsmotive zu überwinden" (ebd., S. 168; Klika/Schubert 2004).

Dimensionen des Lernens

Deutlich geworden ist bisher, dass mit dem Begriff „Lernen", obgleich er auf den ersten Blick so klar zu sein scheint, sehr unterschiedliche Phänomene und komplexe, bislang allenfalls teilweise durchschaute Prozesse zusammengefasst werden. Ausgangspunkt des Lernens ist immer, dass man etwas noch nicht kann. Das kann als Herausforderung freudig aufgegriffen werden oder eine Kränkung bedeuten, die zunächst überwunden werden muss, damit es überhaupt zum Lernen kommt. Schließlich kann Lernen als anstrengend empfunden werden, erst am Ende des Lernprozesses kann ich ja etwas, während des Prozesses muss Frustration ausgehalten werden, wenn die Lösung längere Zeit auf sich warten lässt. Dennoch kann Lernen Freude machen, kleine Kinder lernen meist sehr gern und schrecken selbst vor Frustration und vielen vergeblichen Versuchen nicht zurück. Erst die Schule kann diese Lernfreude vertreiben.

Mit dem folgenden Überblick soll versucht werden, etwas Ordnung in das unübersichtliche Feld zu bringen. Es ist keine Vollständigkeit angestrebt; es gibt wahrscheinlich noch mehr Dimensionen als diese vier, auch die Systematik ist anfechtbar. Die Unterteilung kann aber eine hohe Plausibilität beanspruchen, zumal einzelne Elemente davon in verschiedenen anderen Zusammenhängen auftauchen. Zu beachten ist dabei, dass sich die verschiedenen Dimensionen gegenseitig ergänzen. Bei den meisten Lernprozessen werden wohl alle Dimensionen beteiligt sein, wenn auch in unterschiedlicher Gewichtung. Die Unterteilung in verschiedene Dimensionen dient dem besseren Überblick und dem besseren Verständnis der vielen, oft kaum wahrnehmbaren Formen und Prozessen des Lernens.

1. Wissen-Lernen (*Knowing that*) ist idealtypisch ein rein sachlicher Prozess. Das heißt, es ist von der Person, den Lernenden, abgelöst und steht ihr gegenüber als etwas Äußerliches, das man sich merken und das man dann wiedergeben kann. „Auch Körperliches, Soziales, Emotionales, Sprachliches wird als Wissen in diesem Sinn rein sachlich lernbar gedacht." (Göhlich/Zirfas 2007, S. 181). Der klassische Ort des Wissen-Lernens ist die Schule. Wissen ist von der Person ablösbar, lehrbar und überprüfbar – nach standardisierten Kriterien. Menschheitsgeschichtlich ist die Äußerlichkeit und Entäußerbarkeit des Wissens von großer Bedeutung, weil sie es erst ermöglicht, Wissen in Medien zu fixieren: von der Papyrusrolle bis zum Internet. Es ist allerdings fraglich, inwieweit die Aufgabe der Wissensvermittlung für die heutige Schule noch primär sein kann. Wissen bleibt zwar wichtig – bisweilen ist für die gegenwärtige Gesellschaft sogar von einer „Wissensgesellschaft" die Rede –, aber Wissen, so heißt es, sei zunehmend Spezialwissen und immer

weniger zeitlich überdauerndes Allgemeinwissen. Wenn diese These richtig ist, wäre nicht mehr Wissensvermittlung im herkömmlichen Sinne die primäre Aufgabe der Schule, sondern Vermittlung des Zugangs zu und des Umgangs mit den großen Wissensspeichern unserer Gesellschaft (Bibliotheken, Internet usw.). Das wäre dann:

2. Können-Lernen (*Knowing how*). Lesen, Schreiben, Rechnen sind für Schulen typische Formen des Können-Lernens (damit man sich die Wissensspeicher zugänglich machen kann, gehört zum Lesen-Lernen nicht nur das Buchstabieren, sondern auch Erschließung und Strukturierung von Texten, kritische Auswahl, Unterscheidung von Wichtigem und Unwichtigem usw.). Beim Können-Lernen geht es um verkörperlichte, ggf. auch reflexionslos reaktivierbare Handlungsfähigkeit. Beim Lesen denken Studierende hoffentlich nicht mehr über einzelne Buchstaben nach. Das geht automatisch, reflexionslos, ebenso wie das Laufen oder der Abwasch (manchmal spricht man auch von „praktischem Wissen"; die Differenz von Können-Lernen und Wissen-Lernen wird dadurch aber verwischt). „Beim Können-Lernen geht es um die Erlangung einer – über Routine bis zum Automatismus unter das Bewusstsein verlagerten – Prozessgewissheit." (Ebd., S. 184) Körperliches, Soziales, Emotionales wird als Können nicht zur objektivierbaren Sache, sondern bleibt körperlich, sozial, emotional. Können zeichnet sich im Unterschied zum Wissen durch enge Anbindung an Handeln und Handelnde aus. Weil Können nicht (bzw. nur transformiert als Wissen) vom Akteur, der etwas kann, losgelöst werden kann, kann das Können nicht in Sprache oder Schrift, sondern nur mittels Abgucken (Nachahmen, Mimesis), Zeigen, eventuell auch körperliche Anleitung, tastendes Versuchen, wiederholtes Üben usw. gelernt werden. Typische Orte des Können-Lernens sind Werkstätten bzw. die jeweilige Praxis. Aber auch in Schulen oder Universitäten wird Können gelernt: neben den schon erwähnten sog. Kulturtechniken z.B. Umgang mit Wissen, Erschließung, Diskussion, Schreiben von verständlichen – an der Universität auch theoretisch stimmigen – Texten. Zu berücksichtigen ist, dass es viele Stufen des Könnens gibt. „Nicht ob ein Schreiner schreinern kann, sondern wie er schreinern kann, ist die im Hinblick auf sein Können entscheidende Frage." (Ebd., S. 185) Können-Lernen heißt insofern, sein Können zu verbessern und zu erweitern. Können ist dabei immer einzigartig individuell. Deshalb ist Können schwer zu lehren. Entscheidend ist das Zeigen und Vormachen; auf Seiten des Lernenden die Nachahmung und das Üben.

3. Als eine dritte Dimension lässt sich (nach Göhlich und Zirfas) das Leben-Lernen nennen. Diese Dimension ist von den beiden bisher genannten nicht so eindeutig abgrenzbar; sie liegt – wie das Lernen-Lernen

auch – auf einer Metaebene. Als eigene Dimension wird das Leben-Lernen deshalb angesprochen, um deutlich zu machen, dass es über Wissen- und Können-Lernen hinausgeht. Dazu gezählt werden so unterschiedliche Aspekte wie Überleben lernen (vor allem in Armuts- und Notsituationen), Lebensbewältigung und Lebensbefähigung lernen, biographisches Lernen oder Lebenskunst.

Lebensbewältigung und Lebensbefähigung zum Beispiel zielen dabei auf komplexer werdende Lebensverhältnisse, also auf Sicherung von „Handlungsfähigkeiten angesichts sozialen Drucks, sozialer Belastungen und Restriktionen" (ebd., S. 188), soziale Orientierung, sozialer Rückhalt usw. Lebensbewältigungs-Lernen lässt sich nach Göhlich und Zirfas „als sozialräumliche Kompetenzerweiterung verstehen, d.h. sich öffentliche Räume aneignen, in ihnen Rollen einnehmen und ausgestalten, Konflikte durchstehen, mit Regeln und Regelverstößen umgehen, Grenzen und Möglichkeiten der sozialräumlichen Umwelt kennen lernen" (ebd.). Einen besonderen institutionellen Ort dafür gibt es nicht. Traditionell werden die entsprechenden Aufgaben der Familie und der Familienerziehung zugeschrieben, die damit aber zunehmend überfordert ist. Nachbarschaft, Peergroups und jugendkulturelles Szenen spielen hier ebenfalls eine wichtige Rolle. Schule übernimmt in dieser Hinsicht kaum entsprechende Aufgaben – und wenn, dann nur widerwillig. Dies ist zumindest in Deutschland der Fall, in etlichen anderen Ländern verstehen sich Schulen zum Teil eher als „Lebensschulen" und weniger als „Unterrichtsschulen". Pädagogisch zuständig sind für das Leben-Lernen vor allem Sozialpädagogik, Erziehungsberatung usw.

4. Auch das Lernen-Lernen ist eine Querschnittsaufgabe, die systematisch auf einer Metaebene angesiedelt ist. Denn indem man ein bestimmtes Wissen oder Können lernt, lernt man zugleich immer auch eine bestimmte Lernform – meistens aber nicht bewusst. Pädagogisch wäre es wichtig, verschiedene Lernformen auch explizit kennen zu lernen. „Lernen-Lernen findet in jedem Lernen statt. Allerdings wird es in der Praxis [...] zumeist nicht explizit bzw. bewusst und geht aufgrund der dort häufig immer gleichen Lernform nicht über einen eng umschriebenen Prozess hinaus. Was pädagogische Einrichtungen ermöglichen könnten, ist also zum einen eine Ausdifferenzierung und Diversifizierung der Lernformen und zum anderen deren Explizierung als Lernmethoden" (Göhlich 2001, S. 236).

3.3 Bildsamkeit: Das nicht festgestellte Tier

Dass Lernen als anthropologische Konstante gleichsam die „Betriebsprämisse" (Prange) für alle pädagogischen Maßnahmen darstellt, ist in der pädagogischen Tradition unter dem Stichwort „Bildsamkeit" thematisiert worden. Dahinter steckt der Gedanke, den wir bereits bei Kant, Dewey oder Bernfeld gefunden haben. Der Mensch bekommt die für ihn (als Gattungswesen) wesentlichen Merkmale nicht qua biologischer Ausstattung, sondern muss sich diese Gattungseigenschaften in der Auseinandersetzung mit der wesentlich vom Menschen geschaffenen Welt der vergegenständlichten Arbeit und der Kultur erst aneignen, um so überhaupt auf dem jeweiligen historischen und kulturellen Stand der Entwicklung lebens- und handlungsfähig zu werden. Wenn Erziehung und Vermittlung zu Ergebnissen führen sollen, dann muss im Kind eine Empfänglichkeit für derartige Vorgänge vorausgesetzt werden, andernfalls wären alle pädagogischen Aktionen vergeblich. *Bildsamkeit* bezeichnet in der erziehungswissenschaftlichen Theoriebildung die Fähigkeit des Menschen, sich zu bilden. Der Begriff wurde Anfang des 19. Jahrhunderts geprägt und bezieht sich auf die *Bedingung der Möglichkeit*, auf Kinder oder Jugendliche pädagogisch überhaupt einwirken zu können. Fichte etwa formuliert:

> „Jedes Thier *ist*, was es ist: der Mensch allein ist ursprünglich gar nichts. Was er seyn soll, muss er werden: und da er doch ein Wesen für sich seyn soll, durch sich selbst werden. Die Natur hat alle ihre Werke vollendet, nur von dem Menschen zog sie die Hand ab, und übergab ihn gerade dadurch an sich selbst." (Fichte 1796/1971, S. 79f.)

Der Begriff gehört thematisch in den Bereich der pädagogischen Anthropologie: Wie ist der Mensch beschaffen? Die Anthropologie beschreibt die menschliche Natur als offen und plastisch, d.h. die Frage „Was oder wie ist der Mensch?" kann nicht einmalig und eindeutig, sondern nur historisch mit Blick auf die Entwicklung der menschlichen Kultur beantwortet werden. Wäre der Mensch nicht entwicklungsfähig und formbar, so gäbe es keine kulturelle Entwicklung. Anders als in dem Ausdruck „Erziehungsbedürftigkeit" (Kant: „Der Mensch kann nur Mensch werden durch Erziehung") erscheint der Sachverhalt im Begriff der Bildsamkeit positiv akzentuiert. Das menschliche Individuum wird nicht als bedürftig, sondern als mit besonderen Möglichkeiten ausgestattet charakterisiert: Möglichkeiten der Plastizität, der Formung und der Selbstformung. Statt wie in manchen anthropologischen Ansätzen als „Mängelwesen", „physiologische Frühgeburt", „hilfloser sekundärer Nesthocker" (Roth 1969) erscheint der Mensch als das „nicht festgestellte Tier" oder als „erster Freigelassener der Natur".

Gegenüber der Herausstellung der Lernfähigkeit und der grundlegenden Bedeutung des Lernens für den Menschen hat der Begriff Bildsamkeit den Vorteil, den Aspekt der Eigentätigkeit und die Möglichkeit der Selbstformung besonders herauszustellen. Das, was der Mensch sein soll, steht nicht von vornherein fest. Er oder sie muss es erst werden, und zwar durch sich selbst.

Im Unterschied zum psychologischen Begriff der Lernfähigkeit bezieht sich Bildsamkeit nur auf Menschen und zwar phylogenetisch (Entwicklung der Gattung) *und* ontogenetisch (Entwicklung des Einzelnen). Die Antwort auf die Frage, wozu der Mensch sich *prinzipiell* bilden kann, lässt sich historisch an der Entwicklung der Kultur ablesen:

„Es liegt uns gegenständlich vor Augen, was Menschen produziert haben und somit auch leisten können. Für den Inbegriff dessen, worin sich Menschen äußern, haben wir den Begriff der Kultur. Aus ihrer Kultur also können wir entnehmen, was Menschen als Menschen ausmacht. Die Kultur steht demnach nicht nur als Fundus von Techniken und Fertigkeiten zur Verfügung […], sondern kann als Inbegriff der menschlichen Möglichkeiten gedeutet werden; sie umschreibt den Kreis dessen, was Menschen als Menschen ausmacht und was Menschen als Menschen möglich ist." (Menck 1998, S. 98 f.)

Die Frage, ob der Mensch von der eigenen (Natur-)Anlage oder von seiner Umwelt geprägt wird, verliert an Bedeutung, wenn man sich klar macht, dass die individuellen Möglichkeiten des Menschen im Umgang mit der gegenständlichen und sozialen Welt jeweils erst hervorgebracht werden.

Neue neurowissenschaftliche Untersuchungen bestätigen diese alte erziehungswissenschaftliche Hypothese: Der Neurowissenschaftler und Hirnforscher Wolf Singer hebt hervor, dass sich mit der Geburt des Säuglings ein „dramatischer Sprung in der Hirnentwicklung" vollzieht: Die Nervenzellen des Gehirns sind bereits vorhanden, die Verschaltungen bzw. Verbindungen (Synapsen) werden jedoch erst nach der Geburt allmählich angelegt.

„Alles, was auf die Sinnesorgane des Babies einwirkt, nimmt ab jetzt Einfluss auf die weitere Entwicklung des Gehirns. Berücksichtigt man ferner, dass sich diese aktivitätsabhängigen Entwicklungsprozesse des Gehirns bis zur Pubertät fortsetzen, wird deutlich, welch prägenden Einfluss frühe Erfahrungen auf die strukturelle Entwicklung des Gehirns nehmen können." (Singer 2002, S. 46 f.)

Dynamischer Begabungsbegriff

In der pädagogischen Diskussion wird Bildsamkeit im Kontext des sogenannten *dynamischen Begabungsbegriffs* erörtert. In den Diskussionen um die Reform des Bildungswesens in den 1960er Jahren gab es einen bildungspolitischen Streit um die Einführung der Gesamtschule (der bis heute die politischen Lager trennt). Einer der strittigen Punkte bezog sich auf den Begabungsbegriff und thematisierte das sogenannte Anlage-Umwelt-Problem, d.h. die Frage, ob für eine „Begabung" eher die Anlage oder eher die Umwelt verantwortlich zu machen sei. Aus erziehungswissenschaftlicher Sicht belegte Heinrich Roth (1906–1983) gegen eine Vereinseitigung auf beiden Seiten, dass man nicht von einem statischen, sondern von einem dynamischen Begabungsbegriff ausgehen müsse. Daher ist die Frage, welche Seite den Ausschlag gibt, grundsätzlich unlösbar.

Die Erziehungswissenschaft muss sich, so Heinrich Roth, gegen eine falsch interpretierte Vererbungstheorie und eine falsch interpretierte Milieutheorie gleichermaßen abgrenzen. Jenseits der absolut gesetzten falschen Alternativen von „Anlage gegen Umwelt" kommt es *aus pädagogischer Perspektive* darauf an, junge Menschen zu „begaben" (Roth 1952). Gerade das Denkvermögen ist nicht „als fertiges Werkzeug" angeboren, sondern wird durch Erfahrung schrittweise aufgebaut. Begabung ist also nicht etwas, was uns in die Wiege gelegt wird und daher lebenslang zur Verfügung steht. In den meisten pädagogisch relevanten Bereichen ist davon auszugehen, dass man *begabt wird*. Das betrifft auch „Talente". Sie sind nicht angeboren. Ein Talent bildet sich durch erheblichen Arbeitseifer und eine sehr hohe Motivation, sich in einem bestimmten Bereich gut auszubilden. Bewundernswerte überdurchschnittliche Leistungen sind zu einem erheblichen Teil das Ergebnis von Arbeit. Ohne diese Mühen blieben auch ein Sport-Ass oder ein herausragender Musiker durchschnittlich.

Dummheit ist lernbar

Das moderne Bildungswesen basiert einerseits auf der Unterstellung von Bildsamkeit. Andererseits muss man feststellen, dass Kinder ihre Bildungsbereitschaft auch verlieren können. Während alle Säuglinge zunächst aktiv ihre Umwelt erforschen und bildungsbereit sind, später zunächst gern zur Schule gehen wollen, verlieren manche Kinder diese Bereitschaft schon bald. Gemessen an einer Norm, verglichen mit anderen, schneiden sie schlecht ab und verlieren die Lust am Lernen.

Davon erzählt der Sonderschullehrer Jürg Jegge. In seinem Buch „Dummheit ist lernbar" (1976) schildert er zahlreiche Fälle solcher Kinder, die als nicht oder kaum bildungsfähig an Sonderschulen aussortiert wurden: verhaltensauffällige, lernbehinderte Kinder, Kinder, die nicht lesen, schreiben oder rechnen lernen konnten. Mit großem Engagement gelingt es Jegge, die verschüttete Bildsamkeit neu zu wecken. Die aussortierten Sonderschüler besuchen schließlich Theateraufführungen und reflektieren in Tagebüchern darüber. Voraussetzung des Erfolgs war, dass Jegge seinen Schülern und Schülerinnen gegen alle bisherige Erfahrung *dennoch Bildsamkeit unterstellt*. Wie es Jegge gelingt, diese zu wecken, reflektiert er in vielen Beispielen. Eines davon ist Heini:

> „Heini [...] konnte zum Beispiel nicht wünschen. Kam er zu Besuch und fragte ich ihn beispielsweise: ,Was möchtest du trinken, Tee oder Sirup?' antwortete er regelmäßig: ,Ich weiß nicht' oder ,Es ist mir gleichgültig'. Das sagte er nicht etwa, weil ihm der Unterschied zwischen Tee und Sirup unbekannt gewesen wäre. Er konnte seine eigenen Bedürfnisse, Wünsche usw. weder erkennen noch artikulieren. Vom Anfang unserer Bekanntschaft an versuchte ich in solchen Situationen, ihm bei der Artikulation seines Wunsches zu helfen. So sagte ich etwa: ,Schau, stell dir einfach eine Tasse Tee vor, Lindenblütengeschmack, warm, süß usw., und nun ein Glas Sirup, Himbeergeschmack, kalt, mit Eis drin. Was möchtest du lieber trinken?' Dann blickte er mich meist ganz hilflos an und fragte: ,Wovon haben Sie mehr vorrätig?' Dies tat er nicht etwa, weil er Angst hatte, er würde mangelhaft bewirtet. Er versuchte herauszufinden, was ich wünschte, dass er es wünschte. Noch deutlicher zeigte es sich, wenn man ihn zum Einkaufen schickte. Sagte man etwa zu ihm: ,Holst du mir bitte rasch eine Schokolade?', so fragte er sofort zurück: ,Was für eine?' Wenn ich dann antwortete: ,Irgendeine', ließ er nicht locker, bis ich ihm ganz genau die gewünschte Schokolade angegeben hatte" (Jegge 1976, S. 62).

Diese kleine Beispiel verdeutlicht, dass der Lehrer das Problem Heinis erkennt, jedoch nicht einfach darüber hinwegsieht, sondern versucht, ihn bei der Artikulation seiner Wünsche zu unterstützen. Dazu musste Heini zunächst Vertrauen zum Lehrer entwickeln, das braucht immer Zeit, Zeit, die in Bildungsinstitutionen manchmal nicht zur Verfügung zu stehen scheint. Aus den Fallgeschichten Jegges lassen sich verschiedene Schlussfolgerungen ziehen:

- Jegges Geschichten sind selbstreflexive Beziehungsgeschichten, in denen er nicht nur die Probleme der Kinder, sondern vor allem auch die Beziehung der Kinder zum Lehrer im Auge behält.
- Jegge betont, dass es für die Neubelebung der Bildsamkeit notwendig sei, das Kind ,trotz allem' zu akzeptieren. Dieses Akzeptieren heißt aller-

dings nicht, dass der Lehrer lediglich ein emotional positives Klima schafft: Heini wird immer wieder konfrontiert mit dem eigenen Problem, Jegge bleibt beharrlich. „Bildsamkeit ist also kein Gewächs, das bei mildem Klima von selbst gedeiht, sondern eine Disposition, die sich in Auseinandersetzung mit Erwartungen artikuliert. ‚Akzeptieren' heißt hier also auch: die Würde des Kindes dadurch achten, dass man ihm Aufgaben zumutet." (Mollenhauer 1983, S. 103)

- Bildsamkeit wird gerade, ja vielleicht ausschließlich im Erzählen solcher Geschichten sichtbar. *Erst* wenn Heini schließlich wünschen *kann*, zeigt sich, dass er die Möglichkeit hatte, diese Kompetenz zu entwickeln. Bis dahin bleibt sie eine „Fiktion, aber eine notwendige, wenn Bildung überhaupt in Gang kommen soll; denn ohne diese Fiktion gäbe es auf Seiten des Erziehers gar keine ernsthafte Anstrengung, an der Hervorbringung der Bildsamkeit mitzuwirken." (Ebd., S. 102)

- Die Fiktion Jegges ist auf Zukunft bezogen: „nicht die Zufriedenheit mit dem, der ich gegenwärtig bin, sondern die Herausforderung durch den Entwurf dessen, der ich sein könnte, bringt eine Bildungsbewegung hervor, ist die Bedingung dafür, dass Bildsamkeit als Möglichkeit zur Wirklichkeit wird". (Ebd., S. 103)

- Das erzieherische Handeln „hat also die Form eines hypothesengeleiteten, aber immer zur Zukunft des Kindes hin offenen Experimentes" (ebd., S. 103 f.). Der Entwurf, den der Pädagoge, die Pädagogin für die Zukunft des Kindes entwickelt, ist einerseits notwendig, muss aber andererseits in der Interaktion mit dem Kind für Änderungen offen bleiben. Wird dagegen „aus dem offenen Experiment ein geschlossenes Ritual, dann droht auch die Bildsamkeit des Kindes zu erlöschen" (ebd., S. 104).

Für künftige Pädagoginnen und Pädagogen sind diese Zusammenhänge ganz praktisch. Immer, wenn ein Kind etwas lernen soll, muss ihm zunächst Bildsamkeit unterstellt werden. Das gilt für das Bestimmen von Pflanzen ebenso wie für Schwimmen oder französische Syntax. Alle Äußerungen, die in die Richtung zielen, X oder Y sei in diesem Bereich nur schwach „begabt", machen die Hervorbringung von Bildsamkeit tendenziell zunichte und können sie verschütten. Kinder, die so etikettiert werden, geraten dann möglicherweise in den Teufelskreis einer *self-fulfilling prophecy*. Das gilt selbstverständlich ebenso für Prognosen, die sich nicht auf einzelne Kinder, sondern auf Gruppen beziehen (Mädchen oder Jungen, Migrantenkinder oder Behinderte). Notwendig in pädagogischen Interaktionen ist, was Jegge als Konsequenz seiner praktischen Erfahrungen erklärt: Erzieher müssen an die Heranwachsenden nicht nur die größten Anforderungen stellen, sondern ihnen zugleich auch die höchste Achtung entgegenbringen. Das gilt für jedes Kind und jeden Jugendlichen.

Der Streit um Anlage oder Umwelt, das zeigen die Überlegungen zur Bildsamkeit, ist müßig, auch wenn er in regelmäßigen Abständen in den öffentlichen Medien Konjunktur hat. Professionelle Pädagoginnen und Pädagogen vermeiden daher den Begriff „Begabung", denn mit diesem Wort assoziiert man meistens eine „biologische Anlage" und über diese mögliche Anlage können wir nichts wissen. Dass manche Kinder schneller lernen als andere oder besser behalten, kann alle möglichen Gründe haben: Entwicklungsvorsprünge, bessere Sozialisationsbedingungen, ein unterstützendes häusliches Milieu, eine ausgeprägte Leistungsorientierung, eine besondere Motivation …

Exkurs: Ist Dummheit kulturspezifisch?

Dummheit scheint kulturspezifisch zu sein. Jedenfalls kann das Ansinnen des wohlmeinenden Pädagogen – Wünschen können sollen – in einem anderen kulturellen Kontext reichlich kurios erscheinen. So heißt es in einem Bericht, den der japanische Psychoanalytiker Takeo Doi von seinem ersten Aufenthalt in den USA gibt:

„Auch folgende Sitte der Amerikaner bereitete mir große Schwierigkeiten: ein amerikanischer Gastgeber fragt seinen Gast vor dem Essen, ob er ein alkoholisches oder ein nicht-alkoholisches Getränk möchte. Wählt der Gast dann etwas Alkoholisches, fragt man ihn, ob er Scotch oder Bourbon bevorzuge. Hat er sich entschieden, muss er die nächste Anweisung geben, nämlich wie viel er trinken und wie er es serviert haben möchte. Beim Hauptgang hat man glücklicherweise nur das zu essen, was einem serviert wird, aber nachher muss man sich wieder entscheiden, ob man Tee oder Kaffee haben möchte, und außerdem noch, ob lieber mit Zucker oder Milch usw." (Doi 1982, S. 18)

Was dem einen selbstverständlicher Inbegriff der Freiheit des Individuums zu sein scheint, ist dem anderen nur lästiger Brauch: „Welch ungeheure Menge trivialer Entscheidungen musste ich treffen – zuweilen hatte ich das Gefühl, dass sich die Amerikaner nur so verhielten, um sich ihre eigene Freiheit zu beweisen." (Ebd., 18f.)
 Selbstverständlich muss man sich vor falschen Verallgemeinerungen hüten. Der Bericht erlaubt keine Rückschlüsse auf „die" japanische Kultur, schon gar nicht die heutige – immerhin ist er vierzig Jahre alt. Aber er kann helfen, den Blick dafür zu schärfen, wie komplex und voraussetzungsvoll viele uns selbstverständlich erscheinenden Handlungs- und Denkweisen tatsächlich sind – gerade für Kinder, bei denen von einer elementaren Vertrautheit mit den Formen der herrschenden Kultur nicht ausgegangen werden kann (Schubert 2005). Das Prinzip der Bildsamkeit steht damit nicht in Frage, wohl aber, wie es inhaltlich gefüllt und wie in der Interpretation mit ihm umgegangen wird. Dabei geht es nicht nur da-

rum, dass bestimmte Vorstellungen kulturspezifisch sein können, sondern auch um das Problem, welche Schwierigkeiten mit bestimmten Erwartungen und Aufgaben für Heranwachsende verbunden sein können.

Jegge stellt fest, dass „Kinder, die nur ganz schwache Autonomiebestrebungen entwickelt haben, [...] ruhig, still, höflich, aber auch oft unentschlossen, ‚uneigentlich', lahm, beschränkt, dumm wirken" (Jegge 1976, S. 61f.), und, weil sie sich nicht wehren oder sich nicht zu wehren wissen, Aggressionen auf sich ziehen (S. 65). Deshalb ist nichts gegen seinen Versuch einzuwenden, Heini das Wünschen zu lehren. Erziehungstheoretisch wäre dieser pragmatische Gesichtspunkt aber noch einmal zu reflektieren und in seinem spezifischen kulturellen Kontext zu überdenken: Ist Heinis unbeholfener Versuch, Rücksicht zu nehmen, tatsächlich schon ein zuverlässiges Indiz dafür, dass er gegenwärtig zu Selbständigkeit noch nicht in der Lage ist? Ist das Bemühen, sich anzupassen – nicht an irgendwen, sondern an die undurchsichtigen Wünsche eines offenbar geschätzten Lehrers, dem der Junge vertraut – schon gleichzusetzen mit einem Mangel an einer Konzeption für eigenes Handeln? Und was ist – diese Frage klingt auch bei Jegge an – von einem schulischen Arrangement und einer sozialen Umwelt zu halten, die Individuen in allen möglichen Situationen zwingt, sich als eigenständig und unabhängig zu präsentieren? – Was uns als „frei" und „ungezwungen" vorkommen mag, kann aus einer anderen Perspektive als ziemlich penetranter Individualitätsdrill erscheinen.

Anhand der Geschichte und den mitgelieferten Informationen ist keineswegs eindeutig festzustellen, dass Heini tatsächlich nicht wünschen kann. Nur wünscht er nicht das, was er nach Ansicht seines Lehrers wünschen können sollte, nämlich „frei" auszuwählen und zu handeln. Nicht einmal in Betracht gezogen wird ein möglicher Wunsch wie der, sich vom anderen rundum versorgen, sich sozusagen in Abhängigkeit gehen lassen zu können, wie man in Anlehnung an das *amae*-Konzept des zitierten Doi formulieren könnte (Schubert 2007) – ein Wunsch, der angesichts der Vorgeschichte, die als von einer ständigen „Angst vor Liebesentzug" (Jegge 1976, S. 62; S. 81ff.) geprägt geschildert wird, ja nicht unwahrscheinlich wäre.

Aber auch Heinis explizit geäußertem Wunsch, eine ihm zugewiesene Aufgabe präzise gestellt zu bekommen („Was für eine" Schokolade?), wird nur widerwillig entsprochen; dass er ihn äußert, wird vielmehr wiederum seiner notorischen Unfähigkeit zugeschrieben. Warum sollte er auch, wenn er schon zum Einkaufen geschickt wird, neben der Verantwortung für die korrekte Abwicklung des Geschäfts, das Wechselgeld usw., auch noch freiwillig die Verantwortung für die Auswahl im unübersichtlichen Warenangebot übernehmen – und das gegenüber jemandem, dem so gleichgültige Unterschiede wie der zwischen Tee und Sirup sehr wichtig zu sein scheinen. Hätte Heini die entsprechende Diskurskompetenz, müsste er vielleicht argwöhnen, dass sein Lehrer nicht wünschen kann.

Offenbar zieht Heini die Grenzen zwischen dem, was er selbständig entscheiden kann, und dem, was vorgegeben ist, anders als sein Lehrer. Selbstverständlich – Heini mag das ahnen – ist auch die präsentierte Freiheit der Wahl begrenzt; wir wissen nicht, wie der Pädagoge reagiert hätte, wenn sein Zögling von seinem Einkaufsbummel Likörbohnen mitgebracht hätte – jedenfalls umfasst sie nicht die Freiheit, sich nicht zu entscheiden. Sicherlich hat Heini irgendwo gelernt oder erfahren, dass Vorsicht besser ist als forsches Draufloshandeln. Was sich anderswo bewährt hat – Rücksichtnahme und Vorsicht –, ist im Umgang mit dem Lehrer aber nicht oder nicht immer passend.

3.4 Bildungstheoretische Klassiker: Wegweiser oder Utopie?

Versteht man den vieldeutigen Bildungsbegriff im strengeren bildungstheoretischen Sinn (vgl. Kap. 3.1), so erscheinen die Prozesse des Aufwachsens in einem spezifischen Licht. Indem wir von Bildung sprechen, fragen wir nach dem Individuum, danach wie es sich selbst bildet, d.h. wie es vermittels der Auseinandersetzung mit ganz verschiedenen Gegenständen allmählich ein Verhältnis zu sich selbst, zu dem, was mit ihm geschieht und geschehen ist, zu seinem Erleben, Empfinden, Denken einerseits und zur „Welt" andererseits aufbaut. Bei Bildung wird nicht das betont, was Erziehung (im engen Sinne) oder Unterricht bei den heranwachsenden Individuen bewirken will, auch nicht wie bei Sozialisation (oder Erziehung im weiten Sinne) das, was die jeweilige gegenständliche und soziale Umwelt ihnen an Aneignungsaufgaben zumutet, sondern das, was das Individuum selbst daraus macht. Bildung akzentuiert die Eigenaktivität des Subjekts und steht insofern pädagogischen Fremdbestimmungsansprüchen kritisch gegenüber. In der Perspektive von Bildung wird immer schon die mögliche Autonomie des Individuums antizipiert.

Für die Pädagogik ist dieser Bildungsbegriff wichtig, damit man sich in der Diskussion von Lerninhalten, Methoden oder anderen pädagogischen Maßnahmen auf eigenständige, pädagogisch begründete Maßstäbe beziehen kann. Man fragt dann etwa nach dem „Bildungswert" eine bestimmten Gegenstandes, einer bestimmten Aktivität oder eines bestimmten pädagogischen Arrangements, also danach, inwieweit sie in der Lage sein könnten, die Auseinandersetzung der Individuen mit sich und der Welt und in diesem Sinne Bildung zu fördern. Da pädagogisches Handeln in modernen, demokratisch verfassten Gesellschaften seine oberste Richtschnur in der Selbstbestimmungsfähigkeit der Individuen haben muss, kann Bildung in diesem Verständnis als ein übergeordnetes „Orientierungs- und Beurteilungskriterium für alle pädagogischen Einzelmaßnahmen" herangezogen werden (Klafki 1985, S. 13).

Diese Perspektive von Bildung ist ihrerseits Ergebnis der historischen Entwicklung und verweist auf viele verschiedenartige Quellen. Neben antiken Traditionen wird immer wieder die mittelalterliche Mystik genannt, wo von der in mystischer Verschmelzung angestrebten „Einbildung" Gottes in die Seele die Rede ist, die die „Entbildung" dieser Seele, also gewissermaßen den Verlust ihrer Form, zur Voraussetzung hat (Bilstein 2004, S. 420f.). Aus der antiken Vorgeschichte erbt der Bildungsbegriff „das Prinzip der Selbstbindung und des Wachstums in der Zeit, aus christlicher Vorgeschichte den Akzent auf Verinnerlichung und Individualisierung" (Assmann 1993, S. 23). Entscheidend waren aber die Impulse der Aufklärung und die ihnen zugrundeliegenden gesellschaftlichen Veränderungen und Brüche. Der grundlegende (im deutschen Raum recht zäh ablaufende) Wandel von feudalen Gesellschaften, in denen soziale Positionen vererbt wurden, zu bürgerlichen Gesellschaften, in denen – dem Anspruch nach – soziale Positionen durch eigene Fähigkeiten und Leistungen zu erreichen sein sollten, wird ganz wesentlich von der Idee einer selbstbestimmten Bildung des Menschen getragen. In diesem Zusammenhang lässt sich begriffsgeschichtlich eine ganze Reihe unterschiedlicher Einflüsse nennen, beispielsweise die „protestantisch-pietistische Tradition, nach der Anerkennung der weltlichen Tätigkeit nicht durch die äußere Anerkennung, sondern durch die innere Gesinnung bestimmt ist; [...] Leibnizens positive Einschätzung der Individualität in der Monadologie, Shaftesburys ‚inward form' und ‚selfformation', Rousseaus Emanzipation des Individuums von gesellschaftlichen Bindungen, Herders Bildung als Ausformung vorgegebener Anlagen und schließlich die kantische Selbsttätigkeit des Geistes" (Bollenbeck 1994, S. 133).

Dass das Englische und Französische (im Gegensatz zum Russischen) die explizite Unterscheidung von Erziehung und Bildung nicht kennen, bedeutet also nicht, dass die Perspektive eines selbstbestimmten Lernens und einer selbstbestimmten Auseinandersetzung mit sich und der Welt dort nicht bekannt wäre. Selbst im deutschen Sprachraum wird diese Perspektive keineswegs einheitlich unter dem Begriff Bildung verhandelt. Friedrich Schiller (1759–1805) beispielsweise verwendet (in seinen berühmten Briefen „Über die ästhetische Erziehung des Menschen" von 1795; vgl. Kap. 3.6.) den Ausdruck Erziehung im Sinne von Bildung. Immanuel Kant, der wesentliche Beiträge zur modernen Bildungstheorie geleistet hat, spricht von Aufklärung oder der „Selbstbestimmung des tätigen Subjekts" (Bollenbeck 1994, S. 135). Der deutsche Bildungsbegriff, wie er in seiner bis heute wirksamen Fassung um 1800 ausformuliert worden ist, kann eher als eine (mehr oder minder) spezifische Variante einer Neujustierung des Verhältnisses von Individuum und Gesellschaft gelten, wie sie in vielen europäischen Ländern im Zuge des Übergangs von der feudalabsolutistischen zur bürgerlichen Gesellschaft stattgefunden hat.

In der Aufklärungspädagogik steht zunächst die gesellschaftliche „Brauchbarkeit" des Menschen im Mittelpunkt. Es geht vor allem um bürgerliche Tüchtigkeit und Tugend, um unmittelbare Nützlichkeit für den bürgerlichen Alltag, also um das, was wir hier in der zuvor eingeführten Unterscheidung dem Bereich der Erziehung oder der Berufsausbildung zuordnen würden. Dazu passt, dass solche Art der „Erziehung und Bildung" noch in Standesgrenzen gedacht wurde: Es war Erziehung und Bildung für künftige Bürger innerhalb einer vorgegebenen ständischen Ordnung, nicht – wie später – *allgemeine* Menschenbildung.

Der moderne Bildungsbegriff grenzt sich von solchen Vorstellungen der frühen Aufklärung ab, indem er sie *radikalisiert*. Jetzt geht es nicht mehr allein darum, jedem so schnell und effizient wie möglich das Wissen und die Kenntnisse zu vermitteln, die am jeweiligen gesellschaftlichen Ort gebraucht werden. Vielmehr soll jetzt jeder – unabhängig von Stand und Herkunft – durch Bildung befähigt werden, an der Überwindung der ständischen Gesellschaft und an der „Höherentwicklung der Menschheit" mitzuarbeiten, vernünftig zu handeln und frei zu sein von ständischen Bindungen. „Nicht die Funktion innerhalb der Gesellschaft, sondern die zweckfreie und selbstbestimmte Menschenbildung ist das Ziel: Der Mensch soll das, was er ist, durch sich selbst werden, nach dem Maß des in ihm selbst liegenden Gesetzes." (Bollenbeck 1994, S. 116) Unter dem neuen Schlagwort „Bildung" sollte eine bloß belehrende Aufklärung überwunden und in ihrer Wirksamkeit gesteigert werden. „Der Weg […] von Oben nach Unten oder von Außen nach Innen sollte gleichsam umgekehrt zurückgelegt werden: von Innen heraus, durch Selbsttätigkeit und eben durch Bildung, auch die Bedingungen herstellen, in denen das Selbst sich in der Gesellschaft verwirkliche. Der Bildungsbegriff war moderner, offener für überraschende Erfahrungen und neue Sichtweisen, ‚interessanter', frei vor allem im Hinblick auf seine facettenreiche Definitionsbreite. Während die Aufklärung vorzüglich an die Vernunft appelliert hatte, von der sich die Menschen leiten lassen sollten, und an die Natur, deren Erkenntnis für alle Erfahrungsbereiche dauerhafte Regeln und Gesetze bereitstellen würde […], forderte ‚Bildung' eine große Mannigfaltigkeit menschlicher Möglichkeiten heraus." (Koselleck 1990, S. 19f.) Bildung „vollzieht sich jenseits fester Normen und verbindlicher Vorbilder. Im Zentrum steht der Auftrag zum eigenen Entwurf, zur autonomen Selbstgestaltung." (Assmann 1993, S. 30)

Zunächst ist Bildung noch fast identisch mit *Aufklärung*. Deutlich wird das an Kants berühmter Beantwortung der Frage „Was ist Aufklärung?" von 1784:

„Aufklärung ist der Ausgang des Menschen aus seiner selbstverschuldeten Unmündigkeit. Unmündigkeit ist das Unvermögen, sich seines Verstan-

des ohne Leitung eines anderen zu bedienen. *Selbstverschuldet* ist diese Unmündigkeit, wenn die Ursache derselben nicht am Mangel des Verstandes, sondern der Entschließung und des Mutes liegt, sich seiner ohne Leitung eines andern zu bedienen. Sapere aude! Habe Mut, dich deines *eigenen* Verstandes zu bedienen! ist also der Wahlspruch der Aufklärung." (Kant 1983, Bd. 9, S. 53; H.i.O.)

Es geht also darum, das eigene Denken zu wagen statt sich – wie Kant auch sagt – an der „Oberaufsicht" irgendwelcher selbst ernannter Vormünder zu orientieren. Grund für die überall zu beobachtende Unmündigkeit seien Trägheit und Faulheit der Menschen. Es ist, sagt Kant, „so *bequem* unmündig zu sein. Habe ich ein Buch, das für mich Verstand hat, einen Seelsorger, der für mich Gewissen hat, einen Arzt, der für mich die Diät beurteilt, u.s.w. so brauche ich mich ja nicht selbst zu bemühen. Ich habe nicht nötig zu denken, wenn ich nur bezahlen kann." (Ebd.)

Zugleich sieht Kant aber auch, dass es für manchen Menschen schwer ist, sich aus der Unmündigkeit herauszuarbeiten, „weil man ihn niemals den Versuch davon machen ließ" (ebd., S. 54). Es fehlt dem feudalabsolutistischen Staat an einer zentralen Bedingung dafür, nämlich die Freiheit „von seiner Vernunft in allen Stücken *öffentlichen Gebrauch* zu machen" (ebd., S. 55; H.i.O.). Wo diese Bedingung der Freiheit zum öffentlichen Gebrauch der Vernunft gegeben ist, besteht für Kant dann aber auch eine Verpflichtung zur Aufklärung bzw. zur Bildung. Noch einmal wörtlich Kant mit einem für die meisten heute wohl recht ungewöhnlichen Gedanken: „Ein Mensch kann zwar für seine Person [...] auf einige Zeit [...] die Aufklärung aufschieben; aber auf sie Verzicht zu tun, es für seine Person, mehr aber noch für seine Nachkommenschaft, heißt heilige Rechte der Menschheit verletzen und mit Füßen treten." (Ebd., S. 58)

Es geht also für Kant nicht nur um einen *Anspruch* auf Bildung, Aufklärung, Mündigkeit, Freiheit des Vernunftgebrauchs, Erweiterung der Kenntnisse usw. – ein Anspruch, der für *alle* Menschen gilt, unabhängig von Stand, sozialer Lage, Geschlecht und Alter – es gibt auch eine *Verpflichtung* zu Bildung und Aufklärung, die sich zum einen aus der Selbstachtung, zum anderen aber auch aus dem Generationenverhältnis begründet: Nur wenn wir uns selbst bilden, können wir zur Bildung der nachwachsenden Generation beitragen und somit das notwendige Fortschreiten der Gattung sichern, wobei Fortschreiten sowohl als Fortschritt wie auch – bescheidener – als Erhalten gedeutet werden kann.

Kants Insistieren auf Mündigkeit verweist auf das zentrale Moment von Bildung, das sich mit Begriffen wie Selbstbestimmung, Emanzipation, Vernunft, Freiheit, Autonomie, Selbsttätigkeit umschreiben lässt. Bildung ist dementsprechend zu verstehen „als Befähigung zu vernünftiger Selbstbestimmung, die die Emanzipation von Fremdbestimmung voraussetzt oder einschließt, als Befähigung zur Autonomie, zu Freiheit eigenen Denkens und eigener moralischer Entscheidungen" (Klafki 1986, S. 458). Vorausgesetzt ist dabei, dass der Mensch zu einer solchen freien, vernünftigen Selbstbestimmung fähig ist. Für seine Bereitschaft dazu muss er freilich selbst sorgen. Die Möglichkeit zu freier Selbstbestimmung kann nur in freier Selbstbestimmung realisiert werden. Daher ist Bildung letztendlich nur als Selbsttätigkeit denkbar, ist stets Selbstbildung.

Die Entwicklung und Betätigung einer solchen vernünftigen Selbstbestimmung ist nur in Aneignungs- und Auseinandersetzungsprozessen mit Gegenständen, Inhalten, mit den „Objektivationen bisheriger menschlicher Kulturtätigkeit im weitesten Sinne" (Klafki 1986, S. 461) möglich. Bildung kann sich nur im Medium eines Allgemeinen vollziehen. Welchen der beiden unabdingbaren Seiten – Individuum oder Kultur – in diesem Wechselspiel der Vorrang gebührt, ist freilich umstritten. Während Georg Wilhelm Friedrich Hegel (1770–1831) „dem Anderen, dem Objektiven [...] ein eindeutiges Übergewicht gegenüber dem sich entwickelnden Subjekt" (Klafki 1986, S. 461) zuweist, stellt Wilhelm von Humboldts (1767–1835) neuhumanistisches Konzept dieses Subjekt eindeutig ins Zentrum:

> „Im Mittelpunkt aller besonderen Arten der Thätigkeit nemlich steht der Mensch, der ohne alle, auf irgend etwas Einzelnes gerichtete Absicht, nur die Kräfte seiner Natur stärken und erhöhen, seinem Wesen Werth und Dauer verschaffen will. Da jedoch die blosse Kraft einen Gegenstand braucht, an dem sie sich üben, und die blosse Form, der reine Gedanke, einen Stoff, in dem sie, sich darin ausprägend, fortdauern könne, so bedarf auch der Mensch einer Welt ausser sich." (Humboldt 1794/1960, S. 235)

Das Subjekt ist hier unbedingter Ausgangspunkt; alles andere wird ihm Gegenstand seiner eigenen Vervollkommnung. Die Welt scheint nur von Interesse zu sein, soweit sie der Steigerung der Individualität dient, da die Kräfte etwas brauchen, an dem sie sich üben können; sie ist der Individualität nachgeordnet. Wesentlich für Prozesse der Bildung ist, dass es sich nicht um ein Einwirken von außen handelt, sondern um eine Betätigung der inneren Kräfte. Insofern ist Bildung immer „eine aktive, tätige Aneignung der Welt" (Koller 2004, S. 82f.). Freilich ist die Außenwelt auch unabdingbar, denn das Subjekt sich kann nur durch die Auseinandersetzung mit ihr verändern. Mit der Veränderung des Selbst verändert sich zugleich dessen Verhältnis zur Welt. Die Kräfte können sich nicht von sich aus entwickeln; der Mensch braucht etwas, einen Gegenstand außerhalb seiner selbst, an dem er sich abarbeiten kann. Individualität bedarf der Auseinandersetzung mit Anderem, um sich überhaupt selbst in ihrer Eigenart wahrnehmen und verstehen zu können. Die Bildung des Subjekts bedarf eines Äußeren – Humboldt nennt es „Welt" und fasst darunter alles, was nicht zum Selbst gehört: die gegenständliche wie die soziale Umwelt, Objekte menschlicher Kulturtätigkeit und nicht zuletzt die Sprache und die Sprachenvielfalt. Bildung wird dabei sehr umfassend bestimmt:

> „Die letzte Aufgabe unseres Daseyns, dem Begriff der Menschheit in unserer Person, sowohl während der Zeit unseres Lebens als auch noch über dasselbe hinaus, durch die Spuren des lebendigen Wirkens, die wir zurücklassen, einen so grossen Inhalt als möglich zu verschaffen, diese Aufgabe löst sich allein durch die Verknüpfung unseres Ichs mit der Welt zu der allgemeinsten, regesten und freiesten Wechselwirkung." (Humboldt 1794/1960, S. 235f.)

Das Zitat stammt aus dem Jahre 1794 und zeigt sehr deutlich den mit dem Bildungsbegriff verbundenen hohen Anspruch sowohl an das Individuum als auch an die gesellschaftlichen Verhältnisse, die dem Individuum eine solche Bildung ermöglichen sollen. Der Begriff der Menschheit bezieht sich dabei nicht wie heute auf die „Gesamtheit aller Menschen", sondern deutet auf das „Menschsein", d.h. auf das, was den Menschen als Menschen ausmacht. Die Formulierung bezeichnet dementsprechend als Ziel, die dem Menschen innewohnenden Möglichkeiten möglichst umfassend zu verwirklichen (Koller 2004, S. 76).

Zusammengefasst sind in dem Zitat sowohl Bedingungen für Bildungsprozesse als auch die Art, wie solche Bildungsprozesse vonstattengehen: Es bedarf eines Bezugs außerhalb des Individuums selbst („Welt"), Gegenstände, die es herausfordern, und einer Wechselwirkung, die grundlegend und vielfältig („allgemein") ist, einer Wechselwirkung, die aktiv ist („rege"), also nicht rezeptiv bleibt und die keinen Einschränkungen außerhalb ihrer selbst unterliegt („frei"). An der Wechselwirkung sind beide Seiten, der Mensch wie eine immer auch widerständige „Welt" beteiligt (Benner 2003). Das bedeutet dann, dass man sich in Bildungsprozessen – über die Aneignung von etwas Neuem – immer ein Stück *fremd*, ein Anderer wird. Bildung besteht also in einer Erweiterung und Veränderung des Verhältnisses zur Welt (nach Außen) und zu sich selbst (nach Innen).

Hartmut von Hentig, einer der bekanntesten zeitgenössischen Pädagogen und u.a. Begründer der Bielefelder Laborschule, hat dieses Zitat wie folgt kommentiert:

> „Bei Humboldt dient das Wort nicht mehr nur der Bezeichnung eines tatsächlichen Vorgangs; Bildung wird vielmehr theoretisch bestimmt –

und dient seither selber – als Maßstab für die mit dem Wort benannten Tätigkeiten. Bildung sei die Anregung aller Kräfte eines Menschen, damit diese sich über die Aneignung der Welt in wechselseitige Ver- und Beschränkung harmonisch-proportionierlich entfalten und zu einer sich selbst bestimmenden Individualität oder Persönlichkeit führen, die in ihrer Idealität und Einzigartigkeit die Menschheit bereichere. […] In dieser Definition ist jedes Wort bedeutsam: Es geht um Anregung (nicht um Eingriff, mechanische Übertragung, gar Zwang); alle (nicht nur die geistigen) Kräfte sollen sich entfalten (sie sind also schon da, werden nicht ‚gemacht‘ oder eingepflanzt), was durch die Aneignung von Welt (also durch die Anverwandlung des Fremden in einem aktiven Vorgang) geschieht – in wechselseitiger Ver- und Beschränkung (das heißt erstens: auch die ‚Welt‘ bleibt nicht unverändert dabei, zweitens: die Entfaltung ist kein bloßes Vorsichhin-Wuchern, sie fordert Disziplin); die Merkmale sind Harmonie und Proportionierlichkeit (Bildung mildert die Konflikte zwischen unseren sinnlichen und unseren sittlichen, zwischen unseren intellektuellen und unseren spirituellen Ansprüchen, sie fördert keine einseitige Genialität); das Ziel ist die sich selbst bestimmende Individualität – aber nicht um ihrer selbst willen, sondern weil sie als solche die Menschheit bereichert.“ (Hentig 1996, S. 40f.)

Bildung zielt stets auf die Entfaltung aller menschlichen „Kräfte“ (Humboldt). Nicht allein um Erkennen, die kognitive Dimension, geht es, sondern auch um die moralische und die ästhetische. Angesprochen ist damit zum einen die Ausbildung autonomer moralischer Verantwortlichkeit und moralische Handlungsbereitschaft und Handlungsfähigkeit, zum anderen die „Ausbildung des Empfindungsvermögens“ (Schiller 1795/1965, S. 31; vgl. Kap. 3.6). Dabei umfasst der klassische Begriff des Ästhetischen und „der ästhetischen Bildung keineswegs nur den Bereich der ‚großen‘ Kunst in Literatur, Theater, Bildendem Gestalten und der Musik […], sondern darüber hinaus die ganze Breite der Ästhetik des Alltags, vom Schmuck bis zur Möbelgestaltung, von der Kleidung bis zur Volksmusik, den Tanz so gut wie Spiele, Feste, Formen des zwischenmenschlichen Umgangs und Stile der Geselligkeit umspannend, schließlich auch, so bei Schiller, die Erotik als ästhetische Kultivierung der naturhaften Sexualität.“ (Klafki 1986, S. 469) – Johann Heinrich Pestalozzi (1746–1827), der weltweit wohl berühmteste deutschsprachige Pädagoge, erweitert die Bestimmung der Bildung überdies um die *praktisch* werktätigen Fähigkeiten. Bekannt ist seine bildhafte Formel über die Bildung von Kopf, Herz und Hand, die genau diesen Zusammenhang zwischen Bildung zur Denk- und Reflexionsfähigkeit (Kopf) mit der zu sozialem Handeln und Moral (Herz) und eben praktischen Fähigkeiten (Hand) als immer wieder neu zu bewältigende Aufgabe – nicht als Gegebenheit – einheitlich zu fassen versucht.

Das Programm der Bildung des „ganzen Menschen" in seiner Vielseitigkeit zielt auf eine umfassende Orientierung jenseits der durch Arbeitsteilung zersplitterten Welt. Insofern bezieht sich die Bildungsidee nicht mehr nur allein kritisch auf die damalige feudalabsolutistische Ständegesellschaft, sondern wird auch bereits von einer dezidierten Kritik an der sich eben herausbildenden modernen bürgerlichen Gesellschaft getragen. So wendet sich beispielsweise Schiller in seinem Plädoyer für ästhetische Bildung gegen die Verstümmelung des Menschen im bürgerlichen Erwerbsleben und die Vereinseitigung eines allein unmittelbar praktisch ausgerichteten Wissens:

„Ewig nur an ein einzelnes kleines Bruchstück des Ganzen gefesselt, bildet sich der Mensch selbst nur als Bruchstück aus; ewig nur das eintönige Geräusch des Rades, das er umtreibt, im Ohre, entwickelt er nie die Harmonie seines Wesens, und anstatt die Menschheit in seiner Natur auszuprägen, wird er bloß zu einem Abdruck seines Geschäfts, seiner Wissenschaft. Aber selbst der karge fragmentarische Anteil, der die einzelnen Glieder noch an das Ganze knüpft, hängt nicht von Formen ab, die sie sich selbsttätig geben […], sondern wird ihnen mit skrupulöser Strenge durch ein Formular vorgeschrieben, in welches man ihre freie Einsicht gebunden hält. Der tote Buchstabe vertritt den lebendigen Verstand, und ein geübtes Gedächtnis leitet sicherer als Genie und Empfindung." (Schiller 1795/1965, S. 20f.; 6. Brief)

Dabei sieht Schiller durchaus die Vorteile der Arbeitsteilung. Auf keine andere Art hätte die Gattung Fortschritte machen können, und nur durch sie hätten sich „die mannigfaltigen Anlagen im Menschen" (ebd., S. 24) derart umfassend entwickeln können. Aber:

„Wie viel auch für das Ganze der Welt durch diese getrennte Ausbildung der menschlichen Kräfte gewonnen werden mag, so ist nicht zu leugnen, dass die Individuen, welche sie trifft, unter dem Fluch dieses Weltzweckes leiden. Durch gymnastische Übungen bilden sich zwar athletische Körper, aber nur durch das freie und gleichförmige Spiel der Glieder die Schönheit. Ebenso kann die Anspannung einzelner Geisteskräfte zwar außerordentliche, aber nur die gleichförmige Temperatur derselben glückliche und vollkommene Menschen erzeugen." (Ebd., S. 25f.)

Vermittels Bildung soll hier ein Ausgleich geschaffen werden. Auch wenn dieser Ausgleich sich nicht unmittelbar auf die gesellschaftliche Realität auswirken kann – Arbeitsteilung kann nicht schon durch Bildung überwunden werden –, sondern eher im Bereich der privaten Lebensführung oder eben im „ästhetischen Spiel" bleibt, bezeichnet er doch eine wichtige Aufgabe. Denn indem das Individuum sich zumindest gedanklich aus seinen jeweiligen konkreten beruflichen und sozialen Verpflichtungen löst, unterschiedliche Bereiche des gesellschaftlichen Lebens kennenlernt und sich übergreifende Orientierungen aneignet, gewinnt es Möglichkeiten, ein selbständiges Verhältnis zu seinen verschiedenen sozialen Partizipationen, zu sich selbst und zum gesellschaftlichen Zusammenhang insgesamt zu entwickeln. Erst auf diese Weise wird es ihm möglich, sein Leben, soweit die Umstände das erlauben, bewusst zu planen und zu führen – eine Fähigkeit, die mit der Entwicklung der bürgerlichen Gesellschaft, in der das Individuum sich selbständig in einem Gewirr von sachlichen Abhängigkeiten zurechtfinden muss, für immer mehr Personen immer wichtiger wird. Dass „ein Leben geführt werden müsse, und nicht nur ertragen oder erlitten werden darf, das zeichnet den Stil aus, der von ‚Bildung' – reflexiv oder kommunikativ – geprägt wurde." (Koselleck 1990, S. 23) – Mit dem ästhetischen Spiel verbindet Schiller überdies die Erfahrung einer Freiheit, die über den Alltag hinausweist und ein Gefühl für die – nicht zuletzt auch politisch zu verwirklichenden – menschlichen Möglichkeiten vermittelt.

3.5 Differenzierungen: Zwischen Autonomie und Ohnmacht

Der Bildungsbegriff, wie er zwischen 1770 und 1830 in verschiedenen Varianten und unterschiedlichen Anläufen entwickelt wurde, ist als regulative Idee und zentrales Deutungsmuster für die Pädagogik nach wie vor grundlegend. Dennoch sind etliche der damals formulierten Vorstellungen vom autonomen und selbstbestimmten Subjekt bis heute uneingelöste und vielleicht uneinlösbare Versprechen geblieben. Das hat zum einen mit den gesellschaftlichen und politischen Verhältnissen und Entwicklungen in und seit jener Zeit zu tun (vgl. dazu Kap. 4.3). Es könnte zum anderen aber auch damit zusammenhängen, dass die damals formulierten Ansprüche von vornherein zu hoch greifen. Jedenfalls ist inzwischen theoretisch fraglich geworden, ob und inwieweit die hochfliegenden Ansprüche, die mit dem Bildungsbegriff verbunden sind, ein Bild von Mensch und Gesellschaft voraussetzen, das nicht mehr haltbar ist. Einige dieser Einwände sollen im Folgenden kurz vorgestellt werden. In der Erziehungswissenschaft sind sie teilweise in den 1960er mit der sozialwissenschaftlichen Neuorientierung, vor allem aber seit den 1980er Jahren im Zuge der Auseinandersetzungen um die sog. Postmoderne verstärkt diskutiert worden, in der Regel sind sie aber weit älter. Sie beziehen sich zum einen auf den gesellschaftlichen Kontext, der nicht allein die Entstehung und die Konturen der Bildungsidee prägt, sondern auch ihre Realisierungsbedingungen, zum anderen auf das Bild des Menschen als einheitliches, sich selbst durchsichtiges Subjekt, das durch die Entdeckung des Unbewussten, aber auch der meist nicht bewussten leiblichen Erfahrungsdimensionen nachhaltig in Frage gestellt worden ist, schließlich auf den Zusammenhang von Individuum und Gesellschaft, der nicht mehr in der bis heute vorherrschenden schlichten Gegenüberstellung gefasst werden kann.

Gesellschaftliche Verhältnisse

Zentrale Ansprüche der klassischen Bildungstheorien sind kritisch gegen gesellschaftliche und politische Verhältnisse ihrer Zeit (und teilweise vorausgreifend auch der sich ankündigenden Zeiten) gerichtet. Trotzdem sind „die ökonomisch-gesellschaftlich-politischen Bedingungen der Einlösung jenes allgemeinen Bildungsanspruchs von keinem Denker jener Epoche mit hinreichender Konsequenz reflektiert worden" (Klafki 1986, S. 460). Daraus resultiert eine auffällige „Diskrepanz zwischen eingeschränkten politischen Handlungsmöglichkeiten und hochgestimmten Individuierungsansprüchen" (Bollenbeck 1994, S. 140). Unter den gegebenen (nachnapoleonischen, restaurativen) politischen Verhältnissen verkommt Bildung im Laufe des 19. Jahrhunderts – wie schon damals kritisch vermerkt wurde – zu einem Besitzstand, mit dem sich bürgerliche Schichten von anderen abzugrenzen versuchten. Bildung dient der kollektiven und individuellen Selbstaufwertung; der Besitz des Bildungstitels galt als der „Ritterschlag der Neuzeit" (Bollenbeck 1994, S. 203). Bildung wird letztendlich mit Wissen (über klassisches Kulturgut) gleichgesetzt. Frauen und die unteren sozialen Klassen bleiben davon ausgeschlossen. Aber auch die formale Gleichstellung und Gleichberechtigung, die in Deutschland allerdings erst im Laufe des 20. Jahrhunderts durchgesetzt wurde, kann angesichts sehr unterschiedlicher Lebensbedingungen noch nicht die Durchsetzung allgemeiner Bildung gewährleisten. Theodor W. Adorno (1903–1969) skizziert den Zusammenhang in seiner „Theorie der Halbbildung" von 1959 so:

> „Die Besitzenden verfügten über das Bildungsmonopol auch in einer Gesellschaft formal Gleicher; die Entmenschlichung durch den kapitalistischen Produktionsprozess verweigerte den Arbeitenden alle Voraussetzungen zur Bildung, vorab Muße. Versuche zur pädagogischen Abhilfe missrieten zur Karikatur. Alle sogenannte Volksbildung – mittlerweile ist man hellhörig genug, das Wort zu umgehen – krankte an dem Wahn, den gesellschaftlich diktierten Ausschluss des Proletariats von der Bildung durch die bloße Bildung revozieren zu können." (Adorno 1962, S. 173)

Inzwischen – Mitte des 20. Jahrhunderts – ist Bildung für Adorno zusätzlich durch die Kulturindustrie und die Dominanz des Marktes, aber auch durch die Bildungsinstitutionen selbst gefährdet. „Die Massen werden durch zahllose Kanäle mit Bildungsgütern beliefert." (Ebd., S. 174) Dabei werden die „Gehalte von Bildung, über den Marktmechanismus, dem Bewusstsein derer angepasst […], die vom Bildungsprivileg ausgesperrt waren und die zu verändern erst Bildung wäre" (ebd.). Halbbildung, wie Adorno sie versteht, zeichnet sich aus durch punktuelle, unverbundene Informiertheit und einen Habitus, der Bildung als Besitz demonstriert. Die Kulturgüter werden durch eine solche Haltung selbst entwertet. Sie dienen nicht mehr dem Ziel, die eigene Persönlichkeit so umfassend wie möglich auszubilden, sondern werden benutzt als „Besitz", als „Bescheidwissen" und für den Nachweis eines bestimmten Schulabschlusses. „Im Klima der Halbbildung überdauern die warenhaft verdinglichten Sachgehalte von Bildung auf Kosten ihres Wahrheitsgehaltes und ihrer lebendigen Beziehung zu lebendigen Subjekten." (Ebd., S. 176) Davon ist gerade auch das Schulwesen betroffen, wo Bildung ebenfalls für andere Zwecke funktionalisiert wird, namentlich für die Selektion:

„Die sich selbst zur Norm, zur Qualifikation gewordene, kontrollierbare Bildung ist als solche so wenig mehr eine wie die zum Geschwätz des Verkäufers degenerierte Allgemeinbildung. Das Moment der Unwillkürlichkeit […] verdirbt im hellen Licht der Überprüfbarkeit." (Ebd., S. 179)

Umgekehrt können neben den Einschränkungen aber auch die Notwendigkeiten und Möglichkeiten fokussiert werden, die sich aus gesellschaftlichen Entwicklungen für Bildung ergeben (haben). Dass Bildung überhaupt zum – stets umstrittenen – Thema werden konnte, ist Resultat der bereits kurz skizzierten Entwicklungen zur modernen bürgerlich-kapitalistischen Gesellschaft (vgl. Kap. 2.2). Heinz-Joachim Heydorn (vgl. Kap. 3.1), der einige Jahre später eine nicht weniger kritische Analyse der Bildungsverhältnisse, insbesondere der damals gerade anstehenden Bildungsreformen, vorlegt, sieht deutliche Widersprüche und damit verbundene unterschiedliche Entwicklungsmöglichkeiten. Einerseits würden mit den Reformen wissenschaftliches Verständnis und wissenschaftliche Methoden in einem bis dahin ungekanntem Ausmaß vermittelt; andererseits werde die „einheitliche wissenschaftliche Bildung" auf den technisch-instrumentellen Aspekt reduziert; ihre Möglichkeiten, zu einem allgemeinen wissenschaftlichen Verständnis auch gesellschaftlicher Entwicklungen und damit zur Demokratisierung beizutragen, blieben ausgeklammert, ja würden politisch bekämpft:

„Für die Masse der Schüler wird ein weitaus höherer Grad an Abstraktion gefordert, als dies jemals der Fall war; Abstraktionsfähigkeit aber ist
Voraussetzung für bewusstes Handeln, weil sie Wirklichkeit zum Objekt
macht, das enthüllt werden kann. Das Instrumentarium jedoch, das nun
massenhaft ausgeteilt werden soll, wird zugleich stumpf gemacht. [...]
Der zweifellose Fortschritt wird sogleich paralysiert. Die ideologischen
Hintergründe werden über einen naturwissenschaftlichen Charakter
versteckt; die Gesellschaft versucht sich unerkennbar zu machen. [...]
Eine einheitliche wissenschaftliche Bildung für alle wird vorgegeben;
Egalität ist in der Nähe und wird ebenso abgebrochen [...], das Modell
wird zum Indikator der Beendigung von Klassengesellschaft, deren
Möglichkeit es zugleich verdunkelt, ausschließen möchte, es treibt voran
und stabilisiert. Es trägt die Einheitsschule in seinem Leibe, aber kann
sie nicht austragen." (Heydorn 1973, S. 7 f.)

Bemerkenswerterweise bleibt der Maßstab der Kritik an der unzureichenden Realisierung der Bildungsidee hier – wie schon im 19. Jahrhundert
(Koselleck 1990, S. 30 ff.) – auf eben diese überkommene Bildungsidee
rückbezogen. Auch für Adorno taugt „als Antithese zur sozialisierten Halbbildung kein anderer als der traditionelle Bildungsbegriff, der selber zur
Kritik steht" (Adorno 1962, S. 176). Insofern bestätigt noch die Kritik an
den jeweiligen konkreten Bildungsverhältnissen die Aktualität der Bildungsidee. Deutlich wird aber ebenso, dass sich Bildung nicht losgelöst von
den jeweiligen gesellschaftlichen Verhältnissen, den Problemen, Widersprüchen und Möglichkeiten konzipieren und kritisieren lässt. Nur in deren
möglichst differenzierter Analyse lassen sich Einschränkungen sowie Notwendigkeiten und Möglichkeiten von Bildung in der jeweiligen historisch-
gesellschaftlichen Situation konkret ermitteln.

Der Kontinent des Unbewussten

Die klassischen bildungstheoretischen Konzepte betonen die Einheit der
Person und die Ganzheitlichkeit von Bildungsprozessen. Dass Individuen
fragmentiert sein könnten, dass sie sich selbst weder ganz durchschauen
noch gar in allen ihren Regungen kontrollieren könnten – und zwar prinzipiell, nicht nur in bedauerlichen Ausnahmefällen –, gehört dagegen zu den
Einsichten, die erst seit Ende des 19. Jahrhunderts Verbreitung finden. Außer z.B. in der romantischen Literatur oder in der Philosophie Nietzsches
wird die Zerstreuung des Ich erst in der Psychoanalyse thematisiert.
    Ihr Begründer war der Arzt Sigmund Freud (1856–1939). Er befasst sich
sozusagen mit der Sozialisierung (auch wenn er den Begriff noch nicht

kannte) der Triebe (die Psychoanalyse spricht heute von „Wünschen" oder „Begehren"). Er gilt als Entdecker der unbewussten Kräfte im Menschen, die unser Verhalten und Handeln zu großen Teilen steuern (die aktuelle neurophysiologische Forschung bestätigt diese Sichtweise). Seine Theorien entwickelt Freud durch die Behandlung von Patienten, die unter nicht erklärbaren Symptomen litten. Demnach sind größere Teile der psychischen Aktivität von Menschen unbewusst, wobei ein beträchtlicher Anteil davon sogar aktiv – durch Unterdrückung oder Verdrängung – vom Bewusstsein ferngehalten wird. Gleichwohl haben sie maßgeblichen Einfluss auf das bewusste psychische Leben und Erleben.

In aller Kürze lässt sich das psychoanalytische Konzept wie folgt zusammenfassen: Der Mensch ist Freud zufolge ein Wesen, das auf Lustgewinn aus ist. Seine „Triebe" einfach auszuleben, steht aber im Widerstreit mit Kultur und Gesellschaft. Deshalb wird das Kind zur Umlenkung seiner Triebziele hin zu sozial akzeptierten Verhaltensweisen gebracht. Durch Verzicht auf ständige unmittelbare Befriedigung, die beim Säugling zunächst noch im Vordergrund steht, werden die Grundlagen dafür geschaffen, dass die menschliche Kultur immer neu angeeignet werden kann, von der Wissenschaft über die Religion bis zur Kunst: Der Mensch lernt, Triebbefriedigung (Bedürfnisse) aufzuschieben bzw. zu sublimieren, d.h. Lustgewinn aus gesellschaftlich akzeptablen Tätigkeiten zu ziehen. Die Psychoanalyse hat somit zugleich eine Theorie der Entstehung menschlicher Kultur insgesamt (Phylogenese) entwickelt als auch eine Theorie individueller menschlicher Entwicklung (Ontogenese). Aus Beobachtung der menschlichen Psyche schloss Freud auf Kräfte in der Persönlichkeit mit einander widerstreitenden Tendenzen. Sie formen den Charakter eines jeden Menschen.

Freud hat zwei Strukturmodelle des psychischen Apparats entwickelt. Sie stellen Hilfskonstruktionen zur Beschreibung der menschlichen Persönlichkeit dar. Das erste dieser Modelle unterscheidet die Systeme unbewusst – vorbewusst – bewusst, nach dem zweiten gliedert sich die Persönlichkeit des Menschen in drei Instanzen, wobei die beiden letzten nicht von Geburt an vorhanden sind, sondern sich in den ersten Lebensjahren ausbilden:

- Das *Es* ist menschliches Kräftereservoir und „Trieb"-Instanz, die auf Lustmaximierung aus ist, eine wenig kultivierte, auf Befriedigung erpichte Kraft („ich will"). Hier ist aber auch der „Sitz" der Kreativität. „Es ist der dunkle, unzugängliche Teil unserer Persönlichkeit" (Freud I, S. 511); das Ich begegnet ihm im Traum als seinem „inneren Ausland" (ebd., S. 496). Das *Es* bestimmt das zentrale Erleben des Säuglings (Lust-, Unlusterfahrungen; Übergang zum Somatischen).

- Das *Über-Ich* (Gewissen) enthält Einflüsse der Eltern und weitere Normen aus Kultur und Gesellschaft. Es bildet die moralische Instanz der Person. Es verinnerlicht kulturelle Regeln und verdrängt tabuisierte Wünsche und Triebe („ich muss"). Das Über-Ich fungiert als Zensurinstanz, die bestimmt, was erlaubt und vor allem was verboten ist. Es weist bestimmte Inhalte (starke Wünsche, Aggressionen, Neid, Angst, sozial unerwünschte Regungen) durch *Verdrängung* in das Es zurück.

- Das *Ich* hat die zentrale Funktion zwischen *Über-Ich* (ich muss) und *Es* (ich will) zu vermitteln und im Idealfall für einen gelungenen Ausgleich zu sorgen, was aber aus psychoanalytischer Sicht nicht einfach ist. *Ich* und *Über-Ich* entwickeln sich in der Kindheit. Seinen Kern hat das Ich im Bewusstsein; es umfasst aber zugleich das Vorbewusste und ist teilweise auch unbewusst.

Das Verhalten eines Menschen ist aus psychoanalytischer Sicht wesentlich durch Einstellungen, Wünsche und Motive bestimmt, die dem bewussten Erleben verborgen bleiben; dabei handelt es sich meist um verdrängte Konfliktsituationen aus der frühen Kindheit. Besonders schmerzliche Erinnerungsspuren sind dem Bewusstsein nicht zugänglich. Vermeintlich freie Entscheidungen gehen häufig auf unbewusste Einflüsse zurück, die wir nicht bemerken und von denen wir uns (wenn überhaupt) nur sehr schwer Rechenschaft ablegen können. Notfalls wird die Entscheidung „rationalisiert", d.h. wir suchen uns scheinbar vernünftige Gründe dafür, nur um nicht mit unseren unbewussten Beweggründen konfrontiert zu werden. Die Vernunft wird hier zum Werkzeug unbewusster Strebungen. Wir tun Unrecht daran, so Freud, „unsere Intelligenz als selbständige Macht zu schätzen und ihre Abhängigkeit vom Gefühlsleben zu unterschätzen" (Freud IX, S. 47).

In dieser Perspektive „erscheint die Verfassung des Menschen prekär: Das Ich ist abhängig von der Außenwelt, über die Innenwelt seelischer Vorgänge ist es nur unzureichend informiert, es ist den Trieben ausgesetzt und unterliegt der Zensur durch das Über-Ich; als Werkzeug der Triebe ist die Vernunft ohne eigenständige Kraft" (Heise 2010, S. 12). Das Ich verliert seine zentrale Stellung, es ist nicht einmal „Herr [...] in seinem eigenen Haus" (Freud 1969, S. 137). Freud sieht die Psychoanalyse selbst als eine von drei Kränkungen der menschlichen Eigenliebe: Nach der kosmologischen durch Kopernikus (die Erde ist nicht der Mittelpunkt des Weltalls) und der biologischen durch Darwin (der Mensch hat sich aus der Tierwelt entwickelt) bezeichnet die Psychoanalyse die dritte, die psychologische Infragestellung des Selbstverständnisses des Menschen als eines Wesens, das souverän und autonom über sich und die Welt zu verfügen vermag. Der Mensch, wie ihn die Psychoanalyse sieht, kennt die Gründe seines Handelns nur teilweise, wesentliche Antriebe bleiben ihm verborgen, sie sind unbe-

wusst, aber gleichwohl wirksam. „Das konkrete Ich [...] ist wed
punkt des Universums noch befreit von einer animalischen Exist
noch nicht einmal Souverän seiner selbst, weil es immer mehr ist
sich weiß." (Meyer-Drawe 1990, S. 102)

Allerdings ist die Psychoanalyse weit davon entfernt, das Subjekt nur als
Opfer seiner unbewussten Strebungen oder seiner frühkindlichen Erfahrungen zu sehen – „im Gegenteil: zwar desillusioniert das Konzept des Unbewussten die Vorstellung eines authentischen, rationalen ‚freien Willens',
aber gerade [...] weil es etwas dynamisch Unbestimmtes und Diskontinu-
ierliches an sich hat, ist es eben nicht vollständig unterworfen" (Rendtorff
2008, S. 127). Insofern gibt es auch in psychoanalytischer Perspektive
durchaus Raum für selbstbestimmte Bildung, wenn auch weniger, als man
mit einem rationalistischen Menschenbild annehmen könnte. Ziel bleibt
„Ich-Stärke", ein Ich, das in der Lage ist zwischen den Forderungen der
Kultur (Eltern, Normen) und den Wünschen des Es zu vermitteln und auszugleichen. „Wo Es war, soll Ich werden", so Freud (I, S. 516), und er ist
keineswegs nur pessimistisch: „Wir mögen oft betonen, der menschliche
Intellekt sei kraftlos in Vergleich zu seinem Triebleben, und recht damit
haben. Aber es ist etwas Besonderes um diese Schwäche; die Stimme des
Intellekts ist leise, aber sie ruht nicht, ehe sie sich Gehör verschafft." (Freud
1969ff. IX, S. 186)

Gleichwohl ließe sich in psychoanalytischer Perspektive zugespitzt fragen: „Ist es zum Beispiel wirklich immer eine Befreiung, seinen Verstand
ohne Leitung eines anderen zu gebrauchen (Kant)? Oder könnte es nicht
sein, dass ich gerade bei solchem Verstandesgebrauch dazu tendiere, Rationalisierungen anzufertigen, die mir die Heteronomie meines Handelns zur
Autonomie zurechtlügen? Kann nicht auch Denken selbst [...] manchmal
eine Aktivität sein, die alles andere als freie Aktivität, und vielmehr hetero-
nome Schönfärberei im Dienst einer wunschgerechten Weltsicht ist?" (Pfaller 2009, S. 50) – Allerdings bleibt das Problem, dass angesichts der zahlreichen Gefahren materieller oder ideologischer Übervorteilung, die im
modernen Alltag lauern, der Verzicht auf freien und selbständigen Verstandesgebrauch keine Alternative wäre.

Gesellschaftlichkeit der Individuen

Dass gesellschaftliche Strukturen ihre eigene Logik haben, die sich nicht
ohne Weiteres von Individuen, auch nicht von vielen Individuen, nicht nur
nicht steuern lässt, sondern denen sie oft genug hilflos ausgeliefert sind, und
dass das Individuum nicht einmal sich selbst ganz zu verstehen und zu lenken vermag, sind zwei grundlegende Einsichten, die die Vorstellung vom

selbstbestimmten und autonomen Subjekt – das Ideal der Bildungsidee – nachhaltig in Frage stellen. Beide Einsichten scheinen es aber noch zu erlauben an der strikten Entgegensetzung von Individuum und Gesellschaft festzuhalten. Zwar mögen wir zu Spielbällen gesellschaftlicher Entwicklungen werden und uns bisweilen unseren widersprüchlichen Strebungen und verwirrten Gefühlen kaum gewachsen sehen; jenseits solcher gesellschaftlicher Zumutungen und emotionaler Wirrnisse scheint es aber doch noch eine, vielleicht nur noch kleine Sphäre des Eigenen zu geben, das ganz und gar uns gehört – ein Bereich der eigenen Autonomie, dem die äußere und die fremde innere Welt nichts anhaben kann.

Dass dagegen Subjektivität intersubjektiv gedacht werden muss, dass sie im Grunde eine soziale Tätigkeit darstellt, hat der US-amerikanische Sozialpsychologe George Herbert Mead (1863–1931) herausgearbeitet. Während Freud vor allem auf den unentdeckten inneren Kontinent des Unbewussten aufmerksam macht, betont er die alles durchdringende Gesellschaftlichkeit der Individuen. Alle abstrakten Gegenüberstellungen von Individuum und Gesellschaft erweisen sich damit als haltlos. Mead zeigt vielmehr, dass jede Individualität immer schon gesellschaftlich ist und Individuierung nur als Vergesellschaftung begriffen werden kann. Sehr grundsätzlich fragt er, wie Menschen überhaupt – phylogenetisch und ontogenetisch – die Fähigkeit herausbilden, aus sich herauszutreten und sich zum Gegenstand der eigenen Reflexion zu machen. Er knüpft damit an klassische philosophische Fragestellungen an, stellt sie aber in einen, maßgeblich vom amerikanischen Pragmatismus beeinflussten sozialwissenschaftlichen (oder sozialphilosophischen) Rahmen, indem er nicht nach bestimmten Eigenschaften oder (vorausgesetzten) Fähigkeiten des Bewusstseins fragt, sondern die Reaktionen auf sich selbst als gesellschaftliches Verhalten zu begreifen versucht. Das Selbst (-bewusstsein) kann für Mead nicht vorausgesetzt werden, „etwa als eine geistige oder seelische Substanz, es ist auch nicht Gegenstand eines Wissens, das ich unmittelbar von mir selbst habe, vielmehr entwickelt es sich im gesellschaftlichen Prozess" (Waldenfels 1980, S. 240). Handeln und Denken sind für Mead – ähnlich wie für seinen Kollegen und Freund John Dewey – Momente im Prozess der gemeinschaftlichen Lebenserhaltung. Entsprechend wird das Psychische nicht als ein eigener Bereich der Wirklichkeit gegenübergestellt, sondern als besonderes Stadium in der Entwicklung der Realität begriffen (Joas 1980, S. 68).

Ausgangspunkt seiner Untersuchungen ist nicht der einzelne Mensch oder sein Verhalten, sondern die gesellschaftliche Handlung, der *social act* in der kooperierenden Gruppe. Das zielt nicht nur auf die Überwindung der Vorstellung einer ungesellschaftlichen Natur des Menschen, sondern zugleich auf eine grundlegend veränderte Untersuchungsrichtung. Mead versucht nicht, das organisierte Verhalten einer gesellschaftlichen Gruppe „aus der Sicht des Verhaltens der einzelnen Mitglieder", sondern umgekehrt „das Verhalten des Individuums im Hinblick auf das organisierte Verhalten der gesellschaftlichen Gruppe" zu erklären (Mead 1968, S. 45): Der „Teil wird im Hinblick auf das Ganze, nicht das Ganze im Hinblick auf das Teil oder die Teile erklärt" (ebd.). Die Untersuchung arbeitet „von außen nach innen, anstatt gleichsam von innen nach außen fortzuschreiten" (ebd., S. 46).

In dieser Perspektive lässt sich die Frage nach dem Selbst neu formulieren als Frage nach den spezifischen, in den Bedingungen der gemeinschaftlichen Reproduktion der Gattung verankerten Handlungs- und Interaktionserfahrungen, die es einem menschlichen Organismus erlauben, sich gleichsam von außen zu betrachten und sich selbst gegenüber eine bewusste Haltung einzunehmen. Eine solche Fähigkeit kann nicht einfach vorausgesetzt werden. Die Intelligenz der Tiere und ein großer Teil der menschlichen Intelligenz kommt ohne Selbst (-bewusstsein) aus. „In unseren durch Gewohnheit bestimmten Tätigkeiten bei unserem Verhalten in einer Welt, die einfach vorhanden ist und an die wir so angepasst sind, dass Denken nicht notwendig ist, gibt es ein gewisses Ausmaß sinnlicher Erfahrungen, wie sie Menschen haben, wenn sie gerade aufwachen, die Erfahrung eines bloßen Daseins in der Welt." (Mead 1968, S. 177) Das Selbst – als die bewusste eigene Organisation dieser unmittelbar ablaufenden Erfahrungen – bildet demgegenüber eine reflexive Struktur, die durch einen Akt der Distanzierung zustande kommt. Eine solche Distanzierung ist nur möglich, weil Menschen gemeinschaftlich handeln und in kooperative Handlungszusammenhänge eingebunden sind: Wir gewinnen Distanz uns selbst gegenüber und objektivieren uns, indem wir im kooperativen Prozess die Haltung der Anderen uns gegenüber einnehmen. Das Individuum erfährt sich *indirekt* aus den Reaktionen der Anderen auf es; es macht sich nicht unmittelbar selbst zum Objekt, sondern vermittelt über die Sicht der Anderen, die das betreffende Individuum von vornherein von außen sehen.

Wie kann man sich das vorstellen? Die Perspektivenübernahme ist nach Mead an symbolvermittelte Kommunikation gebunden. Signifikante (sprachlich artikulierte) Gesten bieten für die Koordination des Kooperationsprozesses weit mehr Möglichkeiten als nicht-signifikante Gesten, „weil sie im Individuum, das sie ausführt, die gleiche Haltung sich selbst gegenüber (oder gegenüber ihrer Bedeutung) auslöst wie in den anderen Individuen, die gemeinsam mit ihm an einer gesellschaftlichen Handlung teilnehmen" (ebd., S. 85). Indem wir uns Anderen gegenüber äußern, sprechen wir zugleich zu uns selbst, hören uns und antworten uns, wobei wir insofern bereits Haltungen Anderer uns gegenüber einnehmen. Der unmittelbare Austausch von Gesten verwandelt sich in eine symbolisch vermittelte und reflexiv gebrochene Kommunikation. „Außer dem sprachlichen", so Mead (ebd., S. 184), „kenne ich kein Verhalten, in dem der einzelne sich selbst Objekt ist". Selbstreflexion wird damit als spezifisch gesellschaftliches Verhalten sichtbar, das an die soziale Kooperation ebenso gebunden ist wie an ihre sprachliche Vermittlung. Weder Sprache und Bedeutung noch die Haltungen der Individuen stehen dabei für sich, sie sind auch nicht „Ausdruck" eines „Inneren", sondern Teile der Organisation sozialer Handlungen. Insofern kann Mead sagen, dass das Selbst, auch wenn der physiologische Organismus „natürlich" von großer Bedeutung ist, im Grunde eine gesellschaftliche Struktur darstellt, die aus der gesellschaftlichen Erfahrung erwächst. Erst wenn sich ein Selbst „einmal entwickelt hat, schafft es sich gewissermaßen selbst seine gesellschaftlichen Erfahrungen. Somit können wir uns ein absolut solitäres Selbst vorstellen, nicht aber ein Selbst, das außerhalb der gesellschaftlichen Erfahrung erwächst." (Ebd., S. 182)

Die Struktur dieses Selbst versucht Mead mit Hilfe der auf William James zurückgehenden Unterscheidung von „Ich" und „Mich", von „I" und „Me" zu verstehen.[1] Mead greift sie auf, um damit – „vom Standpunkt des Verhaltens aus" (ebd., S. 217) – die Phasen in jenem Reflexionsprozess zu kennzeichnen, der das Selbst ausmacht. Das *Me* steht dabei für das Ergebnis der Internalisierung der Perspektiven Anderer und verkörpert gewissermaßen die Haltungen und Einstellungen der Gruppe, soweit sie dem Individuum präsent sind. Das *I* bezieht sich demgegenüber auf die Reaktion des Individuums auf diese übernommenen Haltungen. Es bezeichnet so etwas wie seine elementare Subjektivität, die allerdings nicht vom Individuum her, sondern von der Struktur der Handlung her gedacht wird. Das *I* ist der Handlung nicht vorausgesetzt, sondern markiert jene Phase der Handlung oder des Verhaltens, in der der oder die Einzelne auf die übernommenen Haltungen der Anderen reagiert. In der eigenen Erfahrung tritt das *I* nur als „historische Figur" auf. Es ist zwar „in gewissem Maße das, womit wir uns identifizieren" (ebd., S. 218); aber es ist der unmittelbaren Erfahrung nicht direkt zugänglich, sondern stellt gleichsam eine nachträgliche Konstruktion dar: „Ich spreche zu mir selbst und erinnere mich an meine Worte und vielleicht auch an den damit verbundenen Inhalt. Das *I* dieses Moments ist im *Me* des nächsten Moments präsent." (Ebd., S. 217) Das Selbst reflektiert auf eine Vergangenheit, die ihm niemals Gegenwart war. Ich kann „mich nicht schnell genug umdrehen, um mich noch selbst zu erfassen. [...] Auf das *I* ist es zurückzuführen, dass wir uns niemals ganz unserer selbst bewusst sind, dass wir uns durch unsere eigenen Aktionen überraschen." (Ebd.) Das Individuum geht in der Vorstellung, die es sich von sich selbst

---

1 In der deutschen Übersetzung wird „I" und „Me" mit „Ich" und „ICH", „self" mit „Identität" wiedergegeben (Mead 1968). Da dies zu einigen Verwirrungen führt und schon geführt hat, bleiben wir bei „I" und „Me" sowie bei „Selbst" für „self".

macht, niemals auf; es kann sich nur reflexiv, also immer nachträglich, seiner selbst innewerden; das *I* lässt sich nicht ins Präsens überführen.

Insofern verkörpert das *I* das Ungeregelte, Nicht-Identifizierbare und Nicht-Objektivierbare im Prozess des sozialen Handelns, wenn man so will: das Nicht-Identische; seine Reaktion enthält ein „neues Element", das im Kooperationszusammenhang genutzt werden kann und auf den sozialen Kontext zurückwirkt. Dem Individuum liefert es „das Gefühl von Freiheit und Initiative" (ebd., S. 221), aber auch das der eigenen Unzulänglichkeit oder der Scham. Es wäre aber falsch, im *I* den Platzhalter für einen ursprünglichen, nicht-sozialisierten „Rest" im Individuum zu sehen; das *I* ist der gesellschaftlichen Handlung keineswegs vorausgesetzt, sondern existiert selbst nur *im* sozialen Verhalten. *I* und *Me* differenzieren sich erst im sozialen Prozess. „Es würde kein *I* […] geben, gäbe es kein *Me*; und es gäbe kein *Me* ohne Reaktion in der Form des *I*." (Ebd., S. 225)

Der Erziehungswissenschaftler Klaus Mollenhauer (1928–1998) knüpft an diese Denkfigur an, wenn er – im Anschluss an Bildungstheorien aus der deutschen Romantik – darauf hinweist, dass wir uns in Bildungsprozessen notwendig stets selbst verfehlen. Sie bezeichnen für ihn stets eine Art Grenzüberschreitung. Auf der einen Seite sieht er eine gleichsam reine Subjektivität, die Fiktion oder die „Erinnerung an eine unsagbare vorgesellschaftliche Existenz" (Mollenhauer 1983, S. 87), auf der anderen Seite die Welt der Intersubjektivität, der Sprache, der gesellschaftlichen Übereinkünfte. Mit jeder Bildungsbewegung überschreiten wir diese Grenze, verlieren uns gleichsam, können uns aber nur so gewinnen.

„Wir können uns nicht als absolut Einzelne denken. Sofern wir uns denken können, können wir uns nur diesseits jener Grenze denken, nur als solche, die über Sprache verfügen, damit aber schon in Konventionen von Gemeinschaftlichkeit Eingebundene, als historische also, deren Bildsamkeit in der gesellschaftlich bestimmten Formation manifest, d.h. sichtbar wird." (Ebd., S. 86f.)

Die Überschreitung der Grenze ist gleichwohl unerlässlich. Aber ihre Existenz erinnert uns daran, dass ein Kind immer wesentlich mehr ist, „als was durch Verstehen und Erklären uns unmittelbar zugänglich ist. […] Die Referenz des Sagbaren ist das Unsagbare" (ebd., S. 89). Es ist immer auch „das Nichtbewusste und eine Quelle unserer Wünsche, Hoffnungen, Phantasien, Utopien, die deshalb – mindestens in der Kindheit – nur in verschlüsselter Form zur Darstellung kommen." (Ebd.) Die Grenze zur Subjektivität muss daher ständiger Anlass zur Beunruhigung bleiben.

Wo das Subjekt sich erfährt, auch wo es sich als selbstbestimmend erfährt, geht gewissermaßen ein Riss durch seine Subjektivität, denn es muss zwischen sich und sich selber ein Verhältnis herstellen. Das Ich kann niemals ganz bei sich sein. Wir erfahren uns nicht in der Gegenwart, sondern stets nur in der Vergangenheit. Identität im landläufigen Sinne innerer Einheitlichkeit wird hier erneut in Frage gestellt.

„Sowohl Freud […] als auch Mead suchen die Identität des Erfahrungssubjekts in den Differenzierungen des Subjektfelds. Das Ich ist keine Integrationsinstanz, die irgendwann einmal in die Form des Präsens zu überführen ist. Das Ich existiert als Kristallisationsprozess, ohne in einem letzten Kristall seine abschließende Form zu finden. Es entfaltet sich nicht im Passieren von Stadien, sondern ist stets Organisation von Subjektivität, die im Handeln erinnert wird an Vergessenes, die also in bestimmter Weise alles ist und nicht ein sich häutendes Ich, das in seinem Kern stabil bleibt." (Meyer-Drawe 1990, S. 122)

Zugleich verschwimmen die Grenzen zwischen Innen und Außen. Es gibt nicht nur Regionen in uns, die uns fremd bleiben – das Unbewusste –; auch unser vermeintlich Eigenes, das Innere, ist gesellschaftlich geprägt und gehört uns nur teilweise (vgl. Kap. 3.7).

Bildungstheoretisch bedeutet das einerseits eine Schwächung der vermeintlichen Autonomie des Subjekts. Wenn es der „Welt", den Dingen und den Anderen nicht gegenübersteht, sondern immer schon von Welt durchdrungen ist, sich sozusagen im permanenten Handgemenge mit den Dingen und den Anderen befindet, kann es sich ihnen nicht gleichzeitig souverän gegenüberstellen. Es bemerkt sich immer erst hinterher. Und wenn es sich selbst nicht oder nur unvollständig kennt, kann es auch nicht frei über sich selbst verfügen. Bildung ist allenfalls noch als bedingte Selbstbestimmung denkbar. Andererseits wird das Ich so in einer präziseren Weise als offenes Projekt denkbar. Es ist nichts, was sich entwickelt wie der Samen zu einer Pflanze; es geht auch nicht – wie in vielen Varianten der Alltagspsychologie – um „Selbstfindung" oder „Selbstverwirklichung", sondern um die aktive (wenn auch nicht unbedingt bewusste) Auseinandersetzung mit der sozialen und materiellen Welt und mit sich selbst.

Das entspricht dem bildungstheoretischen Denken viel eher als die naive Vorstellung eines Samens, der auswächst, oder eines festen Kerns in irgendeinem imaginären „Inneren", der wiedergefunden werden muss. Wenn die verbreitete Rede von der Identität des Ich in bildungstheoretischer Perspektive einen Sinn haben soll, so nur, wenn man sie sich als offenen Entwurf vorstellt. Wir können niemals (im wörtlichen Sinne) identisch mit uns sein, aber wir können uns in ein möglichst produktives Verhältnis zu uns selbst setzen.

„Das Verhältnis, das Identität heißt, besteht [...] aus der Differenz zwischen dem, was empirisch der Fall ist, und dem, was möglich wäre; [...] Identität gibt es nur als Fiktion, nicht aber als empirisch zu sichernden Sachverhalt. Diese Fiktion aber ist eine notwendige Bedingung des Bildungsprozesses, denn nur durch sie bleibt er in Gang. Identität ist eine Fiktion, weil mein Verhältnis zu meinem Selbstbild in die Zukunft hinein offen, weil das Selbstbild ein *riskanter* Entwurf meiner selbst ist." (Mollenhauer 1983, S. 158)

Ein solcher Entwurf bleibt „im Prinzip labil" (ebd.) – in zeitlicher Hinsicht, aber auch weil er immer vieles unberücksichtigt lässt, was dennoch latent anwesend ist; „das ‚Mögliche' ist mehr als das ‚Wirkliche'" (ebd., S. 157). Er ist nicht völlig frei, sondern bleibt – wenigstens zunächst – an die gesellschaftlichen Kontexte gebunden, in denen das Subjekt sich bewegt, aber er kann (und sollte) über sie hinausweisen. Das Subjekt muss sich notgedrungen zunächst mit den vorgefundenen Umgebungen, den (derzeitigen) Möglichkeiten, seinen Stärken und Schwächen usw. arrangieren. Es muss sich bei der Auseinandersetzung mit sich und beim Aufbau seines Selbst, seiner Identität, mit den Dingen behelfen, die ihm zur Verfügung stehen. Es ist eher ein Bastler als ein Konstrukteur. Gerade daraus folgt dann aber die pädagogische Aufgabe und Herausforderung, ihm dafür eine möglichst vielfältige Umgebung zur Verfügung zu stellen, also die Werkstatt des Bastlers mit möglichst vielen unterschiedlichen, reichhaltigen und herausfordernden Materialien auszustatten. Was der Bastler oder die Bastlerin daraus macht, bleibt ihm oder ihr überlassen. Aber zur „allgemeinsten, regesten und freiesten Wechselwirkung" von Ich und Welt bietet eine vielfältige Umgebung allemal mehr Chancen als eine einfältige.

Körperlichkeit und Praxis

„Der Körper besitzt ein phänomenales Gedächtnis. Es ist unmöglich, jemanden zu zwingen, die einmal erworbene Fähigkeit des Radfahrens zu vergessen, die Erinnerungen eine Melodie aus den Fingerspitzen zu tilgen" oder „die politische Identität des Körpers zu verändern" (Scarry 1992, S. 165). In der Pädagogik spielt diese Gelehrigkeit des Körpers (Foucault 1976, S. 173ff.) eine wichtige Rolle. Es kann keine Rede davon sein, dass die Pädagogik sich nicht um den Körper gekümmert hätte. Er ist bevorzugtes Medium der Erziehung und eines ihrer wichtigsten Objekte. Er wird ruhig gestellt, kontrolliert, geprüft, beobachtet, korrigiert, unterworfen, gefügig gemacht, sportlich und militärisch ausgebildet, aber er soll auch befreit, verbessert und vervollkommnet werden. Disziplinierung darf dabei nicht als einseitige Unterdrückungsmaßnahmen gesehen werden. Indem Macht sich in den Körper einschreibt, gewinnt dieser selbst Macht, wird überhaupt erst handlungsfähig (Foucault 1976). Äußere Disziplinierung, die Gewöhnung an Regeln und Ordnungen, ist Voraussetzung für Selbstdisziplin, ohne die Selbständigkeit schwer denkbar ist.

Bildungstheoretisch ist der Körper allerdings nur wenig reflektiert worden. Disziplinierung und Körperbeherrschung werden der Erziehung und Bildung vorausgesetzt, nicht als ihr Teil gesehen. Dass wir durch die Art, wie wir mit unserem Körper umgehen lernen, wie wir uns Bewegungen aneignen und wie wir uns bewegen, ein Verhältnis zu unserem Körper und zu unserem Innern, also auch zu uns selbst gewinnen, wird wenig berücksichtigt. Meist wird der Körper – ohne dass dies weiter reflektiert würde – schlicht als eine Art ausführendes Organ gesehen, um den man sich allenfalls dann kümmern muss, wenn er nicht in der gewünschten Weise funktioniert. Dieses Körperverständnis geht auf die Aufklärung zurück (Sarasin 2001). Der Körper wurde Objekt beschreibender Beobachtung. Es entstand die Vorstellung des Körpers als einer invarianten biologischen Realität. Gleichzeitig geht mit der Vorstellung des autonomen Subjekts ein spezifisches Selbstverhältnis einher, das dem Kopf die Herrschaft zuschreibt, der sich nicht nur Herz und Hand, sondern auch alle anderen Organe zu fügen haben.

Dieses überkommene Verständnis, das auf der strikten Trennung von Körper und Geist, Subjekt und Objekt oder Natur und Kultur beruht, wurde verschiedentlich in Frage gestellt. So thematisiert vor allem die Phänomenologie die Bedeutung leiblicher Erfahrungen. Da wir nicht nur einen Körper haben, sondern auch einer sind (Plessner 1928/1981), gehen alle unsere Erfahrungen, auch unser Bewusstsein, zurück auf leibliche Erfahrungen. Sie sind uns in den Körper hineingeschrieben, er hat dafür sein eigenes Gedächtnis. Viele dieser Leiberfahrungen werden uns nicht bewusst, werden nicht reflektiert, sondern einfach umgesetzt. Leicht nachvollziehbar ist das am Beispiel des Autofahrens, wo Gas- und Bremspedal zum verlängerten Fuß werden. Wie sehr wir leiblich diszipliniert sind, der Körper gar nicht anders kann, als er tut, wird etwa deutlich an psycho-somatischen Übergängen, die wir auch sprachlich thematisieren, meist aber ohne weiter darüber nachzudenken: Ich bin verschnupft, ihm sitzt die Angst im Nacken, das ist ihr auf den Magen geschlagen, es schnürt ihm die Kehle zu, mir bricht das Herz, ich habe Ihnen viel aufgeladen, daran werden Sie schwer zu tragen haben. Die Beispiele zeigen, wie sehr unsere Sprache auf Leibliches zurückgreift, um etwas über unsere Empfindungen mitzuteilen.

Unserer Leiblichkeit ist – wie unsere Gesellschaftlichkeit – unserer bewussten Existenz vorausgesetzt. „Für ein leibliches Wesen wie mich beginnt mein Leben – nicht nur an seinem zeitlichen Anfang – mit mir, bevor ich es beginne." (Meyer-Drawe 2000, S. 47) Der Körper ist immer schon vergesellschaftet. Das ist auch der Ausgangspunkt des praxeologischen Ansatzes, wie wir ihn bereits bei Bourdieu kennengelernt haben (vgl. Kap. 2.4). Handeln und zu einem beträchtlichen Teil auch Denken beruhen demnach nicht auf bewussten und konstanten Regeln, „sondern auf praktischen Schemata, die für sich selbst undurchsichtig und je nach der Logik der Situation […] Schwankungen unterworfen sind" (Bourdieu 1987, S. 28). Erfahrungen, auch unser Bewusstsein, gehen zurück auf leibliche Erfahrungen. Sie sind uns in den Körper hineingeschrieben, der dafür sein eigenes Gedächtnis hat. Viele dieser Leiberfahrungen werden uns nicht bewusst, werden nicht reflektiert, sondern einfach umgesetzt. Sie stehen den Individuen daher nur begrenzt bewusst zur Verfügung. Soziales Handeln beruht zu einem beträchtlichen Teil auf präreflexiven Prozessen, es vollzieht sich als verkörperlichte Routine, aus einer praktischen Intentionalität heraus, gemäß des „praktischen Sinns", der lokal und temporär im sozialen Vollzug existiert und im inkorporierten Habitus gründet. „Er bildet keine von den Bewegungen getrennte Instanz, sondern ist in den praktischen körperlichen Akten präsent – man weiß ohne Zögern und ohne Überlegung, was in der Situation geschieht, was sich aus dieser an zukünftigen Möglichkeiten entwickelt, was man zu tun hat." (Gebauer 1997, S. 513) Da die Orientierungen tief im körperlichen Erleben der Individuen verankert sind, werden sie als natürlich und selbstverständlich wahrgenommen und machen sich notfalls auch durch drastische leibliche Empfindungen wie Scham, Angst, Nervosität bemerkbar. Das Verhalten beruht auf sinnlich gespürter Sicherheit oder Unsicherheit. „Foucaults und Bourdieus Analysen zeigen, dass die Herrschaft des Subjekts über sich selbst vom Körper ausgeht, nicht von einem Willen, einem Ich oder einer anderen inneren Instanz. Der beherrschte Körper beherrscht sich selbst. Er ist, wie man im Sport sagt, ‚in Form'. Es gibt keine Priorität der Kontrolle von Denken, Willen oder eines abstrakten Personenkonzepts. Die Kontrollinstanzen sind über den ganzen Körper verteilt." (Ebd., S. 514)

Bildung ist deshalb stets leiblich bedingt, als Möglichkeit und als Prozess, bei dem der Leib stets beteiligt ist. Unbewusst sind nicht nur relevante Teile unseres Seelenlebens. Auch „unser" Körper ist uns nur sehr begrenzt zugänglich. Die Inkorporation entfaltet ihre Wirksamkeit ja gerade über das nicht-bewusste Lernen. Praxeologische Ansätze sind aber nicht allein deshalb von Interesse, weil sie die Bedeutung der Körperlichkeit berücksichtigen, sondern auch durch die systematische Einbeziehung der körperlichen Praktiken und der menschlichen Praxis. „Das neuzeitlich-moderne Konzept des souveränen Subjekts als eines geistgesteuerten Zentrums der Initiative ist das Produkt eines philosophischen Denkens, das die gegenständliche soziale Praxis der Menschen ausblendet." (Alkemeyer 2012, S. 25) Geht man von den Praktiken selbst aus, erscheinen die Intentionen in einem anderen Licht. Sie geben sich

„als ein – stets vorläufiges und wandelbares, das heißt dynamisches –
Produkt der Praxis zu erkennen, und zwar als ein Produkt, das seinerseits aktiv auf die Praktiken einwirkt, denen es seine Entstehung ver-
dankt. Die menschlichen Akteure sind dann nicht länger Subjekte und
die Praktiken das Prädikat, sondern die Praktiken werden zu Subjekten
und die Subjekte zu ihren Prädikaten; allerdings zu solchen Prädikaten,
die die historisch konkreten räumlichen zeitlichen, dinglichen und
strukturellen Merkmale der Praktiken, in die sie sich verwickeln, nach
und nach in sich aufnehmen, dadurch in den Praktiken handlungsfähig
werden und darin ihrerseits Subjektstatus erlangen. Übliche Entgegensetzungen zwischen Subjekt und Prädikat (Objekt) lösen sich auf: Die tätigen Akteure sind Subjekt-Objekte ihrer eigenen Entwicklungen und
Veränderungen, Produkte und (Ko-) Produzenten der Praktiken, aus
denen sich die sozialen Welten bilden." (Ebd., S. 25f.)

Obgleich hier die Akteure nicht mehr autonome Zentren der Praxis sind,
sondern selbst von den Praktiken, die sie im Verein mit anderen Hand-
lungsträgern produzieren, ergriffen, bewegt und geformt werden" (ebd.),
eröffnet diese Sicht bildungstheoretisch durchaus Perspektiven, die den
Vorteil haben, realistischer zu sein als die Illusion des autonomen Subjekts.
Denn erst, wenn wir uns nicht mehr als selbstherrliche Autoren unserer
Praktiken überschätzen, haben wir die Chance, uns bewusster in die laufen-
den Praktiken einzumischen, uns gewissermaßen in die Lücken zwischen
sozialen und leiblichen Bedingtheiten einzufädeln und zu versuchen, mit
den gegebenen Situationen aktiv umzugehen. Auf eine solche *bedingte Praxis*, mit der wir die uns vorgegebene soziale Welt und zugleich uns selbst
verändern oder zumindest in Veränderungsprozesse verwickeln können,
bezieht sich schon Pestalozzis bekannte Sentenz:

„Soviel sah ich bald: Die Umstände machen den Menschen. Aber ich sah
ebensobald: Der Mensch macht die Umstände; er hat eine Kraft in sich
selbst, selbige vielfältig nach seinem Willen zu lenken.
Sowie er das tut, nimmt er selbst Anteil an der Bildung seiner selbst und
an dem Einfluss der Umstände, die auf ihn wirken." (Pestalozzi 1983a,
S. 135)

Selbstveränderung ist hier explizit im Kontext sozialer Praxis gedacht, als
dialektisches Wechselverhältnis von sozialen Umständen und ihrer Umgestaltung einerseits und individuellem Bildungsprozess auf der anderen Seite. Indem Menschen ihre Lebensbedingungen praktisch gestalten, gestalten
sie sich selbst; indem sie ihre Lebensbedingungen verändern, verändern sie
ihre Handlungsbedingungen und stellen sich in einen neuen Kontext, der

für sie neue Handlungsnotwendigkeiten und Handlungsmöglichkeiten bereithält. Praktische Veränderungen und Selbstveränderung werden in einem Zusammenhang gedacht.

Zugleich werden damit die Grenzen von Bildung und pädagogischem Handeln in Bezug auf gesellschaftliche Veränderungen deutlich. Erziehung und Bildung können nur insoweit zu einer Veränderung gesellschaftlicher Verhältnisse beitragen wie diese selbst oder zumindest die jeweiligen konkreten Lebensbedingungen der beteiligten Individuen verändert werden, eben gesellschaftliche Änderung und Selbstveränderung Hand in Hand gehen.

Zur aktuellen Bedeutung des Bildungsbegriffs

Welche Bedeutung kann der Bildungsbegriff angesichts solcher Differenzierungen und Einwände noch haben? Taugt er tatsächlich noch, wie wir behauptet haben, als übergreifende Orientierung und regulative Idee für alle pädagogischen Bemühungen? Oder ist ein umfassender Bildungsbegriff, wie Kritiker einwenden, idealistisch, nicht mehr zeitgemäß und nur noch von historischem Interesse? Oder kann man sagen, dass ein historisch ausgewiesener und differenzierter Begriff von Bildung als ein übergeordnetes „Orientierungs- und Beurteilungskriterium für alle pädagogischen Einzelmaßnahmen" (Klafki 1985, S. 13) allemal geeigneter ist als manche anderen Konzepte wie „Emanzipation" (in den 1970er Jahren), „Identität" oder heute oft „Kompetenz", die eine ähnliche Funktion haben, aber oft einseitig bleiben und weniger gut pädagogisch begründet und theoretisch ausdifferenziert sind?

Hartmut von Hentig beispielsweise hat – neben vielen anderen – den Bildungsbegriff wieder aufgegriffen und in einem längeren Essay seine Bedeutung für die gegenwärtige Schule und die Lösung ihrer Probleme herausgearbeitet. Seine zentrale Bestimmung von Bildung lautet:

„Bilden ist sich bilden. Der prägnante Sinn des Wortes Bildung kommt jedenfalls in der reflexiven Form des Verbums am klarsten zum Ausdruck. Nicht immer sind wir das Subjekt dieses Vorgangs, und wir sind es auch nicht immer erst am Ende (das es genaugenommen gar nicht gibt). Aber der Anteil, den wir selber daran haben, sollte immer größer werden und nie, auch in den frühen Stadien nicht, ausgeschlossen sein, vielmehr: nicht geleugnet werden, denn ‚ausschließen' lässt er sich nicht. Das kleine Kind ist in ungleich höherem Maße sein eigener Lehrmeister, als es später der Schüler sein wird – und vieles davon ist nicht nur Entdeckung und Übung von Fähigkeiten, sondern deren eigentümliche Gestaltung, die ‚sich bilden' genannt zu werden sehr wohl verdient: in der

Sprache, in der Aufmerksamkeit für andere Menschen, im Spiel der Einbildungskraft, in der Empfänglichkeit für Musik, für die Schönheit der Dinge, für die Rätsel und Wunder der Natur." (Hentig 1996, S. 39)

Betont wird hier die Eigentätigkeit. Bilden ist *sich bilden*. Dennoch gibt es einen Anteil Anderer daran. Sonst könnte der eigene Anteil nicht größer werden: Bildung ist Selbsttätigkeit, aber sie geht nicht unbedingt von selbst, sie bedarf oft eines Anstoßes von außen, der schon genannten „Aufforderung zur Selbsttätigkeit". Deutlich wird einmal mehr, dass „bilden", „sich bilden" viel mehr ist als Wissen und Kenntnisse anhäufen, auch mehr als verstehen und begreifen, sogar mehr als – wie es heißt – „Entdeckung und Übung von Fähigkeiten". Es handelt sich vielmehr zugleich um die „eigentümliche" – man könnte auch sagen die individuelle – *Gestaltung* dieser Fähigkeiten, aber auch der eigenen Kenntnisse, dessen was man begriffen hat. In „bilden" steckt „gestalten": sich gestalten wie ein Bildhauer eine Skulptur gestaltet, sich ein Bild von sich machen und versuchen ihm ähnlich zu werden.

Bildung ist eine Gestaltungsaufgabe: Man gestaltet sich selbst „in der Sprache", d.h. in der Art wie man spricht, wie man seine Sprache differenziert (und damit übrigens auch sein Denken oder sein Fühlen), etwa durch genaues Zuhören, durch Lektüre, durch Sprechen und Schreiben, durch Auswendig-Lernen von Gedichten oder Theater spielen, in der Aufmerksamkeit für andere Menschen, im Spiel der Einbildungskraft. *Sich bilden* geschieht nicht von selbst, es bedarf der Aktivität, der Selbsttätigkeit, auch der Anstrengung, der Konzentration und Disziplin der oder des sich Bildenden. Das bedeutet, dass pädagogische Bemühungen Bildungsprozesse zwar in vielfältiger Weise anregen und unterstützen, aber nicht herbeiführen können. Bildung ist jedoch nicht nur aktiv, auch das Rezeptive, die scheinbar passive Seite unseres Selbst kann kultiviert werden: eben in der Empfänglichkeit, die eine passive und eine aktive Seite hat, für Kunst, Musik, für die Schönheit der Dinge. Bildung ist umfassend: Sie bezeichnet (anders als Erziehung) einen lebenslangen Prozess und sie hat nicht nur kognitive, sondern auch emotionale und ästhetische Dimensionen. Inhaltlich sollte sie vielseitig sein und sich nicht nur auf jene Gebiete richten, die einen ohnehin schon interessieren. Sie geht nicht auf in Pflege der „Innerlichkeit" (der privaten „Selbstverwirklichung"), sondern muss sich „entäußern", nach Wirkungen in der Welt streben, wenn sie lebendig bleiben will. Auch bestimmte Haltungen und Gewohnheiten (etwa die, in jeder Lage neu nachzudenken) gehören dazu.

Damit wird erneut deutlich, dass Bildung in diesem umfassenden Sinne nicht allein eine Angelegenheit einschlägiger Institutionen sein kann. Aber Institutionen wie Schule, Hochschule oder Erwachsenenbildung *können*

Bildung in hohem Maße unterstützen und anregen, indem sie anregende und herausfordernde Umgebungen bereitstellen, indem sie Bildungsbewegungen aufnehmen und weiterführen, aber auch indem sie neue Bildungsprozesse initiieren. Eine wichtige Voraussetzung dafür ist, dass Lehrende selbst in diesem Sinne gebildet sind und sich um Bildung bemühen: Freude an der Sache haben, selbst Aufmerksamkeit für Menschen zeigen oder Empfänglichkeit für Sprache, Wissenschaft, Kunst. Denn Schule kann Bildung auch verhindern und hat Bildung schon oft verhindert, wenn etwa die Wunder der Natur, die Sprache, die Literatur usw. in einen trockenen Unterrichtsstoff verwandelt werden, der pedantisch abgefragt wird.

Hentigs Konzept ist im Blick auf die Leistungen der Individuen zwar anspruchsvoll, zeigt sich den zuvor genannten Einwänden aber weithin gewachsen. Dass die gesellschaftlich-politischen und die institutionellen Bedingungen für eine umfassende Bildung im skizzierten Sinne nicht sehr günstig sind, sieht er selbst. Er hat deshalb immer wieder Vorschläge zur inneren und äußeren Schulreform vorgelegt, auch im zitierten Essay. Sinnlichkeit, Empfindsamkeit und körperliches Erleben werden von ihm explizit einbezogen – als Ressource, als Medium und Gegenstand von Bildungsprozessen. Auch die zuversichtliche und optimistische Sicht auf Bildung und ihre Möglichkeiten verträgt sich durchaus mit den Einwänden. Wenn völlig zu Recht auf das in vielen Subjekttheorien und Bildungskonzepten ausgesparte Unverbesserliche, auf das Irrationale, Wilde und Fremde, auf den Wahnsinn, die Hinfälligkeit und die Sterblichkeit des Menschen hingewiesen wird (Kamper/Wulf 1994), wenn neben Vorstellungen von Einheit und Identität eines „Ich" die von Differenz, Diskontinuität und Pluralität gestellt werden, neben die Autonomie des Subjekts dessen Ohnmacht (Meyer-Drawe 1990; Mollenhauer 2000), so macht das die Bemühung um *Überwindung* von Ohnmacht und Irrationalität und die bewusste Auseinandersetzung mit dem Fremden in uns, mit unserer Hinfälligkeit und Sterblichkeit oder das bewusste Einlassen auf Pluralität, Diskontinuität und Differenz nicht überflüssig. Ohnmacht und Irrationalität zu konstatieren, heißt ja nicht, sich ihnen hilflos auszuliefern. Es kann sogar Ansporn sein, sich verstärkt um deren Überwindung zu bemühen.

Allerdings dürfen die Schwierigkeiten dabei nicht unterschätzt werden. Die kritischen Ansätze, die die Begrenztheit unserer Möglichkeiten, bewusst über uns zu verfügen herausstellen – im Blick auf die jeweiligen historisch-gesellschaftlichen Verhältnisse, auf das Unbewusste und das dem Bewusstsein vorgängige Lernen des Körpers, auf unsere alles durchdringende Gesellschaftlichkeit und auf die Praktiken, die in die wir immer schon eingebunden sind – machen uns auf die Schwierigkeiten der Aufgabe aufmerksam und verständlich, warum allzu hochgespannte Erwartungen hinsichtlich der Bildung der Individuen fast notwendig enttäuscht werden müssen. Zugleich werfen sie die – bislang ungelöste, ja noch kaum diskutierte – Frage auf, ob und inwiefern die bei uns vorherrschenden pädagogischen Handlungsformen der veränderten Lage gerecht werden können. Verlangt nicht beispielsweise die „Doppelbödigkeit unserer Existenz, Subjekt und Objekt im Geflecht intentionaler Bezüge zugleich [...] zu sein" (Meyer-Drawe 1990, S. 64), eine Form von Unterricht, in dem nicht das individuelle Lernen, sondern die gemeinsame selbstverändernde Praxis im Mittelpunkt steht?

3.6 Ästhetische Bildung: Am Nullpunkt der Existenz

Bildung, so haben wir gesehen, ist keineswegs allein Wissensaufnahme oder Wissensvermittlung, sie darf nicht auf die kognitive Dimension reduziert werden, sondern umfasst unterschiedliche Modalitäten des Weltbezugs, die einerseits für sich stehen, andererseits aber auch in ihrem Zusammenhang gesehen werden müssen. Bildung ergibt sich erst in der Verbindung dieser verschiedenen Dimensionen. In Anlehnung an Kants Einteilung der Philosophie in theoretische und praktische Vernunft sowie ästhetische Urteilskraft kann man zwischen theoretischer, moralisch-praktischer und ästhetischer Bildung unterscheiden. Darüber hinaus könnte man noch – gemäß Pestalozzis berühmter Formel der Bildung von „Kopf, Herz und Hand" – die praktische Dimension der Bildung besonders betonen. Sie bezieht sich auf die praktisch-werktätige Auseinandersetzung mit der Wirklichkeit. Dagegen ist die theoretische Bildung auf kognitives, verstandesmäßiges Erkennen und Urteilen ausgerichtet, die moralisch-praktische auf das richtige Handeln. Worauf bezieht sich ästhetische Bildung?

Ästhetisches Erleben und ästhetische Bildung

Unter Ästhetik versteht man im Allgemeinen die Wissenschaft vom Schönen oder die Philosophie der Kunst. In einem weiteren Verständnis lässt sich unter Ästhetik auch die Theorie der sinnlichen Wahrnehmung und ihrer Reflexion fassen. Das Adjektiv „ästhetisch" bezeichnet die Art der Wahrnehmung eines Gegenstandes (der Kunst oder Natur); es dient aber auch zur Charakterisierung von Gegenständen selbst. Entsprechend schwankt die Verwendungsweise von ästhetischer Bildung zwischen Bildung der Sinnestätigkeiten überhaupt und einem engeren didaktischen Verständnis in Bezug auf bestimmte – meist visuelle – Kunstformen.

Beide Verständnisweisen sind problematisch. Versteht man Ästhetik im ursprünglichen Wortsinn – Aisthesis, griechisch: Wahrnehmung – als Theorie der sinnlichen Wahrnehmung, ist das Begriffsverständnis in der Perspektive ästhetischer Bildung zu weit, da sinnliche Wahrnehmung in praktisch jedem Bildungsprozess eine (mehr oder weniger gewichtige) Rolle spielt. Die Bestimmung von Ästhetik als Theorie der Kunst ist dagegen zu eng, weil sie von vorneherein unterstellt, dass ästhetische Erfahrungen ausschließlich an bestimmten Gegenständen gemacht werden können, nämlich solchen, die als Kunst definiert werden.

Die Eigentümlichkeit ästhetischer Bildung wird deutlicher, wenn man unter Ästhetik eine besondere Form der Wahrnehmung versteht, nämlich eine Wahrnehmung, die als solche thematisch wird. Aisthesis bezöge sich dann auf sinnliche Wahrnehmung allgemein; Ästhetik auf Wahrnehmung, die als solche thematisch wird. Diese Unterscheidung ermöglicht es, die Bedeutung des Subjekts für das ästhetische Erleben genauer zu bestimmen. Denn es hängt in erster Linie von diesem selbst ab, ob und inwiefern eine Farbe, ein Klang, ein Form, ein Ausdruck, eine Körperhaltung Aufmerksamkeit findet, Interesse weckt, auf eine Resonanz stößt, fasziniert, fesselt, mitnimmt, so dass es sich dieser Wahrnehmung selbst zuwendet, ihr nachspürt, sie auszukosten, zu genießen versucht. Zwei Beispiele mögen dies verdeutlichen:

„Ein Kind findet im Gruppenraum seiner Kita ein buntes Tuch. In theoretischer Einstellung fragt es: Ist das ein Schal oder vielleicht ein Kopftuch? Wem gehört es? Wie kommt es hierher? In moralisch-praktischer Einstellung fragt es: Darf ich wohl mit dem Tuch spielen? Soll ich nicht erst die Erzieherin fragen? Wer darf mitspielen? In ästhetischer Einstellung fragt es: Das Tuch ist wunderschön, wie fühlt es sich wohl an? Ist es leicht oder schwer, groß oder klein? Was geschieht, wenn ich es anfasse, aufhebe? Kann ich mich damit verkleiden oder eine Puppe? Vielleicht wird man erwachsen wie meine Mama, wenn man es umhängt? […] Sie lesen einen Kriminalroman. Sie achten dabei auf die Umstände, den Fortgang der Handlung. In theoretischer Einstellung: Wer war der Täter? In moralisch-praktischer Einstellung: Ist das nun Gerechtigkeit, wenn der Kommissar den Gangster am Ende erschießt? Sie achten vielleicht aber auch auf Ihre eigenen Überlegungen hinsichtlich des mutmaßlichen Täters, auf das Spiel der Erwartungen und Täuschungen, das der Autor mit Ihnen treibt, auf die damit verbundenen körperlichen Empfindungen – die Spannung –, und Sie werden den Krimi entsprechend beurteilen. Als langweilig, wenn das Spiel der Erwartungen allzu durchsichtig war oder als spannend, nervenaufreibend usw. In ästhetischer Einstellung achten Sie nicht allein auf das, was Sie lesen (die Geschichte), sondern auch auf die Lektüre selbst. Das muss nicht bewusst geschehen; es ist eher eine Sache der Empfindung, der körperlichen Reaktion, der Resonanz." (Dietrich/Krinninger/Schubert 2012, S. 17f.)

Ästhetisch wäre also eine Wahrnehmung oder eine Erfahrung, die bei uns eine, von uns selbst deutlich wahrgenommene Resonanz auslöst, die uns bewegt. Wir werden nicht nur auf das Gehörte oder Gesehene aufmerksam, sondern auch auf uns selbst, auf unsere Reaktion oder Empfindung, die sich als Reaktion auf das Gehörte oder Gelesene einstellt. Friedrich Schiller spricht hier von einem „ästhetischen Zustand". Alltagssprachlich nähern wir uns dem Phänomen mit Worten wie Ergriffenheit, Gänsehaut, Spannung, Verzauberung oder „voll geil". Die Ausdrücke beziehen sich alle auf eine deutliche und gewisse Wahrnehmung, dass da etwas mit uns geschieht in einer Weise, die ziemlich einzigartig ist, vielleicht gepaart mit einer Ahnung davon, dass dieses Geschehen nicht nur den Moment, sondern mehr betreffen könnte. Um es mit Mollenhauers Worten zu sagen: „Meine Sinne werden mir, in ästhetischer Einstellung, über die auch sonst meine Tätigkeit ununterbrochen begleitenden oder stimulierenden Wahrnehmungsvorgänge hinaus, *thematisch.*" (Mollenhauer u.a. 1996, S. 26; H.i.O.) Die Erfahrung wird *als* Erfahrung erfahrbar.

Oft drängen die Erfahrung oder das Erleben zum Ausdruck. Dies kann beispielsweise bei einem Musikstück buchstäblich durch Bewegung geschehen, durch „Mitgehen", aber vielleicht auch verbal. Meist fällt es schwer, das Gefühl, die Empfindung, das, was uns an einem Stück berührt oder bewegt, zu artikulieren. Häufig greifen wir zu Metaphern, zu Sätzen wie „Das ist wie wenn…" Wir empfinden vieles auf einmal, teilweise auch Widersprüchliches und es fällt schwer, dies in Worte zu fassen. Das ist nicht weiter verwunderlich. Denn könnten wir das Empfundene genauso gut in unserer Alltagssprache sagen, so bedürfte es keiner künstlerischen Gestaltung. Kunst, Musik, Literatur konfrontieren uns oft gerade mit dem, was wir sonst nicht zum Ausdruck bringen können. Dennoch wird man sich des Gefühls nicht nur gewahr, man will es thematisieren, sei es im inneren Gespräch mit sich selbst, im Gespräch mit anderen, in einem Blog, Tagebuch oder Forum; man will das Erlebte mitteilen und einordnen in die je eigenen Sichtweisen, kulturellen und sozialen Hintergründe und Erfahrungen. Ästhetisches Erleben hat eine soziale Dimension.

Im Thematisch-Werden von Sinnesereignissen mit Bezug auf Ich und Selbst ist auch der Grund für die Bildungsbedeutsamkeit ästhetischer Vorgänge zu suchen (Mollenhauer u.a. 1996, S. 29). Bereits der reflexive Ich-Selbst-Bezug, in den das Subjekt in Folge einer ästhetischen Empfindung gerät, kann als bildender Aspekt angesehen werden, da sich aus einer solchen Selbsterfahrung durchaus Veränderungen im Subjekt und in seiner Einstellung zu sich und zur Welt ergeben können. Bildung wird aber nicht an einzelne ästhetische Eindrücke und Erfahrungen gebunden bleiben. Sie baut sich gewissermaßen aus verschiedenen, für uns bedeutsamen Erfahrungen auf. „Für Bildung ist es notwendig, dass wir Erfahrung *haben* und sie erweist sich darin, wie wir unsere Erfahrungen in das Sinngeflecht unseres Lebens integrieren." (Dietrich/Krinninger/Schubert 2012, S. 32; H.i.O.) Bildung ist das, was wir aus den verschiedenen Erfahrungen machen und was darüber hinaus in anderen Räumen des Lebens weiterwirkt.

Das (Kunst-) Objekt und dessen Rezeption allein genügen also nicht, um von ästhetischer Bildung zu sprechen. Das Objekt muss Anlass für eine spezifische Erfahrung sein, die thematisch wird, reflexive Prozesse anregt und auf die eine oder andere Weise nachwirkt. Dabei darf die Bildung eines ästhetischen Ich-Welt-Verhältnisses nicht isoliert gesehen werden; sie vollzieht sich in aller Regel in enger Verbindung mit anderen Dimensionen von Bildung. Ästhetische, kognitive und praktisch-moralische Bildung lassen sich nur analytisch trennen. Wer beispielsweise von einem Roman ästhetisch fasziniert ist, wird nicht nur die Erzählweise, die Sprache und die neuen Sichtweisen, die sie eröffnet, genießen; er erschließt sich oft zugleich eine andere, bislang unbekannte Welt, er erweitert seinen geographischen oder historischen Horizont, er setzt sich mit politischen und moralischen Fragen auseinander, interessiert sich vielleicht für die Autorin, ihre Herkunft und andere Werke von ihr; kurz: Indem er für sich wichtige ästhetische Erfahrungen macht, erweitert er seine Bildung in aller Regel auch anderweitig. Ästhetische Bildung ist konkret oft nur als Teil von Bildung im umfassenden Sinn zu verstehen, so wie umgekehrt die ästhetischen Weisen des Erkundens, Erkennens und Verstehens für jede Art von Bildung unabdingbar sind.

Gegenstände ästhetischer Erfahrung

Ästhetische Erfahrungen sind nicht an bestimmte Gegenstände gebunden, also z.B. an solche, die als Kunst definiert sind, aber es gibt Gegenstände und Kontexte, die solche Erfahrungen eher ermöglichen als andere. Traditionell sind das solche der Kunst, klassischen Musik, Literatur, Theater. Heute käme mindestens noch der Film hinzu, wahrscheinlich aber auch Comics, Manga, verschiedene Richtungen der Popmusik, Computerspiele usw. Jedes dieser Felder hat eigene Gesetzlichkeiten und Standards, sozusagen seine eigene Philosophie oder Ästhetik. Und in jedem dieser Felder gibt es anspruchsvolle und weniger anspruchsvolle Gegenstände, einfachere und zusammengesetztere Vergnügungen. Aus der Schule ist das wahrscheinlich für die schöne Literatur bekannt (vielleicht sogar für Bildende Kunst und Musik). Die Kriterien für anspruchsvoll oder anspruchsloser, die Maßgaben für die ästhetische Wertung sind nicht immer die gleichen. Eine anspruchsvolle literarische Vorlage gibt noch keinen anspruchsvollen Film, und ein anspruchsvoller Film kann auf einer sehr schlichten literarischen Vorlage beruhen. Ein Experte wertet anders als ein Anfänger. Die ästhetische Wertung hängt von den Erfahrungen ab, den lebensgeschichtlichen, vor allem aber auch den ästhetischen.

Deshalb beginnt die ästhetische Erziehung im Musikbereich nicht mit Mozart oder Schönberg, sondern eher mit Kinderliedern. Es gibt aber noch einen weiteren, oft übersehenen Grund für die Pädagogik, die Erfahrungsabhängigkeit und Gegenstandsspezifik ästhetischer Wertungen zu beachten. Pädagogen neigen nämlich nicht nur dazu, Kinder oder Jugendliche mit ästhetischen Gegenständen zu konfrontieren, die sie selbst für ästhetisch gelungen halten, ohne zu reflektieren, ob die Schützlinge für eine entsprechende Rezeption überhaupt schon die nötigen Vorerfahrungen und Kenntnisse mitbringen; sie neigen auch dazu, ihre eigenen ästhetischen Vorstellungen absolut zu setzen oder sie unreflektiert auf alle möglichen Gegenstände zu übertragen. Ein Literaturkenner ist aber noch kein Filmexperte, ein Rockfan versteht nichts von Hip-Hop, und wer nur Mensch-ärgere-dich-nicht spielt, kann keine Computerspiele beurteilen. Ziemlich peinlich für alle Beteiligten wird es, wenn Pädagogen oder Pädagoginnen Kinder oder Jugendliche über Gegenstände belehren wollen, von denen diese mehr verstehen als sie selbst. Bei ästhetischen Objekten, zumal modischen, ist das häufig der Fall. Übrigens hängen ästhetische Urteile, der Geschmack, ganz wesentlich von der sozialen Schicht und dem sozialen Milieu ab – auch das muss berücksichtigt werden.

Ästhetische Bildung, pädagogische Unterstützung ästhetischer Bildung, ist also nicht an bestimmte Gegenstände gebunden – zumindest außerhalb der Schule, wo zwar selten bestimmte Gegenstände, wohl aber bestimmte Kunstformen vorgeschrieben sind. Welcher Gegenstand für welches Kind oder welchen Jugendlichen am besten geeignet ist, lässt sich nicht vorab bestimmen. Entscheidend sind vielmehr die Erfahrungen, die die Individuen bei ihrer Auseinandersetzung mit den jeweiligen Gegenständen machen, die Frage, wie sie dadurch ein möglicherweise verändertes Verhältnis zur Welt und zu sich selbst gewinnen, zur eigenen Sinnlichkeit und Leiblichkeit, zum Fremden in sich selbst, also: Wie welche Sinnesereignisse thematisiert werden.

Aufgaben der Pädagogik

Gleichwohl ist ästhetische Bildung eine pädagogische Aufgabe. Wie andere Bildungsprozesse können Prozesse ästhetischer Bildung in begleitender, anregender oder auch fordernder Art und Weise unterstützt werden. Die Grenzen ästhetischer Erziehung werden jedoch schnell deutlich. So kann die Anleitende, beispielsweise eine Lehrerin, nicht vorhersagen oder steuern, ob ihre Schülerinnen und Schüler eine ästhetische Erfahrung machen und sie ihnen auch nicht abnehmen. Sie hat keinen Einfluss darauf, ob ein bestimmter Gegenstand, ein Lied oder etwas anderes zu einer Erfahrung wird oder als ein Ereignis von vielen ohne großen Nachhall vorbeizieht. Ästhetisches Erleben ist ein individueller Vorgang, der in hohem Maße von dem Subjekt selbst und dessen bisherigen Lebenserfahrungen und persönlichen Hintergründen abhängt.

Deshalb kann es auch hier, ebenso wie bei anderen Bildungsprozessen, lediglich darum gehen, Orientierungen zu geben und professionell anzuleiten. Bildung kann in diesem Bereich durch pädagogische Maßnahmen ebenso wenig bewirkt werden, sondern muss als Selbstbildung verstanden werden. Ästhetische Erziehung kann dementsprechend kein ästhetisches Erleben bewirken, aber sie kann es vorbereiten, zu ihm hinführen und zu dessen Nachhaltigkeit beitragen, indem sie einen sozusagen „wertschöpfenden Umgang mit den eigenen Erlebnissen auf vielfältige Weise unterstütz[t]" (Dietrich/Krinninger/Schubert S. 32). Dabei sind zum einen Möglichkeitsbedingungen ästhetischer Erfahrung zu beachten, zum anderen verschiedene Teildimensionen ästhetischer Erziehung zu nennen:

Voraussetzung für das Thematisch-Werden der eigenen Sinnestätigkeit ist eine möglichst weitgehende Entlastung von pragmatischen und moralischen Verpflichtungen. Wer irgendetwas tun *muss* – eine Aufgabe lösen, möglichst schnell fertig werden, zwischen richtig und falsch entscheiden –, kann sich einer Situation, einem Eindruck, einer Empfindung kaum überlassen. In der klassischen Ästhetik bei Kant oder Schiller ist in diesem Sinne von „interesselosem Wohlgefallen" bei ästhetischen Erfahrungen die Rede. Das heißt, soweit jemand praktisch oder moralisch an einem Gegenstand interessiert ist oder interessiert sein muss, wird er kein ästhetisches Interesse entwickeln. Der Holzhändler betrachtet den Wald anders als der Spaziergänger, der Jugendschützer den Spielfilm anders als der Cineast.

Was kann man tun, um ästhetische Erfahrungen zu fördern, sie anzuleiten, um so zur ästhetischen Bildung beizutragen? Es lassen sich vier, für eine ästhetische Erziehung in dem eben benannten Sinne, unabdingbare Teildimensionen nennen (Dietrich/Krinninger/Schubert 2012, S. 26ff. und S. 153):

Fingerfertigkeit: Grundlage jeder ästhetischen Bildung sind gewisse, oft ganz praktische Fertigkeiten, die vermittelt und geübt werden können. Kinder entwickeln sie oft spontan im Umgang mit Farben, Stoffen, Klängen, Lauten oder auch mit der Sprache. Solche Aktivitäten dürfen nicht abgewertet, sondern müssen unterstützt und gefördert werden. Kinder erkunden auf diese Weise über ihre Sinne verschiedene Wahrnehmungs- und Ausdrucksmöglichkeiten. Die fortschreitende Kenntnis und Beherrschung unterschiedlicher Maltechniken, das praktische Wissen darum, wie man eine Kugel oder einen Quader formt, die Übung des Umgangs mit einem Instrument, allem voran mit der eigenen Stimme und dem eigenen Körper, befähigt die Kinder zur selbständigen Wahl der Mittel und erweitert ihre praktischen Fähigkeiten der Differenzierung und Gestaltung ihres Verhältnisses zur Welt. Neben der Übung mit ästhetischen Materialien gehören zur nötigen Fingerfertigkeit auch die Entwicklung einer Sensitivität für Rhythmus und Gliederung, für das Verhältnis von Details und Ganzem und die Ausbildung eines verfeinerten Zeitgefühls für Praxen der Rezeption. Lyrik liest man anders als einen Roman (und einen wissenschaftlichen Text noch einmal anders), ein Gemälde lässt man anders auf sich wirken als ein Pressephoto, ein kurzer Popsong erfordert eine andere Art von Aufmerksamkeit als ein längeres Musikstück. Auch das aktive Hören und Sehen, das Begreifen und Mitvollziehen von dargestellten ästhetischen Objekten, z.B. Kunstwerken bedarf der Übung, ebenso die Fähigkeit und Bereitschaft, etwas als ein ästhetisches Objekt wahrzunehmen bzw. die ästhetischen Seiten eines Objektes zu erkennen und aufzunehmen.

Alphabetisierung: Bei der Alphabetisierung geht es um die Weitergabe kulturell relevanten Wissens. Der praktische Umgang mit ästhetischen Materialien lässt sich nur weiter entwickeln und ausdifferenzieren, wenn man ihn allmählich in das Bedeutungsgewebe der jeweiligen Kultur oder der jeweiligen Kulturen einfädelt. Man muss wissen, wie man bestimmte Stimmungen ins Bild bringt oder wie man sie aus bestimmten Klangebilden heraushört; man muss unterscheiden können zwischen verschiedenen künstlerischen Ausdrucksformen und ihre Herkunft und Bedeutung, aber auch ihre sozialen Funktionen und das Machtgefüge, in das sie eingebettet sind, berücksichtigen können. Ästhetische Bildung besteht nicht aus Wissen, aber sie kommt auch nicht ohne Wissen aus. Vermittelt werden können ästhetische Bedeutungen und ihre Traditionen – jeweils für die unterschiedlichen Künste. Erst dadurch wird Verstehen möglich im Sinne einer sinnvollen Kontextualisierung des Erfahrenen. Für einige Wissensbereiche wie etwa Literatur, zum Teil auch Kunst und Musik geschieht das (mehr oder weniger systematisch) in der Schule, vieles wird auch nebenbei zu Hause, im Kindergarten, mit dem Medienkonsum oder unter Gleichaltrigen angeeignet. Und wer sich für bestimmte Gegenstände, eine bestimmte Kunstrichtung oder ein bestimmtes Genre interessiert, wird darüber auch Informationen und Wissen sammeln. Nahezu alle künstlerischen Gegenstände und Praxen sind heute so voraussetzungsreich, dass sie ohne ein entsprechendes Wissen nicht verständig rezipiert, ausgeübt und weiterentwickelt werden können. – Auch Mündigkeit im eigenen Urteil über gelungene Beispiele einer ästhetischen Weltbearbeitung gehört zur ästhetischen Bildung. Zwar lässt sich hierüber niemals eindeutig entscheiden, die Möglichkeit zur

Teilnahme am Streit darum zu haben, gehört aber zu den wichtigen Grundbeständen der Bildung.

Selbstaufmerksamkeit: Das „Thematisch-werden" der eigenen Sinnestätigkeit, der ästhetische Zustand kann nicht pädagogisch herbeigeführt, gar herbeigezwungen werden. Zu den Aufgaben der Pädagogik gehört es aber, durch die Bereitstellung günstiger situativer Rahmenbedingungen eine Konzentration auf die eigene Sinnestätigkeit und die im ästhetischen Kontext entstehenden Empfindungen überhaupt zu ermöglichen. Dazu sind geeignete Räume notwendig, die Störungen möglichst ausschließen. Dazu gehört auch das allmähliche Einüben je medienspezifischer Haltungen: Musik und Tanz sind meist Gruppenaktivitäten, bei denen das Zuhören, Zusehen, Rücksicht nehmen eine besondere Rolle spielen. Malen, Basteln, (Vor-)Lesen hingegen sind eher individuelle, ruhige Tätigkeiten. Wichtig ist schließlich auch, dass die Möglichkeiten, durch die Auseinandersetzung mit entsprechenden Gegenständen auf sich selbst aufmerksam zu werden und ästhetische Erfahrungen zu machen, überhaupt gesehen und pädagogisch berücksichtigt werden. Das kann nicht nur geschehen, indem Räume für ästhetische Erfahrungen oder zur Selbstgestaltung eröffnet werden, sondern auch indem die Dimension ästhetischer Bildung bei passenden Gelegenheiten thematisiert wird.

Sprache: Dieser Aspekt knüpft eng an den vorangegangenen an. Ästhetische Erfahrungen drängen zum Ausdruck; ja sie konstituieren sich oft allererst sprachlich. Daher ist es wichtig, die entsprechenden Sprachen zu kennen und zu vermitteln und vor allen Dingen Möglichkeiten zu bieten, seine Erfahrungen zum Ausdruck zu bringen, seine Sprache des Ausdrucks zu finden. Den Kindern und Jugendlichen sollte zugleich Gelegenheit und Anstoß gegeben werden, ihr Berührtsein zum Ausdruck zu bringen – nicht nur in wortsprachlicher Form. Auch in weniger expliziten, eher gestischen Ausdrucksweisen zeigt sich diese Dimension ästhetischer Erfahrung: gemalte Bilder werden gezeigt, begeisterte Blicke getauscht oder im Tanz gemeinsame Körperbewegungen aufeinander abgestimmt. Hier kann Pädagogik anknüpfen. Dazu ist es aber wichtig, die eigenen Empfindungen und Resonanzen überhaupt ernst zu nehmen. Man muss es sich erlauben, darüber nachzudenken, darüber zu sprechen oder seine Empfindungen auf andere Weise zum Ausdruck zu bringen. Auch das kann in pädagogischen Arrangements exemplifiziert und eingeübt werden.

Zwischen diesen verschiedenen Komponenten ästhetischer Erziehung und Bildung gibt es zahlreiche Zusammenhänge. Wer gelernt hat, genau zu hören, zu sehen oder zu lesen, bereichert damit nicht nur das eigene Erleben, sondern wird auch differenzierter auf sich selbst und seine Wahrnehmungen aufmerksam werden können. Ebenso kann Wissen über ästhetische Traditionen umfassendere Möglichkeiten eröffnen, die eigenen Erfahrungen sprachlich zu artikulieren.

Die verschiedenen Komponenten ästhetischer Bildung können und müssen pädagogisch nicht alle auf einmal aufgegriffen werden. Sie passen nicht alle gleich gut zu allen pädagogischen Orten und allen pädagogischen Arrangements. Alphabetisierung beispielsweise ist eine klassische Aufgabe des Schulunterrichts; es muss aber darauf geachtet werden, dass über der notwendigen Wissensvermittlung (und der damit verbundenen Leistungsüberprüfung) der Zugang zur ästhetischen Erfahrung nicht versperrt wird. Unter den Sprachen des ästhetischen Erlebens lassen sich die (nicht zu unterschätzenden) wortsprachlichen in schulischen Kontexten vermitteln (dass es auch andere gibt, sollte man aber zumindest berücksichtigen), vor allem wohl in praktischen Übungen. Sie sind auch für Fingerfertigkeiten bedeutsam, die freilich schon im Kindergarten und bei vielen anderen Gelegenheiten geübt werden können und geübt werden. Räume für Selbstaufmerksamkeit lassen sich vermutlich in außerschulischen Zusammenhängen leichter schaffen, in Schule dagegen nur in besonderen Situationen; trotzdem kann man sie dort mittelbar fördern, indem sie als Dimension ästhetischer Bildung (z.B. im Kunst-, Musik- oder Literaturunterricht) nicht ausgespart werden.

Insgesamt ist allerdings zu erwarten, „dass ästhetische Erfahrungen und ihre bildenden Wirkungen sich in solchen Lebensläufen am ehesten verankern, in denen alle Komponenten der ästhetischen Erfahrung und alle Komponenten ästhetisch-pädagogischer Vermittlung immer wieder und auf vielfältige Weise angeboten, aufgesucht und genutzt werden" (Dietrich/ Krinninger/Schubert S. 32). Ästhetische Bildung ist letztendlich nichts anderes, so der französische Cinéast Alain Bergala,

„als die Fähigkeit, das Gemälde oder den Film, die man gerade sieht, oder das Buch, das man gerade liest, zu anderen Gemälden, Filmen und Büchern in Beziehung zu setzen. Und zwar, wenn es sich um echte Bildung handelt, um des Vergnügens willen, sich in dem Netz von Werken, so wie sie uns begegnen – meist zufällig und völlig ungeordnet –, zu orientieren und zu begreifen, wie sehr jedes Werk geprägt ist von dem, was ihm vorausgegangen ist und was zur Zeit seiner Entstehung in dieser Kunst und in den benachbarten Künsten passierte, auch wenn sein Autor nichts davon weiß oder wissen will." (Bergala 2006, S. 54)

Begründungen für die Bedeutung ästhetischer Bildung

Die Frage nach Begründungen für die Bedeutung ästhetischer Bildung erscheint auf den ersten Blick nicht sehr einleuchtend, da ästhetisches Erleben und ästhetische Erfahrungen ihren Wert in sich haben. Begründet werden muss jedoch, warum man sich pädagogisch damit befasst. Gibt es für die Pädagogik nichts Wichtigeres? Wir möchten abschließend kurz einige mögliche Begründungen vorstellen:

Eine klassische Begründung stammt von Friedrich Schiller: Er sieht in der ästhetischen Erziehung die einzige Möglichkeit, die durch die Differenz von Sinnlichkeit und Verstand entstandene Zerrissenheit des modernen Menschen aufzuheben und ihn dadurch zur Humanität und zur Freiheit zu führen (vgl. Kap. 3.4). Im Zustand des ästhetischen Spiels, das durch die gegenseitige Aufhebung von sinnlichen und vernünftigen Kräften gekennzeichnet ist, gelangt das Subjekt nach Schiller an einen „Nullzustand" seiner Existenz, der allein ihm die Freiheit (zurück-) gibt, aus sich zu machen, was es will, ihm also Selbstbestimmung ermöglicht. Das ästhetische Spiel wird hier zum Signum des Humanen, weil es die einzige Möglichkeit bietet, eine gewaltfreie Verbesserung der Zustände zu bewirken. Dabei bezieht Schiller sich nicht nur auf das einzelne Individuum, sondern ebenso auf die gesamte Gesellschaft, so dass seine Theorie ästhetischer Erziehung einen evolutionär-politischen Charakter erhält. In diesem klassisch-idealistischen Sinne ist Bildung ohne ästhetische Bildung überhaupt undenkbar. „Der Mensch", so Schillers berühmte Sentenz aus dem 15. Brief, „spielt nur, wo er in der vollen Bedeutung des Wortes Mensch ist, und er ist nur da ganz Mensch, wo er spielt." (Schiller 1795/1965, S. 63)

Eine zweite „postmoderne" Begründung bezieht sich auf die zunehmende Bedeutung des Ästhetischen in der Gegenwartsgesellschaft. Man spricht von einer allgemeinen Ästhetisierung, einer Durchdringung aller Lebensbereiche durch Empfindungen und Wahrnehmungen. D.h. auch da, wo es früher um eher verstandesmäßiges Erkennen und Urteilen oder um moralisch-praktisches Handeln gehen sollte, herrschen heute Gesichtspunkte des Geschmacks oder der Empfindung vor: in Politik, Werbung, Lebenskunst usw. Verbunden ist damit eine stärker werdende Vernunftkritik und eine Rehabilitierung der Sinnlichkeit. Das verweist auf die Notwendigkeit der Sensibilisierung für Wahrnehmungsprozesse, für deren Potenzen und mögliche unterschwellige Wirkungen. Die Grenzen der Kunst haben sich so weit aufgelöst, dass allgemein akzeptierte, zuverlässige Entscheidungen über die Gegenstände ästhetischer Bildung kaum mehr möglich sind. Ob also ästhetische Bildung durch Kunstwerke, die virtuelle Welt des Computerspiels, Naturerscheinungen, die Hip-Hop-Kultur oder ein Straßentheater in Bewegung kommt, ist nicht vorab zu bestimmen, entscheidend ist letztlich die besondere Erfahrung, die die Individuen dabei machen und die Frage, wie sie solche Erfahrungen in den Gesamtzusammenhang ihres Lebens einfädeln.

Eine dritte mögliche Begründungsfigur bezieht sich auf den Eigenwert des Kulturellen und des Ästhetischen. Geht man von als „Kunst" benannten Formen aus, wie Literatur, Musik, Theater etc., die ihren Wert in sich selbst tragen, müssen sie als solche an die nächste Generation weitergegeben werden. Schließlich sind ästhetische Erlebnisse Selbstzweck, da sie erfreuen, erschüttern, begeistern etc. können. Sie lösen vielfältige Emotionen aus und wirken unterhaltend. Der besondere Raum, in dem sich dies vollzieht, macht es möglich, dass sogar Emotionen, die in anderen Kontexten als bedrohlich und hochgradig unangenehm empfunden werden würden, hier nicht als negativ, sondern als lustvoll empfunden werden (Dietrich/Krinninger/Schubert 2012, S. 164).

Eine vierte, häufig zu hörende Begründung verweist auf mögliche Wirkungen ästhetischer Erfahrungen in anderen Lebensbereichen. Tatsächlich gibt es zu ästhetischen Tätigkeiten Forschungen, die deren positive Auswirkungen, beispielsweise auf soziales Verhalten, Konzentrationsfähigkeit oder Angstreduzierung belegen. Diese Auswirkungen sind zwar, wie die Prozesse selbst, hochgradig individuell und deshalb schwer zu verallgemeinern, sie lassen sich im Einzelfall aber durchaus nachweisen und sind gerade in ihrer Individualität hochbedeutsam – wie sich das übrigens an künstlerischen Zeugnissen – Literatur, Songs, Filmen – gut nachweisen lässt.

Schließlich wäre auf die Bedeutung ästhetischer Erfahrungen für die Gestaltung des eigenen Lebens hinzuweisen. Schon Schiller – und etliche nach ihm – sieht den zentralen Bezugspunkt seiner ästhetischen Theorie in der „Lebenskunst" (Schiller 1795/1965, S. 63; 15. Brief). Dewey hat das pädagogisch konkretisiert, indem er den ästhetischen Weltzugang und die damit verbundenen Wertungen zum Maßstab für ein gelingendes individuelles und soziales Leben macht. Er schreibt:

> „In der stärkeren Betonung derjenigen Eigenschaften, die jede gewöhnliche Erfahrung ansprechend machen, ihr die Fähigkeit geben, voll und mit dem Gefühl der Befriedigung angeeignet zu werden, liegt die ursprüngliche Bedeutung des Schrifttums, der Musik, der bildenden Kunst usw. in der Erziehung. Wertschätzung und Wertbejahung sind nicht nur an sie gebunden; aber bei ihnen handelt es sich doch um besonders ausgesprochene, verstärkte Wertungen." (Dewey 1993, S. 313f.)

Solche Wertungen haben deshalb Dewey zufolge in besonders hohem Maße „die Aufgabe *aller* Wertungen: den Geschmack festzulegen, Maßstäbe für den Wert späterer Erfahrungen zu entwickeln. Sie bewirken Unzufriedenheit mit Sachlagen, die hinter ihrem Maß zurückbleiben, und schaffen das Verlangen nach einer Umwelt, die diesen Maßstäben genügt." (Ebd., 314; H.i.O.)

Ästhetische Bildung ist deshalb „kein Luxus" (ebd.), sondern ein wichtiges Medium für eine immer wieder erneuerte Orientierung des eigenen individuellen und sozialen Lebens nach Maßstäben, die jenseits bloßer Konvention Ergebnis bewusster Auseinandersetzungen darstellen. In ihnen kann nicht zuletzt das eigene Leben immer auch als Selbstzweck verstanden werden, in das ästhetische Gesichtspunkte und ästhetisch-sinnlich-leibliche Erfahrungspraxen möglichst nachhaltig integriert werden.

3.7 Bildungsprozesse empirisch: Gelebtes Leben

Der Bildungsbegriff ist nicht nur für die Schule, aber auch nicht allein für die Orientierung pädagogischen Handelns von Bedeutung. Er kann auch als analytische Kategorie dienen, mit der es möglich wird, die Entwicklung von Individuen pädagogisch unter der Bildungsperspektive zu untersuchen. Dabei ist davon auszugehen, dass für den Lebensweg bedeutsame Bildungsereignisse weder in den einschlägigen sog. Bildungsinstitutionen stattfinden müssen, noch dass sie immer deren Logiken und normativen Erwartungen gehorchen. Sie lassen sich vielmehr in ganz unterschiedlichen Situationen finden, die vom Subjekt mit – im umfassenden Sinne – reflexiver Empfindungs- und Verstandestätigkeit beantwortet werden.

Die erziehungswissenschaftliche Biographieforschung fokussiert allgemein gesehen Lebensgeschichten als komplexe, vielfältige, auch widersprüchliche *Bildungs*geschichten. Als Biographie bezeichnet man den Prozess des bisher gelebten und künftig noch zu lebenden Lebens eines Menschen. „Doch Biographie ist nicht einfach Leben, sondern menschliches Leben, und das heißt: ein zu gestaltendes Leben, eine zu leistende Aufgabe" (Schulze 2010, S. 423). Wir leben unser Leben nicht einfach, wir führen ein Leben, d.h. wir machen Entwürfe in die Zukunft, die sich erfüllen oder nicht, stehen vor Herausforderungen, die wir bewältigen oder nicht, wir vergewissern uns des bisher gelebten Lebens und sind damit zufrieden oder nicht. Schulze beschreibt die Biographie als „Bewegung eines einzelnen Menschen im soziokulturellen Raum" von der Geburt bis zum Tod (Schulze 2010, S. 423). Beim Rückblick ist der Lebenslauf von der Lebensgeschichte zu unterscheiden. Der Lebenslauf, der für Bewerbungen angefertigt wird, orientiert sich an gesellschaftlich vorgegebenen Stationen und Laufbahnen: Schulbesuch, erreichte Abschlüsse, Berufsausbildung, Studium, Berufstätigkeiten etc. In der Lebensgeschichte kommt so etwas auch vor, doch hauptsächlich wird darüber hinaus erzählt, was gerade nicht in solche Dokumente gehört, etwa Hintergründe und Zusammenhänge, Umwege und Abbrüche, Krisen und Krankheiten. Lebensgeschichten werden erzählt in publizierten Autobiographien oder in lebensgeschichtlichen Interviews, die eigens zu Forschungszwecken erhoben werden (Baacke/Schulze 1979; Cloer 1999; Schulze 1985, 2010). Im Gegensatz zu Memoiren, die sich auf das Berufsleben eines Erwachsenen beschränken, thematisiert die autobiographische Erzählung die Entwicklung von der Kindheit über die Jugend und meistens das Erwachsenenleben bis zum Schreib- bzw. Erzählzeitzeitpunkt. Eine Person, die eine Autobiographie schreibt oder ihre Lebensgeschichte erzählt, versucht sich selbst zu vergewissern, wie sie zu dem Menschen geworden ist, der sie zum Erzählzeitpunkt ist.

Als literaturwissenschaftliche Gattung sind Autobiographien relativ moderne Erfindungen. Ihre heutige Form – als erzählte Reflexion der eigenen Lebensgeschichte – hängt mit der Entwicklung von Individualität und bürgerlichem Selbstbewusstsein im 18. Jahrhundert zusammen. Der Erzähler versucht rückblickend sein Ich zu entwerfen und dem, was er handelnd und leidend erfahren hat, einen Sinn zu verleihen. Dieser Prozess ist mit dem Bildungsprozess eng verknüpft. Lejeunes (1994) zufolge trägt jeder moderne Mensch eine Rohfassung seiner Autobiographie in sich. Mit der Durchsetzung der Moderne wurde der Lebenslauf zum „Bildungsschicksal", das in der autobiographischen Erzählung sprachlich gestaltet ist: „Unter dem Zwang der Kategorie ‚Bildung'", so Jürgen Henningsen (1933–1983), „leben wir alle autobiographisch; wir leben, pointiert gesagt, nicht einen Lebenslauf, sondern eine Autobiographie", also eine Lebensgeschichte, die wir erzählen können, gleichgültig ob sie als Buch veröffentlicht ist oder nicht. Darum müsste die Autobiographie in der „erziehungswissenschaftlichen Betrachtung angemessener zu erschließen" sein „als in literaturwissenschaftlicher" (Henningsen 1981, S. 13 u. 14).

„Aus biographieanalytischer Sicht sind es diese zentralen Fragen *Woher komme ich? Wohin gehe ich?* und *Wer bin ich?*, mit denen Menschen umgehen und auf die sie – wie auch immer – eine Antwort für sich gefunden haben. Jeder Biographisierungsprozess kann als eine implizite oder explizite Antwort auf diese Frage ausgelegt werden." (Marotzki 2006, S. 65; H.i.O.)

Autobiographisches Erzählen ist in den Alltag eingebettet, z.B. lernen wir andere Menschen dadurch kennen, dass sie uns etwas aus ihrem Leben erzählen. Es beginnt in der Familie, die Kinder erfahren sich eingebunden in eine generationale Ordnung, in der lebensgeschichtliches Erzählen einen zentralen Platz einnimmt: Von den Erwachsenen hören Kinder Geschichten von früher, Anekdoten aus frühen Kinderjahren, Geschichten aus der

Kindheit und Jugend der Eltern oder Großeltern etc., die vom kollektiven Familien-Gedächtnis überliefert werden. Im lebensgeschichtlichen Erzählen verwirklicht sich „zwischen den Generationen ein grundlegender Erfahrungs- und Sinnbildungsprozess" (v. Engelhardt 1997, S. 55).

Kinder sind jedoch noch nicht in der Lage, ihre eigene Lebensgeschichte im Zusammenhang zu erzählen. Wie entwickeln sie diese Fähigkeit? In der modernen Gesellschaft werden individuell begründete Zukunftsentwürfe erwartet. Wenn dem einzelnen zugemutet wird, biographisch reflektierte Entscheidungen zu treffen, seine Lebensführung verantwortlich zu gestalten, dann, so die schlichte und treffende Feststellung Theodor Schulzes, „muss er dazu befähigt sein" (Schulze 1993, S. 27). Die Kompetenz, die eigene Lebensgeschichte als einen Zusammenhang und die der eigenen Person als eine Entwicklung darstellen zu können, ist noch wenig erforscht. Im Alter von etwa 13 Jahren sind Jugendliche in der Lage, kurze autobiographische Portraits zu entwerfen, die aber nicht mehr als Eckdaten des Lebenslaufs enthalten. Das biographische Verstehen scheint sich in der Adoleszenz herauszubilden. Erst wenn die Kindheit als Phase im Lebenslauf abgeschlossen ist, kann sie retrospektiv betrachtet und bilanziert werden (Klika 2007). Desgleichen kann die Schulzeit erst insgesamt bilanziert und mit Bedeutung für das eigene Leben versehen werden, wenn sie abgeschlossen ist. Übergänge, Wendepunkte oder Krisen fördern die Zunahme an biographischer Reflexivität. Wenn am Ende der Schulzeit die drängende Frage nach der künftigen Berufsausbildung aufgeworfen wird, bedeutet das, sich entscheiden zu müssen und einen eigenen Lebensentwurf mit weitreichenden Konsequenzen für die weitere Biographie selbstverantwortlich treffen zu müssen: In welchem Bereich möchte ich später arbeiten? Welche Richtung will ich einschlagen? Solche Fragen zwingen zur Reflexion über eigene Kompetenzen und Vorlieben (Was kann ich gut und nicht so gut? Was tue ich gern?), für deren Beantwortung ein biographischer Rückblick und eine Bilanzierung zwingend sind. Wie könnte ich diese Frage beantworten, wenn nicht mit Blick auf mein bisher gelebtes Leben?

Wie im Abschnitt Lernen aus phänomenologischer Sicht (Kap. 3.2) deutlich wurde, stehen Vergangenheit, Gegenwart und Zukunft in einem engen Wechselverhältnis. Das gilt ebenso für die Autobiographie. Die Lebensgeschichten, die wir alle erzählen können, sind nicht einfach so „vorhanden". Die Beschäftigung mit den theoretischen Grundlagen autobiographischer Texte verweist auf die Differenz von gelebtem Leben und autobiographischer Erinnerung. Der gelebte Lebenszusammenhang geht mit der verstreichenden Lebenszeit fortlaufend unwiederbringlich verloren. Nur was uns in Erinnerung bleibt, kann in die Lebensgeschichte aufgenommen werden. Dabei ist von Bedeutung, dass schon eine einzelne Interaktionssituation etwa wg. der Selektivität der Wahrnehmung, der Komplexität der Situation oder der Symbolhaftigkeit der Sprache immer gedeutet wird und werden muss. Wir erinnern eine Situation also immer aus der eigenen Perspektive. Dementsprechend sind erinnerte Lebensgeschichten – das gilt gleichermaßen für einzelne Sequenzen wie für übergreifende Zusammenhänge – Entwürfe, durch die wir unserem Lebensverlauf rückwirkend eine Gestalt geben. Erinnerungen sind keine Tatsachen, sondern Konstruktionen, Selbst-*Entwürfe*. Mit unseren so und nicht anders gedeuteten „Geschichten", die wir gemeinhin „Erfahrungen" nennen, verfügen wir über eine „Brille", durch die wir die nachfolgenden Erlebnisse betrachten. Die bisherigen Erfahrungen beeinflussen dementsprechend das gegenwärtige Erleben. Durch diese Wechselwirkung zwischen der jeweiligen Gegenwart und Vergangenheit wird das Ich zum Widerhall der eigenen Deutungen (grundlegend Dilthey 1927, S. 202 f., 205 ff.).

Wilhelm Dilthey (1833–1911) beschreibt die Autobiographie als Konstruktion, die unter der Kategorie der „Bedeutung" im Verlauf des Lebens jeweils neu konturiert wird. Das biographische Subjekt, das sein Leben erzählt, ist „nicht nur das Selbst, das sich erinnert und seine Erinnerungen deutend aufschreibt", sondern „es ist zugleich auch das Ich, das sich im Laufe seines Lebens ein Bild oder auch viele Bilder von sich macht" (Schulze 1999, S. 39). Diese Reflexion auf das eigene Ich-Selbst ist als Bildungsprozess zu bezeichnen. Dies gilt selbst dann, wenn man berücksichtigt, dass in die Erinnerungsprozesse immer Unbewusstes, Verdrängtes und Rationalisierungen eingehen.

Lebensgeschichten sind also subjektiv und zeigen gleichzeitig Allgemeines. Im Verlauf unseres Lebens bewegen wir uns durch die soziale und kulturelle Umwelt, die durchzogen ist von Strukturen, Ordnungen und Machtverhältnissen, Unterschieden in Ansehen und Einfluss, Status und Position, gesellschaftlichen Vorgaben, gesetzlichen Verpflichtungen. Da unsere Sichtweisen durch internalisierte Wahrnehmungs-, Deutungs- und Ordnungsschemata mit der Sozialstruktur und der Kultur verwoben sind, transportieren autobiographische Erzählungen zugleich individuelle Lebensbeschreibungen *und* gesellschaftliche Verhältnisse. „In diesem Sinn ist die individuelle Biographie nicht nur umgeben und überformt von sozialen Tatsachen, sondern selbst eine soziale Tatsache erster Ordnung." (Schulze 2010, S. 425) In der autobiographischen Erzählung werden wir sichtbar als eigenständige Subjekte in unserer sozialen Verfasstheit. Die Dialektik, wie Gesellschaftliches individualisiert, wie Individuelles vergesellschaftet wird, zeigt sich am Einzelfall einer autobiographischen Erzählung.

„Bevor ich dem anderen die Tür öffne, ist er schon als ungeladener Gast eingetreten, so ein schönes Bild von Levinas. Aus dieser Perspektive steht Bildung a priori in Beziehung zum Anderen. Bildung, in diesem

Sinne verstanden, wäre dann das Antworten auf die Infragestellung meiner selbst durch den Anderen, die Ausbildung einer ,*responsiblen Vernunft*'." (Marotzki 2006, S. 66; H.i.O.)

Autobiographische Texte folgen der Logik des Erzählens, sie sind mehrdimensional, facettenreich und komplex, präsentieren Details und Zusammenhänge. Entsprechend groß ist die Fülle dessen, was zur Sprache kommt: Familie, Schule, Schulwege, Schularchitektur, Nachbarn und Freunde, Hobbys und Freizeitgestaltung, Ge- und Verbote sowie deren Übertretungen, Rituale und besondere Ereignisse, Ängste, Krisen und deren Bewältigung, aber auch Freude und Glück – eben alles, was uns für unsere Lebensgeschichte bedeutsam erscheint.

Gerade diese komplexen Verflechtungen, die in den Lebensgeschichten sichtbar werden, machen sie aus bildungstheoretischer Perspektive interessant. Bildungsprozesse werden zum einen in ihrem individuellen historischen Verlauf (diachron – als zeitliche Gestalt des Lebensverlaufs) und zugleich im Schnittfeld von gesellschaftlich vorgegebenen Kontexten (synchron – als Verweis auf die soziale Lagen, Milieus, Regionen, Kulturen usw., in denen und durch die wir uns bewegen) erfahrbar (Marotzki 2006): Soziale Strukturen, normative Vorgaben, institutionelle Muster und der jeweils individuelle Umgang damit, Übereinstimmungen und Gegensätze, persönliche Wünsche und Neigungen kommen gleichermaßen in den Blick. Dabei können Einflussfaktoren auf Bildungsprozesse zur Sprache kommen, die aus wissenschaftlicher Perspektive eher vernachlässigt werden, z.B. die Bedeutung von Umzügen oder Schulwechseln, die Behinderung des Bruders oder die Krankheit der Großmutter. Ereignisse, die uns widerfahren, negativ als Unglück, positiv z.B. als unverhofftes ästhetisches Erlebnis können als bedeutsam für den Bildungsprozess zum Vorschein kommen.

Von besonderer Bedeutung für die Erziehungswissenschaft ist dabei, dass wir in den publizierten Autobiographien oder lebensgeschichtlichen Interviews die Sichtweise der „Betroffenen" des pädagogischen Handelns erfahren, es kommen somit die *Wirkungen* von Erziehung und Sozialisation als Lern- oder Bildungsprozess in den Blick, nicht (nur) die Absichten der Eltern, pädagogischer Fachkräfte und anderer Personen. Sichtbar wird dabei, welche nicht beabsichtigten, auf den ersten Blick nebensächlich erscheinende Dinge, Menschen und Strukturen Wirkungen in den Bildungsgeschichten hinterlassen haben.

Wer bilanzierend Rechenschaft ablegt über seine Gewordenheit wird zum „Richter" seiner Erziehung und seiner Erzieher (Loch 1979). Dabei wird in der lebensgeschichtlichen Entwicklung die Aneignung oder Nicht-Aneignung erzieherischer Absichten erkennbar. Was als Folge pädagogischer Einwirkung bleibt, was also angeeignet und bildungswirksam wird, hängt davon ab, „was die Erzogenen mit ihrer Erziehung machen. Und das erfahren wir authentisch nur aus deren eigenen autobiographischen Erzählungen". Deshalb bezeichnet Werner Loch (vgl. Kap. 3.2) den Erzogenen als „das eigentliche ‚Subjekt' der Erziehung, die ihm zuteil geworden ist. Und deshalb ist die Autobiographie in allen ihren Formen und mit allen ihren Problemen eine erziehungswissenschaftliche Quelle ersten Ranges" (Loch 1999, S. 75f.).

„Meine Eltern waren beide immer sehr darauf bedacht, dass ich fleißig bin und viel lerne. Oftmals habe ich folgenden Satz gehört ‚Du lernst nicht für uns, du lernst für Dein restliches Leben', aber ich konnte mir nicht viel darunter vorstellen. Die Realität sah so aus, dass ich für jede gute Note eine Belohnung und für jede schlechte Note eine Bestrafung bekam, ganz nach der ‚alten Schule'. Also war ich immer der Meinung, für meine Eltern gute Leistungen erbringen zu müssen. Ich frage mich oftmals, ob das der ‚richtige Weg' war und ob es mir gut getan hat." (unveröff. Datenmaterial Klika)

Nicht nur der letzte Satz dieser autobiographischen Erinnerung verweist auf die Reflexion („ich frage mich oftmals"). Auch die Aussage „ich konnte mir nicht viel darunter vorstellen" enthält eine biographische Bilanz. Möglicherweise wird die Frage die junge Frau noch länger begleiten und sie wird vielleicht zu unterschiedlichen Antworten kommen. In der Reflexion auf diese Frage zeigt sie sich nicht nur als „Richterin" ihrer Erzieher, sondern sie sucht zugleich nach Antworten bezüglich der eigenen Aneignung, der Bedeutung dieser elterlichen Haltung für den eigenen Bildungsprozess.

Die Alltagslebenswelt und wiederkehrende Ereignisse wie Mahlzeiten, der Sonntagmorgen, Geburtstagsfeiern, Weihnachtsfeste, Schulwege und Unterrichtsstunden oder Treffen mit Freunden und ähnliches kommen in autobiographischen Erzählungen verdichtet zum Vorschein: Wir erinnern nicht jeden Sonntagmorgen im Detail, können aber beschreiben, wie ein typischer Sonntagmorgen in unserer Familie ablief. Neben allgemeinen und zusammenfassenden Beschreibungen finden sich in jeder Lebensgeschichte detailreiche Schilderungen von einzelnen ganz besonderen Erlebnissen. Schulze nennt sie „sigifikante Ereignisse". Sie werden nicht schlicht beschrieben, sondern eher dramatisch erzählt und sind emotional stark besetzt, es kommen viele Details zum Vorschein, die Erinnerung erscheint genauer und differenzierter. In solchen signifikanten Ereignissen bahnt „sich so etwas wie eine Ent-Täuschung bisher unbezweifelter Vorstellungen oder vertrauter Beziehungen an […], und zwar in einem doppelten Sinne: sowohl als negative und schmerzliche Zerstörung von Erwartungen oder Wünschen wie auch als positive und befreiende Eröffnung neuer Möglichkeiten" (Schulze 1993, S. 141). Solche signifikanten Ereignisse beinhalten, dass etwas enträtselt oder etwas in einem neuen Licht gesehen wird. Sandra z.B. erinnert sich an das Sterben der Großmutter, die eine wichtige Bezugsperson für sie war:

„An diese Zeit habe ich noch sehr genaue Erinnerungen und ich vermute, sie hat mich zu dem Menschen gemacht, der ich heute bin. [...]
Mich hat die Welt des Krankenhauses schon sehr früh fasziniert. Ich wollte alles dafür tun, dass meine Oma wieder gesund wird und habe die Krankenschwestern bewundert. In diesem halben Jahr habe ich als Kind sehr viel Menschlichkeit wahrgenommen. [...]
Der Tod war also schon in meiner Kindheit Thema und wir wurden damit konfrontiert. Ich weiß noch, dass ich meine Oma noch ein letztes Mal sehen wollte und meine Eltern ließen es uns frei, sie nochmal in der Leichenhalle anzusehen. Meine Geschwister entschieden sich dagegen, aber ich wollte unbedingt mit. Die Bilder sehe ich noch heute vor Augen, jedoch war dieses keine schlechte Erfahrung. Ich konnte Abschied nehmen." (unveröff. Datenmaterial Klika)

Die einschneidende Erfahrung bestärkt Sandra nach eigener Aussage darin, Krankenschwester zu werden.

Wenn man sich mit autobiographischen Erzählungen beschäftigt, wird sichtbar, dass Erfahrungen von Ambivalenzen und Widersprüchen den Bildungsprozess besonders herausfordern. Solchen Ambivalenzen und Widersprüchen begegnen wir schon in der Familie: Der Vater akzentuiert anderes als die Mutter, die eine Großmutter mögen wir lieber als die andere, die Eltern predigen dies und tun dann selbst doch das. In den eigenen vier Wänden ist anderes erlaubt als in der Öffentlichkeit usw. Was lernt ein Subjekt aus solchen Erfahrungen? Nimmt es solche Ambivalenzen und Widersprüche wahr oder werden sie ausgeblendet? Sie nötigen das Ich zu einem Abstand, einer Distanz vom alltäglichen Lebensvollzug. Sie können zu Distanz schaffenden Schlüsselerfahrungen werden (Cloer 1999, S. 183). Derartige Widerspruchserfahrungen fordern zu Stellungnahmen heraus und unterstützen die Selbstreflexivität. In autobiographischen Erzählungen zeigen sich sowohl Formen des Leugnens, Verdrängens oder Beschönigens als auch Möglichkeiten des Aushaltenkönnens und des Verarbeitens eigener Stellungnahmen.

Schulze verdeutlicht, dass curriculares und biographisches Lernen sich grundsätzlich voneinander unterscheiden: Er spricht zwar von Lernen und nicht von Bildung, dennoch lassen sich seine Überlegungen zu biographischem Lernen auf Bildungsprozesse beziehen. Curriculares Lernen wird entlang der einzelnen Fächer oder Bereiche fachsystematisch organisiert und geplant. So ist das systematische Lernen in der Schule organisiert, ebenso in der Fahrschule, bei Fortbildungen oder an der Universität. Es wird in Unterrichtseinheiten und -stunden methodisch angeleitet, überprüft und bewertet. Die Lernenden fügen sich in das vorbereitete Programm mehr oder weniger ein. Es ist *fremdorganisiertes* Lernen. Lebensgeschichtliches Lernen bezeichnet Schulze im Kontrast dazu als *selbstorganisiert*. Es sind die Lebenserfahrungen, die wir machen. Dieses Lernen „organisiert sich zunächst unbewusst, gleichsam hinter dem Rücken des Lernenden" (1993, S. 203). Erfahrungen heben sich aus dem Alltäglichen ab, es sind „durch Aufmerksamkeit ausgezeichnete Erlebnisse" (Schütz/Luckmann 1984, S. 13). Zur Erfahrung wird ein Erlebnis allerdings erst, wenn es erinnernd reflektiert wird. Beim Erzählen oder Aufschreiben, also in sprachlicher Form, wird uns das Erlebnis als Erfahrung zugänglich. „Erst in der nachträglichen Besinnung – oft erst nach Jahren – kommt ihm (dem biographischen Subjekt; KS) zum Bewusstsein, was geschehen ist, wird der Inhalt seiner Erfahrungen erst erkennbar." (Schulze 2006, S. 100)

Curriculares Lernen wird in thematischen Zusammenhängen geplant und geordnet, systematische Reihenfolgen sollen einen *kontinuierlichen* Aufbau garantieren. Die Prinzipien des Aufbaus werden mit fachwissenschaftlichen, didaktischen und psychologischen Konzepten begründet. Der lebensgeschichtliche Bildungsprozess dagegen verläuft *diskontinuierlich* als „Lernen bei Gelegenheit": Das Lernen „springt gleichsam von Situation zu Situation; es verschmilzt weit zurückliegende Ereignisse mit späteren und gegenwärtigen, und es verbindet scheinbar weit auseinander liegende und verschiedenartige Inhalte zu einem bedeutungsvollen Komplex." (Schulze 1993, S. 206)

Curriculares Lernen ist *vom Lebensalltag getrennt* und findet an Texten und Büchern und anderen Medien statt, Praxis und Lebensbezüge müssen durch Projekte, Exkursionen und andere Formen künstlich hergestellt werden. Als biographischer Bildungsprozess ist lebensgeschichtliches Lernen dagegen „ökologisches Lernen – *Lernen in Lebenswelten*". Umwelt meint die räumlich-materielle und sozio-kulturelle Umgebung. „Die Umwelt dringt in den Heranwachsenden gleichsam durch alle Poren ein durch das, was er isst, anfasst, sieht, hört, tut und fühlt" (Schulze 1993, S. 208). Räume und Zeiten sind gegliedert und geordnet, mit Ge- und Verboten belegt, Dinge sind in bestimmter Weise angeordnet und für bestimmte Nutzungen vorgesehen. Umgekehrt dringen aber auch die Heranwachsenden in die Umwelt ein, bewegen sich in ihr, streifen herum, lassen sich verlocken von etwas, stoßen auf Hindernisse, überschreiten Grenzen und erobern Terrain.

Curriculares Lernen ist an *Erfolgen* orientiert: Fertigkeiten, Wissen und Kompetenzen sollen positiv angeeignet werden. Der Erfolg wird in Zertifikaten bescheinigt. Lebensgeschichtliches Lernen ist dagegen „Lernen am *Misserfolg*" (Schulze 1993, S. 210). Es ist, wie schon ausgeführt, irritiertes

Lernen an Brüchen und Widersprüchen. Das Misslingen oder Scheitern fordert uns biographisch heraus und kann als Beginn einer Neuorientierung, einer Wende gedeutet und verstanden werden, wodurch der Bildungsprozess vertieft, das Selbst- und Weltverhältnis verändert wird.

Beim curricularen Lernen geht es tendenziell darum, Kognitionen und Emotionen zu trennen, gleichwohl benötigt es Gefühle als Anreiz zum Lernen und als Mittel zur Verstärkung. In der Konzentration auf die Sachlichkeit sollen jedoch störende Gefühle möglichst unterdrückt werden. Das curriculare Lernen „ist darauf angelegt Gefühle zu instrumentalisieren und bestimmte Gefühlshaltungen zu entwickeln, die in besonderer Weise für einen instrumentellen Gebrauch geeignet sind" (Schulze 1993, S. 214), etwa Leistungsstreben, Ehrgeiz, Ausdauer, Konzentration, intellektuelle Neugier, Sachlichkeit. Auch im lebensgeschichtlichen Lernen spielt die Beherrschung von Gefühlen eine Rolle, doch es geht hier nicht um „instrumentelle Gefühlshaltungen" (ebd.), sondern auch darum Gefühle zuzulassen, auszuleben, anzuerkennen, auszudrücken, zu kultivieren. Lebensgeschichtlich sind andere Gefühle von Bedeutung, die dem persönlichen Wohlergehen, der Zugehörigkeit und Sinnerfüllung dienen wie Glück, Freude, Zuneigung, Hoffnung oder Faszination.

Schließlich findet man in autobiographischen Erzählungen *„reflektierendes Lernen – Lernen im Umschreiben"*. Die erzählte Lebensgeschichte bildet einen Zusammenhang, der nicht einfach linear zu verstehen ist, sondern sich diskontinuierlich durch den Rückgriff auf Erinnertes und immer neue Verknüpfungen, Umdeutungen und Neuakzentuierungen erzeugt.

„Selbstreflexion steht nicht am Anfang einer Lerngeschichte. Sie setzt immer schon ein Stück Lebensgeschichte voraus. Sie bezieht sich auf bereits Gelerntes, auf Erlebnisse und Erfahrungen." (Schulze 1993, S. 217) In dieser Hinsicht ist sie rückwärtsgewandt und rekonstruierend, zugleich aber ist sie zukunftsorientiert und konstruierend, indem wir auf der Basis der bisherigen Lebensgeschichte Entwürfe für die Zukunft machen, Pläne schmieden und Phantasien entwickeln. Selbstreflexionen zielen auf die Neuorganisation von Erfahrungen, Bildung, sie können sehr bewusst oder auch quasi nebenbei betrieben werden, sie sind nicht als „einmaliger Akt, sondern als ein fortlaufender Prozess" zu verstehen; er „bezieht sich nicht nur auf die Bearbeitung der eigenen Lebensgeschichte, sondern auch auf die der kollektiven Geschichte, in die die persönliche Lebensgeschichte verflochten ist" (Schulze 1993, S. 218).

Auch in der Schule gibt es Formen des lebensgeschichtlichen Lernprozesses. Jedem, der sich an die Schulzeit erinnert, werden dazu eine Menge Geschichten einfallen. Curriulares und lebensgeschichtliches Lernen können sich gegenseitig ergänzen oder auch widersprechen und stören. Aus bildungstheoretischer Perspektive werden sehr viele Inhalte des curricularen Lernens, das in der Schule stattfindet, sehr schnell wieder vergessen. Darüber hinaus lernt man in der Schule vieles, was nicht auf dem Lehrplan steht.

Kapitel 4
Institutionelle Arrangements – Oder: Wie wird Erziehung in unterschiedliche Formen gebracht?

In den folgenden Abschnitten sollen die institutionellen und gesellschaftlichen Kontexte von Erziehung und Bildung im Mittelpunkt der Aufmerksamkeit stehen. Der Schwerpunkt liegt dabei exemplarisch in der Betrachtung der Schule. Sie ist zwar längst nicht mehr die einzige, aber noch immer die wichtigste pädagogische Institution in dieser Gesellschaft. Zwar arbeiten inzwischen in den anderen sozialen Bereichen insgesamt – von der Elementarerziehung, über die Heimerziehung, die Beratungsstellen, das Jugend- und Sozialamt bis zur Alten-, Suchtkranken- und Behindertenhilfe – inzwischen mehr Personen als in den Schulen: nämlich ca. 1.113.000, davon hat etwa jede Siebte, also fast 160.000 eine Hochschule besucht. Trotzdem ist die Schule immer noch das wichtigste pädagogische Arbeitsfeld: In Deutschland arbeiten etwa 780.000 hauptberufliche Lehrpersonen, davon ca. 117.000 im beruflichen, die übrigen im allgemeinbildenden Schulwesen (einschließlich Sonderschulen) (Krüger/Rauschenbach 2000, S. 13).

Schule ist die größte öffentliche Einrichtung im Lande überhaupt. Weltweit werden nach Schätzungen nicht weniger als ein Fünftel der Weltbevölkerung als Lernende in formalen Bildungsinstitutionen (einschließlich Hochschulen) geführt. Nach konservativen Annahmen der UNESCO gibt es global eine Milliarde Lernende – eine Verdoppelung seit 1970 –, wobei ca. eine Million Kinder und Jugendliche nicht zur Schule gehen, obwohl sie müssten (eine Zahl, die zu Zweifeln an der Statistik Anlass gibt, weil sie verschwindend gering ist). Dem steht – nach den gleichen Schätzungen – weltweit eine Lehrerschaft von etwa 54 Mill. gegenüber (Wolf 2002, S. 1 ff.).

Ganz allgemein kann man unter Schulen Einrichtungen verstehen, „die aus dem alltäglichen Leben zum Zweck des Lernens ausdifferenziert sind, und zwar zum Zwecke des thematisch gebundenen, nicht selten pädagogisch-professionell betreuten, individuellen und kollektiven Lernens" (Tenorth 1994, S. 429). Angesichts dieser „Minimalbestimmung" muss allerdings an die ganz triviale Tatsache erinnert werden, dass keineswegs nur in der Schule gelernt wird und selbst heute, wo der Schulbesuch universal geworden ist, Kinder und Jugendliche das meiste außerhalb der Schule lernen: in der Familie, bei und mit Freunden im selbstverständlichen Umgang miteinander und mit den Dingen. Die große Bedeutung des Schulwesens in modernen Gesellschaften bringt die Tendenz zu einer „scholiozentrischen" Sicht von Lernen und Erziehung mit sich und eine damit korrespondierende Unterschätzung des Lernens außerhalb der dafür eingerichteten Institution. Aber selbstverständlich kann man alles auch außerhalb von Schulen lernen. In diesem Sinne gibt es immer wieder skeptische Stimmen, die trotz des weltweiten Siegeszugs der Schule bis heute zweifeln, ob sie den besten Ort für systematisches und gründliches Lernen darstellt.

Tatsächlich wird Lernen durch schulische Einrichtungen nicht nur erleichtert, sondern auch verkompliziert. Während im Alltag Lernen wie selbstverständlich nebenbei geschieht, ist es in der Schule eine besondere Veranstaltung, die besonderer Vorkehrungen bedarf. Das kann – auch langfristig – unerwünschte Folgen nach sich ziehen. An die Stelle von selbsttätigem und eigenverantwortlichem Handeln gewinnt womöglich der Wunsch nach fremder Belehrung und Versorgung die Oberhand; die Menschen werden – entgegen dem Selbstanspruch der Schulen – nicht mündig und selbständig, sondern im Gegenteil immer unmündiger und unselbständiger; sie können immer weniger selbst denken und selbst lernen, sondern brauchen vermeintliche Experten, die vordenken und das Wissen in handlichen und übersichtlichen Portionen verabreichen.

Schule ist vom übrigen Leben, dem Alltagsleben, abgetrennt – das macht ihre besondere Schwäche, aber auch ihre Stärke aus. Diese Trennung kann man pädagogisch zu erleichtern versuchen, indem man z.B. Bezüge zum Alltag herstellt. Aber man kann sie nicht – wie manche wohlmeinende pädagogische Ansätze suggerieren – überwinden. Denn diese Trennung gehört zur Schule, und das vom Leben abgetrennte Lernen bezeichnet die besondere Möglichkeit der Schule. Schulisches Lernen ist Lernen, das ohne direkte Teilnahme und ohne verantwortungsvolles praktisches Engagement auskommt. Pointiert hat das der Erziehungswissenschaftler Klaus Prange so ausgedrückt: „Im Schulunterricht lernen wir, was uns nichts angeht, und zwar umso mehr und intensiver, je weiter wir im Schulsystem vorankommen und zu elaborierten Themen und Verfahrensweisen gelangen." (Prange 2000, S. 65) Selbstverständlich könnte man einwenden, dass uns auch Infinitesimal-Rechnung oder römische Geschichte etwas angehen, aber das kann man – auch im besten Falle – erst erkennen, wenn man es bereits gelernt und verstanden hat.

4.1 Vorläufer und Anfänge: Initiation und Handwerk

Jedenfalls darf Lernen nicht auf Schullernen reduziert werden. Vielmehr ist Schullernen eine besondere Form von Lernen mit besonderen Vor- und Nachteilen. Historisch gesehen sind Schullernen und Schule relativ neue Einrichtungen. Die allermeisten Generationen unserer Vorfahren sind ohne Schule ausgekommen. Zwar gibt es in allen Hochkulturen und den meisten uns heute noch bekannten Kulturen überhaupt spezifische Veranstaltungen für Lernen, die vom alltäglichen Leben geschieden sind, aber es ist doch sehr fraglich, inwieweit es sich dabei um Schulen in einem mit den heutigen Institutionen vergleichbaren Sinne handelt. Wenn man Kontinuitätslinien ziehen will – was nicht zwingend und auch nicht unproblematisch ist, da es sich doch um sehr unterschiedliche Gesellschaften und Kulturen handelt – so kann man für das moderne Pflichtschulwesen zwei Typen von Vorläufern angeben:

Erstens die in vielen (aber längst nicht allen) sog. traditionalen Gesellschaften verbreiteten *Initiationsriten*, die oft eine bisweilen recht lange (mehrwöchige bis mehrjährige) Seklusionsphase enthalten, in der die jugendlichen Initianden, vom gewöhnlichen Leben getrennt, so etwas wie Unterricht erhalten. Die Unterrichtsgegenstände können dabei sehr unterschiedlich sein: praktische Dinge, je nach Geschlecht Kriegskunst oder Tanz usw. Meist gehört dazu aber auch – und das verweist insbesondere auf die moderne Schule – die Überlieferung von Traditionen, Geschichte, Mythen des Stammes bzw. der jeweiligen Gesellschaft. Eine andere in traditionalen Gesellschaften verbreitete Einrichtung könnte man in diesem Zusammenhang auch anführen: die *Kindergesellschaften*, manchmal als „autonome Kinderrepubliken" bezeichnet. Auch hierbei sondern sich Kinder und Jugendliche vom Rest der Gesellschaft ab, allerdings nicht unter Aufsicht oder Anleitung von Erwachsenen, sondern von sich aus und in eigener Regie (daher „Republiken"). Hier wird ebenfalls erzogen und gelernt, wobei wohl der Altersabstand – Ältere und Jüngere – die entscheidende Rolle spielt (als Beispiel Weiss 1993).

Zweitens: Ein zweiter Typ Vorläufer des Pflichtschulwesens taucht in der deutschen Schulgeschichtsschreibung häufiger auf und wird oft allein genannt. Es handelt sich um die Schreiberschulen im alten Ägypten, das attische *gymnasion* oder auch die mittelalterlichen Klöster usw. Die Parallele zur heutigen Schule liegt darin, dass eine Person lehrt und Schüler lernen, also so etwas wie Unterricht stattfindet, und zwar vom Alltag abgetrennt und oft nach einer Art Lehrplan und einem „von Leistungsstandards bestimmten Lehrgang" (Tenorth 1994, S. 430). Der große Unterschied liegt darin, dass diese „Schulen" durchweg der Qualifikation von *Spezialisten*, also der Berufsausbildung, dienen. Schreiber war in Ägypten ein Beruf, der genauso gelernt wurde wie Schmied oder jeder andere Beruf, aber eben mit Tafel und Griffel statt mit Hammer und Amboss. Im Mittelalter gehörte Lesen und Schreiben zu den „Berufsaufgaben" der Kleriker. Es waren auch keinesfalls „gesellschaftliche Eliten", die in diesem Sinne „gebildet" waren, sondern eben Spezialisten mit mal mehr, mal weniger gesellschaftlichem Ansehen. Die Nachfrage nach Kompetenzen wie Lesen, Schreiben und vor allem Rechnen stieg allerdings im Laufe des Mittelalters besonders unter den Handel treibenden Bürgern.

Zur Erziehung in Antike und Mittelalter

Der Begriff „Schule" stammt aus dem lateinischen „schola" und dem griechischen „scholé" und hieß ursprünglich, Zeit für geistige Dinge, für zweckfreie Tätigkeiten. Im Lateinischen wurde daraus der Ort, der Platz des Lernens. Im antiken Rom ist das keineswegs ein Schulhaus, sondern ein Platz am Rande eines Marktes, wo Töchter und Söhne der Stadtbürger gegen Bezahlung im Lesen, Schreiben und Rechnen unterrichtet werden. Die Alphabetisierungsquote im alten Rom war höher als im späteren Mittelalter in Europa. Alles Übrige, was man zum Leben braucht, lernen die Kinder zu Hause von den Eltern oder von einem „Lehrmeister", einem Praktiker, sei er Handwerker, Baumeister oder Lehrer. Die adligen und vornehmen wohlhabenden Familien lassen ihre Kinder dagegen durch gebildete Sklaven unterrichten. Während die Töchter der römischen Oberschicht mit etwa 13 bis 15 Jahren verheiratet werden und dann den Großhaushalt führen, erhalten die Söhne an verschiedenen Schulen Unterricht und erwerben dort militärische und rhetorische Kompetenzen. „Für Söhne aus Senatorenfamilien war das Alter zwischen 17 und 27 (bzw. 25) Jahren eine Lehrzeit, in der sie sich an minder bedeutenden Aufgaben für ihre künftige Rolle als Aristokraten üben konnten" (Christes 1998, S. 145). Vorbereitet werden sie auf die Organisation des Großgrundbesitzes, das Rechtswesen, Militär und nicht zuletzt die Politik. Neben Grammatik und Rhetorik werden griechische und lateinische Literatur (Lektüre von Geschichtsschreibern und Dichtern) gelehrt. Die Grammatik-, Rhetorik- und Rechtsschulen werden zunehmend vom Staat reglementiert, die Kommune ist für die Finanzierung der Schulen zuständig.

Im europäischen Mittelalter ist das Lesen und Schreiben fast 1000 Jahre lang eine Angelegenheit der Mönche und Nonnen, die die Heilige Schrift studieren, Texte kopieren und überliefern. Universale Sprache ist Latein als Gelehrtensprache, die Klöster sind die Zentren von Bildung und Kultur.

Kloster- oder Domschulen bilden den eigenen Nachwuchs aus. Erst später werden sie für Laien zugänglich – gegen eine hohe Schulgebühr.

Im Hochmittelalter bildet sich in Europa eine höfische Kultur, in die die nachwachsende Generation eingeführt werden muss, es gibt (im Gegensatz zu späteren Zeiten) Unterricht für beide Geschlechter. Er ist auf Weltliches ausgerichtet: Das gilt jedoch nicht für alle Adelskinder gleichermaßen: Da im Adel nur der älteste Sohn erben konnte, werden nachgeborene Söhne und Töchter häufig ins Kloster gegeben. Dort unterrichtet, können sie eine klerikale Laufbahn einschlagen. Die erbberechtigten Söhne werden mit sieben Jahren in den Dienst anderer Familien, oft großer Höfe, gegeben, um zum Ritter ausgebildet zu werden; sie stehen im Gefolge je eines Ritters, dem sie dienen, werden zunächst Page, dann Knappe und Edelknappe (mit etwa 15 bis 16 Jahren), lernen den Umgang mit Waffen, die Jagd und „höfische Sitten", bevor sie selbst zum Ritter geschlagen werden. „Belegt sind Lauf-, Sprung-, Wurf-, Jagd-, Fecht-, Reitübungen und das Turnier als spielerische, wenn auch unfallträchtige Anwendungsform des Gelernten." (Lenhart/ Stohner 1983, S. 31) Zu den höfischen Sitten gehören Singen, Musizieren, Verse machen und Tanz. Anstandsregeln, das Benehmen bei Tisch, die Verehrung der Frauen (Minne) und ritterliche Tugenden (Ehre, Milde, Maßhalten) runden die Ausbildung ab. Lesen und schreiben können die Ritter nicht, diese Kulturtechniken gelten als weibisch und pfäffisch. Der Ritterschlag ist ein feierlicher Akt, mit dem die Aufnahme als Mitglied der Ritterschaft besiegelt wird. Adelige Töchter lernen ebenso die höfischen Sitten, Musik und Tanz, aber auch lesen und schreiben sowie feine Handarbeiten (Stickereien), zum Teil werden sie in die Heilkunde und (später) in die *septem artes liberales* (siehe unten) eingeführt. Da die Ehe eine politische Angelegenheit ist, werden die Kinder oft sehr früh, manchmal direkt nach der Geburt verlobt. Die Töchter werden dann bereits im Kindesalter an den Hof des Verlobten geschickt und erhalten ihre Ausbildung und den Unterricht dort.

Für den größten Teil der Bevölkerung stellt die Lesefähigkeit keine Notwendigkeit dar, kulturelles Wissen wird materiell (als Besitz), praktisch (durch Imitation, Mimesis) oder oral (in erzählten Geschichten), nicht jedoch schriftlich weitergegeben. Mollenhauer nennt diese Form der Erziehung „Präsentation" (vgl. Kap. 2.5): Die Lebensform wird von den Erwachsenen *direkt* präsentiert, Erwachsene und Kinder leben nicht in voneinander getrennten Lebenswelten wie heute, vielmehr sind die Kinder bei der Arbeit, in die sie früh eingebunden werden, und im gesamten Leben der Erwachsenen anwesend und lernen durch eigenes Tun. Erziehung besteht aus Zeigen, Vor- und Nachmachen (Mollenhauer 1983, S. 22 ff.; Blankertz 1982, S. 13–20).

Lateinschulen und Universitäten

Durch eine Agrarrevolution (Verbesserung landwirtschaftlicher Methoden, Dreifelderwirtschaft, neue Pflugtechniken, Roggenanbau) kommt es im 12. und 13. Jahrhundert zum Anstieg der Bevölkerungszahlen und zu einer ersten Urbanisierung: Steinhäuser, Fachwerkbauten, Kathedralen und Rathäuser werden gebaut, neue Techniken (Mühlenbau, Montanwesen) entwickelt. Der Welthandel (z.B. Hanse) blüht auf, die Geldwirtschaft und das Bankenwesen werden erfunden (Seibt 2008, S. 145ff.). Die Stadtbürger sind zumeist Handwerker und Kaufleute. Die ursprünglich ausschließlich feudale mittelalterliche Sozialstruktur differenziert sich aus. Die Kaufleute müssen grundlegende Kulturtechniken beherrschen. Aus Kloster- und Domschulen entwickeln sich Latein- oder Stadtschulen (Laienschulen), daneben entstehen sog. niedere städtische Schreib- und Rechenschulen, alle Laienschulen verlangen Schulgeld. Die Söhne der Kaufleute erhalten Unterricht in Lesen, Schreiben, Rechnen, teilweise auch in Latein. Die Töchter werden in Lesen und Schreiben unterrichtet und lernen ansonsten die umfangreiche Haushaltsführung von der Mutter. Unter den Kaufleuten gibt es schon um 1500 kaum noch Analphabeten, viele beherrschen mehrere Sprachen, sie lernen nicht nur an Schulen, sondern vielfach durch Reisen mit dem Vater. Auch Handwerkersöhne müssen etwas Lesen, Schreiben und Rechnen können, sie beginnen mit sieben bis zehn Jahren eine Lehre bei einem Meister, die zwei bis acht Jahre dauert. Neben ihrem Handwerk müssen sie die zünftigen Gebote kennen.

Durch die Urbanisierung verlieren die Klöster als Bildungszentren an Bedeutung, doch bleibt Latein Umgangssprache der Geistlichen und Sprache der Gelehrten. Das gilt ebenso für die Universitäten, die seit dem 11. Jahrhundert gegründet werden. Sie gehen aus Kloster- und Stiftsschulen hervor, sind zunächst in ihrer Nähe angesiedelt und werden ursprünglich „hohe Schulen" genannt. Bologna (1088) gilt als älteste Universität Europas, dort wird Recht gelehrt, in Salerno (um 1100) Medizin und in Paris (um 1160) Theologie. Im Laufe des nächsten Jahrhunderts folgen viele weitere Gründungen, zunächst in Italien, Frankreich, England und Spanien. Die ältesten deutschen Universitäten stammen aus dem 14. Jahrhundert: Heidelberg (1386) und Köln (1388) (Savigny 1834, S. 152ff.).

Zunächst sind diese Universitäten kleine Verbindungen eines Magisters (Lehrers) mit wenigen Scholaren (Schülern), der Begriff Universität leitet sich ab von „universitas magistrorum et scholarium". Die Lehrer werden Doctores (Lehrer) und Magistri (Meister) genannt. Mädchen haben zu den Universitäten, wie auch zu den Lateinschulen, keinen Zugang. Magister und Scholare schließen sich zu freien Lebens- und Arbeitsgemeinschaften zusammen, die Schüler sind zu Beginn der Entwicklung junge Männer, in späteren Jahrhunderten treten sie mit etwa 14 oder 15 Jahren in die Universität ein. Eine Altersnormierung, wie sie uns heute selbstverständlich ist, gibt es nicht: Die Studenten können je nach individuellen Voraussetzungen mit 14 oder mit 24 Jahren die Universität besuchen (Cardini/Fumagelli/Rigoselli 1991).

„Die Universität bringt ihre Lehre durch die Forschung selbst hervor. Sie will sich den gegebenen Verhaltensorientierungen nicht fügen, sondern entgegenstellen. Das ist der Sinn der Einheit von Lehre und Forschung, die die Universitäten seit ihren Anfängen auszeichnen. Den Studenten soll die Teilnahme an der Forschung helfen, sich den wissenschaftlichen Erkenntnisprozess bewusst zu machen und auf diese Weise zu lernen, über ihr Wissen reflektiert zu verfügen. Sie werden damit zu realitätstüchtigen Praktikern. Die Professoren hatten ein Monopol auf die Interpretation (Forschung) und Lehre der religiösen und weltlichen Überlieferung, und die Universitätsabsolventen ein Monopol auf deren Vertretung gegenüber den übrigen Ständen." (Lenhardt 2007, S. 343)

Gelehrt wird nach antikem Vorbild zunächst Grammatik, Rhetorik und Dialektik im sogenannten Trivium (drei sprachliche Fächer); anschließend folgen im Quadrivium (vier Fächer zum Studium der göttlichen Ordnung) die Fächer Musik, Arithmetik, Geometrie und Astronomie. Sie zusammen bilden die *septem artes liberales* – die sieben freien Künste. Gelehrt werden sie an der sogenannten Artistenfakultät als *studium generale*. Die Absolventen heißen „*baccalarius*" oder „*licentiat*" und erhalten die Zulassung zu den höheren Fakultäten: das Studium der Theologie, Rechtswissenschaft oder Medizin – andere Fächer gibt es an der mittelalterlichen Universität nicht. Vor Erfindung des Buchdrucks sind Bücher selten und teuer. Die wesentliche Aufgabe der Lehrer besteht dementsprechend im Vorlesen und Diktieren von Texten. Nach der Aufnahme der Vorlesungen üben sich die Studenten im Disputieren.

Für die Mehrzahl der späteren Berufszugänge ist eine Abschlussprüfung nicht notwendig. Die Absolventen erhalten das Recht überall zu lehren oder einen freien Beruf auszuüben. Für manche reicht es, das Trivium abzuschließen und sich als Schreiber an verschiedenen Orten zu verdingen, andere studieren bis zum Ende, ausschlaggebend ist sicher der elterliche Geldbeutel. Mit dem Niedergang des Rittertums werden Söhne des Adels zunehmend an die Universität geschickt, um Rechtswissenschaft zu studieren. Unter den Theologen finden sich aber auch weniger bemittelte Studenten. Das führt allmählich zu einer neuen Elitebildung von Gelehrten in der Gesellschaft, von der Frauen ausgeschlossen sind. Studierte Mediziner oder Rechtswissenschaftler können an den Fürstenhöfen angestellt werden, als Selbstständige arbeiten oder an einer Universität unterrichten. Bezahlt werden sie im letzteren Fall in der Regel von ihren Hörern. Allerdings ist die Anstellung an einer Universität damals noch keine Lebensstellung:

> „Die Anstellungen folgten in der Regel nur auf gewisse Zeit, selbst auf einzelne Semester, so dass die Docenten ein Wanderleben führten, wenn sie nicht in der persönlichen Zuneigung eines Fürsten oder eines anderen Grossen eine bleibendere Stütze fanden; doch gab es auch lebenslänglich besoldete freiwillige Lehrer." (Hautz/Reichlin-Meldegg 1862, S. 38)

Die Gründung einer Universität ist mit besonderen Privilegien verbunden und muss vom Papst, Kaiser oder König genehmigt werden. Die Universitäten unterstehen weder der kirchlichen noch der weltlichen Obrigkeit, sondern haben eine eigene Gerichtsbarkeit. Lehrer und Studenten stehen unter besonderem staatlichen Schutz, sie sind von Wegegeldern und Zöllen befreit, dürfen bei ihren Wanderungen durch Europa auf dem Weg zu einer anderen Universität nicht aufgehalten und bei möglichen kriminellen Akten nicht von der Stadt belangt werden. Reglementiert für die Mitglieder einer Universität sind auch Mieten und Preise für Lebensmittel, die von den Städten eingehalten werden müssen. Diese Regelungen führen zu zahlreichen Konflikten zwischen der Bevölkerung der europäischen Städte und den Universitätsangehörigen. Scholaren und Docenten ziehen massenhaft durch Europa – da an den Universitäten überall Latein gesprochen wird, gibt es keine Sprachbarrieren – und können bei kriminellen Aktionen nicht von der Stadt belangt werden. Das bringt sie überall in Verruf und die Stadtbürger Europas versuchen sich zu wehren. Aus Oxford etwa wird Folgendes berichtet:

> „Eine solche Veranlassung gab am Tage Stae Scholasticae (10. Februar) 1355 ein Streit zwischen einigen Scholaren und einem Weinwirth, dessen Schenke Berefords Eigenthum war. Die Scholaren fanden den Wein schlecht, und da der Wirth böse Worte dazu gab, schlugen sie ihm seine Flasche auf dem Kopf entzwei. Sogleich rief dieser die Nachbarn zu Hülfe, und mit einer Eile, welche auf Verabredung schliessen läßt, liefen, unter dem Läuten der städtischen Sturmglocken der St. Martinskirche, bewaffnete Bürger zusammen, und fielen über die Scholaren her, wo sie die auf Straßen und Plätzen unbewaffnet und arglos betrafen. So überrascht suchten jene sich anfangs nur durch die Flucht zu retten, bald aber ermannten sie sich; und als der Kanzler [damals Vorsitzender der universitären Gerichtsbarkeit; KS] selbst, nachdem er vergeblich und mit eigener Lebensgefahr die Bürger zur Ruhe ermahnt hatte, die St. Marienglocke zum Sturm läuten und die akademische Bevölkerung zu den Waffen rufen ließ, leisteten sie bald solchen Widerstand, daß der Ei-

fer der Angreifer sich etwas abkühlte, und da die Nacht dazwischen trat, zogen beide Theile sich zurück." (Huber 1839, S. 298)

Häufig verhält es sich umgekehrt – die Scholaren können beispielsweise einen Diebstahl oder eine Vergewaltigung begehen, ohne von der kommunalen Behörde dafür belangt werden zu können. Ihr Ruf ist daher im Mittelalter nicht gut, Trunksucht gilt als ihr größtes Laster.

4.2 Aufbruch in die Moderne: Die Erfindung der künstlichen Lernumgebung

„Alle alles zu lehren" (Comenius)

Bildung für alle Menschen wird erst seit der Zeit der Reformation zum Thema. Geistesgeschichtlich kann man das mit dem Anspruch des Protestantismus in Verbindung bringen, jedem Gläubigen ein unmittelbares Verhältnis zu Gott – ohne Vermittlung über den Priester – und zur Heiligen Schrift zu ermöglichen. Für den deutschen Raum schuf Luther mit seiner Bibelübersetzung dafür die Grundlage. Der Bischof der Böhmischen Brüdergemeine, einer urchristlich orientierten protestantischen Glaubensrichtung, Jan Amos Komenský (1592–1670), bekannter in der latinisierten Form Johann Amos Comenius, war einer der ersten, der den Anspruch vertrat, „alle alles zu lehren". Zwar noch vor einem theologischen Hintergrund – letztendlich geht es um die Vorbereitung auf das ewige Leben und die ewige Seligkeit – formuliert er erstmals ein modernes Konzept von Allgemeinbildung in einer „großen Erziehungslehre" („Didactica magna", deutsch 1657) und in einem sehr bekannten Lehrbuch, einem der ersten dieser Art, dem „Orbis sensualium pictus" („Gemalter Erdkreis" von 1658) – für die nächsten 200 Jahre eines der auflagenstärksten Bücher, das sich in ganz Europa sehr schnell verbreitete und aus dem nach eigener Auskunft noch der junge Goethe gelernt hat.
Mindestens zwei Gründe für sein Allgemeinbildungskonzept lassen sich bei Comenius auffinden:

„1. Wenn so etwas wie Gleichheit unter den Menschen sinnvoll angestrebt werden soll, dann muss jedes Kind das ‚Ganze' lernen, auch wenn es nur, am Ort seines Aufwachsens, einen kleinen Teil des gesellschaftlichen Lebens wirklich zu Gesicht bekommt.
2. Die Vielfalt dessen, was die Gesamtheit der Tatsachen neuzeitlicher Lebensformen ausmacht, ist so verwirrend groß, dass von Anfang an dem Kinde dies in der rechten Ordnung präsentiert werden müsse."
(Mollenhauer 1983, S. 53)

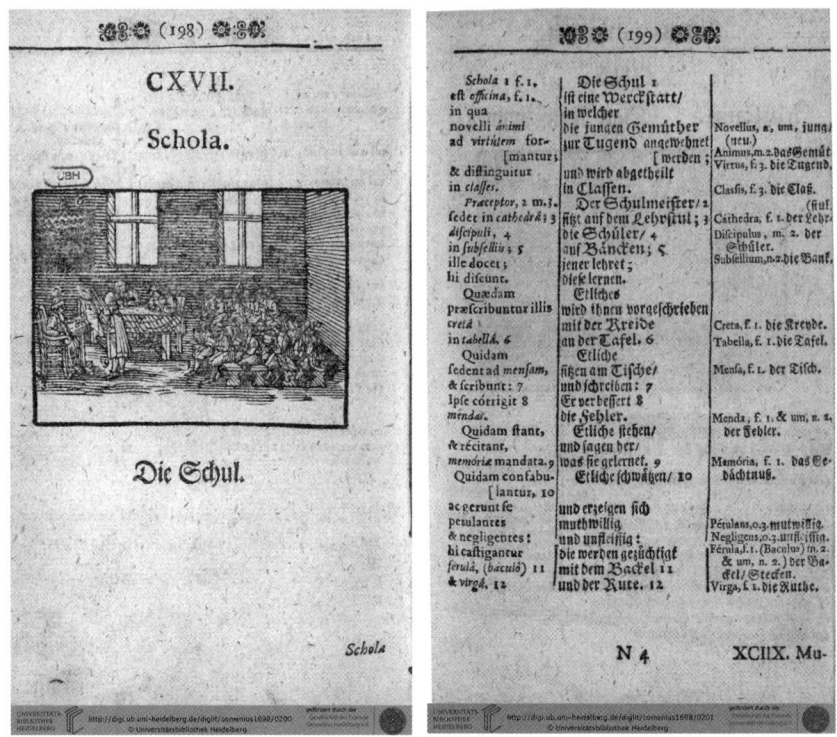

Abb. 1: Doppelseite aus Orbis sensualium pictus. Ausgabe 1698,
S. 198 und 199 (CXVII)

Comenius gilt als einer der Begründer der systematischen Pädagogik und des modernen Bildungswesens. Vor dem Hintergrund der Schrecken des Dreißigjährigen Krieges, die ihn als Bischof durch ganz Europa treiben, entwickelt er ein umfassendes Konzept zur Verbesserung der Gesellschaft (ein Begriff, den Comenius noch nicht kannte). Während des Dreißigjährigen Krieges ist die Welt in Unordnung geraten. Comenius' umfassender Plan dient der Harmonisierung der Gesellschaft durch Bildung und Erziehung. Aufgabe des Menschen sei es, so der Entwurf, die Ordnung der Welt wieder herzustellen und der Verwirklichung des Gottesreiches auf Erden zu dienen.

Dazu fordert er etwa eine „naturgemäße" Lehrweise und einen einheitlichen Schulaufbau bis zum 24. Lebensjahr. Alle Kinder sollen (unabhängig von Geschlecht und sozialer Herkunft) Schulen besuchen und systematisch unterrichtet werden (in der Reihenfolge: häusliche Erziehung, Volksschule, Lateinschule, Universität). Der Unterricht soll nach Jahrgängen organisiert werden – ein Organisationsprinzip, das bis dahin unbekannt war – und zunächst in der Muttersprache, später in Latein stattfinden. Er soll sorgfältig geplant sein und die Schüler durch Anschauung motivieren. Der „Orbis sensualium pictus" enthält Texte *und* Bilder (Illustrationen mit Holzschnitten).

Wenn die nachwachsende Generation nicht mehr nur direkt durch Nachahmung in die Lebensformen der Erwachsenen hineinwachsen kann, sondern in Schulen „auf Vorrat" lernt, für „später", entsteht ein Problem: Was aus der Kultur und den Lebensformen der Erwachsenen soll und kann ausgewählt werden, um es die Kinder zu lehren? Das ist die zentrale Frage der Didaktik und uns bis heute als Problemstellung aufgegeben. Neben die *direkte Präsentation* der Lebensform, die wir auch heute noch haben, tritt das Problem der *Repräsentation* (so nennt Mollenhauer das Problem) – die „Welt", oder vielmehr, das, was wir dafür halten, wird *für Kinder noch einmal erfunden*, ein pädagogisches „Spiegelkabinett".

„Pädagogik, so könnte man sagen, ist seit 300 Jahren die Welt ‚noch einmal', und zwar in stilisierten Abbildungen, ein gewaltiges ästhetisch-symbolisches Unternehmen, eine Art Riesen-Collage, die inzwischen, nachdem unsere Curriculum-Konstrukteure auch in die Entwicklungsländer eindringen, im Weltmaßstab betrieben wird." (Mollenhauer 1983, S. 53)

Seit Comenius beschäftigen Pädagogen und Erziehungswissenschaftler in Bezug auf die Schule die Fragen:

1. Was aus der Fülle der gesamten möglichen Bildungsinhalte ist wichtig?
2. Wie kann das Ausgewählte für Kinder anschaulich aufbereitet werden?

Mollenhauer weist darauf hin, dass wir das Problem heute nicht mehr mit Comenius lösen können, die Aufgabe ist jedoch geblieben und mit ihr entsteht ein neues Problem: Beim nachahmenden, mimetischen Lernen in der *Präsentation* der Lebenswelt kann der Sinnzusammenhang unmittelbar erfahren werden, eine Sinnfrage stellt sich daher in der Regel nicht. Mit der *Repräsentation*, die die Welt für Kinder noch einmal schafft (in der Schule in aller Regel durch Bücher) entsteht das Problem der Motivation: Die Heranwachsenden müssen für eine unabsehbare Zukunft lernen und dafür Interesse mobilisieren, das sich nicht aus einem unmittelbar gegebenen Lebenszusammenhang speist.

Renaissance und Humanismus

Die Epochen der Renaissance und des Humanismus fördern das Interesse an weltlicher Literatur und Bildung. Durch die Strömungen des Humanismus öffnet sich der Adel, der bis dahin mehrheitlich eine nicht-schriftliche Kultur lebte, dem neuen Bildungsideal (literarische Texte), das die bürgerliche Elite repräsentiert (Lundgreen 1981). Adel und städtisches Bürgertum schicken ihre Söhne zunehmend auf gelehrte Schulen. Durch die Reformation (Luther unterstellte die Kirche der weltlichen Obrigkeit) sind die Fürsten diejenigen, die die neue Kirche und das Schul- und Universitätswesen unterstützen. Die Universitäten werden zu Landesuniversitäten, Professoren zu Staatsbeamten. Seit 1528 gibt es „Kirchen- und Schulordnungen". Während Juden bereits seit langem im Lesen der Thora unterrichtet wurden, gebietet die Reformation nun die laientheologische Notwendigkeit schriftlicher Bildung für alle Christen. Die Glaubensspaltung macht die systematische Unterweisung in Religion auch für sie notwendig. Jeder Gläubige der christlichen Religionen soll mit einem Minimum an konfessionsspezifischer Lehre ausgestattet werden. In dieser Entwicklung ist die Wurzel des Elementarschulwesens zu sehen (Blankertz 1982, S. 18ff.).

Land- und Dorfschulen

Jahrhunderte lang war Lesen und Schreiben vor allem eine Angelegenheit der Geistlichkeit. Gutsherren und Landadel hatten weder für sich selbst noch für ihre Untertanen Interesse daran. Seit der Reformation gilt es jedoch als wünschenswert lesen zu können. Im Protestantismus steht die Bibel, die Heilige Schrift, im Zentrum der Religion, nicht mehr der Kultus. Mit der Reformation erhält die Religion einen anderen Status: Sie ist nun in Konfessionen organisiert, die sich voneinander unterscheiden. Religion wird als Lebensform erfahrbar, die sich von anderen Lebensformen (Arbeit, Feier) differenzieren lässt. Da die Fürsten die Religionszugehörigkeit ihrer Untertanen bestimmen, entstehen strikte territoriale und gesellschaftliche Abgrenzungen zu der jeweils anderen Konfession und deren Kultur, die nun als fremd erscheint (Tenorth 2000, S. 66).

Das Schulwesen erfährt dadurch einen deutlichen Aufschwung. Die Umsetzung dauert jedoch mehrere Jahrhunderte. Die protestantischen Fürsten gründen teilweise Bildungsanstalten oder erlassen die ersten Schulordnungen für die Bildung des Volkes, zum Beispiel in Gotha 1642 – nicht nur aus religiösen Gründen, sondern vor allem auch zur Sicherung ihrer Territorien. Als Instrument der Gegenreformation finden sich nach und nach vergleichbare pädagogische Innovationen in den katholischen Staaten.

Ende des 17. Jahrhunderts gibt es in fast allen protestantischen Herrschaftsgebieten Dorfschulen. Dennoch besuchen noch im 18. Jahrhundert Bauern- und Handwerkerkinder die Schule nicht regelmäßig. Die Landschule war eine Winterschule oder Sonntagsschule, d.h. die Kinder arbeiten im Sommer und besuchen die Schule im Winterhalbjahr bzw. arbeiten werktags und besuchen die Schule sonntags nach dem Kirchgang. Der Unterrichtsstoff der Landschulen umfasst Lesen, Schreiben und Religion (beschränkt auf Auswendiglernen von Katechismus und Kirchenliedern), manchmal auch ein wenig Rechnen (Tenorth 2000, S. 69 f.).

In Preußen wird im Generallandschulreglement von 1763 die Schulpflicht vom 5. bis 13. Lebensjahr festgesetzt. Diese Schulpflicht ist jedoch keine Schulpflicht im heutigen Sinn. Sie ist eher als Absichtserklärung zu verstehen, die besagt, dass alle Kinder irgendwann einmal eine Schule besucht haben sollen, der Umfang des Schulbesuchs ist dabei nicht geregelt. Die deutschen Staaten engagieren sich wenig im Schulausbau, er wird eher von engagierten Geistlichen, Adligen und Gutsherren vorangetrieben. Die verbreitete Kinderarbeit nimmt durch die Freisetzungspolitik der preußischen Reformen zu Beginn des 19. Jahrhunderts noch zu. Handelte es sich bis dahin vorrangig um Dienstleistungen, die die Kinder für die Familie und die Dorfgemeinschaft saisonal bedingt erbrachten, werden Kinder mit dem beginnenden Kapitalismus systematisch ausgebeutet. Einerseits sind die Arbeiterfamilien wegen der extrem niedrigen Löhne dringend auf die Mitarbeit der Kinder angewiesen, andererseits haben die Fabrikanten ein Interesse an billigen, geschickten Arbeitskräften. „Das unvorstellbare Elend ihres oft 15stündigen Arbeitstages mit seinen grausamen Auswirkungen auf die physische und psychische Gesundheit der Kinder ist in zahlreichen Berichten dokumentiert." (Herrlitz/Hopf/Titze 1993, S. 53)

Lehrerbildung

Bis ins 16. Jahrhundert sind Schulmeister private Geschäftsleute, jede und jeder, die oder der meint lehren zu können, kann eine Schule eröffnen. In Preußen werden im 18. Jahrhundert vorzugsweise ausgemusterte Soldaten als Dorflehrer beschäftigt (Brand 1981, S. 165ff.). Pfarrer sind als Aufsicht für die Schulen zuständig, sie unterrichten nicht selbst. Den Unterricht erteilen Kirchendiener, Küster oder Handwerker, ehemalige Soldaten oder Studienabbrecher. Eine spezifische Ausbildung gibt es nicht. Ansehen und Besoldung der Landschullehrer sind sehr gering (Enzelberger 2001). Die Besoldung besteht nicht nur in Bargeld (Schulgeldpflicht), sondern auch in Naturalien, wie Getreide, Brot, Heizmaterial, u.a. Lehrer haben daher zahlreiche Nebenverdienste: Sie sind zugleich als Schuhmacher, Chorleiter oder

Musiker tätig. Wer Schulmeister einer Elementarschule in der Stadt werden will, geht als Lehrling zu einem erfahrenen Schulmeister oder einer Schulmeisterin (die Ausbildung folgt dem Modell „Lehrling, Geselle, Meister", jedoch ohne zünftige Organisation).

Die Ausbildung der sog. Volkslehrer wird erst allmählich in Seminaren und Präparandenanstalten organisiert. 1806 gibt es in Preußen 11 Lehrerseminare, die in der zweiten Hälfte des 19. Jahrhunderts vereinheitlicht werden. In der Ausbildung sind Allgemeinbildung und Berufsvorbereitung miteinander verknüpft. 1826 werden in Preußen Abschlussprüfungen mit Zeugnissen eingeführt. Die anderen deutschen Staaten folgen. Um 1830 hat etwa die Hälfte aller Elementarschullehrer in Preußen ein Seminar besucht, in der zweiten Hälfte des Jahrhunderts fast alle Lehrer. Dadurch steigt allmählich die Volksbildung an.

An den Stadt- und Lateinschulen sind die Lehrer Theologen – sie überbrücken die Wartezeit auf eine Pfarrstelle, die angesehener und besser bezahlt ist. Lehrer der Lateinschulen und Gymnasien – das Wort bürgert sich in der frühen Neuzeit ein für Schulen, die auf die Universität vorbereiten – haben an Universitäten studiert und werden zunächst Hauslehrer in wohlhabenden adligen oder bürgerlichen Familien, bevor sie eine Stelle an einer Schule antreten können. Schleiermacher, Herbart oder Literaten wie Hölderlin und Jean Paul verdienen zunächst als Hauslehrer ihren Unterhalt. In diesen Häusern zählen Lehrer zum Personal. Sie müssen sich in ihren Lehrzielen, Methoden etc. nach den Wünschen der Herrschaft richten und können jederzeit entlassen werden.

Die Bildung für alle aber bleibt ein frommer Wunsch; die Verordnungen und ihre Umsetzung sind zweierlei. Eine Alphabetisierung der großen Masse der Bevölkerung findet erst im 19. Jahrhundert statt. Die Weichen dafür werden um 1800 gestellt. In dieser Zeit werden die Prämissen der neuzeitlichen Bildungsorganisation formuliert: Staatlichkeit, Professionalität und Allgemeinheit eines Bildungswesens, das sich intern organisiert über die Ausdifferenzierung von Schularten, Prüfungen und Zertifikaten und mit gesellschaftlichen Erwartungen verknüpft ist (Tenorth 1994, S. 432).

4.3 Bildungspolitische Kontroversen: Bürger oder Untertan?

Die bildungspolitische Diskussion der damaligen Zeit steht im Zusammenhang mit der allgemeinpolitischen und ökonomischen Lage. Die politische Situation ist gekennzeichnet von der Niederlage Preußens gegenüber Napoleon. Das erfordert den Staat neu zu organisieren und seine Institutionen zu verändern, die ökonomische Lage ist geprägt von der beginnenden Industrialisierung, die neue Anforderungen an die Einzelnen und die gesamte Gesellschaft stellt. Nach der Niederlage des altpreußischen Reiches gegenüber der napoleonischen Revolutionsarmee sieht sich Preußen gezwungen, den Staat zu reorganisieren. Neben der Agrar-, Städte-, Heeres- und Verwaltungsreform („Stein-Hardenbergsche Reformen", 1806/07) soll auch das Bildungswesen neu geordnet werden.

Das Reformmodell Wilhelm von Humboldts

Die Aufgabe wird Wilhelm von Humboldt (vgl. Kap. 3.4) übergeben, der 1809 zum „Geheimen Staatsrat und Direktor des Kultus und Unterrichts" (Vorläufer der Kultusminister) in das Preußische Innenministerium berufen wird. Das Amt hat Humboldt jedoch nur 16 Monate inne, dann wird er entlassen. Wichtiger Mitarbeiter Humboldts im Ministerium ist Johann Wilhem Süvern (1775–1829), auch Schleiermacher (vgl. Kap. 2.3) arbeitet eng mit Humboldt zusammen. Sie skizzieren ein neues Bildungswesen, das den Gedanken der Aufklärung verpflichtet ist. Sein bildungstheoretisches Konzept hat Humboldt bereits entwickelt (Kap. 3.4). Er differenziert zwischen Bildung (allgemein) und Ausbildung (berufsvorbereitend) und legt den Vorrang auf „allgemeine Menschenbildung".

> „Denn beide Bildungen – die allgemeine und die spezielle – werden durch verschiedene Grundsätze geleitet. Durch die allgemeine sollen die Kräfte, d.h. der Mensch selbst gestärkt, geläutert und geregelt werden; durch die spezielle soll er nur Fertigkeiten zur Anwendung erhalten." (Humboldt 1809/1964, S. 76ff.)

Die *allgemeine* Bildung soll in den Schulformen „Elementarunterricht", „Schulunterricht" und „Universitätsunterricht" verwirklicht werden. (Ein ähnliches Konzept entwickelt Schleiermacher.) Das Schulwesen soll nach Altersstufen differenziert und als Einheitsschulwesen aufgebaut werden. Die Elementarschule soll nicht mehr nur Schule des einfachen Volkes sein, „sondern die Schule, in der die Grundlagen der menschlichen Bildung für alle Kinder im gleichen Sinne zu legen waren" (Blankertz 1982, S. 120). Auf die Elementarschule baut das Gymnasium auf. Wichtig für die Reform ist zudem die Maxime Humboldts, den Staat soweit wie möglich aus der Zuständigkeit für das Bildungswesen herauszudrängen, d.h. er soll zwar Reformen einleiten, sich selbst aber mit weiteren Einflussnahmen möglichst zurückhalten. Auch die Kirche soll keinen Einfluss ausüben. Die Bildungspolitik des 19. Jahrhunderts ist geprägt von Gegensätzen zwischen fortschrittlich liberalen Positionen, die Veränderungen in Richtung Demokratie und liberale Wirtschaftsordnung anstreben, und konservativen Kräften, denen es um die Wiederherstellung alter Ordnungsmuster geht. Das Reformwerk intendiert den Abbau hierarchisch-feudaler Gesellschaftsstrukturen und erscheint vielen konservativen aristokratischen Kräften als Revolution oder gar Anarchie – von daher erklärt sich die kurze Amtsperiode Humboldts.

Humboldt gilt als nicht nur als Begründer der modernen Bildungstheorie, sondern auch der modernen Universität. Die Universitäten, die den Anschluss an die wissenschaftliche Entwicklung im 17. und 18. Jahrhundert verloren hatten, sollen Ort der Wissenschaft und der Bildung werden. Die Wissenschaft soll allein der Wahrheitssuche und Erkenntnis verpflichtet sein. Als „selbstbestimmtes Denken" soll die Wissenschaft an der Universität unabhängig von staatlicher Beeinflussung bleiben. Politische und kirchliche Einflussnahme auf Inhalte von Forschung und Lehre (politische Zensur!) dürfen, so Humboldt, auf keinen Fall stattfinden. Die Professoren sollen in „Einsamkeit und Freiheit" forschen und lehren können. Die Studenten werden als Teilnehmer an diesem wissenschaftlichen Gespräch in die Wissenschaft eingeführt. Teile der mittelalterlichen Organisationsform sollen abgeschafft werden, etwa soll die philosophische Fakultät nicht mehr als „niedere" Fakultät lediglich die Voraussetzung für das Studium von Theologie, Jura oder Medizin erbringen, sondern die Spezialkenntnisse der einzelnen Fächer als „universitas" zusammenführen. Außerdem erhält sie die Aufgabe, die Gymnasiallehrer auszubilden (Benner 1995a).

Die Süvern-Beckedorff-Kontroverse

1819 versucht Süvern, Mitarbeiter im Ministerium (s.o.), in Preußen die liberalen Prinzipien des neuhumanistischen Bildungskonzepts gesetzlich festzuschreiben. In seinem Entwurf soll das Bildungswesen nicht länger ständisch nach getrennten Schularten organisiert sein, sondern als allgemeinbildendes Schulwesen „die Grundlage der gesamten Nationalerziehung bilden". Aufgabe dieser allgemeinbildenden Schule sei „die Erziehung der Jugend für ihre bürgerliche Bestimmung auf ihre möglichste allgemein-menschliche Ausbildung zu gründen" (zit. nach Herrlitz/Hopf/Titze 1993, S. 47).

Ludwig v. Beckedorff, Mitglied der Zensurbehörde und Leiter des Referates für das Volksschulwesen im preußischen Kultusministerium, kritisiert die Orientierung an einem Menschenbild, das allen Menschen ein Recht auf Entwicklung und Bildung ihrer Kräfte zubilligt. Gegen die Reformer vertritt er das Dogma natürlicher Ungleichheit als anthropologische Prämisse und fordert ein hierarchisch gegliedertes ständisches Schulwesen. Bauern- und Arbeitersöhne sollen nicht „über ihren Stand hinaus" gebildet werden (über

Mädchen, gleichgültig aus welchem Stand wird gar nicht diskutiert). Becke-dorff argumentiert:

> „Dass die Menschen von Natur ungleich sind, dieser Satz steht fest. Er ruht auf der Erfahrung. Diese natürliche Ungleichheit ist aber keines-wegs ein Nachteil für sie, sondern vielmehr das weise Mittel, dessen sich die gütige Weltordnung bedient, um sie desto fester miteinander zu ver-binden." (zit. nach Herrlitz/Hopf/Titze 1993, S. 49)

Humboldt und Süvern schwebt eine Gesellschaft freier Bürger vor, das preußische Ministerium setzt auf Patriotismus (Königstreue, Gehorsam) und betont die Bedeutung der Religion. Statt einer „Elementarbildung für alle" wird eine volkstümliche Bildung für die unteren Sozialschichten durchgesetzt. Das Gymnasium behält die Funktion, das Privileg von Bil-dung und Besitz für die Söhne wohlhabender Familien zu sichern.

Die Stiehlsche Regulative von 1854

Lehrer, insbesondere Volksschullehrer, unterstützen mit großer Anteil-nahme die revolutionären Bestrebungen von 1848. Als Reaktion darauf erneuert Preußen seine restaurative Bildungspolitik und erlässt Bildungs-verbote: Ferdinand Stiehl, seit 1844 im Preußischen Kultusministerium tätig, setzt die Regulative (Ministerialerlasse) durch, die eine staatliche In-doktrination in den Schulen festschreiben: Drei Ziele sind für die Volks-schule vorgesehen: „fraglose kirchliche Gläubigkeit, Liebe zum Herrscher-haus und einige Kenntnisse für das praktische Leben" (Blankertz 1982, S. 163).

Alles, was den Ideen der „allgemeinen Menschenbildung" nahe kommt, wird verboten. Auf keinen Fall sollen die unteren Sozialschichten die eigene Urteilskraft schulen und selbständig denken. Die Lehrerseminare, die als Ausbildungsstätten für Volksschullehrer allmählich eingerichtet werden, dürfen darum keine Pädagogik, Anthropologie, Psychologie, „überhaupt keine ‚Abstraktionen', kein ‚System', keine ‚Kritik'" lehren, sondern sollen sich auf Patriotismus, christliche Lehre und „Schulkunde" beschränken, um die Schüler zu Christen, Untertanen, Bürgern, Bauern und Soldaten erzie-hen zu können (Herrlitz/Hopf/Titze 1993, S. 62 f.). Klassische Literatur ist den Lehrern *auch als Privatlektüre* verboten. Das Ausbildungskonzept be-schränkt sich auf die unhinterfragte und unreflektierte Übernahme vorge-gebener Unterrichtsmethoden. Der Lehrplan, zugeschnitten auf die einklas-sige Landschule, soll folgendermaßen beschränkt werden:

„Religionsunterricht, konzentriert auf Katechismus, biblische Geschichte und Liturgie; Deutschunterricht, reduziert auf Lesen und Schreiben mit dem ausdrücklichen Verbot, Grammatik zu behandeln; Rechenunterricht innerhalb der Grundrechenarten und der Bruchrechnung; Musikunterricht als Einübung von Kirchen-, Volks- und Vaterlandsliedern." (Blankertz 1982, S. 164)

In den städtischen Schulen dürfen darüber hinaus vaterländische Geschichte, Zeichnen und Naturkunde unterrichten werden.

4.4 Entwicklungsetappen des Schulwesens: Alle alles zu lehren und alles regeln

Die Entwicklung lässt sich grob und sehr allgemein in zwei Etappen einteilen (Tenorth 1994, S. 433ff.). In der ersten Etappe von Anfang des 19. bis zum frühen 20. Jahrhundert existieren in Deutschland zwei Bildungssysteme nebeneinander: das höhere und das niedere Schulwesen. Beide Bildungssysteme haben ihre eigenen Formen des Lehrens und Lernens, eigene Lehrer mit separater Ausbildung, unterschiedliche Lernziele, getrennte Formen der Schulverwaltung und Schulaufsicht, und sie unterscheiden sich nach der Art der Berechtigungen, die sie für den Lebenslauf mitgeben. Vor allem rekrutieren sie Kinder aus ganz unterschiedlichen Bevölkerungskreisen.

Die Massenschule heißt *Volksschule*. In der zweiten Hälfte des 19. Jahrhunderts setzt sich hier der Schulbesuch für alle durch. Die Volksschule ist koedukativ und dauert zwischen sechs und acht Jahre, konzentriert sich auf die Kulturtechniken Lesen, Schreiben, Rechnen und die nationale Gesinnungsbildung (Religion, Geschichte), aber sie ermöglicht keine weiterführende Bildung – eine Fortsetzung der Schule ist in dieser Schulform nicht vorgesehen.

Die höheren Schulen der bürgerlichen Schichten und Klassen sind dagegen privilegierte Anstalten. Die *Gymnasien* werden ausschließlich von Jungen besucht. Für bürgerliche Mädchen kommen sukzessive Höhere Töchterschulen oder Höhere Mädchenschulen hinzu, die aber in der Regel nicht an die Gymnasien heranreichen und nicht zum Universitätsbesuch berechtigen. Diese höheren Schulen werden von 8 bis 10% eines Altersjahrgangs besucht und verleihen entweder das sog. Einjährige Freiwilligenzeugnis, das einen verkürzten privilegierten Militärdienst statt der dreijährigen Wehrpflicht erlaubt, oder das Abitur mit dem Weg zur Universität und zu den akademischen Berufen. Deutlich wird die enge Verbindung von Schule und Sozialstruktur; die Schulen stützen die Klassentrennung *direkt*, ohne sie etwa durch Leistungsgesichtspunkte zu legitimieren.

Insgesamt wird die Institutionalisierung des Bildungswesens massiv vorangetrieben, das schulische Lernen wird zunehmend allgemein verpflichtend. Die Steigerung der Schulbesuchsquote von 1816 bis 1846 von 51% auf 78% ist Grund dafür, dass man das 19. Jahrhunderts als „Jahrhundert der Schulen" bezeichnet (Tenorth 2000, S. 166). Nach 1872 kommt es an den Volksschulen zum Ausbau der „Realien"-Fächer (Mathematik, Naturwissenschaften und lebende Sprachen), einer verbesserten Lehrer-Schüler-Relation (die aber 1886 noch bei 1:67 liegt), der Abschaffung des Schulgeldes an Volksschulen und schließlich zu einer Schulbesuchsquote um 1900 von nahezu 100% (Herrlitz/Hopf/Titze 1993, S. 109).

Die Gymnasien mit Zugangsberechtigung zur Universität und der Einführung des Abiturs (1834) dienen der Regulierung von Laufbahnen. Das Abitur (bzw. das sogenannte Einjährig-Freiwilligen-Zeugnis) berechtigt (daher kommt der Begriff „Berechtigungswesen") zum Zugang zu höheren Laufbahnen im Staatsdienst und zur Universität. Die Gymnasien haben eigene Vorschulen, damit die Kinder der höheren Stände für den Erwerb von Elementarkenntnissen nicht die Schulen der Massen besuchen müssen, notfalls werden sie in den ersten Jahren privat unterrichtet.

Neben das klassische humanistische Gymnasium mit alten Sprachen als Hauptfächern treten im Laufe des 19. Jahrhunderts neue Schulformen wie Realgymnasium und Realschulen, die den Anforderungen der Industrialisierung und der technischen Entwicklung folgend, die Naturwissenschaften und neue Sprachen bevorzugen. Das Realgymnasium wird 1859, die Oberrealschule 1887 eingeführt, der Anteil der Gymnasien steigt deutlich, deren Schülerzahl liegt um 1880 bei 75000 (Kraul 1984, S. 86). Die steigenden Studentenzahlen (allein von 1872 bis 1891 erhöht sich die Anzahl von 20500 auf etwa 34000, um 1800 hatte sie bei 5700 gelegen) führen zu einer Diskussion um die „Überfüllungskrise" an den Universitäten (Herrlitz 1973, S. 34; Kraul 1984).

Die Modernisierungsprobleme haben einen ständigen Kampf um Lehrpläne und Berechtigungen (humanistisches vs. Realgymnasium) zur Folge, der das gesamte Jahrhundert andauert. Durch Anpassungen an die Folgen der Industrialisierung entstehen im letzten Drittel des 19. Jahrhunderts die Fach- und Mittelschulen: Die Volksschule wird ausgebaut (längere Schulzeit, mehrklassig), neue Fremdsprachen, kaufmännisches Rechnen und „lokale Bedürfnisse" (Handwerk, Landwirtschaft, Handel, Verkehr) werden berücksichtigt. Da das für die expandierende Industrie der Gründerzeit nicht ausreicht, entsteht in den 1880er und 1890er Jahren ein vielfältiges Fachschulsystem mit unterschiedlichen Zulassungsbedingungen (Herrlitz/Hopf/Titze 1993, S. 65ff.). Die heutigen Fachschulen, Fachhochschulen und technischen Universitäten haben hier ihre Wurzeln. Am Ende des 19. Jahrhunderts ist das Bildungswesen in drei ständisch orientierte Schulformen differenziert: Volksschule, Mittelschule, Gymnasium.

Der Unterricht an den Gymnasien (und an den höheren Töchterschulen; vgl. nächster Abschnitt) findet ganztags statt, nur am Mittwoch und Samstag ist nachmittags schulfrei. Die Unterrichtszeit liegt zwischen 8 und 12 Uhr am Vormittag und 14 und 16 Uhr am Nachmittag, regionale Abweichungen sind möglich.

Die Zertifikate des normierten Schulwesens regeln nun künftige Bildungskarrieren und zwingen schon damals manche Bürgersöhne in privaten Nachhilfeunterricht. An solch ein „Institut" erinnert sich Theodor Lessing, geboren 1872 in Hannover:

„Nachmittags, nach vier, wenn die Schule zu Ende war, musste ich binnen zehn Minuten in der Marienstraße 2 auf Grahns Stube mich einfinden. Da stand auf dem kleinen gelben Tisch die Tasse Malzkaffee mit dem trockenen Stück Graubrot. Als ich größer wurde [Theodor erhielt etwa sechs Jahre bei diesem Lehrer Nachhilfeunterricht], nannte ich das ‚meinen Sokratestrank', wobei ich an des Sokrates Giftbecher im Gefängnis dachte. Punkt viertel nach vier musste die Jause beendet sein. Dann begann das Lernen. Zusammengekauert und verängstigt hockte ich auf dem Rohrstuhl. Im günstigsten Falle dauerte die tägliche Quälerei bis sieben, im ungünstigsten bis acht. Der Zuchtmeister schritt in graublauer Hausjacke von Zimmer zu Zimmer. In jeder seiner Stuben saß geduckt in Einzelhaft ein Pensionär oder Halbpensionär. [...] Die Nachhilfeschüler wurden unter eisernen Druck gesetzt. Kaum, dass wir mit einander ein paar geflüsterte Worte tauschten. Unser Kerkermeister bezeichnete uns die Aufgabe, die wir zu lernen hatten, setzte sich uns gegenüber und hörte ab, und wehe, wenn wir nicht büffelten." (Lessing 1935/1969, S. 144)

Im Verlauf des 19. Jahrhunderts wird das Gymnasium mit einem immer dichteren Netz bürokratischer Maschen eingeschnürt und damit zunehmend Instrument zur Erziehung der künftigen Untertanen. Die Schüler befinden sich in einer „nahezu ‚rechtlosen' Position" (Kluchert 1993, S. 38 u. 41 f.). Auch über die geringe Freizeit der Schüler versuchen die Schulen zu verfügen. Schulordnungen regeln das Verhalten der Schüler auf den Schulwegen, den Besuch der Schüler von Gaststätten, Cafés, Theater u.a.m. Schülermützen erleichtern die soziale Kontrolle (Klika 1990, S. 182). Wichtig zu erwähnen bleibt bei all diesen Neuerungen der Ausschluss der bürgerlichen Mädchen aus dem höheren Bildungssystem.

Die Bildung der Mädchen

Da es im höheren Bildungswesen um Berechtigungen für berufliche Laufbahnen geht, bürgerliche Mädchen aber Hausfrau und Mutter werden sollen, zeigt der Staat keinerlei Interesse an ihrer Ausbildung. Die Etablierung von sog. höheren Töchterschulen erfolgt durch das Privatinteresse wohlhabender bürgerlicher Eltern, die ihre Töchter nicht auf die Schulen für „einfache Leute" (Handwerker, Dienstboten) schicken wollen. Diese Schulen sind keine weiterführenden Schulen – sie zählen zum niederen Schulwesen wie die Volksschulen, es gibt keine Berechtigung zum Studium, keine anerkannten Abschlüsse –, es sind schlichtweg Schulen für höhere Töchter, d.h. Mädchen aus gehobenen Ständen. Wegen der Finanzierungsprobleme werden diese Schulen zum Teil von den Kommunen bezuschusst, es sind auch die Kommunen, die solche Schulen auf Initiative der Eltern einrichten. Eine Höhere Töchterschule umfasst die Schuljahre 1–8 (später 10), der Lehrplan unterscheidet sich deutlich von dem des Gymnasiums. Wichtige Fächer sind Deutsch, Englisch (oder Französisch), Handarbeiten und Religion, die Gelehrten-Fächer Latein und Griechisch gibt es nicht. Um 1900 sind in Preußen etwa zwei Drittel der Höheren Mädchenschulen Privatschulen, die sich über ein hohes Schulgeld finanzieren (Klika 1990, S. 335ff.).

Eine 1872 abgehaltene Konferenz in Weimar versucht, die Pluralität und Heterogenität der Organisation zu vereinheitlichen. Man einigt sich darauf, die Mädchenbildung wie folgt zu begründen: Diese sei notwendig, damit „der deutsche Mann nicht durch die geistige Kurzsichtigkeit und Engherzigkeit seiner Frau an dem häuslichen Herde gelangweilt und in seiner Hingabe an höhere Interessen gelähmt werde" (zit. nach Klika 1990, S. 337). Mädchen haben demnach kein Recht auf allgemeine Menschenbildung über die Volksschule hinaus, ihre Bildung muss mit Blick auf den Ehemann gerechtfertigt werden. In den sog. Maibestimmungen von 1894 werden die Mädchenschulen dahingehend vereinheitlicht, dass sie neun Schuljahre und zwei Fremdsprachen umfassen sollen. Ausdrücklich wird aber daran festgehalten, dass „Berechtigungen bestimmter Art, welche für den künftigen Lebensgang von entscheidender Bedeutung wären, nicht erworben werden" (Herrlitz/Hopf/Titze 1993, S. 97).

Dennoch sind bereits im ersten Drittel des 19. Jahrhunderts den Mädchenschulen in größeren Städten sog. Lehrerinnenseminare angeschlossen. Auch sie entstehen durch Privatinitiative. Sie werden von Mädchen besucht, die aus finanziellen Gründen arbeiten müssen, und von wohlhabenden Familien zur Allgemeinbildung der Töchter genutzt.

„Während Pfarrer-, Beamten- und Lehrerfamilien daran interessiert waren, ihren Töchtern, für den Fall, dass sie unverheiratet blieben, die

Chance auf Erwerbstätigkeit als Gouvernante oder Lehrerin zu ermöglichen, strebte der Kaufmannsstand eine höhere Bildung für die Ehefrauen und Töchter an, damit sie im geschäftlichen Umgang mit Kunden sicher auftreten konnten, das sich als Fremdsprache durchsetzende Französisch beherrschten oder über buchhalterische Kenntnisse verfügten." (Nieswand 1996, S. 176)

Die an den Lehrerinnenseminaren ausgebildeten jungen Frauen können Volksschullehrerin oder Lehrerin einer privaten höheren Töchterschule werden, die Prüfung kann jedoch auch unabhängig vom Besuch eines solchen Seminars abgelegt werden. An den städtischen Höheren Töchterschulen unterrichten auch akademisch gebildete Lehrer, die keine Anstellung an einem Gymnasium (oder Realgymnasium) finden. Der Besuch der höheren Töchterschulen kostet, wie der der höheren Jungenschulen, Schulgeld, an den Privatschulen mehr als an den öffentlichen. Wegen der fehlenden staatlichen Unterstützung liegt der Betrag an einer Mädchenschule teilweise über dem der Gymnasien, d.h. die Eltern müssen für die Schulbildung der Töchter mehr Geld ausgeben als für die der Söhne, obwohl das Ziel der Mädchenerziehung darin liegt, Hausfrau und Mutter zu werden (Klika 1990, S. 341). Die wilhelminische Zeit gilt gemeinhin als jene Epoche, die die polaristische Geschlechterhierarchie auf die Spitze treibt. Das gilt insbesondere für das Bürgertum. Lehrerinnen werden als „entsagende" Frauen, polemisch auch als Blaustrümpfe bezeichnet, denn sie dürfen nicht heiraten bzw. müssen bei einer möglichen Heirat den Beruf aufgeben. Es gibt ein Lehrerinnenzölibat, das übrigens erst 1951 aufgehoben wurde. In der Öffentlichkeit gelten Lehrerinnen als Frauen, die auf dem Heiratsmarkt keine Chancen haben, weil sie nicht hübsch genug sind.

Welche Kämpfe und Mühe die Mädchen und jungen Frauen für den eigenen Bildungsprozess auf sich nehmen, lässt sich mit Hilfe von Autobiographien rekonstruieren. Während junge bürgerliche Mädchen in der Mitte des 19. Jahrhunderts noch kaum mit der Frage einer Berufausbildung in Berührung kommen, verbreitet sich in der Generation um Ina Seidel (geb. 1885) eine „gewisse Unruhe", wie die Autorin schreibt:

„Und vor anderen ging es der Mädchengeneration so, zu der ich gehörte, wenigstens denjenigen von uns, die zu lebendig waren, um das Warten auf die Ehe einzig mit gesellschaftlichem Betrieb, mit Dilettantismus in den bildenden Künsten und am Klavier, mit Handarbeiten und Staubwischen auszufüllen. Wir waren voll innerer Unruhe und von Wissenshunger besessen, wir beneideten diejenigen unserer Bekannten, die sich zu Abitur und Studium entschlossen – es waren in meinem Gesichtskreis nur zwei Mädchen." (Seidel 1925, S. 186)

Zum Studium sind Frauen an deutschen Universitäten nicht zugelassen. Bürgerliche Mädchen aus wohlhabenden Familien, die studieren wollen, gehen ins Ausland. Die bürgerliche Frauenbewegung, wie sie Mitte des Jahrhunderts aufkommt, engagiert sich für die höhere Mädchenbildung, setzt sich für Verbesserungen und Erwerbsmöglichkeiten für Frauen ein. 1850 wird in Hamburg eine Hochschule für das weibliche Geschlecht gegründet, um Frauen Zugang zu höherer Bildung zu ermöglichen. Helene Lange (1848–1930), Gertrud Bäumer (1873–1954) und andere versuchen die gymnasiale Bildung und das Frauenstudium durchzusetzen. Lange gründet 1893 sog. Realkurse, später Gymnasialkurse in Berlin, welche die Mädchen auf das Studium in der Schweiz und später das externe Abitur in Deutschland vorbereiten. 1906 übernimmt Lange eine Beratungstätigkeit in der preußischen Kultusverwaltung, die 1908 zu einer weiteren preußischen Mädchenschulreform führt. In Karlsruhe und Berlin werden 1893 die ersten Mädchengymnasien gegründet. Erst nach der Reform von 1908 werden Mädchen zum Studium zugelassen (Klika 1990, S. 338).

Reformen in der Weimarer Republik

Die zweite Entwicklungsetappe des Schulwesens wird mit der Weimarer Republik eröffnet und ist durch den Versuch gekennzeichnet, den Klassencharakter des Bildungswesens abzubauen und eine Schule zu schaffen, die zur demokratischen Verfassung passt. Allerdings gelingt dies mit den vorhandenen parlamentarischen Mehrheitsverhältnissen nur in Kompromissform. Mit der Weimarer Verfassung wird Schulpflicht statt der bisherigen Unterrichtspflicht durchgesetzt. Durch den Weimarer Schulkompromiss (1920) wird die gemeinsame obligatorische Grundschule für Kinder aller sozialen Schichten und Konfessionen geschaffen. Die Kinder sollen für mindestens vier Schuljahre eine neu gegründete Schule in ihrem Wohnbezirk besuchen. Private Vorschulen, die es bis dahin für bürgerliche Söhne als Vorstufe zum Gymnasium gegeben hatte, werden abgeschafft. Die Rechte der Kirchen werden eingeschränkt. Aber nach wie vor werden die Lehrer und Lehrerinnen an Volksschulen und höheren Schulen unterschiedlich ausgebildet. Nach dem vierten Schuljahr endet das gemeinsame Lernen. Höhere, mittlere und Volksschulen bleiben getrennt und haben bis heute unterschiedliche Lehrpläne und Lernziele, und ihre Zeugnisse haben unterschiedlichen Wert. Das Abitur ist nach wie vor die zentrale Gelenkstelle des deutschen Schulwesens, insofern es zwischen den Schulen eine hierarchische Ordnung erzeugt und die unterschiedliche gesellschaftliche Wertigkeit von Schullaufbahnen symbolisiert. Ausgenommen von den Reformen bleiben allerdings die „Hilfsschüler" (zur Geschichte der Hilfsschule vgl.

Kap. 5.4). Geistig behinderte Kinder gelten weiterhin als „Idioten", als nicht bildungs- und erziehungsfähig und nicht schulfähig. Bildsamkeit (vgl. Kap. 3.2) wird ihnen abgesprochen.

Die Einheitsschulbewegung will die strikte ständisch orientierte Dreigliedrigkeit des Schulwesens, die sich im letzten Drittel des 19. Jahrhunderts etabliert hat und vor allem der Stabilisierung sozialer Unterschiede dient, überwinden. Die Einheitsschulbewegung wird hauptsächlich getragen von den Volksschullehrern und -lehrerinnen, unterstützt vom DLV (Deutscher Lehrerverein). Das Organisationsmodell postuliert eine einheitliche Organisation vom Kindergarten über die Einheitsschule ohne soziale und konfessionelle Trennung bis in die Hochschule mit einem einheitlichen Lehrerstand (Herrlitz/Hopf/Titze 1993, S. 125ff.). Dieses Modell kann sich jedoch in der Weimarer Republik nicht durchsetzen. Damals (wie heute) sind die Gegenargumente der Konservativen, dass man gegen die „Gleichmacherei" sei und Leistungsverfall befürchte.

Die Ausbildung der Lehrkräfte an Volksschulen wurde reformiert. Statt in sog. Präparandenanstalten werden in einigen Ländern (Thüringen, Hamburg, Hessen, Mecklenburg) die Ausbildung der Volksschullehrerinnen und Volksschullehrer an die Universitäten bzw. Technischen Hochschulen verlagert. In Preußen (dem größten Land) werden Pädagogische Akademien (Vorläufer der Pädagogischen Hochschulen, die es noch heute in einigen Bundesländern gibt) für die Ausbildung der Volksschullehrer eingerichtet. Zugangsvoraussetzung wird auch dort das Abitur. Die pädagogischen Akademien sollen sich aber ausdrücklich nicht an universitären Standards orientieren. Im Gegensatz zur theoretischen (akademischen) Ausbildung der Gymnasiallehrer sollen die Pädagogischen Akademien den Praxisbezug stärken (ebd.).

Für Mädchen fielen in der Weimarer Republik Bildungsbeschränkungen. 1921 führten in Preußen etwa 10% der Mädchenschulen zur Hochschulreife, zehn Jahre später waren es schon 60%. Um 1930 waren ca. 25% der Abiturienten Mädchen, in ganz Deutschland etwa 20%. Auch an den Universitäten stieg die Zahl der Studentinnen: 1910 waren es 4%, um 1930 etwa 20%. Wegen der wirtschaftlichen Rezession und der immer noch starken sozialen Ressentiments gegen akademische Ausbildung von Frauen waren die Berufsaussichten allerdings beschränkt: als Lehrerin, Ärztin, Zahnärztin und Apothekerin hatten sie Chancen (ebd.).

Exkurs Reformpädagogik

Um die Jahrhundertwende zum 20. Jahrhundert geraten Kultur und Mentalitäten des späten 19. Jahrhunderts in die Kritik. Ein Modernisierungsschub erfasst die Gesellschaften, Lebensreformen versuchen von Etikette und Korsett zu befreien.

Um 1900 begehren zunächst (bürgerliche) männliche Jugendliche, später auch die proletarische Jugend und bürgerliche Mädchen, auf gegen den Druck und die Kontrolle von Elternhaus und Schule. In der sog. Jugendbewegung fordern sie Freiräume zu Selbstgestaltung und Selbstbestimmung ein. Anknüpfend an Romantik, Sturm und Drang und das Mittelalter (Rittertum) propagieren sie beispielsweise das Wandern in Gruppen ohne Aufsicht von Erwachsenen, entwickeln „freiere" Formen der Bekleidung, weg vom Matrosenanzug und den Schülermützen (Baacke 1991; Reulecke 2001).

In der Pädagogik entwickelt sich weltweit ein Konglomerat an Reformbestrebungen und -ideen, das bis in die Gegenwart als aktuell diskutiert wird. In Anlehnung an die Jugendbewegung und andere Reformbewegungen soll eine „Pädagogik vom Kinde aus" (Ellen Key) initiiert werden. Die Schule gilt den Reformern als veraltete, verstaubte Buchschule, in der das Auswendiglernen an vorderster Stelle steht. Gegen die im wilhelminischen Kaiserreich und anderswo vorherrschenden Erziehungsvorstellungen von Gehorsam und Unterordnung unter die Autorität (in Familie und allen pädagogischen Institutionen) greifen die Reformer und Reformerinnen u.a. auf Rousseaus und Pestalozzis Erziehungsideen zurück – zum Teil allerdings sehr verkürzt – und propagieren die freie Entfaltung der kindlichen Persönlichkeit (Erziehung als Wachsenlassen). Es kommt zu einer Neueinschätzung und positiven Bewertung der kindlichen schöpferischen Potentiale, die es besonders zu fördern gilt (Tenorth 2000, S. 217ff.).

In der Kunsterzieherbewegung etwa propagiert man die Bedeutung kindlicher Erfahrung, an die schulisches Lernen anknüpfen sollte; Alfred Lichtwark (1852–1914) stellt in der Hamburger Kunsthalle Kinderzeichnungen aus und entfacht damit einen Skandal. Die Landerziehungsheimbewegung (Hermann Lietz, 1868–1919) konzipiert Internatsschulen, die fernab der als verdorben geltenden Großstädte in der „Natur" eingerichtet werden (z.B. Odenwaldschule). Durch Einheitsschulkonzepte mit ganz unterschiedlichen didaktischen Visionen und Entwürfen (Projektmethode, Wochenplanarbeit, Freiarbeit, positives Kinderheim u.v.a.m.) versuchen die Reformer und Reformerinnen die pädagogische Praxis zu erneuern. August Aichorn (1878–1949), William Heard Kilpatrick (1871–1965), Celestin Freinet (1896–1966), Maria Montessori (1870–1952), Helen Parkhurst (1887–1973), Cecil Reddie (1858–1932) und viele andere werden dieser Reformbewegung zugerechnet; die Gründung der Waldorfschulen (Rudolf Steiner, 1861–1925), die Idee der Arbeitsschule (Georg Kerschensteiner, 1854–1932) oder der Jenaplan-Schule (Peter Petersen, 1884–1952) gehören in jene Zeit.

Nationalsozialismus

Wenn wir uns den Veränderungen während des Nationalsozialismus zuwenden, müssen wir deutlich zwischen propagandistischen Konzepten und praktischer Umsetzung unterscheiden. Durch die Zentralisierung („Gleichschaltung" der Länderverwaltungen) der nationalsozialistischen Politik können bereits 1933 Veränderungen im Schul- und Hochschulsystem in ganz Deutschland durchgeführt werden, die in der Weimarer Republik lange diskutiert, aber nicht umgesetzt werden konnten. Das betrifft etwa die sog. „Überfüllung" der Gymnasien, der höheren Mädchenschulen und der Universitäten. Seit 1931 haben konservative Kräfte propagiert, Mädchen mehr auf praktische Tätigkeiten hinzulenken und die weiterführenden Schulen vor „Ungeeigneten" zu schützen. Das „Gesetz gegen die Überfüllung deutscher Schulen und Hochschulen" vom April 1933 setzt die Gedanken in die Tat um: Schulen und Fakultäten sollen nun Aufnahmezahlen festsetzen, die die Zulassung einschränken. Es werden Quoten für Juden (1,5 %) und Frauen (10 %) festgesetzt (Tenorth 2000, S. 263).

Neu ist die Umsetzung rassistischer Konzepte: Das „Gesetz zur Wiederherstellung des Berufsbeamtentums", bereits Anfang April 1933 beschlossen, gestattet es, „Nichtarier" (§ 3, ebenso wie politische Gegner, § 4) unmittelbar aus dem Dienst zu entlassen. Dadurch werden jüdische Lehrkräfte, Dozenten und Professoren (auch Ärzte, Rechtsanwälte und Richter) und politische Gegner (Sozialdemokraten, Kommunisten und Republikanhänger) aus dem Bildungssystem und dem öffentlichen Dienst verbannt. Die schulischen Lehrpläne werden ebenfalls 1933 der völkischen Ideologie angepasst.

> „1934 wird schließlich das ‚Reichsministerium für Wissenschaft, Erziehung und Volksbildung' (RMWEV) eingerichtet, mit dem nicht nur die bildungspolitische Kompetenz der Länder aufgehoben, sondern auch Berufsbildungseinrichtungen der Kompetenz der Kultusminister unterstellt wurden." (Tenorth 2000, S. 263)

Bis 1939 gibt es zahlreiche weitere Verordnungen und Erlasse, die versuchen, die „Gleichschaltung" auf allen Ebenen des Bildungssystems wirksam werden zu lassen und die nationalsozialistische Ideologie in den Lehrplänen zu verankern (ebd., S. 264). Die Hilfsschulen werden als Sonderschule vereinheitlicht, vereinheitlicht wird auch das Berufsschulwesen. Doch gibt es verschiedene Faktoren (z.B. demographischer Wandel: abnehmende Geburtenzahlen; Kriegsvorbereitung und Krieg), die die Realisierung der ursprünglichen Zielsetzungen verhindern.

„Blickt man hinter die Kulissen propagandistisch behaupteter Geradlinigkeit, so ergibt sich ein geradezu chaotisches Bild ungeklärter Kompetenzregelungen zwischen Staats- und Parteiinstanzen, parteiinterner Machtkämpfe und persönlichen Rivalitäten, die durch gelegentliche ‚Führerbefehle' immer nur vorübergehend geschlichtet werden konnten." (Herrlitz/Hopf/Titze, 1993, S. 155)

Während der Zeit des Zweiten Weltkrieges herrschen Begrenzungen vor: Die Quotierung der jüdischen Studenten kann schon 1933 durchgesetzt werden, die der Frauen jedoch nicht. Jüdische Schüler und Schülerinnen werden bis 1938 an den normalen öffentlichen Schulen geduldet, dann auf das jüdische Bildungswesen verwiesen, ab 1941/42 werden ihnen alle Bildungsmöglichkeiten verwehrt; „an die Stelle der Bildung des Subjets treten Mord und Vernichtung" (Tenorth 2000, S. 266).

Mit der Installierung der HJ („Hitler-Jugend") und des BDM („Bund deutscher Mädel"), die durch Zusammenführung früherer Jugendorganisationen geschaffen wurden, wird eine neue Erziehungsinstitution etabliert, die durch die Zwangsmitgliedschaft ab 1939 befestigt wird. Insbesondere für Mädchen entsteht dadurch ein neuer politischer Wirkungskreis. Die Ausweitung des Erziehungsanspruchs setzt sich fort in Organisationen für Erwachsene (Arbeitsfront u.a.; ebd., S. 267f.). Zur „Formung der Volksgenossen" (Herrmann 1985) tragen nicht zuletzt die ästhetische und mediale Inszenierungen bei: Massenaufmärsche, Kontrolle der öffentlichen Medien, Olympische Spiele, Filmpropaganda.

1933 hat der NS-Staat in der Bevölkerung massenhafte Zustimmung erfahren, bereits im Mai 1933 waren z.B. „25% aller Lehrer in die NSDAP eingetreten" (Herrlitz/Hopf/Titze, 1993, S. 151). Erst mit dem Krieg verändert sich die Mentalität: Die Emphase schwindet allmählich und die Mehrheit zieht sich in den eigenen Alltag zurück, die Sorge um das persönliche Überleben steht im Vordergrund.

Die Restauration des Schulwesens nach 1945

Vordringlichstes Interesse nach dem Zusammenbruch des Nationalsozialismus und der Zerstörung der Städte ist die Wiederherstellung eines ordentlichen Schulbetriebs. Die Reforminitiativen sind gerichtet auf die Revision der Unterrichtsinhalte, den Austausch belasteten Lehrpersonals und Veränderungen der Schulstruktur: Im Gespräch waren z.B. eine 6-jährige Grundschule (Baden-Württemberg), die 8-jährige Grundschule (Berlin) oder (in Hessen) gar eine 12-jährige Einheitsschule (Herrlitz/Hopf/Titze, 1993, S. 161ff.).

Durch die Trennung des Landes in die Westzonen und die SBZ („Sowjetisch besetzte Zone") verändern sich die politischen Kräfteverhältnisse im Westen zuungunsten der Reformer. Das konservative Modell der vierjährigen Grundschule und des dreigliedrigen Schulsystems (mit „Hilfsschule" eigentlich viergliedrig) werden wiederhergestellt. Am Gymnasium wird die Geschlechtersegregation beibehalten, ebenso das Schulgeld (bis ca. 1950) und das Lehrerinnenzölibat, das bis 1951 galt.

In der SBZ dagegen setzen sich die Reformer mit einem Einheitsschulmodell durch, das den Anforderungen der Modernisierung besser entspricht und anfangs auch der Verbesserung der Chancengleichheit diente: An die achtjährige Grundschule schließen Berufs- und Oberschulen an; Vorstudienanstalten und Arbeiter- und Bauernfakultäten (bis 1959) sollen Arbeiter- und Bauernkindern ein Studium ermöglichen. Der reformerische Ansatz wird jedoch spätestens in den 1960er Jahren zunehmend zurückgeschraubt; die Förderung von ehemals Unterprivilegierten wird durch Selektion nach politischen Kriterien verdrängt. 1959 wird die allgemeine polytechnische Oberschule (POS) als Einheitsschule etabliert, an die die zweijährige „Erweiterte Oberschule" (EOS) anschließt (Anweiler 1988, S. 128).

Die Reformphase ab 1965

Zur Zeit des kalten Krieges bescheinigt der sog. Sputnikschock – 1957 hatte die Sowjetunion erstmals einen unbemannten Raumkörper in das All geschossen – den Westmächten einen technologischen Rückstand gegenüber der Sowjetunion. Nach der Schließung der Grenzen zwischen DDR und BRD können aus dem Osten keine qualifizierten Arbeitskräfte mehr in den Westen nachwandern. Der Soziologe Georg Picht ruft 1964 die „deutsche Bildungskatastrophe" aus. Empirische Untersuchungen belegen, dass die damalige Qualifikationssituation der Schulabgänger nicht durch mangelnde „Begabungen", sondern hauptsächlich durch Diskriminierung entstanden ist. Benachteiligt sind Kinder aus Arbeiterfamilien, aus der ländlichen Bevölkerung, der Katholiken und Mädchen. Um diese Benachteiligungen zusammenzufassen, wird die Kunstfigur des „katholischen Arbeitermädchens vom Lande" erfunden. 1960 besucht in der alten BRD über 70% eines Schülerjahrgangs die Hauptschule. Nur etwa 5% der Arbeiterkinder besuchen eine weiterführende Schule. Insgesamt macht etwa 6% eines Schülerjahrgangs das Abitur (Herrlitz/Hopf/Titze, 1993, S. 167). Etwa 80% der Mädchen besucht die Schule nur bis zum 14. Lebensjahr, Eltern und Lehrer sind verbreitet der Meinung, dass sich eine längere Ausbildung für Mädchen nicht lohne, „weil sie ja doch einmal heiraten". Hausfrau, Gattin und

Mutter zu sein, ist noch 1950 das erklärte (wenn auch nicht offiziell propagierte) Ziel der Mädchenbildung.

Der Mangel an qualifizierten Arbeitskräften soll durch die Förderung von sogenannten „Begabungsreserven" behoben werden. 1965 wird der „Deutsche Bildungsrat" zur Koordination der Reformen gegründet. Mehr Chancengleichheit wird wichtiges bildungspolitisches Ziel. Die Abiturientenzahlen sollen gesteigert, das Schulsystem insgesamt durchlässiger werden (Erleichterung der Übergänge von Realschule zu Gymnasium etc.). Um das Qualifikationsniveau in Westdeutschland zu heben, entwickelt der „Deutsche Bildungsrat" einen Strukturplan zur Reform des Bildungswesens. Dessen wichtigste Empfehlungen lauten:

- In Bezug auf die Schulstruktur: Auflösung des frühen Selektionszwangs zugunsten eines integriertes Schulsystems, das damaligen internationalen Standards entspricht: Grundschule, Orientierungsstufe (Kl. 5, 6), Sekundarstufe I, Sekundarstufe II;
- für die Didaktik: curriculare Wissenschaftsorientierung für alle Schüler (statt bisher „volkstümliche", praktisch-theoretische und rein theoretische Bildung bezogen auf die Dreigliedrigkeit);
- für die Unterrichtsmethodik: entdeckendes Lernen zur Förderung wissenschaftlicher Orientierungen; entsprechend der Demokratisierung des Schulwesens Förderung des sozialen Lernens (Herrlitz/Hopf/Titze, 1993, S. 209).

Diese Reformen können aber nicht durchgesetzt werden, die Einführung von Gesamtschulen scheitert am Widerstand konservativer Bildungspolitiker, die geplante Integration von allgemeiner und beruflicher Bildung scheitert am Widerstand der Unternehmér die einen Verlust ihres Einflusses befürchten. Dennoch gab es einige Neuerungen, so z.B.

- die Einrichtung eines 10. Schuljahrs an Hauptschulen sowie die Erweiterung der Abschlüsse an Haupt- und Realschulen; die Einführung des Kurssystems in der gymnasialen Oberstufe (1972);
- die Gründung von Fachoberschulen mit der anschließenden Möglichkeit Fachhochschulen zu besuchen und
- neue Formen der beruflichen Ausbildung (Berufskollegs, Fachschulen).

Trotz der sehr begrenzten Reformerfolge gibt es auch im westdeutschen Schulwesen der Nachkriegszeit, vor allem seit den 1960er und 1970er Jahren dramatische Veränderungen:

- Zunächst ist hier die Bildungsexpansion zu nennen. Die weiterführende Bildung wurde verallgemeinert. Der Anteil der Hauptschüler an allen Schülern und Schülerinnen der achten Klasse ist auf weniger als ein Viertel gefallen. In einigen Bundesländern existieren mittlerweile Hauptschulen als eigene Schulform nicht mehr. Auch der Anteil derjenigen, die eine Hochschulbildung in Anspruch nehmen, ist stark angestiegen. Im internationalen Vergleich sind das aber immer noch vergleichsweise wenige.

- Die Sekundarstufe hat viel von ihrer ständischen Distinktion verloren und ist über die verschiedenen Schulformen hinweg vereinheitlicht worden.

- Das überkommene Mädchenschulwesen ist verschwunden, und die Differenzen zwischen dem städtischen und ländlichen Schulwesen wurden aufgehoben. Das katholische Arbeitermädchen vom Land ist heute nicht mehr benachteiligt, wohl aber das Arbeiterkind und das Kind von Migranten.

- Auffallend gering ist in Deutschland immer noch die Zahl der Jahre, die in gemeinsamen Schulen verbracht werden. Es sind zumeist nur vier. Und selbst hier wird ein Teil der Schülerinnen und Schüler oft ausgegrenzt: die sog. Behinderten. Das sind in Deutschland nicht nur körperlich und geistig Behinderte, sondern auch sog. „Lernbehinderte" – eine Kategorie, die in den meisten anderen Ländern gar nicht existiert.

In diesem Zusammenhang liegt es nahe, kurz auf die Ergebnisse internationaler Vergleichsstudien wie PISA zu verweisen. Die Leistungsunterschiede zu anderen Ländern sind insgesamt nicht so dramatisch, wie in der oft sehr aufgeregten Diskussion suggeriert wird. Auffällig ist aber, dass *erstens* die Leistungsunterschiede zwischen den besten und den schwächsten Schülern nirgendwo größer sind als in Deutschland. Dabei ist der Anteil schwacher und schwächster Schüler mit etwa 20 % eines Altersjahrgangs ungewöhnlich hoch. Die leistungsstärksten deutschen Schüler und Schülerinnen sind jedoch nicht besser als die leistungsstärksten anderer Länder. Die beliebte Rechtfertigung des deutschen Gymnasiums wird durch die PISA-Ergebnisse also nicht gestützt. Die Ergebnisse der IGLU-Studie, die sich auf Grundschulen bezieht, legen im Gegenteil den Eindruck nahe, dass die Probleme im Sekundarschulwesen zu suchen sind. „Die Streuung der Leistungswerte ist in Deutschland am Ende der vierten Jahrgangsstufe klein. […] Nur wenige andere Länder erreichen eine geringere Streuung." (Bos u.a. 2003, S. 12) Dabei „sind die Leistungen in der Grundschule signifikant weniger vom sozialen Hintergrund abhängig als in der Sekundarstufe" (ebd., S. 33). – *Zweitens* gibt es in allen Ländern eine Korrelation, also einen statistischen Zusammenhang, zwischen schlechten Testergebnissen und einem niedrigen Bildungs- und Berufsstatus der Eltern; und in allen Ländern erzielen Einwandererkinder schlechtere Ergebnisse als Kinder von Nicht-Migranten und Jungen schlechtere als Mädchen. Aber in Deutschland sind diese Abstände größer als in den anderen Ländern.

Kurzer Vergleich mit anderen modernen Gesellschaften

Die skizzierte Entwicklung gilt so allerdings nur für Deutschland. Zwar gibt es in allen unabhängigen, d.h. politisch selbständigen Staaten (also um 1800 im Wesentlichen in Europa, in den USA sowie in Lateinamerika, ab etwa 1870 kommt Japan dazu) ähnliche Entwicklungen, so dass man von einer Weltbildungsrevolution sprechen kann, aber im Rahmen dieser allgemeinen Entwicklung zu einem „modernen" öffentlichen Bildungswesen gab und gibt es beträchtliche Varianten, deren Einfluss auf die Art von Schule und Unterricht nicht unterschätzt werden darf:

- **Schule „von oben" – Schule „von unten".** So ist etwa in Deutschland oder Frankreich die Schule eine staatliche Angelegenheit, die zentral verwaltet wird – in Frankreich landesweit von Paris aus; in Deutschland vom jeweiligen Landesherrn und seinen Bürokraten, heute von den Länderregierungen. In Großbritannien und den USA war und ist Schule dagegen in erster Linie eine Angelegenheit der Gemeinde. Die Auswirkungen sind keineswegs nur verwaltungstechnischer Natur. So haben wir in Deutschland etwa einen kontinuierlichen Fluss kultusministerieller Verordnungen – ähnlich wie in Frankreich – und eine ausgeprägte bürokratische, wenn nicht obrigkeitsstaatliche Hierarchie in der Schulverwaltung und der Schulleitung. In den USA sind die Schulen dagegen aufgrund der lokalen Kontrolle offener für unmittelbare demokratische Partizipation und Einflüsse, die freilich ganz unterschiedlich sein können und die Schule dadurch auch verwundbarer machen (Einfluss christlicher Fundamentalisten auf die Lehrpläne).
  Auswirkungen hat das auch auf die Stellung und das Ansehen von Lehrern: In Deutschland sind sie traditionell Beamte, die als Vertreter des Staates angesehen und als solche gefürchtet und angefeindet werden. In den USA sind Lehrer dagegen so etwas wie bessere Gemeindediener, die ihre Arbeit gut oder schlecht machen, so wie jeder andere Berufstätige auch – es gibt aber keinen Grund, sich ihnen unterlegen zu fühlen oder ihnen besonders auf die Finger zu schauen.
  In einem dezentralen System wie dem US-amerikanischen kann sich auch kein schulisches Berechtigungswesen entwickeln, wie es für Deutschland typisch ist. Während es bei uns als selbstverständlich gilt, dass Schulen, Schulzeugnisse und Schulabschlüsse darüber entscheiden,

wer zu welchem Bildungsgang zugelassen wird, wer die Universität besuchen darf und selbst noch, wer welche Ausbildung machen kann (sogar wenn diese Ausbildung in privaten Betrieben stattfindet), hat der oder die Einzelne in den USA einen weit größerem individuellen Entscheidungsspielraum. Das heißt nicht, dass Leistung keine Rolle spielen würde, sondern nur, dass eine größere Vielfalt bei ihrer Definition herrscht. Welche Leistungen verlangt werden, wird nicht zentral – obrigkeitsstaatlich – definiert, sondern von den jeweiligen abnehmenden Einrichtungen bzw. den Lernenden selbst bestimmt, beispielweise durch (unterschiedliche) Aufnahmeprüfungen an Colleges und Hochschulen oder durch Tests, Empfehlungen oder eigene Eindrücke bei Anstellungen.

Auch dies hat wiederum Auswirkungen auf die Stellung der Lehrperson. Sie ist in den USA nicht als Richterin über die schulische und berufliche Zukunft eingesetzt, die gleichzeitig auch noch unterstützen und fördern soll, sondern ist allein für Förderung und Unterstützung zuständig. Entsprechend haben hier Schülerinnen und Schüler und die Lehrpersonen die *gemeinsame* Aufgabe der Maximierung der Chancen der Absolventen und Absolventinnen in nachfolgenden Institutionen. Im deutschen Fall führt die Konzentration von Aufgaben auf Seiten der Lehrperson leicht zu Überlastung, auch zu einer Überlastung der Lehrer-Schüler-Verhältnisse. Die Gefahr, dass die Beziehung emotional aufgeladen wird, ist auf beiden Seiten sehr groß. Schulkritik ist deshalb in Deutschland – zumal außerhalb der Erziehungswissenschaft – meistens Lehrerkritik. Allerdings kann sich die Lehrperson in Deutschland – anders als die US-amerikanische Kollegin – dafür in den meisten Schularten auf das Richteramt stützen, sollte ihre Autorität gefährdet sein (Schubert 2002; 2010).

- **Stellung zur Religion.** Ein anderer Unterschied ist die Stellung zur Religion. In Frankreich oder den USA, übrigens auch in der Türkei, sind Schulen strikt säkular; in Deutschland sind sie immer noch stark kirchlich beeinflusst, was schon aufgrund der Konfessionsverschiedenheiten zu Problemen führte, mit der heutigen religiösen Vielfalt aber völlig anachronistisch wird. Einfluss bezieht sich dabei wohlgemerkt auf die institutionelle Verankerung, nicht auf private Überzeugungen der Lehrpersonen. In den USA können die Lehrerin und das ganze Kollegium noch so fromm sein, Religionsunterricht gibt es ausschließlich in der *sunday school*.

- **Einheits- bzw. Gesamtschulwesen.** Auch bei den skizzierten Entwicklungsetappen des Schulwesens gibt es beträchtliche Unterschiede. So beginnt etwa die zweite Etappe – also die Phase der Verbindung von Schule und Demokratie und der Überwindung oder des Versuchs der Überwindung des Klassencharakters der Schule – in einigen Staaten früher und ist vor allem intensiver. So spielt beispielsweise in den USA die erste Phase eine relativ geringe Rolle. Sie findet sich im Wesentlichen nur in den Ostküstenstaaten, dafür allerdings mit Resten bis heute. Dagegen gibt es in den meisten Regionen von vornherein eine einheitliche Grundschule, die sich zwischen 1850 und 1900 überall durchsetzt. Zwischen 1930 und 1950 wird die *Highschool* praktisch zur Pflichtschule für alle. Das heißt, die Schülerinnen und Schüler bleiben für insgesamt zwölf Jahre in einer gemeinsamen Schule, die zwar intern differenziert, etwa durch Auswahl der Unterrichtsfächer, aber allen den gleichen Abschluss gewährleistet (Buttlar 1952; Mintz 2004).

Die Einführung und Durchsetzung einer Schule für alle, die im Pflichtschulbereich ohne *äußere* Differenzierung auskommt, lässt sich als dritte Etappe der Entwicklung des Pflichtschulwesens kennzeichnen. Sie beginnt in den USA und in der Sowjetunion. Nach Ende des Zweiten Weltkrieges folgen zunächst Japan, die DDR, seit den 1950er Jahren England, etwas später auch Frankreich – um nur einige wichtige Staaten zu nennen. Mittlerweile ist dieses Einheitsschulmodell fast weltweit die Regel.

Was lässt sich nun aus einer solchen historischen Skizze und aus dem Aufweis von internationalen Gemeinsamkeiten und Unterschieden folgern? Zu kurz griffe gewiss eine Antwort nach dem Motto, was alle haben, brauchen wir auch. Vielmehr muss nach der Aufgabe und Funktion der Schule gefragt werden. Nur daran kann auch ihr Erfolg gemessen werden. Die historische Skizze hat bereits einige Hinweise auf mögliche Aufgaben und Funktionen erbracht, so etwa die Vermittlung von elementaren Kulturtechniken, die nationale Gesinnungsbildung und die staatsbürgerliche Erziehung bzw. die Erziehung zur Demokratie.

4.5 Aufgaben und Funktionen von Schule: Es geht auch anders

Pädagogische und soziologische Perspektiven

Mit dem Titel ist unterstellt, dass es sich bei Aufgaben und Funktionen um zweierlei handelt. Ganz grob lässt sich der Unterschied so verdeutlichen: *Aufgabe* ist das, was bestimmte Instanzen – Politik, insbesondere die zuständigen Ministerien, Wissenschaft, besonders die Pädagogik, aber auch Öffentlichkeit, Interessenverbände usw. – von der Schule *verlangen*, was sie ihr „aufgeben". *Funktion* bezeichnet dagegen eher das, was Schule tatsächlich leistet und bei realistischer und nüchterner Betrachtung auch leisten kann. Ein Beispiel für die analytische Fruchtbarkeit einer solchen Unterscheidung haben wir bereits im Kapitel über Erziehung kennen gelernt: Siegfried Bernfeld differenziert genau zwischen dem, was Pädagogen sich als Aufgaben stellen, und der tatsächlichen Wirkung, wenn er sagt: Die Schule – als Institution – erzieht, unabhängig von dem, was Lehrkräfte sich vornehmen. Ganz ähnlich kann man auch unterscheiden zwischen der Schulprogrammatik, dem was Pädagogen versprechen, Politiker erwarten oder verlangen, Ministerien vorschreiben, und der tatsächlichen gesellschaftlichen Funktion der Schule.

Zugleich verweisen die beiden Begriffe – Aufgabe und Funktion – auf zwei unterschiedliche Perspektiven: die pädagogische und die soziologische. Meist ist es die Pädagogik, die vom Individuum ausgeht und dem, was für seine bestmögliche Entwicklung notwendig wäre. Dementsprechend beschreibt sie vor allem Aufgaben. Andere Wissenschaften – etwa die Soziologie oder die Ökonomie – fragen eher nach Kosten-Nutzen-Relationen oder nach den Gründen dafür, warum sich ein teures Schulwesen auch dann noch lohnt, wenn die großen Versprechungen, die Pädagogen und Politiker von Zeit zu Zeit abgeben, nicht eingelöst werden. Diese Wissenschaften fragen in erster Linie nach der Funktion. Bei den beiden unterschiedlichen Perspektiven geht es nicht nur um Anspruch und Wirklichkeit, sondern zugleich um die Wirklichkeit der Ansprüche, also nicht nur darum, dass viele mit Schule verbundene Ansprüche einer nüchternen Analyse nicht standhalten, sondern auch darum festzuhalten, dass das Schulwesen auch dann noch unverzichtbar ist, wenn die Ansprüche enttäuscht werden.

Aufgaben von Schule

Beginnen wir mit der pädagogischen Perspektive: Aufgaben der Schule und Ansprüche an die Schule sind festgehalten in Allgemeinbildungskonzepten, von denen wir eines exemplarisch vorstellen möchte. Zumindest die anspruchsvolleren dieser Konzepte knüpfen an klassische Bildungstheorien an oder setzen sich damit auseinander. Explizit geschieht dies beispielsweise bei Wolfgang Klafki. Er nimmt sich die wichtigsten klassischen Bildungstheorien noch einmal vor und entwickelt daraus Forderungen und Erwartungen an allgemeine Bildung, die nach wie vor als gültig betrachtet werden können (vgl. Kap 3.4). Allgemeinbildung hat dabei drei unterschiedliche Bedeutungsdimensionen:

1. „*Allgemein*' besagt zum einen, dass Bildung eine Möglichkeit und ein Anspruch *aller* Menschen der betreffenden Gesellschaft bzw. des betreffenden Kulturkreises, ja letztlich der Menschheit im ganzen ist." (Klafki 1985, S. 45) Dieser Anspruch bezieht sich *zum einen* auf die heute meist hervorgehobene Chancengleichheit und zielt insofern auf intensivere „Bemühungen um den Ausgleich der in der familiären, weithin immer noch schichtspezifischen Sozialisation begründeten unterschiedlichen Ausgangsbedingungen der Kinder und Jugendlichen, aber auch der Erwachsenen im Bereich der tertiären Bildung" (ebd., S. 19). Er bezieht sich aber zugleich auch auf das Recht eines jeden Menschen, auf die pädagogisch unterstützte Entfaltung all seiner Möglichkeiten, unabhängig von seiner künftigen Stellung im beruflichen Leben. Der oder die einzelne muss nicht nur als Staatsbürger oder Staatsbürgerin zur demokratischen Teilhabe und als autonomes Rechtssubjekt zur eigenständigen und selbstverantwortlichen Lebensführung in der Lage sein, sondern soll zugleich die Chance haben, sich so umfassend und vielseitig wie möglich zu entfalten. Das verweist auf die zweite Bedeutungsdimension von „allgemein", im Begriff der Allgemeinbildung.

2. „*Allgemein*' zielt weiterhin auf das Insgesamt der menschlichen Möglichkeiten, *sofern* sie mit der Selbstbestimmung und der analogen Entwicklung aller anderen Menschen vereinbar sind: auf den Menschen als produktiv arbeitendes und seine Welt handwerklich-technisch veränderndes, erkennendes, ethisch und politisch entscheidendes und handelndes, emotional empfindendes und wertendes, zwischenmenschliche Beziehungen vollziehendes, ästhetisch wahrnehmendes und gestaltendes Wesen." (Ebd., S. 45). Allgemeinbildung hat in diesem Sinne also nicht nur eine kognitive Dimension, es geht nicht allein um Einsichten und intellektuelle Fähigkeiten, sondern auch um moralische und politische Verantwortlichkeiten, Entscheidungs- und Handlungsfähigkeiten und Fragen der Ästhetik.

3. „Die Bestimmung ,*allgemein*' im Begriff der Allgemeinbildung meint schließlich, dass Bildung sich zentral *im Medium des Allgemeinen* vollzieht, d.h. in der Aneignung *von* und in der Auseinandersetzung *mit* dem die Menschen gemeinsam Angehenden, mit ihren gemeinsamen Aufgaben und Problemen, den in der Geschichte entwickelten Denkergebnissen und Lösungsversuchen, den Erfahrungen des Menschen als Individuums und als gesellschaftlichen Wesens, aber auch den sich abzeichnenden künftigen Entwicklungen, Gefahren und Möglichkeiten und mit alternativen, ggf. kontroversen Antwortversuchen auf solche Schlüsselprobleme der Gegenwart und der Zukunft." (Ebd.)

Aktuell ist ein solches Allgemeinbildungskonzept nicht zuletzt deshalb, weil die verschiedenen Forderungen und Ansprüche bislang nicht oder nur teilweise umgesetzt sind. Sie stellen uneingelöste Versprechen einer modernen demokratischen Gesellschaft dar. Verwirklicht werden können sie *nicht* dadurch, dass man sie in regelmäßigen Abständen den Politikern oder den Schulverwaltungen vorlegt. Ihre Realisierung erfordert vielmehr das politische, demokratische Engagement jedes einzelnen Bürgers, jeder einzelnen Bürgerin und vor allem auch das professionelle Engagement jedes einzelnen Pädagogen und jeder einzelnen Pädagogin. Insofern handelt es sich bei den Forderungen um Maßstäbe für das pädagogische Handeln jedes Einzelnen und für jede einzelne pädagogische Maßnahme. Aufklärung, Bildung ist – ganz wie bei Kant – nicht nur Recht, sondern auch Pflicht jedes Einzelnen (vgl. Kap 3.4). Allgemeinbildung ist in diesem Verständnis nichts, was man qua Verordnung oder qua pädagogische Aktivitäten ein für allemal erreichen könnte, sondern eine fortwährende individuelle und gesellschaftliche Aufgabe.

In diesem Sinne sind dann auch die folgenden Bestimmungen der fundamentalen Fähigkeiten zu verstehen. Allgemeinbildung muss demnach heute verstanden werden

- „als Fähigkeit zur Selbstbestimmung über die je eigenen, persönlichen Lebensbedingungen und Sinndeutungen zwischenmenschlicher, beruflicher, religiöser Art;
- als Mitbestimmungsfähigkeit, insofern *jeder* Anspruch, Möglichkeit und Verantwortung für die Gestaltung unserer gemeinsamen gesellschaftlichen und politischen Verhältnisse hat;
- als Solidaritätsfähigkeit, insofern der eigene Anspruch auf Selbst- und Mitbestimmung nur gerechtfertigt werden kann, wenn er nicht nur mit der Anerkennung, sondern auch mit dem Einsatz für diejenigen verbunden ist, denen eben solche Selbst- und Mitbestimmungsmöglichkeiten aufgrund gesellschaftlicher Verhältnisse, Unterprivilegierung, politische Einschränkungen oder Unterdrückungen vorenthalten oder begrenzt werden." (Ebd., S. 45f.; H.i.O.)

Diese Fähigkeiten sollen es den Menschen ermöglichen, die Postulate der Aufklärung – Emanzipation des Einzelnen und eine vernünftige Gesellschaft – in der gegenwärtigen historisch-gesellschaftlichen Situation weiter zu verfolgen; sie sind aber zugleich auch unverzichtbar für die Gestaltung des Lebens unter heutigen gesellschaftlichen und politischen Bedingungen. Eingeübt werden sollen diese Fähigkeiten auf der einen Seite in der Auseinandersetzung mit entsprechenden zentralen Fragestellungen. Klafki nennt solche relevanten existenzentscheidenden Themen *Schlüsselprobleme*. Die wesentlichen sind: Erhaltung der Umwelt, Friedenssicherung, Nord-Süd-Verhältnis, Fragen der gesellschaftlichen Ungleichheit (Schicht, Geschlecht, Herkunft), Fragen der neuen Informationstechnologien und ihrer gesellschaftlichen Folgen, aber auch Fragen nach der eigenen Subjektivität und der Ich-Du-Beziehung.

Auf der anderen Seite muss ein zeitgemäßes Allgemeinbildungskonzept aber immer auch Lernbereiche, Lernangebote und Lernanforderungen enthalten, die über den jeweils notwendigen Beitrag zur Auseinandersetzung mit den brennenden Zeitproblemen hinausgehen. Notwendig ist es deshalb auch, „Zugänge zu unterschiedlichen Möglichkeiten menschlichen Selbst- und Weltverständnisses und zu kulturellen Aktivitäten (im weiten Sinne dieses Wortes)" zu öffnen (ebd., S. 25). Hier können insbesondere relativ frei wählbare individuelle Interessenschwerpunkte zum Tragen kommen. Wichtig ist dabei „Raum für gründliche exemplarische Konzentration" auf einen Gegenstandsbereich (ebd.).

Dieses Allgemeinbildungskonzept ist konsequent bildungstheoretisch gedacht, da es *nicht* von der gegebenen Institution Schule, ihrer Organisationsstruktur, ihrem Fächerkanon usw. ausgeht, sondern von den Bildungs-*aufgaben*. Schlüsselprobleme können – das dürfte unmittelbar einleuchten – nicht im herkömmlichen Fachunterricht und auch kaum im üblichen 45-Minuten-Takt behandelt werden. Sie bedürften fachübergreifender Unterrichtsformen und veränderten Organisationsstrukturen und wirken vor dem Hintergrund gegenwärtiger bildungspolitischer Debatten deshalb schon fast utopisch.

Gesellschaftliche Funktionen von Schule

Von solchen Programmschriften, die von dem im Sinne von Demokratie und optimaler Förderung der Individuen bildungstheoretisch Notwendigen und Wünschenswerten ausgehen, heben sich Untersuchungen ab, die gesellschaftliche und ökonomische Notwendigkeiten ins Zentrum stellen. In einer Zeit, in der ökonomisches Denken alle anderen Arten des Denkens dominiert, wirken solche Arbeiten realistischer und wirklichkeitsnäher. Um das Verhältnis in ein Bild zu fassen: Wo die einen – die bildungstheoretischen Entwürfe – umfassende Speisekarten für eine reichhaltige, abwechslungsreiche, wohlschmeckende und dabei gesunde und ökologisch unbedenkliche Ernährung zusammenstellen, betonen die anderen, dass Currywurst und Hamburger auch satt machen. Unter diesen an gesellschaftlichen Anforderungen orientierten Ansätzen gibt es selbstverständlich sehr unterschiedliche Positionen. Die ersten traten in den 1960er und 1970er Jahren kritisch auf, indem sie den weit ausgreifenden bildungstheoretischen Entwürfen die Realität der Schule entgegenhielten: Wo Mündigkeit, Selbständigkeit und Bildung versprochen werden, gibt es tatsächlich nur Qualifikationen für den Arbeitsmarkt und politische Indoktrination (also große Speisekarte, aber was immer man auch bestellt, es gibt schlechte Wurst und fettige Pommes).

Heute haben solche Rückführungen und Reduktionen auf Ökonomie nichts Kritisches mehr. Es ist üblich geworden, alle möglichen Fragen vorwiegend oder sogar ausschließlich nach ökonomischen Gesichtspunkten zu beurteilen. Was vor vierzig Jahren noch Kritik oder Provokation war, nämlich zu behaupten, die ganze Rede von Allgemeinbildung sei Ideologie, tatsächlich diene die Schule ökonomischen Interessen, der Qualifikation von Arbeitskräften bzw. der Ware Arbeitskraft, scheint heute weitgehend Konsens zu sein und findet sich sogar in Verlautbarungen von Ministerien.

Einen bekannten Ansatz einer soziologischen Bestimmung der Funktionen des Schulwesens in der modernen Gesellschaft möchten wir kurz vorstellen und kritisch diskutieren. Er wird bis heute immer wieder zitiert und taucht in vielen Lehrbüchern auf. Er stammt von Helmut Fend und wurde zuerst 1974 in seiner „Soziologie der Schule" formuliert. Er ist nicht mehr gesellschaftskritisch, sondern nüchtern soziologisch und fragt nach der gesellschaftlichen Funktion der Schule. Er nennt drei solcher Funktionen:

Die *erste* und für Fend offenbar wichtigste ist die *Qualifikationsfunktion*. Gemeint ist damit, dass die Schule dem Nachwuchs Kenntnisse und Fertigkeiten vermittelt, die vor allem am Arbeitsplatz benötigt werden, aber auch sonst im gesellschaftlichen Leben. Unterscheiden lässt sich dabei zwischen *funktionalen (fachlichen) Qualifikationen*, d.h. Kenntnissen und Fertigkeiten wie die Kulturtechniken, die Naturwissenschaften oder die Mathematik, und *extrafunktionalen Qualifikationen*, d.h. Arbeitstugenden, wie Leistungsbereitschaft, Fleiß, Pünktlichkeit, Ausdauer usw.

Die *zweite* ist die *Selektions- und Allokationsfunktion*. Moderne Gesellschaften sind bekanntlich in hohem Maße arbeitsteilig und funktionsteilig organisiert. Dabei existiert eine Hierarchie der Positionen. Es gibt begehrte Positionen, die gut dotiert sind und knapp, und weniger begehrte Positionen mit weniger Prestige, Macht und Einkommen, die zahlreicher und leichter zu haben sind. So jedenfalls Fend; heute müsste man hinzufügen, dass es überhaupt zu wenige Positionen – begehrte und weniger begehrte – gibt. Jedenfalls habe Schule die Funktion, durch unterschiedlich hohe Qualifikationen, die durch verschiedene Abschlüsse dokumentiert werden, die Schülerinnen und Schüler entsprechend aus- und einzusortieren. Damit werde vermittels Schule jedem und jeder ein Status zugewiesen. Die Forderung nach Chancengleichheit bezieht sich auf diese Selektions- und Allokationsfunktion des Schulwesens: Alle sollen die Chance haben, einen sozialen Status bzw. eine Position entsprechend ihrer jeweiligen Leistung zu erhalten statt nach Geburt und Herkunft. Herkunftsbedingte Nachteile müssen daher – nimmt man den Gedanken der Chancengleichheit ernst – durch besondere Fördermaßnahmen ausgeglichen werden, da für eine gerechte Zuweisung von sozialen Positionen nur das berücksichtigt werden darf, das vom jeweiligen Individuum individuell verantwortet werden kann.

Die *dritte* Funktion des Schulwesens ist laut Fend die *Integrationsfunktion*. Sie bezieht sich auf das politische und gesellschaftliche System und seine Erhaltung. Dazu gehört einerseits die Vermittlung expliziten politischen Wissens (Verfassungsnormen von den Menschenrechten bis zur Rechtsstaatlichkeit, Verfahrensregeln, Politik, Geschichte, Deutsch oder die unterschwellige politische Botschaft, dass wir in der besten aller möglichen Welten leben). Dazu gehört andererseits das, was manche Autoren als „heimlichen Lehrplan" bezeichnen (vgl. Kap. 2.4), also das, was in der Schule auch noch vermittelt wird, obwohl es nicht im Lehrplan steht: das Konkurrenzprinzip, die Gewöhnung an Fremdbestimmung, die Fähigkeit Interessen zu simulieren, der Erwerb von Menschenkenntnis in Form von Lehrerkenntnis usw.

Das Schema ist handlich und (möglicherweise deswegen) populär. Es hat aber einige gravierende Nachteile, auf die wir kurz hinweisen möchten:

Erstens trennt es nicht deutlich genug zwischen *Intentionen* (oder „Aufgaben") und der tatsächlichen *Funktion*, obwohl es von sich behauptet, eben diese gesellschaftlichen Funktionen zu erfassen. Dass (z.B.) die Schüler die Verfassungsnormen kennen sollen, ist ein auf die Lehrpläne gestützter frommer Wunsch, also eine Intention; dass sie das Konkurrenzprinzip einüben, ist eine tatsächliche Wirkung, also eine Funktion, obwohl im Lehrplan Solidarität und Kooperation stehen.

Zweitens verallgemeinert das Schema Züge des deutschen Schulwesens, die sich in anderen modernen Schulsystemen *so* nicht finden. Das lässt sich auf verschiedenen Ebenen zeigen. So lernen beispielsweise japanische Schülerinnen und Schüler Kooperation, obwohl der Leistungsdruck sicher nicht geringer ist als in Deutschland (Schubert 2005). Besonders deutlich wird dieser „Ethnozentrismus" aber bei der Beschreibung der Selektionsfunktion. Eine Besonderheit der deutschen Schule – das Berechtigungswesen, d.h. ein bestimmter Schulabschluss berechtigt zu einer bestimmten Weiterqualifikation bzw. schließt diese aus – wird zu einem Merkmal von modernen Schulen insgesamt. In anderen modernen Gesellschaften spielt die Schule aber eine deutlich andere Rolle bei der Selektion und Allokation. Talcott Parsons (1902–1979), ein bedeutender US-amerikanischer Soziologe, auf den sich Fend beruft, spricht zwar ebenfalls von einer Selektions- und Allokationsfunktion der Schule, beschreibt sie aber anders als Fend. Für Parsons (1981) sind es nämlich wesentlich die Schüler selbst, die sich sozial und beruflich lokalisieren, nicht die Schule oder die Lehrpersonen. Dabei greifen die Schülerinnen und Schüler – und darin besteht gerade die

„Wirkung" der Schule – auf die Erfahrungen zurück, die sie in der Schule machen. Das sind aber nicht nur die schulischen Beurteilungen, sondern auch die Mitschüler – mit wem vertrage ich mich gut, mit wem nicht – und die Erfahrungen mit dem Lernen, wobei klar ist, dass dabei immer auch der soziale Hintergrund des Elternhauses beteiligt ist. Die Entscheidungen gehen aber nicht von der Schule oder von den Lehrern und Lehrerinnen aus, sondern von den Jugendlichen selbst. Man kann sich den Entscheidungsprozess dann etwa so vorstellen: Ich kann gut lernen und gut mit den anderen guten Buch-Menschen, ich geh aufs College (welches College das dann sein wird, ist eine zweite Frage), oder mir hängt der ganze Buchmist zum Hals raus, und Freddy kann mir einen guten Job vermitteln. Die Pointe an dieser Art der Allokation ist, dass die Jugendlichen selbst entscheiden bzw. *das Gefühl haben,* selbst zu entscheiden. Der soziale Status wird nicht zugewiesen, man weist ihn sich selbst zu. Zugleich wird das Leistungssystem legitimiert (John verdient zwar mehr, muss sich aber dafür den ganzen Tag mit Schreibkram abgeben), und es wird die Individualität gestärkt. – Über Vor- und Nachteile dieses Systems ließe sich lange streiten. Ein Vorteil scheint aber offensichtlich. Die Schule ist nicht oder zumindest nicht in dem Maße mit der Aufgabe belastet, *gleichzeitig* fördern und selektieren bzw. auslesen zu müssen.

Parsons nennt übrigens nur zwei gesellschaftliche Funktionen der Schule, nämlich Allokation und Sozialisation. Qualifikation taucht überhaupt nicht auf. Damit sind wir beim *dritten* Kritikpunkt: Die Rolle der Schule für die Qualifikation, insbesondere die berufliche Qualifikation wird überschätzt. Damit soll nicht bestritten werden, dass man in der Schule Dinge lernt, die man im Beruf gebrauchen kann – lesen, schreiben, rechnen und einiges mehr – und die für die Berufstätigkeit unerlässlich sind. Aber es geht in der allgemeinbildenden Schule keineswegs in erster Linie um die Vermittlung von für das Berufsleben relevante Kenntnisse. Die Überschätzung der Funktion der Schule für die vorberufliche oder berufsvorbereitende Qualifikation wäre weiter kein Problem – vielleicht kann sie bei Politikern mit ökonomistischem Tunnelblick sogar von Vorteil sein –, wenn damit nicht eine andere, viel wichtigere Funktion unterschätzt würde: die *Befähigung zur selbständigen Lebensführung* innerhalb der gegebenen gesellschaftlichen Ordnung.

Genau dies ist unseres Erachtens die zentrale Funktion der modernen Schule. Vordergründig kann man sich das daran klar machen, dass das moderne Alltagsleben ein Maß an Kenntnissen, Fertigkeiten, Planungsvermögen und vor allem auch Entscheidungskompetenzen erfordert, das über das zumal einfacherer beruflicher Routinetätigkeiten weit hinausgeht: das Auskommen mit dem Einkommen, das eigene Wirtschaften, die Verwaltungsvorgänge, die man verstehen muss, Kaufverträge usw. Wer heute nicht in der Lage ist, kritisch und selbständig zu urteilen, kann nach kurzer Zeit Privatinsolvenz anmelden (und muss dann auch dazu in der Lage sein). In diesem Zusammenhang sind nicht nur Lesen, Schreiben, Rechnen gefordert, sondern auch mehr individuelle Selbständigkeit als in vielen abhängigen Beschäftigungsverhältnissen.

Wie zentral die Befähigung zur selbständigen Lebensführung ist, wird deutlich, wenn man die grundlegenden Veränderungen betrachtet, die im Leben der Individuen mit dem Übergang zur Moderne stattgefunden haben. Bekanntlich gehört zu diesem Übergang die Freisetzung der Individuen aus feudal organisierten oder anderen persönlichen Abhängigkeitsverhältnissen – eine „Emanzipation", die sich in jeder Biographie mit der Mündigkeit und Selbstverantwortlichkeit des Individuums wiederholt. Für die Individuen hat diese Freisetzung aus persönlichen Abhängigkeitsverhältnissen durchaus ambivalente Folgen: Sie sind einerseits „frei", ungebunden, persönlich unabhängig, sie verlieren andererseits aber auch ihren festen Ort in der Gesellschaft. Der oder die – wie Marx sagt – vereinzelte Einzelne muss sich erst einen Platz in der Gesellschaft suchen, wenn nicht erkämpfen. Einerseits bedeutet die Freisetzung des Individuums die Öffnung seines Zukunftshorizonts, d.h. nicht nur, dass die Stationen der Biographie nicht vorherbestimmt sind, sondern auch, dass die Biographie in vielfacher Hinsicht als offen gedacht werden muss – von der Berufswahl und der daraus resultierenden sozialen Stellung bis zur Wahl persönlicher Beziehungspartner. Andererseits wird das Individuum für seine Biographie nun auch individuell verantwortlich gemacht. Gelingen wie Scheitern liegen in den Händen des Individuums, und es muss sich die Verantwortung dafür selbst zuschreiben. Theoretisch gesprochen: Das Individuum wird als vertrags- und rechtsfähiges Subjekt installiert, das im vollen Sinne für seine Handlungen und für seine Lebensgestaltung verantwortlich ist, so als könne es darüber auch souverän verfügen.

Die in Bildungs- und Allgemeinbildungskonzepten beschworene Autonomie und Selbständigkeit des Individuums, seine Mündigkeit, haben also einen ganz praktischen Hintergrund: Ein unmündiges, unselbständiges, unkritisches Individuum ist in einer modernen Gesellschaft unzureichend angepasst. Es kann den ihm zugeschriebenen Subjektstatus nicht wahrnehmen. Ist ein Individuum nicht genügend kritikfähig, selbständig, handelt es nicht ausreichend eigenverantwortlich, muss man damit rechnen, dass es früher oder später zum Sozialfall wird. Es gehört daher zu den zentralen Aufgaben und Funktionen der Schule, auf solche Eigenverantwortlichkeit, Kritikfähigkeit und Selbständigkeit vorzubereiten und in Ergänzung der häuslichen Erziehung und ggf. sie korrigierend die dazu erforderlichen Kenntnisse, Fähigkeiten und Fertigkeiten zu vermitteln.

Da die selbständige Lebensführung unter den gegenwärtigen gesellschaftlichen Bedingungen zu einem immer anspruchsvolleren Projekt wird,
müssen immer mehr Beratungs- und Unterstützungsinstitutionen bereitge-
stellt werden, die den Individuen ggf. zur Seite stehen können. Wo das Individuum an seiner Aufgabe, eigenverantwortlich für sich und sein Leben
zu sorgen, scheitert, ist Unterstützung nötig, wie sie etwa von sozialpädagogischen Institutionen geleistet wird. Es ist eine der wesentlichen Aufgaben
sozialpädagogischen Handelns, die Individuen wieder oder auch erstmals
zu einer selbständigen Lebensführung zu befähigen (Auernheimer 2010;
Schubert 2004b; 2008).

Allgemeine Bildung

Zum Abschluss möchten wir noch kurz auf ein pädagogisches Konzept
hinweisen, das die Fragen nach Aufgaben und Funktionen in einen Zusammenhang stellt und sozialwissenschaftliche und bildungstheoretische
Perspektiven zu verknüpfen versucht. Heinz-Elmar Tenorth geht aus von
einer allgemeinen Funktionsbestimmung von Schule, um dann ein Bildungs*minimum* zu beschreiben. Die Funktionsbestimmung bezieht sich
einerseits auf die Sicherung von „Kultur" im Wechsel der Generationen –
Tenorth spricht von der Sicherstellung universeller Prämissen der Kommunikation –, zum anderen auf die Sicherung der notwendigen „Lernfähigkeit". Es zeigt sich, dass das entsprechende Bildungsminimum keineswegs
klein ist. Wir zitieren Kernsätze aus seiner Argumentation:

„Im Begriff der allgemeinen Bildung wird als gesellschaftliche Aufgabe
fixiert, dass unsere Kultur im Wechsel der Generationen die für sie un-
entbehrlichen Kompetenzstrukturen – sowohl kognitiver wie moralischer, praktischer wie ästhetischer Natur – universalisieren und reproduzieren muss, wenn sie ihr Funktionieren nicht stören, sondern (bei
aller Varianz in den Erscheinungsformen, die diese Funktion annimmt)
sichern und steigern will. Bezogen auf die Gesellschaft [...] könnte man
auch [...] sagen, dass es darum geht, in einer funktional differenzierten
Gesellschaft universelle Prämissen der Kommunikation zu erzeugen und
über den Generationenwechsel hinweg zu garantieren und zu stabilisie-
ren [...]; als Bildungsprozess [...] kann man diesen Prozess insofern
deuten, als er letztlich nur als Leistung der Subjekte möglich ist [...].
Blickt man auf das Produkt, dann kann man auch sagen, es geht um die
gesellschaftliche Sicherung von ‚Lernfähigkeit' als individueller Verhal-
tensdisposition, d.h. um die Generalisierung eines Lern- und Verhal-
tensstils spezifischer Art: Er zeichnet sich dadurch aus, dass Menschen

im Umgang mit Schwierigkeiten und Problemen kognitive Lösungswege und Strategien bevorzugen [...].

Betrachtet man die pädagogische Seite dieses Prozesses und die Ambitionen des Erzieher, dann geht es – ganz generell – um die Überformung von Sozialisation, speziell aber um die Steigerung und Kultivierung dieser ‚Lernfähigkeit‘, denn sie soll sowohl ‚breiter‘ als auch ‚besser‘ verwirklicht werden." (Tenorth 1994, S. 100f.)

Tenorth nennt vier unerlässliche Lernbereiche, die ein *Bildungsminimum* bezeichnen: sprachlich, historisch-gesellschaftlich, mathematisch-naturwissenschaftlich, ästhetisch-expressiv. „Diese Lernbereiche", so schreibt er, „erlauben uns, die Welt als kommunikative Einheit zu erkennen und uns kommunikativ in ihr zu bewegen, die Probleme der Welt sowohl als historisch gewordene wie natürlich entstandene und gesellschaftlich bearbeitbare zu erkennen und zugleich die eigene Subjektivität jenseits und in den Formen historisch gewordener und natürlich geprägter Lebensformen je individuell zu artikulieren." (Ebd., S. 174) Das heißt, auch hier geht es letztendlich wieder um die Befähigung zur eigenen Orientierung und zur selbständigen Lebensführung.

4.6 Kindergarten und andere Institutionen: Zwischen Bewahren und Fördern

Neben der Schule und als Ergänzung zu ihr haben sich in der ersten Hälfte des 19. Jahrhunderts vielfältige Formen der Kleinkinderbetreuung herausgebildet, die Einrichtungen heißen etwa Kleinkinderbewahranstalten, Spielschulen, Vorklassen, Kinderschulen, Strick- oder Warteschulen, Dame Schools, Infant Schools (England) oder Écoles des enfants (Frankreich).

Historische Entwicklung

In Deutschland entstehen diese Einrichtungen anders als in Frankreich als „nebenfamiliale und familienunterstützende Einrichtungen" für Kinder armer Familien (Reyer 2006, S. 47). Träger der Einrichtungen sind in der Regel Vereine bzw. die Kirchen, wirksam wird hier ein sozialfürsorgerisches Motiv angesichts der Massenarmut im 19. Jahrhundert (Pauperismus), das die Kleinkindererziehung als „Nothilfe" betrachtet (ebd.), die die Kinder besitzloser Schichten vor Verwahrlosung und Kriminalität schützen soll.

„Erster, aber nicht alleiniger Zweck der Bewahranstalten war es, der aufgrund mangelnder Aufsicht durch die Eltern drohenden Verwahrlosung von Kleinkindern, die entweder zu Hause in den engen Wohnungen eingesperrt oder auf die Straße geschickt wurden, entgegenzuwirken, indem diese Anstalten die Aufgaben der Familie übernahmen, d.h. die Kinder in der Regel während des ganzen Tages betreuten, sie beaufsichtigten und sie teilweise mit einer warmen Mahlzeit und mit Kleidung versahen." (Dammann/Prüser 1987, S. 20)

Das Motiv ist doppeldeutig: Einerseits ist die Einrichtung als Hilfe und Unterstützung für die Armen gedacht – der Bedeutung der frühen Kindheit für die Entwicklung des Menschen wird durch die Verbreitung pädagogischer Schriften zunehmend Beachtung geschenkt. Gleichzeitig sollen den Kindern in den Bewahranstalten bürgerliche Tugenden nahegebracht werden, um möglichen Aufständen, gar einer Revolution, vorzubeugen und die Armen zu „braven" Untertanen zu erziehen. Darüber hinaus werden die Schulen der damaligen Zeit umgestellt auf die straffere Organisation der Altersklassen, so dass die bis dahin verbreitete Praxis entfällt, jüngere Kinder den älteren Geschwistern einfach in die Schule mitzugeben. Die Schulgesetze der Zeit bestimmen erstmals, dass Kinder unter fünf Jahren die Schule nicht besuchen dürfen. Mit dieser Reglementierung der Schule wird also die Ausdifferenzierung der Erziehungsinstitutionen vorangetrieben: Für die jüngeren Kinder wird nun eine eigene Einrichtung notwendig.

In Deutschland ist die Fürstin Pauline zu Lippe-Detmold eine der ersten, die 1802 solch eine Anstalt nach französischem Vorbild errichtet. Sie ist gedacht für Kinder, deren Mütter im Sommer mit Feldarbeit beschäftigt sind.

„In den im Sommer jeden Tag von 6 bis 20 Uhr geöffneten Einrichtungen wurden die Kinder gewaschen und gekämmt, mit Kitteln bekleidet und mit Milch, Brot, Gemüse und Suppen beköstigt. Ein Spielplatz diente zum Aufenthalt bei gutem Wetter, sonst wurden die Kinder in einem Saal der Krankenabteilung mit Spielen und Liedern unterhalten. Als Wärterinnen dienten junge Mädchen der Detmolder ‚Erwerbsschule', die unter Anleitung von Damen aus höheren Ständen dadurch eine praktische Unterweisung in der Kinderpflege erhalten sollten." (Erning 1987a, S. 22)

Mit der Maßnahme will die Fürstin einerseits die Kinder vor Gefahren behüten, zugleich hofft sie auf die Dankbarkeit ihrer Untertanen und deren treue Pflichterfüllung gegenüber der Herrschaft.

Im ersten Drittel des 19. Jahrhunderts verbreitet sich in Deutschland das Lehrbuch Samuel Wilderspins (1792–1866) über englische Kleinkinder-Schulen, deren Organisation, Ziele und Methoden. Johann Georg Wirth (1807–1851) und Theodor Fliedner (1800–1864) sind weitere Begründer solcher Kinderbewahranstalten. Wirth erhält 1832 von der Stadt Augsburg den Auftrag eine Kinderbewahranstalt zu gründen. Die Umsetzung erfolgt zwei Jahre später und bereits 1835 werden zwei weitere Anstalten in Augsburg eingerichtet. Wirth publiziert Schriften über die Notwendigkeit der frühkindlichen Förderung, beschreibt Ziele und Methoden, Lehrgegenstände und die Bedeutung des kindlichen Spiels.

Der evangelische Pfarrer Fliedner gründet 1835 eine Kleinkinderschule in Kaiserswerth, wo die Kinder zu Disziplin, Sauberkeit und Ordnung angehalten und unterrichtet werden; im Zentrum steht die religiöse Unterweisung. 1836 gründet Fliedner auch die erste Ausbildungsstätte für „Kleinkinderlehrerinnen" in Kaiserswerth bei Düsseldorf. Deren Ausbildungszeit beträgt zunächst zwei Monate. Nach Fliedners Vorbild werden an anderen Orten ähnlich Einrichtungen gegründet.

Daneben verbreiten sich zur gleichen Zeit bildungspolitische Überlegungen, die die Kleinkindererziehung als unterste Stufe der Schulbildung bzw. Elementarerziehung verstehen. Die Einrichtungen zur Elementarpädagogik werden hier als familienergänzende Maßnahme für alle Kinder konzipiert. Dazu zählen die Gedanken Friedrich Fröbels (1782–1852) und der sog. Fröbelianer. 1840 gründet Fröbel den ersten Kindergarten in Blankenburg, gleichzeitig gründet er eine Ausbildungsstätte für die „Kindergärtnerinnen". In seinen theoretischen Schriften thematisiert Fröbel die allgemeine Menschenerziehung, er begründet das Spielen als bedeutsame Lebensform des Kindes, entwickelt „Spielgaben" (Ball, Kugel, Zylinder, Würfel, Bauklötze) und betont die Bedeutung des Spiels bildungstheoretisch. Dabei greift er auf Gedanken Rousseaus und Pestalozzis zurück. Fröbel betont die außerordentlich hohe Bedeutung frühkindlicher Förderung (Knoop/Schwab 1992).

„Die Kindergärtnerinnen oder Erzieherinnen wurden in Instituten ausgebildet, die von Fröbel und seinen Schülern eingerichtet worden waren und beanspruchten professionellen Status. Die Atmosphäre im Kindergarten unterschied sich sehr stark von der der Bewahranstalten, in denen die Kinder die meiste Zeit am Tisch saßen und Bibelverse auswendig lernten." (Allen 1996, S. 26)

Die Fröbelschen Kindergärten sind überkonfessionell und im Gegensatz zu den Bewahranstalten kein Ganztagsangebot. Die meisten dieser Kindergärten sind auf Initiative bürgerlicher Familien entstanden und vereinsmäßig organisiert. Demokratische Lehrerorganisationen, bürgerliche Frauen der Frauenbewegung und fortschrittliche Bildungspolitiker, wie etwa Adolph Diesterweg (1790–1866), wollen den Kindergarten als erste Stufe des Bildungssystems etablieren. Diesterweg, Bildungspolitiker der Fortschrittspartei und Herausgeber der „Rheinische Blätter für Erziehung und Unterricht" wird in Hamburg mit dem Fröbelschen Konzept bekannt – 1848 wird hier der erste „Bürgerkindergarten" gegründet, der „über die damals noch sehr ausgeprägten Standes- und Klassenunterschiede hinweg allen Schichten des Volkes dienen wollte" (Neutsch 1990, S. 271). Diesterweg verbreitet den Gedanken öffentlicher Kleinkinderziehung in den Rheinischen Blättern und urteilt:

„Jede Jungfrau gehört nach Beendigung der Schuljahre in den Kindergarten. Die Kindergärten müssen daher nicht nur als Bildungsstätten für kleine Kinder, sondern als Bildungsstätten für das gesammte weibliche Geschlecht aufgefasst und gewürdigt werden." (zit. nach Neutsch 1990, S. 275)

In Deutschland setzt sich dieser Gedanke jedoch nicht durch, bis in die Gegenwart wird der Kindergarten nicht zum Schulwesen gezählt. Nach der gescheiterten Revolution von 1848 werden die Fröbelschen Kindergärten von 1851 bis 1860 wegen der angeblichen Gefahr der Verbreitung sozialistischer Gedanken verboten, ihre Anhänger werden teilweise verfolgt. Viele der bei Fröbel ausgebildeten Frauen wandern nach England und in die USA aus und sorgen dort für die Verbreitung der Gedanken (Rabe-Kleeberg 2010). Insbesondere Frauen setzen sich für die Kindergartenbewegung ein, dabei geht es auch um die Möglichkeit, bürgerlichen Frauen ein Berufsfeld zu eröffnen.

1872 gründet Henriette Schrader-Breymann (1827–1899), eine Nichte Fröbels, den ersten „Volkskindergarten" und das Pestalozzi-Fröbel-Haus (zur Ausbildung der Kindergärtnerinnen) in Berlin. Schrader-Breymann, die mit Helene Lange zusammenarbeitet, verbindet Fröbels Gedanken mit Pestalozzis Konzept der Wohnstubenerziehung. Ihr Konzept orientiert sich an der Familie, nicht an der Schule, und grenzt die Aufgaben des Kindergartens von der Schule ab. Wenn heute in aktuellen Debatten vom „eigenständigen Bildungsauftrag" des Kindergartens die Rede ist, hat das hier seine historischen Wurzeln. Das Pestalozzi-Fröbel-Haus ist bis in die Gegenwart Träger sozialpädagogischer Einrichtungen. Um 1910 hat sich die öffentliche Kleinkindererziehung etabliert, wenn auch noch nicht sehr weit verbreitet. Im deutschen Reich stehen etwa für 13% der Kinder Plätze zur Verfügung, dabei ist ein deutliches Nord-Südgefälle zu verzeichnen: In Baden sind es 38%, in Elsass-Lothringen 31%, in Preußen dagegen nur 11% und in Sachsen knapp 5% (Erning 1987b, S. 30).

Neben Kindergärten gibt es Ende des 19. Jahrhunderts Kinderhorte und ähnliche außerschulischen Einrichtungen, in denen schulpflichtige Kinder außerhalb der Unterrichtszeit betreut werden; für sie etabliert sich über eine Zusatzausbildung für Kindergärtnerinnen der Beruf der „Jugendleiterin", der später in den 1970er Jahren in das Berufsbild der Sozialpädagoginnen und Sozialarbeiterinnen eingeht.

In den USA und England etabliert sich der Kindergarten Fröbels als erste Stufe des Bildungssystems, in Deutschland dagegen bleibt man skeptisch gegenüber der öffentlichen Kleinkindererziehung und betont die Bedeutung der Familie, sprich der mütterlichen häuslichen Erziehung.

> „Der Grund dafür, dass öffentliche Einrichtungen des Vorschulbereiches in Deutschland immer wieder Gegenstand politischer Auseinandersetzungen waren und sind, hängt unmittelbar mit der Frage nach dem Selbstverständnis von Familie und von Kindheit und – aufs engste damit verbunden – mit dem Geschlechterverhältnis, das heißt mit der Rolle der Frauen und Mütter zusammen." (Baader 2009, S. 267)

In der Weimarer Republik wird zwar die säkulare Grundschule als Schule für alle Kinder eingerichtet (s.o.), doch der Kindergarten wird im Reichsjugendwohlfahrtgesetz von 1922 weiterhin dem Fürsorgebereich und nicht dem Bildungssystem zugerechnet. Als öffentliche Träger fungieren zu einem großen Anteil die Kirchen und Vereine bzw. Verbände der freien Wohlfahrtspflege. „Damit bewahrten sich die Kirchen einen Zugriff auf die öffentliche Erziehung in der Frühen Kindheit." (Baader 2009, S. 271) Durch die Weltwirtschaftskrise und Finanznot der öffentlichen Kassen stagniert der Ausbau von Kindergärten und erreicht bis 1930 nicht den Stand der Vorkriegszeit (Erning 1987b, S. 32).

Während des Nationalsozialismus wird die gesamte Wohlfahrtspflege sogenannten „rassehygienischen" Gesichtspunkten und einer geschlechtsspezifischen Ausrichtung im Sinne der NS-Ideologie unterworfen. Solche „rassehygienischen" Aspekte werden bereits während des Wilhelminischen Kaiserreichs und der Weimarer Republik in der Medizin und Sozialhygiene diskutiert. Die Sozialhygiene diskutiert Verbesserungen der „Volksgesundheit" unter hygienischen, aber auch eugenischen Aspekten. Über die sogenannte Gleichschaltung der verschiedenen Wohlfahrtsverbände und über die Gründung eigener Einrichtungen versuchen die Nationalsozialisten die ideologische Ausrichtung der Kindergärten zu bestimmen. Dazu werden die Berufsorganisationen der Kindergärtnerinnen und Jugendleiterinnen bereits 1933 in den Nationalsozialistischen Lehrerbund (NSLB) eingegliedert. Die kirchlichen Einrichtungen zu übernehmen, gelingt dagegen nur teilweise. Bei Kriegsende ist das Kindergartenwesen strukturell gesehen größtenteils zerstört (Reyer 2006, S. 172ff.).

Entwicklung nach 1945

Die Bildungs- und Familienpolitik der BRD und der DDR unterscheiden sich systembedingt deutlich voneinander. In der DDR wird weibliche Erwerbsarbeit zu einem gesellschaftlich anerkannten Wert: Zum einen dient sie in der Tradition der Arbeiterbewegung der Gleichberechtigung von Mann und Frau, zum anderen werden Männer wie Frauen als werktätige Arbeitskräfte volkswirtschaftlich dringend benötigt. Öffentliche Kleinkindererziehung erscheint als notwendige und selbstverständliche gesellschaftliche Aufgabe. Sie wird von der Krippe über den Kindergarten bis zum Hort ausgebaut. Kindergarten und Hort werden von Beginn an dem Bildungssystem zugerechnet und sind dem Ministerium für Volksbildung unterstellt, das den Bildungsauftrag definiert: Die Kinder sollen auf die Schule vorbereitet werden und Grundelemente der politischen Erziehung im Sinne des Sozialismus erfahren. Die Kinderkrippen bleiben dagegen im Bereich des Sozialwesens. Die Familienpolitik avanciert in den Jahren des kalten Krieges zum Politikum öffentlicher Debatten zwischen DDR und BRD, wie Baader mit Rekurs auf Frevert hervorhebt:

„Warfen westdeutsche Politiker und Kirchenvertreter der DDR vor, Frauen in die Berufssklaverei zu treiben und die Familie zu verstaatlichen, konterten DDR-Funktionäre mit dem Hinweis auf die Familiensklaverei westdeutscher Frauen" (zit. nach Baader 2009, S. 273).

Der Versorgungsgrad wird kontinuierlich ausgebaut, bereits in den 1960er Jahren kann für jedes Kind zwischen 3 und 6 Jahren ein Kindergartenplatz vorgehalten werden. Träger sind neben den Kommunen auch Betriebe. Krippenerzieherinnen werden an medizinischen, Kindergärtnerinnen an pädagogischen Fachschulen ausgebildet.

In der BRD dagegen knüpfen Bildungs- und Familienpolitik ähnlich wie die Schulpolitik an die Weimarer Zeit an, die alten Strukturen werden erneut etabliert; dementsprechend ändert sich bezüglich des Kindergartens zunächst nichts. In den 1950er und 1960er Jahren ist das Bild der traditionellen bürgerlichen, nicht berufstätigen Hausfrau familienpolitisch leitend. In der BRD ist die Mehrheit der Bevölkerung der Ansicht, verheiratete Frauen sollten nicht berufstätig sein, sondern für die Familienbelange sorgen und sich um die Kindererziehung kümmern. Juristisch ist diese Ansicht im BGB festgeschrieben: der § 1356, 1,1 lautet: „[1] Die

Frau führt den Haushalt in eigener Verantwortung. [2] Sie ist berechtigt, erwerbstätig zu sein, soweit dies mit ihren Pflichten in Ehe und Familie vereinbar ist." Erst mit der Familienrechtsreform von 1977 wird dieser Paragraph geändert. Der Kindergarten bleibt Nothilfe für jene Familien, die auf die Arbeit der Frauen angewiesen sind. Von 1950 bis 1965 wird die Zahl der Kindergärten zwar ausgebaut, der prozentuale Anteil der Plätze geht jedoch aufgrund des starken Bevölkerungswachstums und der hohen Geburtenraten zurück. Dabei bleibt das Nord-Süd-Gefälle, das sich schon im wilhelminischen Kaiserreich abgezeichnet hat, weiter bestehen, d.h. im Süden gibt es deutlich mehr Kindergärten und Kindergartenplätze als im Norden. Die Unterschiede sind gravierend, so sinkt etwa die Quote für je 100 Kinder (3–6 Jahre) 1955–1965 in Baden-Württemberg von 62 auf 57%, in Hessen von 37 auf 33%, in NWR von 24 auf 23%. Nur in Niedersachsen (einem der Schlusslichter) steigt sie von 13 auf 14,5 % (Reyer 1987, S. 61). Mit der Bildungsreform in den 1960er Jahren rückt der Kindergarten – ähnlich wie in der Gegenwart – stärker in die öffentliche Aufmerksamkeit. Länder, Kommunen und die Träger forcieren einen Ausbau der Kindergartenplätze, um im Sinne einer kompensatorischen Erziehung Benachteiligungen entgegenzuwirken. Sie entwickeln neue pädagogische Konzepte, der Begriff „Vorschulerziehung" wird erfunden und die Ausbildung der Kindergärtnerinnen reformiert. Von nun an gilt die „Erzieherin" als neue Berufsbezeichnung. Sie kann allerdings nicht nur in Kindergärten arbeiten. Weitere Tätigkeitsfelder sind Kinderkrippen, -tagesstätten und -horte sowie Kinder- und Jugendheime oder Freizeiteinrichtungen.

Neben dem Kindergarten entwickeln sich schon im 19. Jahrhundert die Kinderkrippe für Kinder bis drei Jahre und die Kindertagesstätte („Kita" als Ganztagseinrichtung für Kinder von drei bis sechs Jahren) sowie der Hort, in dem Grundschulkinder vor bzw. nach dem Unterricht betreut werden. Nicht selten liegen alle Einrichtungen räumlich und organisatorisch nah beieinander.

In der Gegenwart wird die Ausbildung zur Erzieherin in Deutschland in den Bundesländern geregelt. Voraussetzung ist meistens der qualifizierte Sekundarabschluss I (Realschulabschluss). Die Ausbildung erfolgt an Fachschulen oder Berufsfachschulen und dauert zwischen zwei und fünf Jahre. Angestoßen durch den Bologna-Prozess und nach ausländischem Vorbild werden gegenwärtig an mehreren Fachhochschulen und zum Teil auch Universitäten Studiengänge zur Elementarpädagogik bzw. Pädagogik der frühen Kindheit angeboten. Einige sind Weiterbildungsstudiengänge zur Vertiefung einer vorher abgeschlossenen Erzieherinnenausbildung, andere grundständige Studiengänge (Bachelor), die sowohl in die Elementarpädagogik als auch in das Grundschullehramt führen (Angebote und Überblick bei ErzieherIn.de). Damit wird versucht, in Deutschland an die europäischen Standards anzuschließen.

Kinderbetreuung in Europa

Da das Einschulungsalter in den EU-Staaten sehr unterschiedlich ist (in Luxemburg liegt es bei 4 Jahren, in Bulgarien, Finnland und Schweden bei 7 Jahren, in den anderen Ländern dazwischen; Wolf/Grgic 2009, S. 17) ist der Besuch einer elementarpädagogischen Einrichtung dementsprechend heterogen organisiert. Vor dem Eintritt in die Schule können die Kinder Europas unterschiedliche private oder öffentliche Einrichtungen der institutionellen Vorschulerziehung besuchen: Sie heißen basisonderwijs, école maternelle, jardin de infância, Kindergarten, nipiagogio, nursery school, scuola materna oder Spillschoul. In Belgien, Dänemark, Frankreich, Italien, Schweden und Spanien besuchen über 90% der Dreijährigen eine elementarpädagogische Einrichtung, in Deutschland sind es 84%, in Finnland sind es dagegen nur 42%, in Polen 33%.

Unterschiedlich ist allerdings der zeitliche Betreuungsumfang. „Dabei geht es um die Beantwortung der Frage, wie hoch der wöchentliche Betreuungsumfang dieser Kinder ist." (Ebd., S. 21). In den baltischen Ländern (Estland 78%), aber auch in Portugal, Italien (66%) und der Slowakei (63%) werden Kinder zwischen 3 und 6 Jahren über 35 Stunden wöchentlich in einer Einrichtung betreut, in der Regel handelt es sich dabei um Ganztagseinrichtungen. In Deutschland umfasst die Betreuung durchschnittlich 23 Stunden wöchentlich, d.h. es findet überwiegend eine Halbtagsbetreuung statt, nur 27 % der Kinder werden hier ganztags betreut. In Großbritannien und den Niederlanden liegt die Betreuungszeit in öffentlichen Einrichtungen noch darunter, allerdings wird dort die informelle Betreuung stärker genutzt.

In den meisten europäischen Ländern untersteht der elementarpädagogische Bereich dem Bildungsministerium, nur in Dänemark, Deutschland, Finnland, Österreich und Portugal ist das nicht der Fall. In der Regel ist die Teilnahme (ab dem 3. Lebensjahr) nicht verpflichtend, jedoch ist in einigen EU-Staaten die Vorschulerziehung (ein bis zwei Jahre vor Schulbeginn) Pflicht: in Großbritannien, Irland und Luxemburg ab dem 4. Lebensjahr, in Griechenland, den Niederlanden und Ungarn ab dem 5. Lebensjahr und in Dänemark und Slowenien ab dem 6. Lebensjahr (ebd., S. 15).

Ebenso unterschiedlich ist die Kostenregelung in den EU-Ländern organisiert. In den meisten Ländern, nämlich Belgien, Frankreich, Griechenland, Großbritannien, Luxemburg, Dänemark, Irland, Italien, Malta, den Niederlanden, Portugal, Rumänien, Schweden, der Slowakei, Spanien und Ungarn ist der öffentliche Kindergarten gebührenfrei. In Bulgarien,

Deutschland, Estland, Österreich und Tschechische Republik sind die Gebühren nach dem Einkommen der Eltern gestaffelt, in Finnland, Lettland, Polen und Slowenien gibt es andere Regelungen.

Große Differenzen bestehen außerdem in der formalen Betreuung der Kinder unter 3 Jahren in einer elementarpädagogischen Einrichtung: In Dänemark werden 66% der Kinder dieser Altersgruppe wöchentlich über 30 Stunden (ganztags) in einer öffentlichen Einrichtung betreut. „Es folgen Portugal (32%), Schweden (27%), Slowenien (26%) und Belgien (26%)." (Ebd., S. 24) In Deutschland werden dagegen nur 7% der unter Dreijährigen ganztags betreut, in einer Halbtagsbetreuung befinden sich 11% der Kinder dieser Altersgruppe (ebd.).

Neben der formalen Betreuung in den genannten Institutionen gibt es für Kinder informelle Betreuungsmöglichkeiten – dazu zählen etwa Tagesmütter, Babysitter, Großeltern oder andere Verwandte, Freunde und Nachbarn. Auch in diesem Bereich gibt es innerhalb Europas große Differenzen: Während in Griechenland, den Niederlanden, Portugal, Slowenien und Ungarn diese Form der Betreuung ziemlich verbreitet ist (50–60% der Kinder nehmen sie in Anspruch), spielt sie in Deutschland kaum eine Rolle (7%). Der Betreuungsumfang liegt für die unter dreijährigen Kinder zwischen 11 Stunden (Tschechische Republik) und 39 Stunden (Portugal) wöchentlich, bei den älteren Kindern liegt sie zwischen 9 (Österreich) und 38 Stunden (Lettland; ebd., S. 27) pro Woche.

Insgesamt erscheint Deutschland im europäischen Vergleich als ein Land mit „starkem Entwicklungsbedarf. Werden ‚formale‘ und ‚informelle Kinderbetreuungsmöglichkeiten‘ zusammengefasst, liegt Deutschland nach den vorliegenden Werten bei den unter 3-Jährigen weit unter dem europäischen Durchschnitt, zusammen mit Malta und der Tschechischen Republik." (Ebd., S. 34)

Die Ausbildung des pädagogischen Fachpersonals findet in den meisten europäischen Ländern an Hochschulen oder Universitäten statt. In der Regel ist ein BA-Abschluss erforderlich und setzt die Hochschulreife voraus. Die Art der Ausbildung ist abhängig von der Zuordnung zu den Ministerien: In Frankreich, Großbritannien, den Niederlanden und Spanien werden Vor- und Primarschullehrkräfte gemeinsam ausgebildet (drei bis vier Jahre), in Italien und Griechenland benötigen die Vorschullehrerinnen wie alle Lehrkräfte ein vierjähriges Universitätsstudium. In Dänemark, wo der Elementarbereich wie in Deutschland nicht dem Bildungsministerium zugeordnet ist, erhalten die pädagogischen Fachkräfte der Kindergärten die gleiche Ausbildung wie alle Sozialpädagoginnen (Überblick bei Europäische Kommission 1995).

Exkurs: Kindergartenerziehung im Vergleich

In Kindergärten (und anderen pädagogischen Einrichtungen) sind nicht nur Vorstellungen von Kindern und richtiger Erziehung institutionalisiert, sondern auch unterschiedliche Praktiken des selbstverständlichen Umgangs mit ihnen. Diese Praktiken sehen oft sehr unterschiedlich aus – nicht nur von Institution zu Institution, sondern auch von Land zu Land. Solche Unterschiede, die meistens als kulturell bezeichnet werden (obwohl die Grenzen zwischen verschiedenen Kulturen und verschiedenen Nationalstaaten nur ausnahmsweise zusammenfallen), verstehen sich gewöhnlich von selbst, sie sind nicht der Rede wert. Oft fallen sie erst im Vergleich auf, wenn sie mit anderen Selbstverständlichkeiten in anderen Ländern konfrontiert werden.

Ein Beispiel für institutionalisierte Erziehungspraktiken, die sich auf bemerkenswerte Weise von im deutschen Raum vorherrschenden unterscheiden, bieten Kindergärten in Japan (Schubert 1992; 2004; Tobin et al. 1989 und 2009). Ihr implizites Grundmodell ist die autonome Kindergruppe. Erziehung ist hier weniger eine Angelegenheit von Erwachsenen und Kindern als ein Effekt des Zusammenwirkens der Kinder untereinander, das von Erwachsenen unauffällig arrangiert wird. Kindergärten unterscheiden sich dadurch grundlegend von der dyadischen Mutter-Kind-Beziehung, die das häusliche Kinderleben auch in Japan prägt. Sie bilden einen vom häuslichen Universum deutlich abgesetzten Raum, der eigenen Regeln und Gesetzen folgt. Dieser Raum ist die Welt der Gruppe, und die Regeln und Gesetze, die in ihr gelten, können nur in der Gruppe, nirgendwo sonst, gelernt werden. Ideal der japanischen Kindergartenpädagogik ist das verklärte Bild des freien und unbeaufsichtigten Spiels und der Vielfalt sozialer Beziehungen und Erfahrungen, die ehedem die spontanen Kindergruppen in der Nachbarschaft ermöglicht haben sollen. Die Einführung in das Leben der Gruppe, die Vermittlung der Erfahrung des – dem Anspruch nach – freien, unbeschwerten und glücklichen gemeinsamen Lebens in der Gruppe, stellt nach übereinstimmenden Aussagen japanischer Experten, Erzieherinnen und Eltern das zentrale und wichtigste Ziel des Kindergartens dar (Tobin u.a. 1989).

Entsprechend steht im Kindergarten das teilweise völlig unbeaufsichtigte Spiel in der meist großen Gruppe mit 20 oder 25 Kindern im Mittelpunkt. Es gilt als das natürliche Medium, in dem Kinder ab etwa drei Jahren sich optimal entfalten. Die ebenfalls als wichtig angesehene enge Mutter-Kind-Beziehung kann alles Mögliche gewähren, nur nicht die Erfahrung des freien und ungezwungenen Spiels in der Gruppe der Gleichaltrigen. Ein fast durchweg hoher Lärmpegel, Unruhe und Unordnung werden in einem erstaunlichen Ausmaß als natürliche Begleiterscheinung der Gruppenaktivitäten hingenommen, nicht nur, weil Kinder eben lebhaft, ausgelassen und manchmal auch ungebärdig sind und (Jungen etwas mehr, Mädchen etwas weniger) sein sollen, sondern auch, weil die enthusiastischen Aktivitäten als ein gutes Zeichen dafür gewertet werden, dass die Kinder ihre Gemeinsamkeit genießen, dass sie untereinander zurechtkommen und ihre Probleme in der Gruppe selbst bewältigen.

Allerdings ist damit nur eine Seite des Kindergartenalltags gezeichnet. Komplementär zum ausgelassenen und überschwänglichen Spiel stehen Routinen und Rituale, die das „chaotische" Kindergartenleben gliedern und ihm einen eigenen Rhythmus aufprägen. Sie markieren die zentralen Übergänge, die symbolischen Schwellen im Kindergartenalltag: die morgendliche Ankunft, den „offiziellen" Beginn, Anfang und Ende der Mahlzeiten; sie grenzen verschiedene Aktivitäten voneinander ab, das freie Spiel von der Aufräumphase, die konzentrierte origami-Lektion vom ausgelassenen Bewegungsspiel; sie interpunktieren einzelne Spielverläufe oder strukturieren sogar noch spontane Äußerungen wie den Dank, die Freude oder die Begeisterung.

Diese Rhythmisierung der verschiedenen Aktivitäten, der regelmäßige Wechsel der Tempi, Stimmungen und Haltungen, mag auf außenstehende Bobachter und Beobachterinnen trotz der insgesamt entspannten Atmosphäre wie Drill wirken. Tatsächlich werden Übergänge zu Beginn der Kindergartenzeit systematisch und fast schon mechanisch Schritt für Schritt eingeübt, bis sie zur beinahe instinktiven Gewohnheit geworden sind. Von „autoritären" Formen der Disziplinierung unterscheiden sie sich dennoch grundlegend. Sie werden weder durch – gar lautstarke – Kommandos erzwungen, noch stehen sie im Dienst der Erzieherinnen oder irgendeiner anderen „fremden" Autorität. Sie verkörpern vielmehr die Ordnung des Gruppenlebens, die gerade nicht von den Erzieherinnen ausgeht, sondern von der Gruppe selbst. Einmal eingeübt, ergibt sich diese Ordnung fast zwanglos, wie selbstverständlich, aus dem täglichen Rhythmus des Kindergartenlebens. Die Erzieherinnen können (und sollen) sich weitgehend zurückhalten. Sie drängen sich nicht ins Zentrum (und werden auch nicht ins Zentrum gedrängt); sie stehen als Ansprechpartnerinnen zur Verfügung und machen regelmäßig ihre Angebote: Basteln, Erzählen, Vorlesen, gemeinsames Singen usw.; im Mittelpunkt stehen sie aber nur kraft ihrer gerade gefragten inhaltlichen Kompetenz, nicht als diejenigen, die für den Gesamtablauf zuständig sind. Der fest gefügte Tagesablauf wird von den Kindern (unterstützt durch ein anonymes Arrangement) selbst organisiert. Wenn Kinder eigene Wünsche und Bedürfnisse punktuell zurückstellen müssen, dann nicht, weil eine Erzieherin dies verlangt, sondern weil die übergreifende Gemeinsamkeit dies erfordert.

Aus dem Gedanken, dass der Kindergarten die spontanen Spielgruppen früherer Tage ersetzen soll, folgt also nicht, dass die Kinder sich nun auch spontan zusammenraufen müssen. Im Gegenteil wird die Organisation des Zusammenlebens in der Gruppe explizit als pädagogische Aufgabe verstanden. Nicht allein die Rituale müssen eingeübt werden, auch sonst können weder soziale Fähigkeiten noch das Verständnis des Gruppenlebens vorausgesetzt werden. Leben und arbeiten in Gruppen ist eine anspruchsvolle Aufgabe, die in der Gruppe pädagogisch bewältigt werden muss. Es erfordert Kenntnisse, etwa der Regeln und Abläufe, eine gewisse Sorgfalt im Umgangs mit sich, den Dingen, vor allem aber auch mit den Anderen, die Fähigkeit, auf sie einzugehen, ihnen zuzuhören und sich ihnen verständlich zu machen. Ein ganzes Verhaltensrepertoire, das anderswo (oft zu Unrecht) als bereits vorhanden vorausgesetzt oder als „nebenbei", spontan erwerbbar gilt, wird systematisch trainiert: vom richtigen Grüßen bis zum lauten und deutlichen Sprechen vor der ganzen Gruppe, vom stillen Zuhören bis zum gemeinsamen lauten, enthusiastischen Spiel.

Die klare Strukturierung des Kindergartentages durch die punktuellen Ritualisierungen steht nicht im Widerspruch zur selbständigen Tätigkeit der Gruppe, sondern schafft einen Rahmen für sie. Sie verhindert keineswegs das freie Spiel in der Gruppe, sondern ermöglicht es erst. Die Kinder können sich ganz ihrer jeweiligen Aktivität widmen. Sie müssen nicht stets auf dem Sprung sein, nicht befürchten, dass ihnen das Gruppengeschehen entgleitet; sie können sich darauf verlassen, dass sie abgeholt und mitgenommen werden, wenn in der Gruppe etwas Neues geschieht. Auch für auftretende Probleme können sie selber Lösungen suchen, ja sie werden durch die ostentativ zurückhaltenden Erzieherinnen sogar dazu ermuntert, aber sie werden dadurch nicht überfordert. Früher oder später wird jede Auseinandersetzung sich in der ritualisierten Gemeinsamkeit beinahe wie von selbst auflösen.

Dennoch dient die systematische Einübung des Umgangs mit Übergängen keineswegs nur organisatorischen Notwendigkeiten; sie ist nicht auf ein (abstraktes) Ziel jenseits des aktuellen Kindergartenlebens bezogen. In ihnen wird vielmehr die Gemeinsamkeit spielerisch verkörpert und im Verlauf des Kindergartenlebens immer wieder neu hergestellt. In ihnen feiert die Gruppe sich und ihre Gegenwart.

4.7 Globalisierung und Erziehung: Das weltweite Dorf?

Globale, ökonomische und politische Vernetzung

Zu den wichtigsten aktuellen Herausforderungen der etablierten institutionellen Arrangements der Erziehung gehört die Globalisierung. Unter diesem Schlagwort werden ökonomische, politische und gesellschaftliche Entwicklungen zusammengefasst, die – teils wenig bemerkt – tiefgreifende Auswirkungen auf unser Erziehungs- und Schulwesen haben und noch haben werden. Die Rede von Globalisierung ist relativ neu – das Schlagwort taucht erst seit den 1980er Jahren in der politischen und wissenschaftlichen Diskussion auf – und ist umstritten. Geht man vom gängigen Sprachgebrauch aus, so werden damit zunächst *ökonomische* Prozesse bezeichnet: vor allem die beschleunigte Entwicklung weltweiter Finanz- und Kapitalbeziehungen, ermöglicht durch die Entwicklung von Kommunikationstechnologie, vor allem aber auch durch politische Maßnahmen wie Deregulierung der Finanzmärkte (Abbau entsprechender gesetzlicher Regelungen),

Globalisierung von Unternehmensstrategien und Märkten, von Forschung und Technologie. Gegenwärtig scheint dieser Prozess in eine Krise geraten zu sein; es sind wieder verstärkt nationale und internationale politische Interventionen notwendig, damit das verselbständigte Finanzsystem nicht die gesamte Weltwirtschaft in den Abgrund reißt. Es darf aber nicht verkannt werden, dass die jetzt politisch beklagte Verselbständigung politisch ermöglicht wurde und politisch gewollt war. Denn mit den ökonomischen Prozessen der sog. Globalisierung hängen politische zusammen, die die ökonomischen Prozesse teils begleiten, teils erst ermöglichen: Abbau von Handelsschranken (Deregulierung), wachsende Bedeutung internationaler Organisationen und Strukturen (UNO, OECD, EU, GATS-Welthandelskonferenz usw., aber auch nichtstaatliche Organisationen wie die sogenannten NGOs, Non-Government-Organisations) bei gleichzeitigem Bedeutungsverlust nationaler Politik.

Umverteilung und zunehmende Ungleichverteilung des weltgesellschaftlichen Reichtums

Zugleich ist Globalisierung ein politisch umstrittener Begriff. In den Medien ist beispielsweise von den sog. „Globalisierungsgegnern" (ATTAC und andere Organisationen) die Rede. Der Ausdruck Globalisierungsgegner ist polemisch. Die entsprechenden Organisationen operieren ja selbst weltweit, global. Sie wenden sich nicht gegen die Globalisierung, sondern gegen die damit verbundene zunehmende Ungleichverteilung und Umverteilung des weltgesellschaftlichen Reichtums. Sie wenden sich also nicht gegen Globalisierung generell, sondern gegen eine besondere Form einer neoliberalen Globalisierung. Die sozialen und ökonomischen Ungleichheiten haben in den letzten drei Jahrzehnten nicht ab-, sondern durchgehend zugenommen, sowohl im nationalen Maßstab als auch und erst recht im Weltmaßstab (Evers 2007). Die sog. Sachzwänge der Globalisierung erscheinen in dieser Perspektive als Vorwände und Rechtfertigung für den Umbau, oder genauer gesagt, den Abbau der sozialen Sicherungssysteme. Der Prozess scheint sich weiter zu beschleunigen. So legen die Finanztransaktionen ohne entsprechende politische Kontrollen den Eindruck nahe, dass die Umverteilung von unten nach oben mit erhöhter Geschwindigkeit fortgesetzt wird. Das Geld, das jetzt den Banken zum Ausgleich ihrer selbstverschuldeten Verluste aufgedrängt wird, steht für die soziale Sicherung oder die Bildung natürlich nicht mehr zur Verfügung.

Einer der ersten und bis heute wichtigsten Globalisierungstheoretiker ist übrigens Karl Marx. Er hat die besondere Dynamik der kapitalistischen Produktionsweise und die damit verbundenen bis heute hilflos beklagten Begleiterscheinungen schon sehr früh hellsichtig erkannt und beschrieben. Hier einige Abschnitte aus dem 1848 geschriebenen kommunistischen Manifest:

„Die Bourgeoisie, wo sie zur Herrschaft gekommen ist, hat alle feudalen, patriarchalischen, idyllischen Verhältnisse zerstört. Sie hat die buntscheckigen Feudalbande, die den Menschen an seinen natürlichen Vorgesetzten knüpften, unbarmherzig zerrissen und kein anderes Band zwischen Mensch und Mensch übrig gelassen als das nackte Interesse, die gefühllose ‚bare Zahlung'. Sie hat die heiligen Schauer der frommen Schwärmerei, der ritterlichen Begeisterung, der spießbürgerlichen Wehmut in dem eiskalten Wasser egoistischer Berechnung ertränkt. […]
Die Bourgeoisie kann nicht existieren, ohne die Produktionsinstrumente, also die Produktionsverhältnisse, also sämtliche gesellschaftlichen Verhältnisse fortwährend zu revolutionieren. […] Die fortwährende Umwälzung der Produktion, die ununterbrochene Erschütterung aller gesellschaftlichen Zustände, die ewige Unsicherheit und Bewegung zeichnet die Bourgeoisieepoche vor allen anderen aus. Alle festen eingerosteten Verhältnisse mit ihrem Gefolge von altehrwürdigen Vorstellungen und Anschauungen werden aufgelöst, alle neugebildeten veralten, ehe sie verknöchern können. Alles Ständische und Stehende verdampft, alles Heilige wird entweiht, und die Menschen sind endlich gezwungen, ihre Lebensstellung, ihre gegenseitigen Beziehungen mit nüchternen Augen anzusehen." (Marx 1974, S. 464f.)
„Die Bourgeoisie hat durch ihre Exploitation des Weltmarkts die Produktion und Konsumtion aller Länder kosmopolitisch gestaltet. Sie hat zu dem großen Bedauern der Reaktionäre den nationalen Boden der Industrie unter den Füßen weggezogen. Die uralten nationalen Industrien sind vernichtet worden und werden noch täglich vernichtet. […] An die Stelle der alten lokalen und nationalen Selbstgenügsamkeit und Abgeschlossenheit tritt ein allseitiger Verkehr, eine allseitige Abhängigkeit der Nationen voneinander. Und wie in der materiellen, so auch in der geistigen Produktion. Die geistigen Erzeugnisse der einzelnen Nationen werden Gemeingut. Die nationale Einseitigkeit und Beschränktheit wird mehr und mehr unmöglich […].
Die Bourgeoisie […] zwingt alle Nationen, die Produktionsweise der Bourgeoisie sich anzueignen, wenn sie nicht zugrunde gehen wollen; sie zwingt sie, die sogenannte Zivilisation bei sich selbst einzuführen, d.h. Bourgeois zu werden. Mit einem Wort, sie schafft sich eine Welt nach ihrem eigenen Bilde." (Ebd., S. 466)

Globalisierung ist also weder so neu wie oft suggeriert wird – sie gehört vielmehr zur kapitalistischen Produktionsweise, auch wenn sie sich wie alles an ihr beständig verändert – noch bezeichnet sie ein Naturereignis oder einen unbeeinflussbaren Sachzwang. Globalisierung in ihrer heutigen neoliberalen Form ist politisch ermöglicht und kann politisch gestaltet werden.

Das deutsche Bildungswesen im Kontext der Globalisierung

Das Erziehungs- und Schulwesen wird durch die neoliberale Globalisierung massiv beeinflusst. Das Schulwesen wird in der nationalen Diskussion zunehmend als Standortfaktor betrachtet. In der Bildungspolitik setzt sich ein Ökonomismus durch, d.h. es wird vor allem nach dem ökonomischen Nutzen von Schule gefragt, nicht nach ihrer Bedeutung für die persönliche Entwicklung, für das Verständnis von Welt und Gesellschaft (vgl. Kap. 3). Lernen wird immer weniger als Bildung und immer mehr als Qualifikation gesehen. – Unter den Bildungsökonomen, also unter den Experten, die sich mit dem Zusammenhang von Schule und wirtschaftlicher Entwicklung befassen, ist es übrigens umstritten, ob es tatsächlich den oft behaupteten Zusammenhang von Bildung und Wirtschaftswachstum gibt (Lenhardt 2004, S. 970ff.; Wolf 2002).

Die internationalen Vergleichsuntersuchungen wie TIMSS und PISA sind vor allem in diesem Zusammenhang zu sehen. PISA (Programme für International Student Assessment) wird von der OECD, also der Organisation für wirtschaftliche Zusammenarbeit initiiert und durchgeführt. Sie folgt einem eigenen Allgemeinbildungskonzept, das sich sehr eng an dem (wie gesagt umstrittenen) Nutzen von Schulbildung für die wirtschaftliche Entwicklung orientiert. Das ist insofern unproblematisch, als jedes Messen einem Maßstab folgen muss. Problematisch ist allerdings, dass dieser Maßstab zumindest in der öffentlichen Diskussion nicht weiter offen gelegt und so getan wird, als würde mit PISA der Erfolg der Schule „objektiv" gemessen. Tatsächlich geht die PISA-Norm von einem sehr engen utilitaristischen Konzept von Allgemeinbildung aus, bei dem die Differenz von Bildung und Ausbildung tendenziell verwischt wird.

Auch die Umstellung der Studiengänge auf BA und MA wird mit der Globalisierung und den damit verbundenen Zwang einer Vereinheitlichung von Studiengängen und Studienabschlüssen begründet. Man folgt damit *zum einen* einer deutschen Obsession, nämlich der Ausweitung des Berechtigungswesens möglichst auch noch auf andere Länder, also zunächst innerhalb der EU, schließlich aber weltweit, und versucht *zum anderen*, einem *vermeintlich* internationalen Trend zu folgen, wobei allerdings die Schwierigkeiten unterschätzt worden sind, die überwunden werden müssen, damit ein solcher Trend überhaupt richtig identifiziert werden kann. Aus den USA, deren System ja angeblich übernommen werden sollte, ist inzwischen zu hören, dass der deutsche Bachelorabschluss wegen des mit ihm verbundenen Schmalspurstudiums dort keine Anerkennung findet.

Wenigstens kurz hinweisen wollen wir noch auf ein weiteres mit der neoliberalen Globalisierung auf die politische Tagesordnung gesetztes Thema: die Privatisierung der Bildung. Damit ist nicht die Ausweitung dessen gemeint, was wir in Deutschland als Privatschulen bezeichnen, also freie Schulen, Waldorfschulen oder Schulen in kirchlicher Trägerschaft, sondern tatsächlich Bildung in privaten Unternehmen, die Geld, Rendite abwerfen sollen. Bildung wird immer mehr als Markt gesehen und nach zunehmend ökonomischen Gesichtspunkten organisiert. Ökonomie ist selbstverständlich nichts Schlechtes. Auch als Pädagogen sind wir gehalten und verpflichtet, mit Ressourcen haushälterisch, ökonomisch umzugehen. Das bezieht sich auf materielle Ressourcen ebenso wie auf die Lebenszeit der Schülerinnen und Schüler oder der anderen uns anvertrauten Kinder und Jugendlichen. Das bezieht sich aber auch auf die eigene Kraft und das eigene Engagement. Insofern müssen wir immer Kosten-Nutzen-Gesichtspunkte mitdenken. Problematisch wird dies erst, wenn die Kosten-Nutzen-Relation und die Ökonomie verkürzt verstanden werden, indem Geld und Profit zum einzigen Maßstab pädagogischer Leistungen werden. Genau dies wird aber mit einer Privatisierung der Bildung angestrebt. Eine solche Privatisierung von zumindest Teilbereichen des Schul- und Hochschulwesens kann man in anderen Ländern schon recht gut beobachten. Betroffen davon ist seltener der Pflichtbereich, also die zehn bis zwölf Jahre Schule, die das „Bildungsminimum" gewährleisten sollen, wohl aber viele darüber hinaus gehende Leistungen. In den sog. GATS-Runden (GATS bedeutet General Agreement of Trade in Services), die sich mit internationalen Vereinbarungen zur Regelung sämtlicher Dienstleistungsaktivitäten befassen, wird bereits seit geraumer Zeit, von der deutschen Öffentlichkeit weitgehend unbemerkt, über die Öffnung der Bildungsmärkte verhandelt. Längst stehen internationale Bildungskonzerne bereit, die entsprechenden Marktsegmente auch in Deutschland zu übernehmen. Zum Teil geschieht dies bereits oder ist bereits geschehen. Man denke etwa an die sog. Nachhilfeschulen. Der Vereinheitlichungsdruck, der von den OECD-Vergleichen ausgeht, muss auch in diesem Zusammenhang gesehen werden. Denn ein international relativ vereinheitlichtes Schulwesen macht es für internationale Anbieter leichter, ihre Produkte international zu vermarkten.

Globale Vereinheitlichung und Zunahme von Unterschieden

Allerdings wäre es ein Missverständnis, Globalisierung allein als weltweite Vereinheitlichung und Standardisierung zu sehen. Die hiesige Diskussion erweckt manchmal den Eindruck als bringe Globalisierung vor allem Anpassungszwänge mit sich. Globalisierung erscheint dann nicht als erweiterte Perspektive und vergrößerter Horizont, sondern als Variante eines ziemlich bornierten Provinzialismus, der den vermeintlichen Standards imaginierter internationaler Entwicklungen nachjagt; sie bezeichnet dann nichts weiter als den Provinzialismus des globalen Dorfes. Tatsächlich ist jedoch davon auszugehen, dass im Zuge der Globalisierung Unterschiede und Ähnlichkeiten gleichermaßen zunehmen – nicht nur auf der kulturellen Ebene. Mit dem Verblassen „alter" Unterschiede – etwa zwischen Nationalstaaten – werden andere Unterschiede wichtiger: zwischen sozialen Milieus, Klassen usw. Und es entstehen neue Unterschiede, etwa zwischen den weltweit operierenden Managern, die den Globus bewohnen, und den Arbeitskräften, die an ihren Ort gefesselt bleiben, und schließlich denen, die als Arbeitsmigranten nicht einfach in ein anderes Land wechseln, sondern regelmäßig zwischen ganz verschiedenen Regionen der Welt hin und her pendeln. Für diesen widersprüchlichen Prozess ist der Begriff der „Glokalisierung" geprägt worden (Robertson 1998). Globalisierung findet nicht im leeren Raum statt, sondern stets in konkreten lokalen Strukturen und ist mit ihnen vielfältig vermittelt. Zwar sind inzwischen so gut wie alle lokalen Kulturen global überformt, trotzdem führt dies nicht zu einer pauschalen Homogenisierung und zu einer global einheitlichen Weltkultur.

Auf kulturellem Feld spricht man von hybriden Kulturen, also Kulturen, die sich aus ganz verschiedenen Elementen unterschiedlicher Herkunft zusammensetzen, wobei jeweils ganz neue eigenständige Kulturen entstehen. Auch sie sind heute fast überall Element der lokalen Kultur. Am einfachsten kann man das an der Pop-Musik beobachten, wo aus verschiedenen lokalen Traditionen – Blues, Jazz, Country-Music, irische Folklore usw. – ganz neue Formen entstanden sind, die einerseits weltweit rezipiert werden, andererseits aber unterschiedlich in die jeweiligen lokalen Kulturen eingebunden sind. Z.B. wird in den USA letztendlich andere englischsprachige Musik gehört als in Deutschland (auch wenn es Überschneidungen gibt), HipHop hat in den USA eine andere Bedeutung als in Europa, ist kulturell anders situiert. Die globale Szenerie muss als eine Ansammlung von Möglichkeiten begriffen werden, die eine Vielzahl von Kombinationen erlaubt und aus der jeweils stark variierende Kollektionen zusammengestellt werden.

Damit deutet sich schon an, dass die Globalisierung oder die Glokalisierung die Lebenswelt jedes Einzelnen von uns stark beeinflusst – nicht zuletzt auch die Lebenswelt von Kindern, von Jugendlichen ganz zu schweigen. Wenn Kinder oder junge Erwachsene heute „Heidi" oder „Die Biene Maja" kennen, dann oft aus japanischen Zeichentrickfilmen mit japanisch „kindgemäßer" Bildsprache, was uns vielleicht gar nicht mehr auffällt. Kinder tauschen Pokémon-Karten oder ähnliches auf dem Schulhof, die in Hildesheim, Tokio und San Francisco gleich aussehen, aber unterschiedliche Bedeutung haben. Wenn Kinder singen, dann versuchen sie sich vielleicht eher an irgendwelchen neuen Hits als an Weihnachtsliedern, auch wenn sie noch gar kein Englisch verstehen.

Die in der Pädagogik oder in der Sozialisationsforschung verbreitete Vorstellung eines relativ geschlossenen Erziehungsraumes oder das Modell von sich konzentrisch erweiternden Lebensräumen ist wahrscheinlich schon überholt. Vielleicht kennen manche Kinder ihren regelmäßigen Urlaubsort in Spanien besser als ihre Nachbarschaft in Siegen, durch die sie immer nur zur Schule laufen oder gar gefahren werden. Viele Kinder haben überregionale enge Bindungen, Verwandte in anderen Bundesländern oder anderen Kontinenten; für manche ist Deutsch nicht die wichtigste Sprache in ihrem bisherigen Leben. Alle diese Kinder – aus Greifswald, Fürth, Erzurum oder Teheran – gehen in einen Kindergarten oder eine Schule, spielen, sprechen und arbeiten zusammen, ohne dass dies schon irgendein besonderes Problem darstellen würde.

Globalisierung kann also in mindestens doppelter Weise verstanden werden: einmal als weltweiter ökonomischer und politischer Verflechtungsprozess, von dem – bei ungleichen Markt- und Machtanteilen unter der Dominanz „westlicher" Industrienationen – ein beträchtlicher Vereinheitlichungsdruck ausgeht; zum anderen aber auch als Prozess, in dem Fremdheit durch Nähe zunehmend intensiviert wird und eine konfliktträchtige Zeitgenossenschaft von unterschiedlichen Bedeutungszusammenhängen entsteht.

Zu Kindheit und Jugend im Kontext der Globalisierung

In der pädagogischen Diskussion ist Globalisierung bislang nur wenig thematisiert worden. Was eben kurz zusammengefasst wurde, wird meist unter anderen Problemtiteln verhandelt, obwohl es eng mit Globalisierung zusammenhängt. Eine dieser Problemstellungen ist *Modernisierung des Bildungswesens*. Das klingt gut und überzeugend – wer will schon unmodern sein? –, verdeckt aber alle politischen und gesellschaftlichen Implikationen und entpolitisiert das Problem, indem so getan wird, als folgten die Veränderungen im Bildungswesen einem nicht weiter zu problematisierenden Sachzwang. Ein zweiter Problemtitel, bei dem oft der Kontext nicht umfassend genug gesehen wird, ist *Veränderung von Kindheit*, ein dritter *interkul-*

turelle Erziehung (vgl. Kap. 5). Zur Veränderung von Kindheit im Kontext von Globalisierung soll im Folgenden auf einige Widersprüche oder genauer Widerspruchszusammenhänge hingewiesen werden.

Armut – Reichtum

An erster Stelle der Widerspruchszusammenhänge, die das Aufwachsen heute prägen, stehen Armut und Reichtum. Der Widerbruch ist im weltgesellschaftlichen Maßstab ganz offensichtlich, aber auch im nationalen deutlich ausgeprägt. Bekanntlich sind Familien mit Kindern und Alleinerziehende besonders von Armut bedroht und betroffen. Kinder gelten als Armutsrisiko oder anders gesagt, man muss sich Kinder heute leisten können. Das ist zunächst und vor allem ein materielles Problem.

Darüber hinaus gibt es aber ganz unterschiedliche Formen von Armut und Reichtum. Der französische Soziologe Pierre Bourdieu (vgl. Kap. 2.4) unterscheidet verschiedene Arten von „Kapital", wobei Kapital hier nicht allein ökonomisch verstanden wird, sondern auch im übertragenen Sinne: als etwas, was jemand hat und mit dem er wuchern, das er investieren und vermehren kann (Bourdieu 1983). An erster Stelle steht das *ökonomische Kapital* im üblichen Sinne als Geld oder in Geld konvertierbarer Besitz bzw. in Geld konvertierbares Eigentum. Wichtig ist, dass als Kapital nur das Geld fungieren kann, das man *nicht* ausgeben muss. Das Geld, das man braucht, um seinen Lebensunterhalt zu bestreiten, kann man nicht investieren, es vermehrt sich nicht, ganz im Gegenteil. Eine zweite wichtige Kapitalsorte nennt Bourdieu *kulturelles Kapital*. Damit sind drei verschiedene Gesichtspunkte angesprochen, die in aller Regel aber nicht deutlich voneinander getrennt sind:

- Titel und Berechtigungen, Qualifikationen, die beispielsweise auf dem Arbeitsmarkt investiert werden;
- Fähigkeiten, Dispositionen, „Bildung" also, in den Worten Bourdieus: verinnerlichtes, „inkorporiertes Kulturkapital";
- Besitz an kulturellen Gütern wie Bilder, Bücher, Lexika usw.

Obwohl mit dem kulturellen Kapital vor allem Kapitalien bezeichnet werden, die durch Bildung und Ausbildung erworben werden, handelt es sich keineswegs nur um eine individuelle Größe. Auch kulturelles Kapital ist durch Familientradition vererbbar und vermehrbar. Das ist nicht nur bei Büchern und Bildern so; wo höhere Schulbildung und Universitätsstudium seit Generationen selbstverständlich sind, ist der Umgang mit Bildungsinstitutionen und kulturellen Einrichtungen anders als bei Menschen, die sich den Zugang zu Schule und Hochschule mühsam erkämpfen müssen.

Als Drittes nennt Bourdieu noch das *soziale* (oder symbolische) *Kapital*, mit dem Ressourcen bezeichnet werden, die mit dem Besitz von mehr oder weniger institutionalisierten Beziehungen gegenseitigen Kennens und Anerkennens, aber auch mit Gesichtspunkten wie Ehre und Prestige verbunden sind. Als soziales Kapital können Beziehungen fungieren, auf die dauerhaft zurückgegriffen werden kann; einmalige, zeitweilige oder sporadische Bekanntschaften gehören in der Regel nicht dazu.

Bourdieu führt diese Unterscheidungen ein, um damit ein komplexeres und differenzierteres Bild der Struktur von Gesellschaft zeichnen zu können, als es durch eine bloße Unterteilung etwa nach Höhe des Einkommens oder nach Bildungsabschluss möglich wäre. Wichtig ist, dass es *verschiedene Dimensionen* von Armut und Reichtum gibt, die sich in Kombinationen einerseits relativieren und angleichen lassen, die sich aber auch gegenseitig verstärken können. So lässt sich beispielsweise fehlendes ökonomisches Kapital durch kulturelles oder soziales ausgleichen, etwa beim Akademiker mit wenig Einkommen, der sein fehlendes ökonomisches durch kulturelles Kapital ausgleicht, oder der materiell schlecht Gestellte mit einem funktionierenden System von Verwandten und Bekannten, der seine ökonomischen Schwierigkeiten mit ihrer Hilfe sozial abfedert. Am problematischsten ist die Situation bei denjenigen, deren Armut *durchgehend* ist, die also weder über ökonomisches, kulturelles noch soziales bzw. symbolisches Kapital verfügen. Hier verstärken sich die Nachteile noch wechselseitig.

Verschulung

Der zweite Widerspruchszusammenhang sticht besonders vor dem Hintergrund der weltweiten Verschulung von Kindheit und mittlerweile auch Jugend heraus. Insbesondere nach dem Zweiten Weltkrieg nehmen, wie schon erwähnt, der Besuch von Primar- und Sekundarschulen sowie der Hochschulbesuch weltweit dramatisch zu. Das geht nicht allein auf die Schul- und Hochschulentwicklung in der sogenannten Dritten Welt zurück. Zwischen 1950 und 1975 stieg der Anteil der Kinder, die eine Elementarschule besuchen, im weltweiten Durchschnitt von etwa 60 auf 86%, der Anteil der Sekundarschülerinnen und -schüler von ca. 11 auf 40%. Der Anteil der jungen Leute, die eine Hochschule besuchen, stieg zwischen 1950 und 2000 weltweit von 2% auf insgesamt 20% der jeweiligen Altersjahrgänge. In westlichen Demokratien liegen die Studierendenquoten inzwischen bei durchschnittlich 50 % (Ramirez/Boli-Bennet 1982).

Für die meisten Kinder und viele Jugendliche ist die Kindheit heute Schulkindheit und Jugend Schuljugend, d.h. nichts prägt Kindheit und Jugend so sehr wie Schule. Lernen wird deshalb meist, auch wenn es außerhalb der Schule stattfindet, nach dem Muster schulischen Lernens gedacht, an Schulfertigkeiten ausgerichtet: also vorgeschriebene Gegenstände, Zeitabläufe, Verhaltensweisen und unwahrscheinliche soziale Konfigurationen: ca. 20 bis 30 Gleichaltrige und ein Erwachsener. Aus dieser Schulkindheit und Jugend ergibt sich eine ganze Reihe von Widersprüchen, von denen wir nur zwei nennen (Cloer 2004):

Der *erste* Widerspruch besteht zwischen einer sehr langen ökonomischer Abhängigkeit von den Eltern und der Unselbständigkeit in der Schule einerseits und der relativ frühen Selbständigkeit in Konsum, Freizeit, Sexualität usw. andererseits. Der *zweite* Widerspruch zwischen Gegenwärtigkeit und Zukunftsbezug bezieht sich auf eine klassische pädagogische Grundfrage, wie sie etwa Schleiermacher formuliert hat. Sie lautet, ob und inwieweit es gestattet ist, d.h. ob und inwieweit es ethisch und moralisch gerechtfertigt werden kann, *die Gegenwart unserer Kinder einer ungewissen Zukunft aufzuopfern*. Die Frage wird heute nur noch selten gestellt (außer vielleicht von Kindern, die genug von ihren Hausaufgaben haben und lieber fernsehen oder spielen wollen). Den meisten Menschen, Eltern, aber auch Lehrern und Lehrerinnen erscheint es selbstverständlich, dass von den Kindern verlangt wird, auf ein Morgen hin zu leben, auf eine von anderen geplante Welt bezogen, auf das Zeugnis am Jahresende, auf den Ausbildungsplatz, den Studienplatz, den Beruf und den Arbeitsplatz. Kindheit ist auf Anforderungen, Vorstellungen, Maßstäbe bezogen, die in einer unabsehbaren Zukunft gelten werden, aktuell aber noch keine Bedeutung haben.

Der Gegensatz zwischen dem Zukunftsbezug und Gegenwart scheint sich gegenwärtig noch zu verschärfen. Denn auf der einen Seite werden die Anforderungen angesichts von Dauerarbeitslosigkeit höher, auf der anderen Seite spielt die Gegenwart im Konsum oder im „Spannungsschema" kindlicher und jugendlicher Alltagsästhetik eine verstärkte Rolle. Es scheint immer schwieriger zu werden, aus der Gegenwart heraus, aus den gegenwärtigen Interessen und Wünschen, tragfähige Perspektiven für die eigene Zukunft zu entwickeln, zumal für diejenigen, die ohne ausreichendes ökonomisches, kulturelles und soziales Kapital auskommen müssen.

Medien

Für den nächsten Widerspruchszusammenhang bilden die Medien den Hintergrund. Der Widerspruch Informationsflut vs. Desorientierung betrifft schon Erwachsene, Kinder aber erst recht. Er bezieht sich nicht allein auf die Medien – auch sonst ist unsere Umwelt komplex genug – aber doch vor allem auf sie.

Aufgrund der dargebotenen Vielfalt und den vielfältigen Zugriffsmöglichkeiten mag man zwar den Eindruck des Bescheid-Wissens, der Informiertheit gewinnen. Tatsächlich fehlen aber alle Zusammenhänge, alle Proportionen und Gewichtungen, so dass eine wirkliche Orientierung auf diese Weise kaum zu gewinnen ist. Die Stellung der Schule ändert sich damit grundlegend: Sie bot einst – vor der Durchsetzung der Massenmedien – *den* privilegierten Zugang zum Wissen der Welt. Die Heranwachsenden fanden Zugang allein vermittels Unterricht. Heute lässt sich Wissen überall abrufen – handlich und *scheinbar* verständlich aufbereitet. Was fehlt, ist die Fähigkeit, selbständig und kritisch mit diesem vermeintlichen Wissen umzugehen. Daraus ist der Schule eine Aufgabe erwachsen, der sie sich noch viel zu wenig stellt. Statt zusammenhangloser, aber leicht abfragbarer Informationspartikel, müsste sie Zusammenhänge und die Fähigkeit zum kritischen Umgang mit Informationspartikeln vermitteln sowie nicht zuletzt die sehr anspruchsvolle Kompetenz, unzureichende Information als solche zu erkennen.

Kapitel 5
Vielfalt und Identität – Oder: Können Zuordnungen produktiv für Bildung werden?

Homogenität und Heterogenität im Schulwesen

Mit der Institutionalisierung der Erziehung in modernen Gesellschaften sind verschiedene, in sich widersprüchliche und stets umstrittene und umkämpfte Ansprüche verbunden. Einerseits wird mit der Entstehung der neuen Nationalstaaten die Homogenisierung der Bevölkerungen zu einer zentralen Aufgabe, die maßgeblich von den Schulen mitgetragen wurde. „Indem die jungen Leute zu Schülern nationaler Schulen werden, werden sie den traditionalen Familien- oder Stammesverbänden, schichtenspezifischen Sozialisationsmilieus etc. entrückt. […] Die Kinder werden […] als Schüler zu den Kindern der Nation und stehen in einem gleichen und direkten Verhältnis zum Staat, so wie ihre Eltern als Bürger." (Lenhardt 2004, S. 975) In konfliktreichen Auseinandersetzungen werden sukzessive „aus der Vielfalt der Standesangehörigen gleiche Bürger […], aus Dialekten künstlich geschaffene Hochsprachen, aus Mythen der kollektiven Vergangenheit die wissenschaftliche Konstruktion einer nationalen Geschichte" usw. (ebd., S. 947) – alles unter maßgeblicher Beteiligung des Schulwesens. Auch die Schulen selbst wirken eher homogenisierend. Kinder und Heranwachsende werden in großer Zahl zusammengefasst und einer einheitlichen Behandlung unterworfen. Zum Status als Staatsbürger (später auch Staatsbürgerin) gehören, zumal in demokratisch verfassten Nationalstaaten, schließlich die Möglichkeit und die Fähigkeit zu politischer und sozialer Partizipation, die sukzessive auch als Aufgabe des Schulwesens verstanden werden.

Durchkreuzt werden dieser Gleichheitsanspruch und dieses Gleichheitsversprechen andererseits durch die Vielzahl von Differenzen in modernen Gesellschaften. Geschlecht gehört dazu, ebenso die Frage nach der Herkunft und dem legalen Status – Angehörige der fraglichen Nation oder nicht – und nach der körperlichen Konstitution, also vor allem danach, ob jemand beeinträchtigt oder behindert ist bzw. durch bestimmte Umstände wird, und traditionell die nach den Konfessionen. Grundlegend ist nach wie vor die Unterscheidung nach Klasse, Sozialstatus oder Milieu. Die Schule hat solche Differenzen zunächst häufig aufgenommen und ihnen durch Segregation Rechnung zu tragen versucht. Bis 1920 gab es für die Kinder des Bürgertums und die des Rests der Bevölkerung in Deutschland durchweg getrennte Schulen (vgl. Kap. 4.4) und noch heute spiegelt bekanntlich die Verteilung der Kinder auf das mehrgliedrige Schulwesen die sozioökonomische Schichtung der Bevölkerung wider. Katholische und evangelische Kinder besuchen zum Teil bis heute verschiedene Schulen, ebenso wurden Jungen und Mädchen zumindest im höheren Schulwesen bis vor wenigen Jahren getrennt unterrichtet. Für die Kinder der „Gastarbeiter" wurden – soweit organisatorisch möglich – anfangs oft Vorbereitungs- oder „Nationalitätenklassen" eingerichtet, und behinderte Kinder, einschließlich sog. Lernbehinderter, werden nach wie vor häufig auf Sonder- bzw. Förderschulen überwiesen. Schulpflicht galt für Kinder ohne deutsche Staatsangehörigkeit lange Zeit nur eingeschränkt; in etwa der Hälfte der Bundesländer ist sie bis heute an einen gesicherten Aufenthaltsstatus gebunden, gilt also z.B. für Asylbewerber nicht. Bei Kindern ohne Aufenthaltsberechtigung ist der Schulbesuch von der Einsicht, Bereitschaft und Zivilcourage vor allem in der Schulleitung abhängig.

Mit der Durchsetzung demokratischer Bürgerrechte sind in der Schule die meisten dieser „Unterscheidungen nach partikularistischen Kriterien, wie denen des Geschlechts, der sozialen Herkunft, der Religion, der Rasse, der ethnischen Zugehörigkeit etc. in der Regel illegitim, auch wenn sie im Alltag tatsächlich praktiziert werden. Legitimerweise werden die Schüler ausschließlich nach Leistung unterschieden. Die Leistungsgliederung schließt ihre Graduierung nach dem Lebensalter in Jahrgangsklassen und nach ihrer vorherigen Schulerfahrung ein." (Lenhardt 2004, S. 975) Der Bedarf an gesellschaftlicher Ungleichheit verschwindet allerdings nicht, nur weil er nicht mehr – oder nur noch begrenzt und mit der Durchsetzung demokratischer Strukturen immer weniger – durch vorgängige Gliederungen nach Stand, sozialer Herkunft, Religion, Geschlecht oder ethnischer Zugehörigkeit befriedigt werden kann. Das Schulwesen wird daher benutzt, um neue Differenzierungen einzuführen, es schafft neue Formen von Unterscheidungen und – etwa mit den Schulnoten – neue Anlässe dafür. Die in die Schule mitgebrachten Differenzen werden in schulisch anerkannte und legitimierbare Differenzen transformiert. Das sind dem Selbstverständnis nach in erster Linie Leistungsdifferenzen; entsprechend werden andere Unterschiede nach Möglichkeit in Leistungsdifferenzen umgewandelt.

Segregation wird zunehmend begründungspflichtig, zumal wenn sich herausstellt und in der politischen Diskussion plausibel gemacht wird, dass dafür Leistungsgesichtspunkte nicht ausschlaggebend sind oder die schulischen Strukturen bestimmte soziale Gruppen benachteiligen oder bevorzugen. In der erziehungswissenschaftlichen und in der politischen Diskussion werden in den 1960 und 1970er Jahren zunächst vor allem soziale Ungleichheiten und die damit verbundenen Benachteiligungen, namentlich von Arbeiterkindern, aber auch Landkindern diskutiert. Wenig später werden Diskriminierungen von Mädchen im Schulwesen zum Thema, schließlich die von Einwandererkindern. Auch wenn sich ein Einheits- oder Gesamtschulsystem in Deutschland – anders als in den meisten anderen Staaten der Welt – bislang nicht durchsetzen bzw. (in den aus der DDR hervorgegangenen Ländern) nicht halten konnte, steht das gegliederte Schulwesen daher seit Jahrzehnten in der Kritik und wird wohl über kurz oder lang verschwinden. Selbst das nach wie vor bildungspolitisch verwöhnte Gymnasium, das sich im Zuge seiner Umwandlung zur Massenschule bereits stark verändert hat, wird allenfalls in stark gewandelter Form überleben, zumal die internationalen Vergleichsuntersuchungen ihm nur sehr mäßige Leistungen bescheinigen. Aber auch dass Kinder mit sonderpädagogischem Förderbedarf zum größten Teil in speziellen Förderschulen unterrichtet und gefördert werden statt in Regelschulen, wird angesichts des allgemeinen Anspruchs auf Gemeinsamkeit und Gleichbehandlung zunehmend bemängelt. Integration oder Inklusion von Behinderten mit einer entsprechenden Umgestaltung der Regelschulen gehört zu den aktuellen bildungspolitischen Themen. – Vergleicht man allerdings die Volksschule des 19. Jahrhunderts, in der „über 90 % der schulpflichtigen Kinder in heterogenen Lerngruppen hinsichtlich Lebensalter, Geschlecht, Sozialstatus [Kinder von Bauern, Handwerkern, Tagelöhnern und Kaufleuten], ‚Begabung' und Behinderung unterrichtet wurden", mit den heutigen Schulen, so „ist am Anfang des 21. Jahrhunderts eine große Homogenität innerhalb von Lerngruppen zu verzeichnen. Der Regelfall am Beginn des 21. Jahrhunderts ist, dass Schüler und Schülerinnen nur einen begrenzten Ausschnitt der Vielfalt der eigenen Generation innerhalb ihrer Lerngruppen und Schulen kennen lernen." (Hansen 2003, S. 68)

Zugehörigkeit, Identität und Bildung

Soziale Differenzen kann man nicht nur diskret bemerken und auszugleichen versuchen, sondern auch anerkennen und wertschätzen. Mit der Entwicklung einer multikulturellen Gesellschaft und der Globalisierung entwickelt sich auch in Deutschland mit der zunehmenden Wahrnehmung der Relevanz von Differenzen allmählich ein Bewusstsein für deren Produktivität. Vor allem Frauenbewegung, Schwulen- und Lesbenbewegung und die (sich selbst so bezeichnende) „Krüppelbewegung" diskutierten mit Forderungen nach Gleichberechtigung Ansprüche auf Anerkennung von Differenz und den damit verbundenen Ressourcen. In der Pädagogik wurden Ansätze, denen es in einer Art kompensatorischer Erziehung in erster Linie um den Ausgleich von (vermeintlichen) Defiziten ging, sukzessive von solchen ergänzt und ersetzt, die die besonderen Möglichkeiten der ausgegrenzten Gruppen und die Produktivität betonen, die die Auseinandersetzung mit den jeweiligen Differenzen für alle hat. Es entstehen Interkulturelle und Feministische Pädagogik. Auch die Sonderpädagogik, die sich mit der besonderen Förderung durch Spezialisten und Spezialeinrichtungen befasst, entwickelt sich teilweise zu einer Integrativen oder Inklusiven Pädagogik, die auf die Nichtaussonderung von Menschen mit Behinderungen setzt. Unaufgelöste Spannungen bleiben dabei allerdings weithin bestehen. „Auseinandersetzungen und Ausdifferenzierungen innerhalb dieser Fachrichtungen bewegen sich bis heute zwischen den Polen *Skandalisierung* und *Essentialisierung*. *Essentialisierung* meint die Beschreibung der Unterschiedlichkeit von Menschen als ‚natürliche‘, im Kern unveränderbare Wesen. *Skandalisierung* dagegen richtet sich auf die Exklusionsmechanismen von Institutionen und gesellschaftlichen Strukturen. Dabei geht es sozusagen um die Dekonstruktion von zugeschriebenen (angeblich) ‚natürlichen Eigenschaften‘, die als gesellschaftliches Konstrukt ‚enttarnt‘ werden. In der Folge entwickelte sich ein Definitionskampf zwischen Defizit und Differenz." (Lutz/Leiprecht 2003, S. 118; H.i.O.)

In diesem Spannungsfeld stellt sich neben und mit Fragen der Chancengleichheit und der Vermeidung von Etikettierungen, Stereotypisierungen und Diskriminierungen auch das Problem der Bildung neu. Fragen der Zugehörigkeit, der Fremd- und Selbstverortung in sozialen Kontexten werden gemeinhin unter dem Problemtitel Identität verhandelt. Dabei geht es – grob gesagt – um Fragen wie „Wer bin ich? Wer möchte ich sein?", aber auch „Wohin gehöre ich?" Der Psychoanalytiker Erik H. Erikson (1902–1994), der den Ausdruck mitsamt seiner Vieldeutigkeit wesentlich geprägt hat, umschreibt Identität als ein inneres Sich-Selbst-Gleichsein, das durch andere anerkannt ist und sich auf die Zugehörigkeit zu einer Gruppe und ihrer Identität sowie die Möglichkeit stützen kann, sich in der Welt dieser Gruppe zu verorten. Im „Kern des Individuums ‚lokalisiert‘ […] und doch auch im Kern einer gemeinschaftlichen Kultur" (Erikson 1974, S. 18), handelt es sich um einen überwiegend unbewussten Prozess, der vor allem in Krisensituationen zu bewusster Auseinandersetzung herausfordert.

Die Frage nach Identität und die Idee der Bildung beziehen sich auf eine ähnliche Problemkonstellation. In beiden Fällen geht es darum, dass die Individuen ein eigenständiges Verhältnis zu sich selbst und ihren gesellschaftlichen Kontexten entwickeln, um ihr Leben innerhalb einer durch sachliche Abhängigkeiten und persönliche Unabhängigkeit gekennzeichneten Gesellschaft selbständig und selbstverantwortlich führen zu können (Schubert 2004a). Anders als die meisten klassischen Bildungsbegriffe bezieht das Identitätskonzept, zumindest in den auf Erikson zurückgehenden Fassungen, allerdings Fragen der Zugehörigkeiten und der Selbstverortung und Selbstvergewisserung von Individuen mittels Identifikation explizit mit ein. Wir konstruieren unsere Identität weder als abstrakt-isolierte noch als abstrakt-gesellschaftliche Individuen, sondern als Kinder unserer Eltern, mit einer bestimmten Herkunft und Geschichte, als Mädchen oder Junge bzw. Frau oder Mann, mit bestimmten körperlichen Merkmalen, als Teil bestimmter gegliederter sozialer und kultureller Zusammenhänge usw. Im Identitätskonzept wird dies festzuhalten versucht; es kann sich gleichermaßen auf das Individuum wie auf gesellschaftliche Zugehörigkeiten wie Beruf, Status, Klasse, ethnische oder kulturelle Minderheiten usw. beziehen. In diesem Sinne kann man von beruflicher, kultureller, nationaler, männlicher oder weiblicher Identität ebenso sprechen wie von individueller oder Ich-Identität, die gehalten ist, ihre verschiedenen Zugehörigkeiten und sozialen Partizipationen in einen für den eigenen Lebensentwurf einigermaßen tragfähigen Zusammenhang zu bringen.

Gerade Zugehörigkeiten können dafür eine wichtige Ressource sein – eine die, nach den einschlägigen Diskussionen zu urteilen, in jüngster Zeit immer wichtiger zu werden scheint. Sie müssen deshalb als zentrales Bildungsproblem verstanden und pädagogisch bearbeitet werden. Ihre Einbeziehung kann zugleich zu einem erweiterten Verständnis von Bildung beitragen. Dabei geht es nicht allein um Fragen der Chancengleichheit und der Vermeidung von Etikettierungen, Stereotypisierungen und Diskriminierungen – obwohl dies schwierig genug ist –, sondern auch um den möglichst bewussten Umgang mit den Zuschreibungen und Zuordnungen, wie sie mit Herkunft, Geschlecht, körperlicher Konstitution usw. verbunden sind – und zwar sowohl auf Seiten der pädagogischen Fachkräfte als auch auf Seiten der Heranwachsenden. Mit Bildung ist der Anspruch verbunden, sich zu den verschiedenen Zugehörigkeiten und Zuschreibungen selbständig zu verhalten, ein eigenes Verhältnis dazu zu gewinnen. Pädagogische Institutionen, die einen bewussten Umgang mit Heterogenität pflegen, können dazu Gelegenheit und Anregungen geben. Sie können durch Etikettierungen oder durch die Betonung und Dramatisierung von Differenz eine solche selbständige Auseinandersetzung mit der eigenen Herkunft, der körperlichen Konstitution usw. allerdings auch erschweren oder sogar verhindern. Zugehörigkeiten können in der schulischen und sonstigen pädagogischen Praxis hergestellt, bekräftigt, verteidigt, aber auch verändert oder verschoben werden. Umso wichtiger ist es, die Zuordnungen und Selbstzuordnungen bei aller Akzeptanz auch im Blick auf die mit ihnen verbundenen Hierarchisierungen und Dominanzverhältnisse zu reflektieren und

Möglichkeiten von deren Durchbrechung oder Überschreitung zu diskutieren. Gefragt werden muss weiter nach der Bedeutung der Zugehörigkeitsordnungen für die Herstellung und Rechtfertigung von Machtverhältnissen und Benachteiligungen. Politische Bildung gehört unabdingbar dazu. Ziel kann nur die bewusste Akzeptanz von Differenzen sein, die nicht festgeschrieben, sondern kritisch angeeignet, individuell ausgestaltet werden und in ein Verhältnis zu den immer auch vorhandenen Gemeinsamkeiten gestellt werden sollten.

Die Probleme und Herausforderungen stellen sich auf verschiedenen Feldern von Differenz auf unterschiedliche Weise. Sie werden daher zunächst getrennt behandelt. Thematisiert wird die Unterscheidung nach Klasse und sozialer Schicht (5.1), nach Geschlecht (5.2), Herkunft (5.3) und körperlicher Konstitution (5.4). Abschließend werden dann Ansätze aufgegriffen, die versuchen, die verschiedenen Differenzlinien in einem einheitlichen Zusammenhang zu denken und Wege zu erproben, sie gemeinsam pädagogisch zu bearbeiten (5.5).

5.1 Klasse, Schicht und Milieu: Defizite und Ressourcen

Soziale Ungleichheit wird mit verschiedenen, unterschiedlich akzentuierten Begriffen zu fassen versucht, die von (meist marxistischen) Klassentheorien über Schichtungsansätze bis zu neueren Gliederungen der Gesellschaft nach Milieus und Lebensstilen reichen. Die klassische marxistische Auffassung geht von der für das kapitalistische System grundlegenden Unterscheidung von Produktionsmittelbesitzenden und Lohnabhängigen aus. Die Unterscheidung gründet in den sehr ungleichen Möglichkeiten, sich den gesellschaftlichen Reichtum anzueignen, und den daraus resultierenden unterschiedlichen Lebenschancen von Individuen, sozialen Gruppen und – denkt man an die globalisierte Weltgesellschaft – ganzen Gesellschaften.

Daran anknüpfend, aber etwas weiter gefasst, lassen sich mit dem Begriff Klasse „unterschiedliche Möglichkeiten und Formen der Vermarktung der Arbeitskraft entlang der Kriterien Herkunft, Bildung und Beruf" differenzieren (Winker/Degele 2009, S. 42). Mit Bourdieu können über das (nach wie vor entscheidende) ökonomische Kapital hinaus das kulturelle und das soziale Kapital (vgl. Kap. 4.7) einbezogen werden. Damit lassen sich verschiedene Dimensionen von Armut und Reichtum unterscheiden, die sich wechselseitig relativieren oder verstärken können.

Mit dem Begriff Klasse werden also Bevölkerungsteile zusammengefasst, „denen ihre Stellung im Produktionsprozess gemeinsam ist. Die Zuordnung von Personen erfolgt entsprechend ihren ökonomischen Ressourcen wie Vermögen und Einkommen, ihrer kulturellen Ressourcen wie Bildung und

Beruf sowie ihrer sozialen Ressourcen wie soziale Beziehungen und Netz-werke." (Ebd., S. 43)

Für genauere Beschreibungen der Struktur einer Gesellschaft reicht der recht grobe Klassenbegriff oft nicht aus (auch wenn es sich bei unserer Ge-sellschaft zweifellos um eine Klassengesellschaft handelt) und bleibt auch die Differenzierung nach Schichten noch recht ungenau. Daher wird häufig auf Begriffe wie soziale Lage oder soziales Milieu zurückgegriffen. Damit werden – je nach Fragestellung und Erkenntnisinteresse – bestimmte Merkmalskombinationen zusammengefasst, so dass man beispielweise (für Westdeutschland und ohne Berücksichtigung eingewanderter Bevölke-rungsgruppen) unterscheiden kann zwischen „konservativ-technokrati-schem", „liberal-intellektuellem" und „alternativem Milieu" auf der bürger-lichen Seite und „traditionellem Arbeitermilieu", verschiedenen Formen von Arbeitnehmermilieus („leistungsorientiert", „modern", „traditionell-kleinbürgerlich", „modern-kleinbürgerlich" und „hedonistisch") auf der Seite der Arbeiterschaft. Am unteren Rand finden sich die unterprivilegier-ten „traditionslosen Arbeitnehmermilieus" (Vester 2005). Da solche Model-le eine Vielzahl von Faktoren einbeziehen, darunter auch subjektive Einstel-lungen und Werte, können sie einerseits recht differenzierte Bilder zeichnen, bleiben aber andererseits manchmal etwas diffus und willkürlich.

Dimensionen der Benachteiligung

Kinder wachsen in bestimmten Milieus und Klassen auf und treten dement-sprechend mit ungleichen sozialen und kulturellen Voraussetzungen in Kindergarten und Schule ein. Entgegen ihres Anspruchs kann die deutsche Schule diese Ungleichheiten nicht ausgleichen. Die Schülerinnen und Schü-ler werden überwiegend entsprechend ihrer sozialen Herkunft schrittweise auf das ebenfalls sozial gestufte Berufssystem verteilt (z.B. Vester 2005, S. 39; Geißler 2005). Der Erwerb höherer Bildungsabschlüsse ist weitgehend abhängig von der außerschulischen Vorbildung, der aus dem Elternhaus mitgebrachten Sprache, der Motivation, den habitualisierten Lerngewohn-heiten und nicht zuletzt der kontinuierlichen Mitarbeit der Eltern (Bour-dieu/Passeron 1971; Bourdieu 1982; Fend u.a. 1976; Baumert/Schümer 2001). Benachteiligende Herkunftsbedingungen werden im Schulwesen nicht ausgeglichen, sondern reproduziert; ungleiche Lernvoraussetzungen münden in ungleiche Bildungserfolge.

Die Situation ist seit langem bekannt und seit der öffentlichkeitswirksa-men Präsentation der PISA-Ergebnisse (vgl. Kap. 4.4) auch wieder in der politischen Diskussion präsent. Schon in den 1960er Jahren war mit der bundesdeutschen Bildungskatastrophe die überzeugend nachgewiesene ungleiche Bildungsteilhabe Thema fachwissenschaftlicher und politischer Debatten. Mit dem seither erfolgten massiven Ausbau des Bildungswesens haben sich zwar die Chancen auf einen höheren Schulabschluss für die Kinder aus allen Schichten erhöht, zu einem Abbau der Ungleichheit zwischen den sozialen Schichten hat das aber nicht geführt. Vielmehr ist die „Ungleichheit der Bildungschancen, transponiert auf ein höheres Gesamtniveau schulischer Bildung, weitgehend stabil geblieben" (Ditton 1995, S. 95). Abgebaut wurde die Bildungsungleichheit zwischen den Geschlechtern und den Konfessionen, weitgehend verschwunden sind die Ungleichheiten zwischen Stadt und Land. Geblieben sind die Unterschiede zwischen den sozialen Klassen.

Mit den PISA-Ergebnissen ist noch ein weiterer dramatischer Sachverhalt in die öffentliche Wahrnehmung gerückt: Zwischen 6,5 % und knapp einem Fünftel der Schülerinnen und Schüler in Deutschland vermag die Schule nicht einmal das dürftigste Bildungsminimum zu vermitteln. Nach dem Bildungsbericht von 2012 beendeten 2010 6,5 % der Jugendlichen die Schule, ohne mindestens den Hauptschulabschluss erreicht zu haben. Diese Quote hat sich, verglichen mit den Jahren davor, deutlich verbessert. Auch der Anteil „schwacher Leser und Leserinnen" bei den 15-Jährigen habe sich verbessert. Er ist mit 19% der Schülerinnen und Schüler aber nach wie vor hoch. Offensichtlich verfügt unter den Jugendlichen mit Schulabschluss ein beträchtlicher Teil allenfalls über basale (Lese-)Kompetenzen. Als „leseschwach" werden sehr zurückhaltend Personen definiert, „deren Lesekompetenzen für eine Reihe von Situationen in der Alltags- und Arbeitswelt, für die Erfordernisse des lebenslangen Lernens und eine volle gesellschaftliche Teilhabe möglicherweise nicht ausreichen" (Autorengruppe Bildungsberichterstattung 2012, S. 90). Man wird davon ausgehen müssen, dass es sich bei diesen Jugendlichen (zumindest mehrheitlich) um funktionale Analphabeten handelt, also Menschen, die zwar Buchstaben erkennen, ihren Namen und etliche Wörter schreiben können, aber den *Sinn* eines etwas längeren Textes entweder gar nicht oder nicht schnell und mühelos genug verstehen, um daraus praktischen Nutzen zu ziehen. Es geht bei einer solchen Bildungsarmut, die nicht identisch ist mit materieller Armut (obwohl bisweilen damit verknüpft), nicht mehr um Chancengleichheit und das Erreichen von „höheren" Bildungsabschlüssen, sondern darum, überhaupt noch Anschluss an gesellschaftliche Entwicklungen zu finden – sowohl in Ausbildung, Arbeit, aber auch im Bereich der privaten Lebensführung.

Wie kommen diese Ungleichheiten, wie kommt Bildungsarmut zustande? Warum gelingt es der Schule nicht, sie angemessen zu berücksichtigen und alle Kinder gleichermaßen zu fördern? Die schichtspezifische Sozialisationsforschung entwickelt seit den späten 1960er Jahren die These, „dass Kinder unterer Schichten im Bildungssystem weniger Förderung und Anerkennung erfahren und – auch bei gleicher Leistung – schlechtere Bewertungen und Empfehlungen erhalten als Kinder höherer Sozialschichten." (Dravenau/Groh-Samberg 2005, S. 106) Indizien dafür finden sich – bis heute – vor allem in den Bewertungsmaßstäben von Lehrpersonen, die etwa bei Übergangsempfehlungen nicht allein kognitive Leistungen und Wissen berücksichtigen, sondern auch die „Persönlichkeit" der Schülerinnen und Schüler, in deren Bewertung oft die eigenen unreflektierten Wertvorstellungen eingehen. Dabei ist nicht davon auszugehen, dass gezielt sozial diskriminiert wird. „Von Bedeutung scheinen eher implizite Persönlichkeits- und Begabungstheorien zu sein, teils in Form stereotyper Erwartungshaltungen, die sich auf die Diagnosekompetenz auswirken und in der Notengebung niederschlagen." (Ditton 2004, S. 273)

In diesem Zusammenhang ist die Bedeutung der Sprache schon früh in den damals breit diskutierten Beiträgen des britischen Soziolinguisten Basil Bernstein (1924–2000) herausgestellt worden. Er unterscheidet den eng an die jeweilige soziale Situation gebundenen restringierten Code der Arbeiterklasse von dem in den Mittel- und Oberschichten vorherrschenden kontextunabhängigeren elaborierten Code, der auch in der Schule gefordert wird. Den Arbeiterkindern werden häufig Sprachdefizite angelastet, obwohl sie sich im Grunde nur einer anderen Sprachvariante bedienen. Nicht den Kindern sei ein Defizit anzulasten, sondern der Schule, die nicht in der Lage sei adäquat mit der Differenz umzugehen.

Eine ähnliche Perspektive entwickelt auch Bourdieu schon früh. Neben (und mit) der Sprache sieht er einen ganzen Komplex unterschiedlicher, inkorporierter und größtenteils nicht bewusster Haltungen, Einstellungen und Praktiken mit deutlichen Differenzen zwischen der „legitimen Kultur" der Mittel- und Oberschichten, die auch für die Schulen maßgeblich sind, und der „illegitimen Kultur" der unteren Schichten (vgl. Kap. 2.4). Eckart Liebau hat diese unterschiedlichen Klassenkulturen in einer pointierten Gegenüberstellung skizziert, wobei man sich noch etliche Zwischenstufen und Varianten vorstellen kann:

„Der schulische Habitus fördert solche Kinder, die mit einem homologen Habitus eintreten, Kinder also, die in der primären Sozialisation bereits mit den Normen, Praktiken und Verkehrsformen der legitimen Kultur vertraut gemacht worden sind und sich selbst mit ihnen vertraut gemacht haben. Diese Kinder sind in Habitusformen einsozialisiert, in denen der spielerische, experimentelle Umgang mit praktischen Fragen dominiert, in denen Form-Probleme aufgrund gegebenen kulturellen, ökonomischen und sozialen Kapitals im Mittelpunkt stehen können. Sie können die Schule für die Weiterentwicklung ihrer Kompetenzen nutzen und die schulischen Angebote als anregend erleben. Da pädagogisches Handeln in der Schule vorwiegend in Form sprachlicher Kommunikation stattfindet, finden diese Kinder Lern- und Partizipationschancen in eben dem Milieu vor, das auch die familiären Interaktionen beherrscht. [...]

Auf der anderen Seite des Spektrums restringiert die schulische Praxis solche Kinder weiter, die bereits in der primären Sozialisation von symbolischen Kompetenzen abgeschnitten worden sind, weil in ihren Familien eben nicht eine komplexe sprachliche Auseinandersetzung die Interaktionen und Praktiken beherrscht, sondern praktisch und technisch eingespielte Handlungsmuster. Die Kinder sind in Habitusformen einsozialisiert, in denen das Gesetz der Notwendigkeit aufgrund mangelnder materieller, kultureller und sozialer Ressourcen regiert. Hier stehen notgedrungen die praktischen, substantiellen Probleme der Lebensfristung im Mittelpunkt des familiären Lebens; ihre Bewältigung absorbiert die Energien." (Liebau 1987, S. 87f.)

Das Gefühl der Fremdheit gegenüber der Mittelschichtinstitution Schule beeinflusst selbstredend auch Bildungsentscheidungen bei Eltern und Schülern. Elterliche Übergangsentscheidungen am Ende der Grundschulzeit sind sozial selektiver als die Empfehlungen der Lehrkräfte (Dravenau/Groh-Samberg 2005, S. 115). Man kann geradezu von einer „Selbst-Eliminierung" aus dem Schulsystem sprechen (Bourdieu/Passeron 1971; Willis 1977).

Hinzu kommen vielfältige Formen institutioneller Diskriminierung. So können sich beispielsweise schon aus der Lage der Wohnung innerhalb einer Stadt schulische Vor- oder Nachteile ergeben. Auch das vielgliedrige deutsche Schulwesen bringt Zwänge mit sich, die eine diskriminierende Wirkung haben. Schon die Mehrgliedrigkeit selbst schränkt im Grunde genommen „das Leistungsprinzip ein. Denn die niedrigere Einstufung leistungsschwacher Schüler ist gleichbedeutend mit einer Zurücknahme des Leistungsanspruchs. Es heißt zwar, in ungleichen Schulen könnten die Lehrer auf ungleiche Begabungen besser eingehen. Tatsächlich werden Lernschwächen aber nicht durch einen besonderen schulischen Aufwand kompensiert, die Bildungsmöglichkeiten schwacher Schüler werden vielmehr gekürzt. Die Anzahl der Schuljahre, die für sie vorgesehen sind, liegt unter derjenigen ihrer erfolgreicheren Altersgenossen im Gymnasium. Ihre Lehrer haben eine kürzere Ausbildung, ein bescheideneres Gehalt und einen niedrigeren sozialen Status. So widerspricht das mehrgliedrige Bildungssystem im Effekt auch dem Sozialstaatsgebot des Grundgesetzes." (Lenhardt 2007, S. 355) Die Schulen sind durch das vielgliedrige deutsche Schulwesen einem beständigen Handlungs- und Selektionsdruck ausgesetzt, der sie fortlaufend zwingt, für Einzelne folgenreiche Entscheidungen zu treffen. Denn die „Ausdifferenzierung des Bildungssystems führt [...] dazu, dass sich bereits durch die institutionellen Aufnahmekapazitäten und lokale Gegebenheiten des Schulsystems eine Struktur ungleicher Positionen ergibt, die gegenüber den jeweils neu eintretenden SchülerInnen-Kohorten, ihren Bildungsbedürfnissen und -voraussetzungen eine Eigendynamik entwickelt. Ähnlich wie bereits die institutionelle Norm eines der Gauß'schen Glockenkurve folgenden Notenspiegels a priori zur Selektion zwischen wenigen guten, wenigen schlechten und einer breiten Mitte der SchülerInnen anhält, so legt eine bestimmte Aufnahmekapazität von Sonderschulen und Gymnasien von vornherein entsprechende Selektionen unter den SchülerInnen nahe." (Dravenau/Groh-Samberg 2005, S. 112) Obwohl Selektionen in der Regel anhand von (nicht unproblematischen) Kriterien wie Schulnoten zu begründen versucht werden, scheint der Selektionsdruck bisweilen zu Entscheidungen zu zwingen, die auf diese Weise nicht begründet werden können. In solchen Situationen wird gern auf stereotype Deutungsmuster – „bildungsferne alleinerziehende Mutter" – zurückgegriffen, die Prognosen über den Bildungserfolg stützen sollen (ebd.). Die Schule wird demnach „nicht nur dem Anspruch einer *kompensatorischen* Förderung benachteiligter SchülerInnen nicht gerecht, sie löst nicht einmal das *meritokratische* Versprechen der leistungsgerechten Bewertung ein" (ebd., S. 105).

Kompensatorische Erziehung oder Pluralisierung der Anforderungen?

Pädagogisch stellen sich hier eine ganze Reihe von Fragen: etwa nach der Struktur des Schulwesens, der Verbesserung des Unterrichts usw. Im Hintergrund steht dabei das grundsätzliche Problem, wie man mit den herkunftsbedingt unterschiedlichen Dispositionen der Kinder umgehen soll. Werden sie als Defizite oder als Potentiale aufgefasst, die „anders" sind, aber durchaus nicht nur Förderung verdienen, sondern auch gefördert werden müssen, damit die Kinder überhaupt die Chance erhalten, sich mit ihren spezifischen kulturellen Voraussetzungen in das Schulleben einzufädeln? Bis heute laufen die meisten Vorschläge zur Verbesserung der Situation darauf hinaus, die Kinder so früh und so lange wie möglich dem „schlechten" Einfluss ihres „bildungsfernen" Elternhauses zu entziehen: von der möglichst frühzeitigen Sprachförderung im Kindergarten bis zum Ausbau der Ganztagsschulen. Nichts spricht gegen eine umfassende Förderung außerhalb des Elternhauses (sofern sie auf pädagogisch reflektierte Art und Weise geschieht); sie löst aber nicht das Grundproblem, dass in der Schule Bildungsnormen propagiert werden, die der außerschulischen Lebenspraxis der Schüler und Schülerinnen aus der schulischen Kultur relativ fernstehenden Milieus „nicht wirklich entsprechen. Dies führt zu ständiger Degradierung von außerhalb der Schule erbrachten Bildungsleistungen." (Büchner 2008, S. 148) „Im Falle von Bildungsarmut wird dies in besonders prägnanter Form deutlich, wenn sich die außerschulisch angeeigneten Basiskompetenzen nicht oder nur in eingeschränkter Form kompatibel erweisen mit den schulischen Erwartungen [...]. Ist also die soziale Nicht-Anerkennung von in die Schule mitgebrachten Basis-Kompetenzen nicht gleichbedeutend mit einem Verwehren des Zugangs zu einem Mehr an Bildung?" (Ebd., S. 145)

Bildung, so haben wir gesehen, findet keineswegs nur in der Schule statt. Aber die Schule ist offenbar nicht in der Lage, die unterschiedlichen außerschulischen Bildungserfahrungen der Schülerinnen und Schüler gleichermaßen anzuerkennen, produktiv aufzunehmen und weiterzuentwickeln. „Da gerade die *formale* Gleichbehandlung aller Schülerinnen und Schüler eine *reale* Ungleichheit bedeuten kann, wären nicht „universale (Organisations-) Formen, Arrangements und Methoden des Lehrens und Lernens gefragt, sondern eine Pluralität, die den heterogenen Habitus der Schülerinnen und Schüler Anschlüsse bietet." (Alkemeyer 2009, S. 135) Es ist eine Pädagogik notwendig, „die die Segregation nicht verstärkt, sondern die Kinder über die Kultivierung ihrer *spezifischen*, auch der milieuspezifischen, Dispositionen zugleich integriert. Diese ‚anderen' Potentiale, die durch die hochkulturellen Denk-, Wahrnehmungs- und Handlungsschemata diskriminiert werden, liegen darin, dass die Kinder nicht weniger denken, sondern andere Denkstile haben, die beispielsweise eher auf inhaltliche als auf formale Logik, eher bildhaft auf Gesamtzusammenhänge als abstrahierend auf analytische Zerlegung, eher einfühlend als klassifizierend angelegt sind." (Vester 2005, S. 64) Eine Gruppe von Hochschullehrern um Pierre Bourdieu formuliert (auf Wunsch des damaligen französischen Präsidenten François Mitterand) in ihren Vorschlägen „für das Bildungswesen der Zukunft": „Das Bildungswesen muss alles daran setzen, die monistische Vorstellung von ‚Intelligenz' zu bekämpfen, die dazu führt, die unterschiedlichen Formen der Leistung zu hierarchisieren und einer bestimmten Form unterzuordnen; und es muss stattdessen für eine größere Vielfalt sozial anerkannter Formen kultureller Leistungen sorgen" (Bourdieu u.a. 1987, S. 258). Es muss allerdings hinzugefügt werden, dass über diese „anderen" Potentiale noch wenig bekannt ist, was freilich niemand davon abhalten sollte, ihnen nachzuspüren und sie nach Möglichkeit zu berücksichtigen.

In bildungstheoretischer Perspektive wäre überdies an John Deweys Hinweis zu erinnern, dass die Schule als besondere Umgebung sich in modernen, städtisch geprägten Gesellschaften dadurch auszeichnet, dass sie Menschen mit ganz unterschiedlichen sozialen und kulturellen Hintergründen zusammenführt und in einen produktiven Austausch verwickelt (vgl. Kap. 2.4). In Anlehnung an Bourdieu lässt sich ein ganz ähnlicher

Gedanke formulieren und weiterführen. Auch er weist darauf hin, dass die Selbstverständlichkeiten im Verhältnis zur Welt erst in Frage gestellt werden, wenn sich verschiedene soziale und kulturelle Gruppen in einem gemeinsamen Raum konzentrieren – für Bourdieu war das historisch zuerst mit der Entwicklung der Städte gegeben (Bourdieu 1976, S. 482, Fn. 18). In der Konfrontation verschiedener sozialer und „kultureller Traditionen wurde für die Menschen konkret erfahrbar, dass Dinge auch anders wahrgenommen, beurteilt, gemacht werden können; kulturelle Willkür wurde hier, so Bourdieu, erstmals ‚praktisch offenbar'. Überträgt man diesen Gedanken auf die Schule, dann wäre auch diese als ein *urbaner Raum des Möglichen* zu organisieren, in dem im performativen Spiel mit den vielfältigen Praxis- und Denkstilen von Menschen unterschiedlicher sozialer und kultureller Herkunft sowie Geschlechtszugehörigkeiten ein gegenseitiges Befremden erwirkt wird." (Alkemeyer 2009, S. 135) Dies kann (und sollte) „zu einem Nachdenken über die Welt, die eigene Position darin, sowie mögliche Positionierungen führen. Dies wäre eine Bedingung dafür, die normalerweise undurchschauten Prozesse der Inkorporierung des Sozialen nicht bewusstlos hinzunehmen, sondern sich im Lernen so weit als möglich ein eigenes *Maß* und eine eigene *Form* zu geben, bzw. – bescheidener – die komplexen Beziehungen zwischen Fremd- und Selbstgestaltungen reflektiert mitzubestimmen." (Ebd., S. 136)

5.2 Erziehung und Geschlecht: Mädchen, Junge und was sonst?

In den 1970er und 1980er Jahren etablierte sich allmählich eine feministische Perspektive in der Erziehungswissenschaft. Angestoßen durch die zweite Frauenbewegung wurden Fragen der Koedukation, der Geschlechterverhältnisse an den Schulen neu thematisiert und erforscht. Forschungen bezogen sich auf das Bildungssystem, Lehrpläne und Schulbücher sowie den Unterricht (Interaktion, soziale Kompetenzen). Die Forschungsergebnisse zeigen: Mädchen und Jungen werden in der gegenwärtigen Schule keineswegs gleich behandelt; von Mädchen und Jungen wird Verschiedenes erwartet. Viele Lehrerinnen und Lehrer sind überzeugt, geschlechtergerecht zu handeln, unbewusst agieren sie jedoch nach traditionellen Stereotypen. Kritisch wird davon gesprochen, dass in der Schule Ko-Instruktion stattfindet, aber keine Ko-Edukation, das bedeutet, Mädchen und Jungen werden zwar gemeinsam unterrichtet, das Geschlechterverhältnis wird aber nicht thematisiert und dadurch subtil verstärkt.

Neueren Studien zufolge sind Mädchen die Gewinnerinnen der Bildungsreform. Im Berufsleben findet das bisher jedoch keinen entsprechenden Niederschlag. In der gymnasialen Oberstufe werden in den Leistungskursen die Fächer geschlechtstypisch gewählt: Jungen bevorzugen Naturwissenschaften, Mädchen Sprachen, entsprechend unterschiedlich fällt dann Wahl des Studienfachs aus (dazu kritisch Prengel 1993, S. 26f.; Rendtorff 2006).

Die Kinder kommen zwar mit unterschiedlichen Lernvoraussetzungen in die Schule. Die Schule hat jedoch die Aufgabe, *jedes* Kind in seinen Möglichkeiten zu fördern und nicht einfach die herrschende Kultur unreflektiert fortzusetzen. Das bedeutet, dass Lehrerinnen und Lehrer aufgefordert sind, eigene Stereotype kritisch zu überprüfen, mit unbewussten Mechanismen zu rechnen, die den eigenen Absichten zuwider laufen, die eigenen Interaktionen im Unterricht zu untersuchen, die Unterrichtsmaterialien kritisch zu prüfen, sich im Kollegium über die Problematik auszutauschen und Konzepte zu entwickeln, um Mädchen und Jungen gleichermaßen in allen Bereichen zu fördern (oder sich diesem Ideal zumindest anzunähern).

In der Schule sollen *reflexive Koedukation* und *geschlechtergerechter Unterricht* dazu beitragen, die geschlechtsspezifische Sozialisation zu reflektieren (Faulstich-Wieland 1994; Rendtorff 2011). In Konzepten zur reflexiven Koedukation wird der koedukative Unterricht nicht grundsätzlich in Frage gestellt, es gibt aber zahlreiche bewährte Versuche, Mädchen und Jungen zeitweise zu trennen, z.B. im Physik- oder im Sportunterricht. In monoedukativen Phasen geht es nicht einfach darum geschlechtsspezifische Defizite auszugleichen, sondern beiden Gruppen einen geschützten Raum zu bieten, die eigenen Stärken und Schwächen, Interessen und Bedürfnisse besser kennen zu lernen, ihre Kompetenzen zu erweitern, um sich mit den eigenen Geschlechterstereotypen auseinander setzen zu können.

Im sozialpädagogischen Bereich werden Konzepte zur parteilichen Mädchen- und Jungenarbeit entwickelt. Es gibt zahlreiche Praxiskonzepte zu geschlechterbewusster oder geschlechtersensibler Pädagogik, zu Genderkompetenz, Gendermainstreaming nicht nur in Schulen, sondern auch in Kindertageseinrichtungen und anderen pädagogischen Institutionen (Glaser/Klika/Prengel 2004).

Zweigeschlechtlichkeit in der Kritik

Die Kritik setzt aber noch grundsätzlicher an. Unsere Kultur ist durchgängig von der „Konstruktion sozialer Zweigeschlechtlichkeit" (Gildemeister) geprägt. Im Geschlechterdiskurs um *sex* und *gender* ging es zunächst darum, naturalisierte Argumentationen als kulturelle aufzudecken, um in der Sozialität nach Freiräumen zur Umgestaltung zu suchen. Die Unterscheidung zwischen *sex* und *gender* ermöglicht aus pädagogisch-praktischer Perspektive nach Ansätzen zu suchen, wie die binäre Codierung aufgebrochen oder unterwandert werden kann. Da es sich um Konstruktionen von Geschlechterverhalten handelt, wird nach neuen, anderen Konstruktionen gesucht, die den Kindern und Jugendlichen mehr Spielraum gewähren (vgl. Kap 2.4).

Aus philosophischer Perspektive gerät dieses Konzept in die Kritik, weil es die biologische Dimension (*sex*) unhinterfragt lässt. Die in der Geschlechterforschung verbreitete *sex-gender*-Differenzierung weise selbst einen Biologismus auf, weil *sex* als unhinterfragte Grundlage von *gender* akzeptiert und damit die biologische Zweigeschlechtlichkeit als Norm bestätigt werde. Wenn unser Körper aber nicht einfach „Natur" ist – und das betrifft das Biologische an ihm –, sondern bis in Tiefendimensionen hinein historisch und kulturell, d.h. gesellschaftlich geformt (vgl. Kap. 3.5), dann betrifft das die Frage nach dem Geschlechtskörper.

Judith Butler, Vertreterin der Kritik, verweist mit Rekurs auf Foucault u.a. auf die soziale Konstruiertheit des Körpers. Ihr Schwerpunkt liegt in der Analyse der Wirkung von diskursiven Machtverhältnissen. Eine ihrer zentralen Thesen besagt: Subjekte haben keine der Geschlechtlichkeit vorgängige „Substanz" (Butler 1991, S. 28), Subjektivität und Geschlechtlichkeit entstehen gleichursprünglich. Da das Einnehmen von Subjektpositionen aber immer zugleich eine Höherbewertung (Hierarchie) beinhaltet, lehnt Butler ab, „Geschlechtsidentität" als Markierung eines Unterschiedes zu verwenden. Solche Markierungen produzieren nur scheinbar eindeutig „natürliche" Geschlechtsidentitäten und schreiben die Hierarchie fort. Butler betont dagegen die historisch-kulturell variable „Gestalt" von Geschlecht, die als „sich ständig verschiebendes (shifting)" Phänomen zu begreifen ist (1991, S. 29).

Körpergeschlechter – Geschlechtskörper

Der Körper steht im Fokus vieler aktueller Diskurse in den Geistes- und Naturwissenschaften. Durch fortschreitend technisierende Verfahren werden die „natürlichen" Grenzen des Körpers verschoben (Meyer-Drawe 1990; Kamper 1997) – das fordert zum Diskurs heraus. Aus pädagogisch-anthropologischer Perspektive muss die leibliche Basis menschlicher Existenz berücksichtigt werden. Neben Fragen von Macht, Ungleichheit, Disziplinierung und Diskriminierung ist für die Frage nach *sex* und *gender* eine pädagogisch-anthropologische Auseinandersetzung mit biologischen und medizinischen Theorien über Geschlecht unumgänglich, um unreflektierte Naturalisierungen zu vermeiden.

Feministische Wissenschaftlerinnen etwa untersuchen, inwiefern quasi naturwissenschaftliche Fakten über Geschlechterdifferenzen durch biologisch-medizinisches „Wissen" gesellschaftlich produziert werden (Ebeling/ Schmitz 2006). Ungenügend reflektierte Vorannahmen der Wissenschaftler über *sex* und *gender* beeinflussen auch die medizinischen und biologischen Forschungen und bestimmen mit, welche „Art von Wissen zum Thema Geschlecht von der Wissenschaft überhaupt hervorgebracht wird" (Fausto-Sterling 2002, S. 19).

In der Öffentlichkeit dominieren medizinische Konzepte der Kategorie „Geschlecht". Mediziner beanspruchen hier das Deutungsmonopol, und da sie lediglich zwei Geschlechtskategorien kennen, werden Abweichungen von der „Norm" als Krankheit definiert und pathologisiert (eine Praxis gegen die Betroffene protestieren; Voß 2009, 2010). Bei einer genaueren Betrachtung des medizinisch-biologischen Diskurses ist die Lage jedoch weniger eindeutig. Nach traditioneller Lehrmeinung wird das biologische Geschlecht durch die Chromosomen festgelegt: XX steht für weiblich, XY für männlich. Dieses Schema passt jedoch nicht auf alle Menschen, biologisch gibt es z.B. Kombinationen wie XXY oder X0, auch gibt es „XY-Frauen". In der Biologie wird das biologische Geschlecht (*sex*) in sechs unterschiedlichen Dimensionen bestimmt (Maurer 2002, S. 73):

1. Das Chromosomengeschlecht unterscheidet die Menschen nach der weiblichen XX- oder männlichen XY-Chromosomenkombination. Eine Reihe von Menschen lässt sich dieser Typologie nicht zuordnen.
2. Das Keimdrüsengeschlecht entwickelt in den ersten drei Monaten nach der Befruchtung des menschlichen Eies entweder Eierstöcke oder Hoden (zunächst verläuft die Embryonalentwicklung bei männlichen und weiblichen Föten parallel). Eine Reihe von Menschen lässt sich dieser Typologie nicht zuordnen.
3. Das morphologische Geschlecht (wesentlich bestimmt durch die Hormone) differenziert nach äußeren Geschlechtsmerkmalen, geschlechtstypischem Körperbau und inneren Geschlechtsorganen. Wegen großer Differenzen in der Hormonproduktion (die hoch oder niedrig sein kann) ist es möglich, dass das morphologische Geschlecht nicht mit dem Chromosomengeschlecht übereinstimmt.
4. Das Hormongeschlecht unterscheidet die Konzentration „männlicher" und „weiblicher" Hormone (Östrogen = weiblich, Progesteron = männlich). Durch die Vielfalt künstlicher Hormone im Tierfutter enthält unsere Nahrung eine unbekannte Menge zusätzlicher Hormone. Da das Gehirn die Ausschüttung von Hormonen steuert, sind Schwankungen in diesem Bereich erheblich.
5. Das verhaltensbiologische Geschlecht beschreibt das Sexual- und Reproduktionsverhalten (Hetero-, Homo-, Bisexualität).

6. Das gehirnanatomische bzw. gehirnphysiologische Geschlecht (neuronales Geschlecht) beschreibt Differenzen im Hypothalamus-Hypophyse-Keimdrüsen-Subsystem.

Als weitere mögliche Unterscheidungen nennt Maurer das „bürgerliche Geschlecht" (Eintrag im Personenstandsregister, das nach dem Phänotypus vorgenommen wird) und das psychische oder psychosexuelle Geschlecht (*gender identity*). Die Frage der biologischen Geschlechtsentwicklung hängt also nicht allein von den Chromosomen ab, sondern von weiteren Einflüssen der embryonalen Entwicklung. Manche sind recht gut erforscht, andere noch völlig unklar. Dabei scheinen auch die hormonelle Lage der Mutter und andere Faktoren (z.b. Ausbildung von Rezeptoren für Androgene) die Entwicklung des Embryos zu beeinflussen.

Im Gegensatz zu alltagstheoretischen Überzeugungen ist die biologische Definition von Geschlecht also nicht eindeutig. Die Biologie mit ihrer exakt messenden naturwissenschaftlichen Methode zeigt uns, dass es in der Natur keine klaren Grenzen, sondern fließende Übergänge zwischen „Männlichem" und „Weiblichem" gibt (schon Hagemann-White 1984).

„Welcher geschlechtliche Weg wann in einer befruchteten Eizelle eingeschlagen wird, hängt vor allem mit dem komplexen Wechselspiel der Hormone und ihrer Menge (Dosis) zusammen, d.h. mit jeweils besonderen raum-zeitlichen Konzentrationsmustern während bestimmter ‚kritischer' Entwicklungsphasen" des Embryos." (Maurer 2002, S. 75).

In jeder der Dimensionen kann es zu Abweichungen des sog. normalen Entwicklungsverlaufs kommen, eine binäre Codierung in männlich und weiblich wird der möglichen Natur des Menschen daher nicht gerecht, sondern stellt eine grobe schematische Vereinfachung dar. Die genannten sechs Kriterien sind „keinesfalls so eindeutig, wie sie dem Alltagsbewusstsein erscheinen mögen und wie dies in den Sozial- und Kulturwissenschaften zumeist angenommen wird" (Maurer 2002, S. 100). Denn bei der Geschlechtsbestimmung müssen verschiedene Kriterien kombiniert werden, sie werden im jeweiligen Kontext bewertet, „die Zuordnung zu einem Geschlecht stellt daher eine kontextabhängige *Zuschreibung* dar" (Maurer 2002, S. 100; H.i.O.).

Selbst die Medizin kann „weder in anatomischer noch in genetischer und hormoneller Hinsicht eine endgültige Antwort auf die Frage, ‚was ist ein Mann, was eine Frau' liefern (Lang 2006, S. 77). Die Biologin Fausto-Sterling kommt in ihren Untersuchungen zu dem Ergebnis: „Das Geschlecht eines Körpers ist einfach zu komplex. Es gibt kein Entweder-Oder. Vielmehr gibt es Schattierungen von Unterschieden." (2002, S. 19) Aus biologischer Sicht sei das Zwei-Geschlechter-Modell „als hinfällig" zu betrachten, lautet das Fazit Maurers (Maurer 2002, S. 100). Die US-Amerikanerinnen Lorber und Farell bilanzieren die biologischen Definitionsversuche folgendermaßen: Geschlechter (*sex*) werden verstanden „als Kontinuum, bestehend aus dem genetischen Geschlecht, dem Keimdrüsengeschlecht und dem Hormongeschlecht, wobei die einzelnen Kriterien, die zur Geschlechtsbestimmung herangezogen werden, weder notwendig kongruent sein müssen noch als unabhängig von der Umwelt aufgefasst werden können" (Lorber/Farell 1991, S. 7).

Mit der Kategorie *Intersexualität* (oder Zwischengeschlecht) werden medizinisch all jene vielfältig unterschiedlichen Phänomene zusammengefasst, die der eindeutig dichotomischen Einteilung nicht entsprechen (ausführlich Lang 2006, S. 95ff.) – die körperlichen Besonderheiten können nicht eindeutig als männliches oder weibliches Geschlecht klassifiziert werden. *Transsexuelle* dagegen sind in der Regel körperlich eindeutig dem männlichen oder weiblichen Geschlecht zuzuordnen, fühlen darin aber nicht zu Hause: Körper und Geschlechtsidentität (*gender identity*) passen nicht zusammen.

Bei der Intersexualität kann die äußere Ausbildung der Genitalien (morphologisches Geschlecht) uneindeutig und sehr unterschiedlich ausfallen. Oder aber sie erscheinen relativ eindeutig, können aber dennoch vom Chromosomengeschlecht und/oder vom Hormongeschlecht abweichen. Ein uneindeutiges morphologisches Geschlecht wird in der Regel bei der Geburt festgestellt bzw. zugeschrieben, andere „Abweichungen" dagegen werden erst im Laufe der Kindheit oder der Pubertät sichtbar, manche sogar erst im Erwachsenenalter. Solche Fälle wurden durch den Sport publik, etwa 1985 der Fall der spanischen Hürdenläuferin María José Martínez Patiño oder die Diskussion um Caster Semenya bei der Leichtathletik-Weltmeisterschaft 2009 in Berlin (Der Spiegel, 29.11.2009; Die Zeit, 19.11.2009).

„Die Häufigkeit verschiedener Formen von Intersexualität ist wegen der großen klinischen Heterogenität, der Vielfalt der Ätiologie und der Betreuung durch verschiedene Fachdisziplinen, die kaum einen Austausch pflegen, weitgehend unbekannt." (Richter-Appelt 2008, S. 56)

Sie hängt etwa davon ab, welche Formen überhaupt der Intersexualität zugerechnet werden. Unter den Mediziner herrscht keine Einigkeit, viele verwenden zur Klassifkation das DSD (disorders of sex development) an. Betroffenenverbände wehren sich allerdings dagegen, weil sie durch solche Klassifikationen pathologisiert werden (http://www.intersexuelle-menschen.net/intersex.html; 26.02.2013).

Das Beispiel Mika

Es gibt also Kinder, Jugendliche und Erwachsene, die nicht in das Raster der Zweigeschlechtlichkeit passen – seit den 1950er Jahren werden sie medizinisch durch Operation passend gemacht (geschlechtliche Normalisierung). Damals gingen Mediziner davon aus, dass ein Säugling bei der Geburt als „geschlechtlich neutral" aufzufassen sei (Money/Erhard 1975) und sich „Geschlechtsidentität" durch Sozialisationsprozesse entwickele – in der Anlage-Umwelt-Debatte setzte man stärker auf den Faktor Umwelt – von daher schien ein möglichst früher operativer Eingriff im Kindesalter geboten. Künstlich wurde dann per Operation das Geschlecht erzeugt, was sich medizintechnisch leichter herstellen ließ – meistens war es äußerlich das weibliche, weil ein Penis schwierig zu formen war.

Inzwischen favorisieren Mediziner biologisch orientierte Gehirn-Prägungs-Theorien, die davon ausgehen, dass das Gehirn während der Embryonalentwicklung durch genetische und hormonelle Faktoren auf das „weibliche" oder „männliche" Geschlecht „geprägt" wird. „The most important sex organ is not between one's legs but between one's ears. It is the brain." (Diamond 2006, S. 596) Die Prägung gilt als unveränderbar und soll begründen, warum sich Menschen als Jungen/Männer oder Mädchen/Frauen fühlen. Solche Gehirn-Prägungs-Theorien sind derzeit in den öffentlichen Medien beliebt und fördern das dichotome Geschlechtermodell (Voß 2009, S. 52). Auch die Transsexuellen greifen auf dieses Konzept zurück.

Lange Zeit herrschte ausschließlich der medizinische Diskurs vor, doch in den letzten Jahren melden sich Selbsthilfegruppen der Trans- und Intersexuellen zu Wort, und es gibt erste Untersuchungen, die sich mit den gesellschaftlichen, sozialen, psychischen und pädagogischen Aspekten des Themas befassen (z.B. Lang 2006, Zehnder 2008). Auch der Deutsche Bundestag erörterte das Thema auf der Basis einer Stellungnahme des Deutschen Ethikrates (Dt. Bundestag, Drucksache 17/9088). Zehnder verdeutlicht in ihrer Studie, vor welch großen Anforderungen Betroffene stehen:

> „Sie sehen sich in unterschiedlichen Lebenslagen mit der eigenen körperlichen Abweichung konfrontiert, die Besonderheit ist stets präsent und wird als Unzulänglichkeit interpretiert. Gleichzeitig ist das – für sie – Offensichtliche tabuisiert, sie haben vor allem in frühen Jahren nur wenige Informationen über die eigene körperliche Konstitution und es fehlen Ansprechpersonen. Dazu kommen traumatische Erinnerungen an medizinische Eingriffe und Untersuchungen." (Zehnder 2008, S. 27)

Weil die Kategorie Geschlecht quasi allgegenwärtig scheint, Intersexualität in der Öffentlichkeit aber noch häufig ignoriert wird, stellt sich die Frage nach „Normalität und Abweichung" bei allen Intersexuellen besonders massiv. Dabei ist es für sie zunächst nicht selten normal, sich zu beiden Geschlechtern zugehörig zu fühlen.

> „Normalität als intersexueller Mensch bedeutet eben gerade nicht, *ein* Geschlecht zu sein, sondern retrospektiv immer schon beiden Geschlechtern angehört zu haben, beide gewesen zu sein oder zumindest als beides wahrgenommen worden zu sein." (Zehnder 2008, S. 39)

Andere sehen sich eindeutiger und favorisieren den männlichen oder den weiblichen Pol, wieder andere sehen sich keiner der „Geschlechtsklassen" (Goffman) zugehörig: Ein solcher Fall ist Mika (Klika 2012). Mika hat ein XXY-Chromosom, die Medizin nennt das „Klinefelter-Syndrom". Es wird häufig in der Pubertät bemerkbar, kann jedoch auch völlig unentdeckt bleiben. Medizinisch gesehen ist der Anstieg des Testosteronspiegels durch das zusätzliche X-Chromosom in der Pubertät verzögert und liegt im jungen Erwachsenenalter unterhalb des üblichen, als „männlich" gesetzten Normwertes. Dadurch bleiben die Hoden klein und die Spermienproduktion ist gering. Möglich sind eine hormonell bedingte „übermäßige" Brustentwicklung (Gynäkomastie) und spärlicher Bartwuchs. Das sogenannte Klinefelter-Syndrom wird von manchen, aber nicht von allen Medizinern zur Intersexualität gerechnet (Lang 2006, S. 77 ff.). Menschen mit Klinefelter-Syndrom können durch künstliche Testosterongaben medizinisch behandelt werden, was manche aber wegen der Nebenwirkungen ablehnen.

Das Schema der Zweigeschlechtlichkeit greift in Mikas Fall nicht. Wenn es gesellschaftlich nur „schwarz" oder „weiß" geben kann, kommt „grau" nicht vor – die Konstruktion von genau zwei definierten Geschlechtern mit quasi natürlichen und klaren Zuschreibungen lässt Personen wie Mika durch das Raster fallen. Aussehen, Kleidung und Verhalten sind nach Mikas Einschätzung und Erfahrung ausschlaggebend für die soziale Zuordnung als männlich oder weiblich (vgl. Kap. 2.4). Mika gelingt es, zwischen den Geschlechterwelten zu pendeln und er schlüpft „nach Möglichkeit gerne" in die weibliche Rolle, mag es aber ebenso, wenn dem Gegenüber keine geschlechtliche Zuordnung gelingt („Also so, dass man nich wirklich sagen könnte: männlich, weiblich"). Mika trägt überschulterlanges lockiges Haar und kann sich je nach Wahl der Kleidung als „männlicher" oder als „weiblicher" inszenieren, sodass er in einer Parfümerie als junge Dame angesprochen wird. Mika geht gern mit Freundinnen Klamotten shoppen und kennt sich bei Unterwäsche und BH-Größen „um 'n Vielfaches besser aus als bei Saturn". Bezüglich der Geschlechterfrage sagt Mika von sich selbst, er/sie halte sich „irgendwo dazwischen auf". An anderer Stelle rekonstruiert er die Mitglieder einer Gruppe und zählt zusammen: „Also wir sind drei Jungs, sagen wir mal ungefähr zehn Mädchen, und ich halt". Auch wenn Mika in seinem Handeln (Bezug auf *gender*) zwischen den Geschlechterwelten pendeln kann, scheint er/sie sich in der biologischen Verortung keiner der beiden Gruppen zugehörig zu fühlen (allgemein: Tervooren 2001).

In der Schule ist Mika jahrelang von sozialer Ausgrenzung betroffen. Den Wechsel von der Grundschule zum Gymnasium beschreibt er/sie als Schritt „von der Akzeptanz der Mitschüler, Mitmenschen zur Nichtakzeptanz". Da er/sie sich besser mit den Mädchen versteht, deren Interessen teilt, wird er/sie von einer dominanten Jungen-Clique gemobbt und ist massiver körperlicher Gewalt ausgesetzt. Mika erlebt, dass ihn die Jungen in Ruhe lassen, wenn er/sie sich von den Mädchen fernhält. Das hat „zum totalen sozialen Rückzug" und „zur sozialen Vereinsamung geführt". Zu bestimmten Zeiten entwickelt sich ein Brustwachstum bei Mika, das sei am Gymnasium „nicht geduldet" worden. Mika bindet die Brust ab, ist dann aber im Sportunterricht gehandicapt. Erst am Ende der Schulzeit findet er/sie Wege aus der sozialen Isolation.

Mikas Geschichte verweist auf die leib-körperlichen Verflechtungen, denen wir alle ausgesetzt sind. Die Ausführungen verdeutlichen, dass es zu kurz gegriffen ist, strikt zwischen *sex* und *gender* zu trennen. Wir sind immer biologische *und* gesellschaftliche Wesen zugleich, beide Dimensionen vermischen sich und wir leben daher in einer „natürlichen Künstlichkeit" (Plessner). Auch unsere Vorstellungen von der „Natur" des Menschen unterliegen dem historischen Wandel.

Die Vorstellungen von Männlichkeit und Weiblichkeit haben sich in den letzten Jahrzehnten verändert, Geschlechterbilder sind flexibler gestaltbar, Homosexualität ist gesellschaftlich akzeptabel geworden. Trans- und Intersexuellenverbände kämpfen um Anerkennung in der Öffentlichkeit. Juristische Experten des Ethikrates gehen davon aus,

> „dass die zwangsweise Zuordnung Intersexueller zum Geschlecht weiblich oder männlich als ein schwerwiegender Eingriff in das Recht auf Selbstbestimmung und das Persönlichkeitsrecht von Intersexuellen anzusehen ist." (Dt. Bundestag, Drucksache 17/9088, S. 46)

Das betrifft zunächst das „bürgerliche Geschlecht": Der zwingend notwendige Eintrag im Personenstandsregister erfordert, dass jeder Mensch als weiblich oder männlich gekennzeichnet wird. Andere Formen sind bisher nicht möglich. Für die juristische Lösung gibt es verschiedene Möglichkeiten: Man kann auf einen Eintrag ganz verzichten, der Eintrag kann freiwillig erfolgen, es gibt die Möglichkeit ein drittes Geschlecht einzutragen oder den

Eintrag offenzuhalten (ebd.). Allerdings wird *ein* drittes Geschlecht der Variationsbreite der Formen nicht gerecht. Im Sinne der Akzeptanz von Heterogenität erscheint es notwendig, auch Zwischengeschlechter anzuerkennen und weitere Formen von Geschlecht als Normalfall anzusehen.

Konsequenzen für pädagogisches Handeln

Neben erforderlichen politischen Veränderungen bezüglich Intersex ist in der pädagogischen Praxis zunächst Aufklärung wichtig. Im Sinne von Heterogenität und Vielfalt haben auch Kinder und Jugendliche, die nicht in das klassische Geschlechterschema passen, das Recht auf Akzeptanz, auch sie müssen Möglichkeiten der Entwicklung und Entfaltung finden. Was der Ethikrat für intersexuelle Kinder empfiehlt, kann für alle Kinder gelten: „Deshalb sollte die Erziehung flexibel sein und Kinder nicht in ein bestimmtes Geschlechtsrollenverhalten zwängen." (Dt. Bundestag, Drucksache 17/9088, S. 29)

Geschlecht lässt sich in pädagogischen Zusammenhängen nicht ignorieren. Der Versuch wäre unrealistisch und naiv, zumal Kinder und Jugendliche selbst sich untereinander nicht geschlechtsneutral, sondern durchaus geschlechtsbewusst verhalten. In der pädagogischen (und sonstigen) Praxis befinden wir uns aber in einem Dilemma: Wenn wir die Kategorie „Geschlecht" verwenden, besteht die Gefahr, dass wir weiterhin Dichotomien und Stereotype festschreiben, wenn wir sie nicht verwenden, besteht die Gefahr, dass wir implizit Hierarchien der Geschlechter fortschreiben. Wichtig zu sein scheint vor allem die Reflexion der eigenen Sprache, die Aufmerksamkeit auf Prozesse des *doing gender* genauso wie auf die des *undoing gender* sowie die Flexibilität der eigenen Perspektiven: Es kommt darauf an, Kinder und Jugendliche als geschlechtliche Wesen zu sehen, sie aber nicht auf Stereotype zu reduzieren und auf die Differenzen innerhalb der Gruppen zu achten. Dazu ist eine gendersensible Sichtweise notwendig, die Mädchen und Jungen und die Kinder dazwischen in ihrem individuellen sowie von Stereotypen abweichendem Verhalten unterstützt – „reflexive Koedukation" (Faulstich-Wieland 1995; 2004). Erforderlich ist dafür eine bewusste Berücksichtigung der Geschlechterverhältnisse, insbesondere da, wo Geschlechterhierarchien oder Geschlechterstereotype die Entwicklung und Bildung der Individuen behindern und abgebaut werden müssen.

Geschlecht ist nichts Statisches. Es gibt viele Arten Frau und Mann oder Mädchen und Junge zu sein, was sich je nach sozialer Interaktion oder Situation verändern kann. Das zeigt sich auch in pädagogischen Institutionen wie der Schule (vgl. Kap. 2.4). Thorne (1993) hat beispielsweise beobachtet, dass jüngere Kinder eher miteinander spielen, ältere auf der Trennung der

Geschlechter bestehen, aber auch nur, wenn genügend Kinder vorhanden sind (was in der Schule der Fall ist, meist aber nicht in der Nachbarschaft). Die Separation wird umso wahrscheinlicher, je größer und offener die Gruppen und die Räume sind. Thorne bietet dafür drei Erklärungen an: *Erstens* ist es in großen Gruppen einfacher geschlechtshomogene Untergruppen zusammenzustellen als in kleinen. *Zweitens* sind in großen Gruppen Kontakte zum anderen Geschlecht riskanter, weil mehr andere Kinder zusehen und hänseln, klatschen und tratschen könnten. *Drittens* unterminiert die Anwesenheit von Erwachsenen die Trennung nach Geschlechtern (zumindest wenn sie diese nicht selbst fördern). Daher gibt es in den von Thorne beobachteten Schulen mehr Gemeinsamkeiten im Klassenzimmer als auf dem Schulhof. (Thorne 1993, S. 49 ff.)

Thorne schließt daraus, dass Segregation eher ein Gruppenphänomen, ein Ergebnis des pädagogischen Arrangements darstellt als ein Resultat der geschlechtstypischen Eigenschaften oder Neigungen der Kinder. Die mit dem Geschlecht verbundenen Attribute stehen nicht ein für allemal fest, sondern verändern sich nach Gruppe und Situation. Ob und inwieweit geschlechtstypisches Verhalten gezeigt wird, ist in hohem Maße kontextabhängig. Damit ergeben sich Möglichkeiten pädagogischer Intervention, die vor allem auf die sozialen und pädagogischen Arrangements abheben. Thorne nennt einige Gesichtspunkte, die unmittelbar aus ihren Untersuchungen folgen:

- Es versteht sich, dass Gruppenbildungen nicht nach Geschlecht (oder Ethnie) erfolgen sollten.
- Kooperatives Verhalten sollte unabhängig von sozialen Kategorien gestärkt und gefördert werden.
- Wann immer möglich, sollten Schülerinnen und Schüler in kleinen, heterogenen und kooperativ arbeitenden Gruppen organisiert werden.
- Durch Regeln und Routinen sollte der Zugang der Kinder zu allen Aktivitäten gewährleistet werden.
- Generell ist eine entspannte gemischtgeschlechtliche Interaktion da am wahrscheinlichsten, wo Erwachsene die Aktivitäten initiieren und wo der Zugang zu den Aktivitäten durch Routinen strukturiert ist. Gerade die in sozialen Interaktionen schwächeren Kinder sind oft erleichtert, wenn bestimmte Arrangements vorgegeben und sie nicht gezwungen sind, die Entscheidung, mit wem sie kooperieren, individuell zu rechtfertigen.
- Stereotypisierungen und Machtdemonstrationen sollten aktiv bearbeitet werden. (Ebd., S. 162 ff.)

Im Sinne von Diversity Education ist die Kategorie „Geschlecht" außerdem zu kreuzen mit den anderen oben genannten Kategorien (vgl. 5.1, 5.5), um die Vielfalt sichtbar zu machen: Herkunft, Schicht, Milieu, Ethnie etc. Dabei kann die folgende Aussage von Annedore Prengel als pädagogische Handlungsmaxime hilfreich sein:

„Grundsätzlich ist von der Unbestimmbarkeit der Menschen auszugehen. Definitionen kommen verdinglichenden Etikettierungen gleich und werden der Vielfalt und Prozesshaftigkeit menschlicher Realität nicht gerecht." (Prengel 1993, S. 183)

5.3 Interkulturelle Erziehung: Wann ist ein Ausländer?

Sonderpädagogik für „Ausländerkinder" vs. Interkulturelle Pädagogik

Unter dem Titel Interkulturelle Erziehung werden in der deutschsprachigen Erziehungswissenschaft vor allem Folgen der Einwanderung in die Bundesrepublik Deutschland für Erziehung und Bildung diskutiert (Auernheimer 2003; Gogolin/Krüger-Potratz 2006). Anlass, sich überhaupt mit diesem Themenfeld zu beschäftigen, war das verstärkte Auftauchen von „Ausländerkindern", also von Kindern der seit den frühen 1960er Jahren angeworbenen „Gastarbeiter" in deutschen Schulen. Sie wurden zunächst (und werden zum Teil bis heute) als *Problem*fälle wahrgenommen, insbesondere bei unzureichenden deutschen Sprachkenntnissen, und als Problemfälle behandelt. In dieser Perspektive entstand in den 1970er Jahren eine „Ausländerpädagogik", also gewissermaßen eine Sonderpädagogik für Ausländerkinder, die Maßnahmen entwickeln sollte, um eine möglichst rasche und reibungslose Integration dieser Kinder in das Regelschulsystem zu gewährleisten. Dabei konzentrierte man sich vor allem auf Sprachschwierigkeiten.

Da Deutschland sich offiziell nicht als Einwanderungsland verstand, sollte zugleich die „Rückkehrfähigkeit" der Kinder gewährleistet werden. Neben dem Regelunterricht trat deshalb häufig zusätzlich – nach Bundesländern unterschiedlich organisiert – ein „muttersprachlicher Ergänzungsunterricht", der meistens ausländischen Lehrern überlassen wurde (und teilweise auch der Verantwortung der entsprechenden ausländischen Schulbehörden unterstand). Das entsprach der damals von der Kultusministerkonferenz propagierten Doppelstrategie: (schulische) Integration *und* „Erhaltung der kulturellen Identität", sprich: der Rückkehrfähigkeit. Die pädagogische Aufgabe wurde insgesamt kompensatorisch verstanden, das bundesdeutsche Schulsystem wurde in seiner monokulturellen und monolingualen (einsprachigen) Ausrichtung *nicht* in Frage gestellt.

Aus der Kritik dieser Ausländersonderpädagogik entwickeln sich seit den 1980er Jahren Konzepte einer interkulturellen Erziehung und Bildung. Das hervorragende Merkmal der unterschiedlichen Ansätze ist dabei, dass sie sich nicht mehr allein an die ausländischen Kinder und Jugendlichen richten, sondern an *alle*, also Schülerinnen und Schüler deutscher *und* ausländischer Herkunft gleichermaßen. Interkulturelle Erziehung ist in diesem Sinne eine Querschnittsaufgabe, die den gesamten Unterricht – also auch alle Unterrichtsfächer – aller Schülerinnen und Schüler betrifft. Voraussetzung für diese Neuorientierung (die immer noch im Gange ist) ist die Anerkennung der Tatsache, dass Deutschland heute *faktisch* ein Einwanderungsland *ist* und wir in einer „multikulturellen" Gesellschaft leben, d.h. in einer Gesellschaft, in der Menschen mit unterschiedlichem kulturellen Hintergrund zusammen arbeiten, leben und sich verständigen müssen.

Der Begriff multikulturelle Gesellschaft hat zwei Seiten: Er beschreibt zum einen ein Faktum, zum anderen formuliert er aber auch Ansprüche für den Umgang mit diesem Faktum. Die Einsicht, dass es sich bei Deutschland um eine multikulturelle Gesellschaft handelt, ist zwar relativ neu, nicht aber der ihr zugrunde liegende Tatbestand. Der einheitliche kulturell und sprachlich homogene Nationalstaat ist – geschichtlich gesehen und im internationalen Vergleich – ein Ausnahmefall. Selbst das Deutsche Reich war Ende des 19. Jahrhunderts nicht weniger sprachlich heterogen als das heutige Deutschland (ganz abgesehen davon, dass vor der Durchsetzung der audiovisuellen Medien die Kommunikationssprachen meist die jeweiligen regionalen nieder- oder oberdeutschen Dialekte bzw. Regionalsprachen waren und Hochdeutsch von Schülern und Schülerinnen wie von Lehrerinnen und Lehrern meist nur als Schriftsprache beherrscht wurde).

Aktuelle Ansätze interkultureller Pädagogik begründen ihre Notwendigkeit allerdings keineswegs mehr allein damit, dass es in den meisten Schulklassen Schülerinnen und Schüler gibt, für die Deutsch nicht die einzige und vielleicht auch nicht die wichtigste Sprache ihres Lebens ist. Neben der innergesellschaftlichen, vor allem migrationsbedingten Multikulturalität gibt es mindestens noch zwei weitere Anlässe und Herausforderungen für interkulturelle Erziehung und Bildung: nämlich den Prozess der politischen Vereinigung Europas mit seinen unterschiedlichen sprachlichen Traditionen und Kollektivgeschichten sowie die Globalisierung, die Herausbildung einer „Weltgesellschaft" mit ihrer auch in unserem Alltag präsenten kulturellen Vielfalt, aber auch mit der Tendenz zu kulturellen Grenzziehungen einerseits und dem Zwang zu Kooperation und zum interkulturellen Dialog andererseits.

Aufgaben der Interkulturellen Erziehung

Interkulturelle Erziehung und Bildung bezeichnet allerdings eine anspruchsvolle Aufgabe, die im pädagogischen Alltag noch keineswegs als gelöst betrachtet werden kann. Es genügt nicht, dass Pädagoginnen und Pädagogen, Schule und Lehrer sich einer durchgehend freundlichen Haltung gegenüber der Multikulturalität der Lernenden befleißigen. Zweifellos ist das wichtig und noch keineswegs überall selbstverständlich, aber darüber hinaus sind auch konkrete Kenntnisse, geschichtliches Wissen, eine gründliche Sprachbildung und theoretische Orientierungen wichtig, damit die in diesem Zusammenhang auftretenden Fragen und Probleme überhaupt angemessen identifiziert und entsprechend angegangen werden können. Wir können hier nur einige wenige Punkte ansprechen.

Zentral ist zweifellos, dass sich Schule und Lehrpersonen endlich systematisch der Tatsache stellen, dass Schülerinnen und Schüler nicht alle die gleichen Voraussetzungen mit in die Schule bringen. Bislang werden andere Voraussetzungen meist als fehlende Voraussetzungen den Kindern als Mangel zugeschrieben. (Dies gilt übrigens keineswegs nur bei Einwandererkindern, sondern auch bei Kindern aus der „falschen" sozialen Schicht, der „falschen" Herkunftsregion innerhalb Deutschlands oder dem „falschen" Geschlecht.) Wie verschiedene Untersuchungen gezeigt haben (z.B. Auernheimer u.a. 1996; Gogolin/Neumann 1997; Weber 2003; Gomolla/Radtke 2007), werden bis heute die unterschiedlichen Voraussetzungen, die die Kinder in die Schule mitbringen, nicht als zu bearbeitende Aufgaben des Unterrichts verstanden, sondern als individuelle Defizite, „als Störung und Beeinträchtigung der Lehrerarbeit [...]. Vorfindbare Lernschwierigkeiten (z.B. mangelnder Zugang zum Unterrichtsstoff, fehlendes Verständnis von Arbeitsanweisungen, Redehemmungen, Aufmerksamkeits- und Disziplinprobleme) werden nicht auf den Unterricht bezogen, sondern als Resultat ihrer defizitären sprachlichen und fachlichen Voraussetzungen den Schülerinnen und Schülern angelastet. Auf diese Weise entsteht eine Dynamik in den Organisationen, in der sprachliche und sozio-kulturelle Differenz v.a. zur Rechtfertigung für schulisches Scheitern und Ausgrenzung genutzt werden." (Gomolla 2009, S. 32) Die Schule, wie sie gegenwärtig aussieht, erwartet von ihren Schülerinnen und Schülern meistens:

- eine bestimmte sprachliche Disponiertheit (Deutsch sprechen, womöglich sogar noch mit einer bestimmten regionalen Färbung);
- eine bestimmte kulturelle Disponiertheit („weibliche deutsche Mittelschicht");
- Wissen, was es an deutschen Schulen heißt, Schüler oder Schülerin zu sein.

Diese Erwartungen sind teils ethnozentrisch, teils engstirnig, teils beides. Das Problem liegt darin, dass es schwer ist, diese Erwartungen explizit zu machen, weil den meisten Lehrerinnen und Lehrern gar nicht bewusst ist, dass sie diese Erwartungen haben. Sie gehören zu den kulturellen Selbstverständlichkeiten, die so selbstverständlich sind, dass sie selbst auf Nachfragen hin meist nicht näher erläutert werden können. Dies gilt weniger für die sprachlichen Erwartungen (zumindest bei Deutschlehrerinnen), aber fast durchgehend für die Erwartungen bezüglich der Verhaltensstandards und der „Schülerrolle". Der Versuch (so er überhaupt gemacht wird), den Schülerinnen und Schülern zu erklären, was von ihnen in der Schule erwartet wird, scheitert deshalb oft schon an der Implizitheit der Regeln. Die Lehrpersonen können die Regeln immer nur identifizieren, wenn sie verletzt werden (Mannitz 2002).

Ein anderer Punkt betrifft das Curriculum. Es ist bislang immer noch weitgehend monokulturell, national orientiert, nicht nur in der Sprache, sondern auch in den verschiedenen Unterrichtsfächern, vor allem solchen wie Literatur, Geschichte, Politik bzw. Sozialkunde, Sachunterricht oder Religion. Historisch gesehen kann man sogar sagen, dass die relativ einheitliche Nationalkultur ein Produkt der Pflichtschule war und immer noch ist. Entsprechend sind die Perspektiven meist einseitig ethno- oder eurozentristisch („Kreuzzüge", „Türkenkriege" oder weniger leicht durchschaubar: „Nationalgeschichte", „Modernisierung", „Menschenrechte"). Daher ist es wichtig, sprachliche und kulturelle Vielfalt auch in den Unterrichtsinhalten anzuerkennen und unterschiedliche, kulturell geprägte Inhalte zur Geltung zu bringen, sie miteinander in Beziehung zu setzen und kritisch, aber immer auch selbstkritisch zu vergleichen. Von vermeintlich interkulturellen Themen wie „So leben Menschen in der Türkei" oder „Ausländische Mitschüler in unserer Klasse" ist allerdings abzuraten. Sie fördern eher Vorurteile. Vielmehr muss Unterricht generell multiperspektivisch gestaltet werden.

Dass interkulturelle Erziehung eine Perspektive für alle Schülerinnen und Schüler ist, wird auch an diesem Punkt deutlich. Denn wenn es Aufgabe der Schule ist, den Heranwachsenden die Kenntnisse, Fähigkeiten und Einstellungen zu vermitteln, die sie heute und in Zukunft brauchen, um handlungs-, urteils-, mitbestimmungs- und mitgestaltungsfähig zu werden, so ist die enge Verknüpfung des Unterrichts mit dem nationalen Rahmen antiquiert. Die gebotene Erweiterung des Horizonts lässt sich übrigens auch vom klassischen Verständnis von Bildung her begründen. Bildung, die diesen Namen verdient, ist (etwa bei Wilhelm von Humboldt) *per definitionem* multiperspektivisch.

Zum Kulturbegriff

Zentral für die Rede von interkultureller Erziehung und Bildung ist der Begriff der Kultur, der ja in „interkulturell" steckt. Es gibt demnach verschiedene Kulturen, die irgendwie getrennt sind, zwischen denen aber auch vermittelt werden kann, z.B. durch Erziehung und Bildung. Diese Vorstellung, die sich schon vom Wort her aufdrängt, ist problematisch. Es könnte der falsche Eindruck entstehen, Kulturen seien sozusagen selbständige Wesenheiten, wenn auch mit dem Gedanken der Begegnung und des Austausches verknüpft. In diesem Sinne wird dann häufig die „Herkunftskultur" der Migranten (z.B. Türkei) der hiesigen, also der deutschen Kultur gegenüber gestellt und daraus womöglich ein „Kulturkonflikt" konstruiert (Auernheimer 1988). Wie unzulänglich und oberflächlich ein solches Kulturverständnis ist, kann man sich selbst leicht verdeutlichen, indem man sich fragt, was denn eigentlich die einheimische, die deutsche Kultur ausmacht. Gemeinhin wird bei der Charakterisierung von Kulturen von Normen und Werten gesprochen oder auch von der Religion. Aber gibt es in Deutschland gemeinsame von allen oder wenigstens den meisten Menschen geteilte Normen und Werte? Oder gar eine gemeinsame Religion? Noch vager ist die Rede von der „Mentalität", die meist „fremde" Mentalität ist. Gibt es eine gemeinsame „Mentalität", die – sagen wir – Niedersachsen und Rheinländer verbindet? Für Deutsche sind typische Deutsche meistens die anderen.

Übrig bleibt bei solchen Versuchen meist nur die Sprache – jedenfalls wenn großzügig etliche Menschen mit Deutsch als Muttersprache vernachlässigt werden, die im europäischen oder außereuropäischen Ausland leben. Oder es bleibt der sog. Individualismus, der angeblich im „Westen" (Nordeuropa und Nordamerika) ausgeprägter sein soll als anderswo. Aber das könnte auch ein Wahrnehmungsproblem sein. Schon „westliche" Besucher haben oft große Schwierigkeiten, den behaupteten Individualismus in Deutschland zu entdecken. Umgekehrt wird es Deutschen in den USA vielleicht ähnlich ergehen. – Konformistisch, kollektivistisch, familien- oder gruppenorientiert sind immer die anderen.

Es ist daher ratsam, sehr vorsichtig mit dem Kulturbegriff umzugehen. Es gibt tatsächlich kulturelle Unterschiede, aber sie sind sehr schwer zu fassen und sie lassen sich kaum je eindeutig zuordnen. Wenn wir von jemandem wissen (oder vermuten), dass er oder sie türkischer Herkunft ist, wissen wir sehr wenig über ihn oder sie (genauso viel oder wenig, wie wir von jemandem wissen, von dem wir annehmen, dass er aus Deutschland kommt); über ihn oder sie als Individuum sowieso nichts, aber auch nicht über „seine" oder „ihre" Kultur. Wir wissen z.B. nicht, woher die betreffende Person oder ihre Eltern oder ihre Großeltern kommen (aus Istanbul, aus

Kurdistan?), welche Bedeutung ihre Herkunft für sie hat, ob sie für sie wichtig ist und wenn ja, warum, oder ob sie ihr gleichgültig ist. Ebenso wenig wissen wir darüber, welche Bedeutung ihre nominelle Religionszugehörigkeit für sie hat oder für ihre Eltern, welche Konflikte es gibt oder auch nicht usw. – Geradezu peinlich kann die gut gemeinte Frage in Schule oder Kindergarten werden, wie man das denn in der Türkei mache, vielleicht hat der oder die Befragte keine Ahnung. Im Ausland werden Deutsche meistens sehr schnell als Deutsche identifiziert. Aber sie würden sich mit Recht dagegen wehren, auf diese Herkunft festgelegt oder gar reduziert zu werden. Entsprechend empfiehlt sich in pädagogischen Situationen ein nicht festlegender, offener Umgang, auch mit Kindern.

Für Kinder, die eine fremde Herkunft vermuten lassen, kann interkulturelles Lernen geradezu zur Dauerbelastung werden,

> „weil ihre Fremdheit als seine Voraussetzung auch dann thematisiert wird, wenn sie verschwunden ist oder in der privaten Lebensführung gehalten werden soll. Gerade in den Schulen ist die Anwesenheit von Migrantenkindern zur Selbstverständlichkeit geworden. Soweit dies der Fall ist, gefährdet interkulturelles Lernen durch die Thematisierung der Differenz eine wünschenswerte Selbstverständlichkeit. Sofern diese Selbstverständlichkeit als zwanglose Anerkennung und als Verhältnis der Gleichberechtigung allerdings nicht gegeben ist, muss auch hier nach dem Prinzip der Gegenwirkung (interkulturelles) Lernen auf die Erweiterung von Toleranz und Solidarität abzielen, das heißt, zeitlich begrenzt die kritische Situation bearbeiten, die durch Vorenthaltung von Gleichberechtigung eingetreten ist oder immer wieder eintritt." (Hamburger 2012, S. 108)

Wäre Interkulturelle Pädagogik allein Thematisierung von im Klassenzimmer vorhandenen oder unterstellten Differenzen, sollte interkulturelles Lernen tatsächlich – wie Hamburger (ebd.) vorschlägt – als „ein notweniges Lernen in kritischen Situationen" auf solche Situationen begrenzt bleiben und nicht institutionalisiert werden. Interkulturelle Pädagogik geht darin aber nicht auf, sondern zielt auf ein umfassendes Verständnis von Vielfalt und Heterogenität, die eben auch kulturelle Vielfalt ist. Daher wäre es umgekehrt unangemessen, Differenzen einfach zu leugnen. Wenn Fremdheit geleugnet, verdrängt oder für belanglos gehalten wird, kann der Umgang mit Fremdheit nicht gelernt werden. Kulturelle Spezifika *können*, müssen aber nicht *subjektiv* bedeutsam sein. Diese Spezifika beziehen sich dann in der Regel nicht direkt auf die Herkunft, „die" Türkei oder „die" türkische Kultur, sondern beispielsweise auf die Familie, auf die Verwandten oder die Großeltern und die (Ferien-)Erinnerungen an das Dorf und das Haus, in dem die Großeltern leben, auf Familienfeste, auf schwer beschreibbare und nicht selten ambivalente Gefühle und Eindrücke einer anderen Art des Zusammenlebens usw. – Bedeutsam kann etwa die Fähigkeit sein, eben Türkisch oder Kurdisch sprechen zu können, die Erfahrung einer gelebten Mehrsprachigkeit. Sie muss aber weder vorhanden noch bedeutsam sein.

In solchen Zusammenhängen *können* Vorstellungen und Orientierungen – auch religiöse Orientierungen – wichtig werden, die manchem in Deutschland sehr fremd anmuten mögen, die aber mit Respekt und Anerkennung behandelt werden müssen, selbst wenn sie nicht ohne weiteres einleuchten, wenn sie für uns (zunächst) unverständlich sein sollten. (Auch Deutsche haben seltsame und für Außenstehende kaum verständliche Gewohnheiten.) Mit Respekt heißt dabei auch, diese Orientierungen als individuelle Erfahrungen und Orientierungen ernst zu nehmen, ohne sie in vorgefertigte Schablonen oder Dichotomien wie deutsch – türkisch, christlich – islamisch usw. zu pressen.

Nach diesen Bemerkungen dürfte einleuchten, dass es schwer ist, den Kulturbegriff eindeutig zu definieren. Wir können im Folgenden wieder nur einige Hinweise geben. Dabei ist zu beachten, dass Begriffe wie Kultur Hilfsmittel des Erkennens und Verstehens sind, Werkzeuge, die man richtig gebrauchen muss, damit sie etwas nutzen und keinen Schaden anrichten. Wie alle Werkzeuge sind auch Begriffe nur für die Bearbeitung bestimmter Aufgaben und Probleme geeignet. Kultur ist *kein* Universalschlüssel.

Ganz allgemein und bei einer Vielzahl unterschiedlicher Kulturdefinitionen übereinstimmend kann man Kultur als *symbolische Praxis* verstehen, als die sinnhafte Dimension des Sozialen oder genauer: die symbolhafte Dimension *gesellschaftlicher* Praxis. Angesprochen sind also nicht nur die sog. „hohe Kultur" (Kunst, Literatur, Musik), auch *nicht nur* Werte und Normen (auch nicht nur die Religion, auf die Kultur oft reduziert wird; Marokko und Indonesien sind beides stark vom Islam geprägte Staaten – mit völlig unterschiedlichen Kulturen). Kultur bezeichnet vielmehr allgemein das Repertoire an Kommunikations- und Repräsentationsmitteln, mit dessen Hilfe sich Menschen in einer Gesellschaft über sich selbst untereinander in ihrem Verhältnis zur Natur und zur Gesellschaft verständigen. Kultur in diesem Sinne hat eine grundlegende Orientierungsfunktion. Sprache gehört dazu, insbesondere die Alltagssprache, aber auch andere Formen symbolischer Darstellung wie Riten, Rituale oder bestimmte Vorstellungen wie z.B. die vom Kind und seiner Entwicklung, vom Lernen, vom Individuum, von einem gelungenen Leben, die symbolische Verwendung von Dingen im Alltagsleben usw.

Die Beispiele machen schon Verschiedenes deutlich: Kultur ist *kein* feststehender Tatbestand, sondern ein *Prozess*. Sie verändert sich fortwährend;

manche Elemente langsamer (die Sprache z.B.), andere schneller (z.B. die symbolische Verwendung von Dingen). Die Symbole verändern sich und werden verändert. Sie sind umkämpft. Beispiele dafür liefert die symbolische Verwendung von Dingen ebenso wie die Sprache: Autos, Deodorants, Fleisch oder Rechtschreibung (Rechtschreibreform) und Anglizismen. Kulturelle Formen haben soziale Bedeutung z.b. bei der Abgrenzung: Jugendliche sprechen anders als Erwachsene, Frauen essen und trinken anders und anderes als Männer, Künstler richten ihre Wohnung anders ein als Arbeiter usw. Kulturelle Formen sind umkämpft. Die Werbung z.b. versucht, uns immer wieder neue Bedeutungen einzutrichtern. Politik und Wirtschaft versuchen, auf kulturelle Entwicklungen Einfluss zu nehmen. Gruppen von Menschen versuchen, Alternativen zu formulieren und zu leben usw. Kulturelle Formen sind von Macht und Herrschaftsverhältnissen durchzogen. Es gibt ungleiche Möglichkeiten, kulturelle Entwürfe zu propagieren und durchzusetzen.

Zusammengefasst lassen sich die folgenden vier zentralen Bestimmungen nennen:

1. Kultur hat Symbolcharakter und dient der Orientierung. Sie steht für das Repertoire an Kommunikations- und Repräsentationsmitteln, mit deren Hilfe Menschen sich über sich selbst, ihr Verhältnis untereinander, zur „Welt", zu Natur, Gesellschaft usw. verständigen. Sie lebt in symbolischen Praxen, die nur teilweise bewusst sind (kulturelle Selbstverständlichkeiten).
2. Da Orientierungserfordernisse unterschiedlich sind und einem beständigen Wandel unterliegen, sind Kulturen nie einheitlich oder statisch, sondern heterogen, in sich differenziert und prozesshaft. Kulturelle Formen sind umkämpft, alters-, geschlechts-, schicht-, milieuspezifisch und werden von jeder Gruppe (Familie, Schule usw.) und jedem Individuum auf besondere Weise „verkörpert".
3. Individuen und soziale Gruppen sind nie passive Opfer der jeweiligen Kultur, sondern eignen sie sich deutend und interpretierend aktiv an. Sie sind aktive Produzenten sowohl ihrer (relativen) Konformität als auch der Abweichungen von den vorherrschenden Mustern. Da Symbole immer mehrdeutig sind, sind sie stets für Umdeutungen oder neue Bedeutungsgebungen entsprechend der je aktuellen Bedürfnisse offen.
4. Kulturelle Gesichtspunkte dürfen bei Interpretations- und Verstehensprozessen nicht verabsolutiert werden (Gefahr des Kulturalismus). Sie müssen vielmehr in Beziehung gesetzt werden sowohl zu den jeweiligen ökonomischen, sozialen, rechtlichen usw. Bedingungen (Orientierungsfunktion) als auch zu den jeweiligen individuellen Umständen und das jeweilige Individuum.

Erweiterte Perspektive: Migrationspädagogik

Nicht alles, was uns auf den ersten Blick fremd anmuten mag, ist kulturell bestimmt. Schon gar nicht kann es auf die jeweilige „Herkunftskultur" zurückgeführt werden. Die Kultur der Migranten ist nicht mit der ihrer Herkunftsländer identisch; es handelt sich um „Migrantenkultur" oder besser im Plural „Migrantenkulturen": ein *mixtum compositum*, in welchem Altes und Neues, Kulturelles und Sozioökonomisches in spezifischer Weise zusammenspielen. Zu berücksichtigen ist darüber hinaus, dass es weitere Unterschiede gibt, etwa die des – oft prekären – ausländerrechtlichen Status oder die soziale und ökonomische Lage und die politischen und wirtschaftlichen Machtverhältnisse. Selbst wenn der Kulturbegriff in der gerade gezeichneten Weise richtig und reflektiert verwendet wird, bleibt das Problem, dass mit Begriffen wie „Interkulturelle Erziehung" eine spezifische Verschiedenheit vorausgesetzt wird. Indem wir von „interkulturell" sprechen, setzen wir immer schon voraus, dass die wesentlichen Unterschiede zwischen Gruppen von Menschen – also etwa zwischen Einwandererenkeln und Kindern mit niedersächsischen Großeltern – kulturell sind und nicht beispielsweise von der Lebenssituation herrühren, von Art der Berufstätigkeit der Eltern, von deren Bildungshintergrund oder anderen, vielleicht ganz zufälligen Umständen.

Einige Autoren sind daher dazu übergegangen, den Kulturbegriff gar nicht mehr zu verwenden und entsprechend nicht mehr von „interkultureller Erziehung" zu sprechen, sondern etwa von „Bildung in der Einwanderungsgesellschaft" (Hormel/Scherr 2004) oder von „Migrationspädagogik". Der Ausdruck „Einwanderungsgesellschaft" ist dabei auch schon nicht mehr unproblematisch, da er die immer wichtiger werdenden Prozesse der Transmigration nicht zu fassen vermag. Einwanderung bezeichnet nur einen Typ von Migration, nämlich den, bei dem die Zuwanderer bleiben und sich über kurz oder lang irgendwie integrieren – auch wenn dieser Prozess vielleicht über Generationen andauert. Mit den verbesserten Reise- und Kommunikationsmöglichkeiten nehmen immer mehr Personen die zunehmenden sozialen Ungleichheiten zwischen verschiedenen Regionen zum Anlass, zu pendeln und zwischen verschiedenen sozialen Kontexten und Zugehörigkeiten zu wechseln. Es entstehen neue pluri-lokale Sozialräume, z.B. transnationale Familien oder interkontinentale soziale Netzwerke. Man denke etwa an die Pflegekräfte, die regelmäßig zwischen ihren Wohnorten z.B. in Osteuropa und ihren Arbeitsplätzen hierzulande hin- und herreisen, um auf diese Weise den Lebensunterhalt ihrer Familien zu sichern. Der Wechsel wird gewissermaßen zur Existenzform; plurale Identitäten, Mehrfachzugehörigkeiten werden zum Normalfall.

Mit dem umfassenderen Begriff der Migrationspädagogik soll eine Perspektive gezeichnet werden, die die ganze Vielfalt der Phänomene in den

Blick nimmt, die charakteristisch für eine von Migration geprägte Gesellschaft sind (Mecheril 2004). Dabei geht es nicht nur um unterschiedliche Kulturen oder einen Typ von Migration, sondern genereller um veränderte Prozesse der Konstruktion des Fremden und des Eigenen, um Prozesse der Pluralisierung, der Differenzierung und Entdifferenzierung, der Segregation und der Vermischung. Die Pädagogik muss berücksichtigen, dass neue Zwischenwelten und hybride Identitäten entstehen, Probleme der Zurechnung von Fremdheit, Strukturen und Prozesse von Rassismus, aber auch veränderte Formen der Ethnizität. Es bilden sich neue Zugehörigkeitsordnungen, hierarchische Ordnungen des Unterschieds und des Unterscheidens, an deren Entstehung und Aufrechterhaltung nicht zuletzt pädagogische Institutionen beteiligt sind.

Wie interkulturelle Bildung gründet auch eine solche Migrationspädagogik auf zwei Prinzipien: dem Gleichheitsgrundsatz und dem „Grundsatz der Anerkennung anderer Identitätsentwürfe" (Auernheimer 2001, S. 45). Beides ist aber nicht unproblematisch. Beschränkung auf Gleichheit führt leicht zu einer Benachteiligung durch Gleichbehandlung; Anerkennung von Differenz birgt aber die Gefahr der Festlegung. Die Orientierung am Gleichheitsgrundsatz bedarf der Berücksichtigung der Unterschiede, weil sonst alle benachteiligt werden, die nicht der dominanten Lebensform zugehören. Zugleich droht Anerkennung aber immer schon festzulegen: auf ein vorgefertigtes Klischee über „die" Herkunftskultur, die Religion, die fremde Mentalität usw., auf eine bestimmte Herkunft oder auf den Status des „Anderen". Anerkannt werden kann immer nur das jeweilige konkrete Individuum, das zu Urteil und Handeln fähige Subjekt; es wird allerdings nicht isoliert gesehen, sondern innerhalb der intersubjektiven Kontexte, in denen es sein praktisches Verhältnis zur Welt und sein Verständnis von Welt erworben, in denen es sich gebildet hat. Dabei ist stets von Mehrfachzugehörigkeiten auszugehen. So wenig Kulturen einheitlich und in sich geschlossen sind, sondern vielfältig in sich gegliedert, pluralisiert und mit anderen Kulturen vernetzt, sind dies Identitäten. Wir alle sind – mehr oder weniger, bewusst oder nicht – mit verschiedenen Kulturen verbunden, haben unterschiedliche Zugehörigkeiten, stehen am Schnittpunkt unterschiedlicher Selbst- und Fremdzuschreibungen, verhalten uns dazu und basteln daraus unser Selbstverständnis.

Umgang mit Differenzen

Unabhängig davon, welche Terminologie und welche Perspektive man bevorzugt, ob man lieber von Interkultureller Erziehung oder von Migrationspädagogik spricht, gelten einige allgemeine Warnhinweise für den Umgang mit Differenzen, beispielsweise:

- „Aussagen über Menschen müssen stets auch beinhalten, dass ich nicht alles über eine Lebensweise weiß.
- Zum Ausdruck kommen muss, dass Lebensweisen in sich heterogen und widersprüchlich sind.
- Differente Lebensweisen dürfen nicht als ‚gut‘ und gegen Kritik immun entworfen werden.
- Die Dimension der zeitlichen Veränderung und der Unbekanntheit von Zukunft muss mitgedacht werden.
- Bei allen Aussagen über Gruppen von Menschen sollte auf der Ebene der Kollektivität mitbedacht werden, dass darüber hinaus auch universelle Gemeinsamkeiten mit allen Menschen (zum Beispiel Natalität und Mortalität) und individuelle Differenzen zwischen den stets einzigartigen Einzelpersonen in den Blick genommen werden können." (Prengel 1999, S. 243)

Insbesondere für den interkulturellen Dialog ist zu beachten, dass keine falschen Wertmaßstäbe angelegt werden. Oft werden die Ideale der eigenen Kultur mit der fremden sozialen Realität verglichen und beispielsweise unser Anspruch auf Gleichberechtigung der Geschlechter (der ja keineswegs durchgesetzt ist) mit der Unterdrückung der Frau anderswo aufgerechnet. Auch Person und „Sache" sind hier – wie überhaupt in pädagogischen Zusammenhängen – strikt zu trennen, d.h. die Achtung vor dem Gesprächspartner darf nicht von der Bewertung des fremden Normensystems oder Weltbilds abhängig gemacht werden (ebenso wenig wie von seiner Schulleistung oder seinen Verhaltensweisen).

Festzuhalten ist weiter, dass in der Schulklasse, in der Jugendgruppe, im Kindergarten usw. immer auch *unterschiedliche* Differenzen eine bedeutende Rolle spielen, neben Kultur eben Geschlecht, soziale Lage oder Behinderung bzw. Nicht-Behinderung. *Heterogenität ist der Normalfall.* Der Umgang mit Interkulturalität ist nur ein Aspekt eines generell geforderten bewussten Umgangs mit *Differenzen.* Was die Kultur angeht, so ist nicht nur die kulturelle Differenz mit Blick auf die Minderheitenkulturen einzubeziehen, sondern die gesamte kulturelle Vielfalt, die sich aus vielen Elementen zusammensetzt und die Eigenheiten auch der einheimischen Kulturen einschließt.

Dass Fremdheit *kein* Privileg der zugewanderten „Fremden" ist, zeigt sich gerade in Übergängen, etwa zum Eintritt in den Kindergarten, die Schule oder die Universität. Auch Universität ist in gewisser Weise eine *eigene* Kultur. Zu Studienbeginn kann *keineswegs* vorausgesetzt werden, dass die Studierenden diese Kultur schon kennen. Sie müssen erst allmählich lernen, welche Regeln im Universitätsbetrieb gelten, welche Verhaltensweisen geboten sind und welche nicht. Oft erhalten sie dabei nur wenig

Unterstützung. Sie müssen die Regeln selbst herausfinden oder sich bei Eltern oder älteren Studierenden Unterstützung suchen. Missverständnisse dürften dabei die Regel sein. Oft machen sich hier soziale und kulturelle Unterschiede geltend. Studierende aus akademischem Elternhaus haben es im Allgemeinen leichter, während sich die anderen oft falsche Regeln zusammenbasteln.

Für Pädagogen und Pädagoginnen, Lehrer und Lehrerinnen ist es wichtig, die kulturelle und soziale Vielfalt und die damit verbundenen möglichen Schwierigkeiten überhaupt kennen zu lernen und sie sich bewusst zu machen. Grundlegend ist dabei, nichts vorauszusetzen und nichts für selbstverständlich zu halten – am wenigsten das *eigene* Verhalten und Denken.

Exkurs: „Also ich bin eigentlich in Deutschland geboren" – das Beispiel Carlo

Carlos Vater ist Italiener, der als junger Mann nach Südamerika ging. In Uruguay, einem Land mit einem hohen Anteil italienischer Einwanderer, heiratet er eine Einheimische. In den 1970er Jahren emigriert das Paar aus politischen Gründen, durch die Vermittlung eines Bekannten landet es in Deutschland, wo der Vater gleich Arbeit findet. In einer bayrischen Großstadt wird Carlo geboren. Er wächst dort die ersten neun Jahre seines Lebens auf, besucht einen Kindergarten und die Grundschule, beide Eltern arbeiten in einer Fabrik.

Als Carlo acht Jahre alt ist, eröffnen ihm die Eltern, dass sie nach Uruguay zurückgehen wollen. Sie wünschen, dass ihr Sohn auch Uruguay kennenlernt. Bis dahin wusste Carlo gar nicht, so erzählt er, dass seine Eltern aus einem anderen Land stammten („Ich hab das irgendwie nich so ganz, zu dieser Zeit irgendwie kapiert, dass meine Eltern *nicht* aus *Deutschland* kamen").

Mit neun Jahren siedeln Carlo, seine Mutter und seine neugeborene Schwester nach Uruguay in die Hauptstadt Montevideo um. Zunächst wohnen sie im Haus der mütterlichen Großeltern. Der Vater bleibt noch einige Jahre in Deutschland, wo er eine gute Arbeitsstelle hat, er besucht die Familie einmal jährlich zu Weihnachten.

Carlo spricht anfangs wenig Spanisch. In Montevideo besucht Carlo eine deutsche Schule. Es ist eine Privatschule, die von wenigen deutschen Diplomatenkindern und überwiegend von Kindern wohlhabender Uruguayos mit deutschen Wurzeln besucht werden. Obwohl Carlos Eltern nicht zu jener Sozialschicht gehören, die sich ein solches Schulgeld leisten kann, wollen sie ihrem Sohn den Schulbesuch an der deutschen Schule ermöglichen, weil er recht gut deutsch spricht. Zwar wird an der Schule deutsch gesprochen, doch für die Mehrheit der Schülerinnen und Schüler ist Spanisch die Muttersprache, was Carlo erst noch lernen muss.

Drei bis vier Jahre später kann er ebenso gut spanisch wie deutsch sprechen. Nach einigen Jahren bezieht die Familie ein eigenes Haus, der Vater siedelt nach Uruguay um, wo er endlich eine Arbeitsstelle findet.

Die deutsche Schule beendet Carlo mit dem deutschen und dem uruguayischen „Abitur". Carlo beschließt nach dem Abitur nach Deutschland zurückzukehren. Gemeinsam mit einem Freund wohnt er zunächst in Wohngemeinschaften und sucht sich zu orientieren. Carlo studiert später Lehramt mit den Fächern Kunst und Spanisch, weil das schließlich „seine Muttersprache geworden" sei.

Über seine Eltern sagt Carlo, sie hätten eigentlich nichts mit der deutschen Kultur zu tun gehabt, „aber die dachten einfach, das wär echt von Vorteil, wenn ich einfach Vieles von beidem hätte." (Unveröff. Datenmaterial Klika)

5.4 Inklusion: Behindert sein ist auch normal

Wenn man von Behinderung spricht, trifft man im Alltagsverständnis oder in wissenschaftlichen Diskursen (etwa der Medizin oder der Sonderpädagogik) zumeist unbewusst vorab eine Grundunterscheidung: Entweder es handelt sich um eine körperliche Behinderung oder es handelt sich um eine geistige (oder seelische) Behinderung – in besonderen Fällen kann auch beides zusammenkommen. In Deutschland ist „Behinderung" (wegen rechtlicher Konsequenzen) im Neunten Sozialgesetzbuch definiert:

> „Menschen sind behindert, wenn ihre körperliche Funktion, geistige Fähigkeit oder seelische Gesundheit mit hoher Wahrscheinlichkeit länger als sechs Monate von dem für das Lebensalter typischen Zustand abweichen und daher ihre Teilhabe am Leben in der Gesellschaft beeinträchtigt ist. Sie sind von Behinderung bedroht, wenn die Beeinträchtigung zu erwarten ist." (SGB IX, § 2,1)

Die Feststellung treffen ärztliche Gutachter, die auch die Stärke der Beeinträchtigung einschätzen und festlegen. Die Mediziner richten sich dabei nach der von der Weltgesundheitsorganisation (WHO) herausgegebenen Internationalen Klassifikation der Schädigungen, Beeinträchtigungen und Behinderungen (ICIDH).

Implizit oder explizit geht man dabei von einer Normalitätsvorstellung aus: Der „normale" Mensch ist weder körperlich noch geistig oder seelisch beeinträchtigt und kann den gesellschaftlichen (und auch schulischen) Anforderungen genügen. Der „vom typischen Zustand abweichende" Mensch hat einen „Defekt", der als biologisch gegeben und somit tendenziell unveränderbar angesehen wird, gleichgültig, ob er angeboren oder durch Unfall oder Krankheit erworben ist. Von solchen „Defekten" betroffene Menschen können wir klassifizieren etwa als Rollstuhlfahrer, Gehbehinderte, Blinde, Gehörlose, Lern- oder Sprachbehinderte, geistig Behinderte oder chronisch Kranke (z.B. Diabetiker), aber auch als Kleinwüchsige, Adipöse, Autisten oder ADHS-Kranke. Mit solchen und weiteren Klassifizierungen werden die Betroffenen häufig auf ein Merkmal reduziert und dadurch stigmatisiert. Als Stigma kann ein Merkmal bezeichnet werden, welches von den Mitmenschen als „unnormal" betrachtet wird (Goffman 1967). „Stigma ist einfach aus der Perspektive des sogenannten Normalen das unerwünschte Anderssein. Das Stigma ist sozusagen ein Etikett, das jemandem aufgeklebt wird und ihn zum Außenseiter, Andersartigen stempelt." (Vester 2010, S. 29)

Goffman unterscheidet drei Gruppen von Stigmata: „Abscheulichkeiten des Körpers" (Verletzungen, Verunstaltungen u.ä.), „individuelle Charakterfehler" (dazu zählen etwa Willensschwäche, aber auch Drogensucht, psychische Krankheit oder Lernschwäche) und „Rasse, Nation und Religion" (1967, S. 12; Engelhardt 2010, S. 129f.).

Während Goffman in seiner Studie die Folgen für die zwischenmenschliche Interaktion untersucht, wollen wir thematisieren, wie es historisch zu einer Exklusion und Segregation der als „behindert" etikettierten Menschen gekommen ist. Die Entwicklung beginnt im 19. Jahrhundert:

„In der Anthropologie der bürgerlichen Gesellschaft kam der Aufspaltung in ‚normal' und ‚pathologisch' besondere Bedeutung zu. Dabei entstand eine medizinisch dominierte Sonderanthropologie für Behinderte, in welcher Behinderung immer unveränderlich gedachtes Wesensmerkmal einer Person war. Die Sonder-Anthropologie legitimierte die gesellschaftliche Ausgrenzung der Behinderten, die Sonder-Pädagogik organisierte und praktizierte sie. In der Polarisierung zu bürgerlichen Werten wie Vernunft, Aktivität, Selbstbewusstsein und Selbstbeherrschung konzipiert, wurde Behinderung als Unvernunft, Passivität, Bewusstlosigkeit und Ungesteuertheit bestimmt." (Prengel 1993, S. 145)

Geschichte der Sondereinrichtungen

Ursprünglich ist mit der Entwicklung von sonderpädagogischen Einrichtungen ein fortschrittlicher Gedanke verbunden. 1770 wurde in Paris die erste Taubstummenanstalt gegründet, in der gehörlose Kinder und Erwachsenen in der Gebärdensprache unterrichtet werden. Als berühmtes Beispiel überliefert ist der sogenannte Wolfsjunge, genannt Victor. Victor, der „Wilde von Aveyron", wird 1799 von der Polizei aufgegriffen. Nackt, „verwildert", ohne Sprache wird der Junge in einem psychiatrischen Gutachten als „geborener Idiot" eingeschätzt. Itard, Leiter der Taubstummenanstalt, hält das Gutachten für falsch. Überzeugt von den pädagogischen Gedanken der Aufklärung, versucht er zu beweisen, dass die „Idiotie" (das war damals der geläufige Fachterminus für Menschen mit geistiger Behinderung) des Jungen nicht auf biologische Ursachen zurückzuführen sei, sondern auf kulturelle, sprich pädagogische Vernachlässigung. Itard entwickelt besondere Lernmaterialen zur Schulung einzelner Sinne und unterrichtet den Jungen, d.h. entsprechend des Aufklärungsgedankens unterstellt er dem Kind Lernfähigkeit und Bildsamkeit. In zwei Berichten dokumentiert er die Ergebnisse seines Experiments, die als beispiellos gelten und in Europa Furore machen (Itard 1801 u. 1806/1972). (Maria Montessori greift 100 Jahre später auf die Lernmaterialien Itards zurück und entwickelt sie weiter.) „Sensationell war, dass Menschen, die als Gehörlose und Sprachlose für ihre Zeitgenossen ‚wie die Tiere' gewesen waren, nun Sprache und Wissen erwarben." (Prengel 1993, S. 150)

In der Folge werden auch für andere Formen von Behinderung Einrichtungen gegründet: 1784 das erste Institut zur Erziehung blinder Kinder, Institute für Taubblinde ab 1832; für Verwahrloste gibt es bereits ab 1769 Einrichtungen (maßgeblich hatte Pestalozzi an der weiteren Entwicklung Anteil; vgl. Kap. 2.5). In der Regel sind die Einrichtungen internatsförmig organisiert, es sind Heime, in denen die Kinder leben, lernen und arbeiten. Der Gründer der Pariser Taubstummenanstalt, Priester Abbé de l'Ebée, (1712–1769) systematisiert die von Gehörlosen entwickelte Gebärdensprache, die sich schnell in Europa verbreitet. Die Blindenschrift (Braille) wird von Louis Braille (1809–1852), selbst Schüler der Pariser Blindenschule, entwickelt.

Im Gegensatz dazu entspringt die Entwicklung der Hilfsschule, später Sonderschule für Lernbehinderte bzw. heute Förderschule für den Förderschwerpunkt Lernen, einer anderen Entwicklung. Im letzten Drittel des 19. Jahrhunderts, als die Scholarisierung breiter Gesellschaftsschichten sich durchsetzt, werden lernschwache Kinder als Hemmnis für die Volksschüler und Volksschülerinnen wahrgenommen.

„Kinder, die Lernschwierigkeiten in der Volksschule zeigten, hatten gegen Ende des 19. Jahrhunderts wenig Aussicht auf eine angemessene Förderung. Häufig ließ man sie einfach sitzen, und sie verließen die Schule aus der 2. oder 3. Klasse. Dabei muss berücksichtigt werden, dass zu dieser Zeit ca. 60 bis 80 Schüler in einer Klasse unterrichtet wurden." (Werning/Lütje-Klose 2006, S. 25)

An verschiedenen Orten werden Nachhilfeklassen gegründet, z.B. in Dresden 1867, in Gera 1876, mit dem Ziel, den Kindern durch zusätzliche Unterstützung den Anschluss an die Volksschule zu sichern. Auch in den ersten Hilfsschulen – sie wurden 1881 in Braunschweig und Leipzig gegründet – verfolgte man zunächst dieses Konzept. „Sowohl in den Nachhilfeklassen wie auch in den neu gegründeten Hilfsschulen wurde diese Orientierung aber schnell fallengelassen und es etablierte sich unterhalb der Volksschule eine neue Schulform." (Ebd., S. 34)

Sie verbreitet sich rasch. Bereits 1893 gibt es in Deutschland in 32 Städten Hilfsschulen mit insgesamt 2290 Kindern, 1900 besuchen etwa 8000 Kinder in 90 Städten Hilfsschulen, 1904 sind es 15.000 Kinder in 143 Städten und 1914 ca. 43.000 Kinder in 320 Städten (Henze 1928, S. 146f.). Auch die Hilfsschulen werden nach Jahrgangsklassen differenziert und mit besonderen Lehrplänen versehen. Der Schulrat Henze liefert eine Erklärung für die rasante Ausbreitung der Hilfsschulen im wilhelminischen Kaiserreich und der Weimarer Republik:

> „Die rasche Zunahme dieser Schulen wurde bei uns zum nicht geringen Teile durch den Übergang Deutschlands vom Agrar- zum Industriestaat veranlaßt; denn einerseits machte sich infolge dieses Umstandes die geistige Minderwertigkeit als hemmender Faktor auch in solchen Fällen bemerkbar, die bei den früheren einfacheren Erwerbs- und Lebensverhältnissen kaum aufgefallen wären, andererseits steigerten sich immer mehr die die geistigen Entwicklung hemmenden und die Entstehung des Schwachsinns fördernden Einflüsse (Vererbung, Entbehrung, Volksseuchen, Alkoholismus usw.)." (Henze 1928, S. 147)

Der sogenannte Schwachsinn gilt vor allem als medizinisches Problem, das seit etwa 1900 intensiv erforscht wird von „Anatomie, Physiologie, Psychologie, Rassenhygiene, Vererbungslehre, Biochemie" (ebd.). Henze weist darauf hin, dass inzwischen „ein gewaltiges wissenschaftliches Material zusammengebracht worden" sei, das „tiefe Einblicke in Wesen, Ursachen und Formen des Schwachsinns" gewähre (ebd.). Hilfsschulen entstehen also zur Ausgrenzung jener als schwachsinnig bezeichneten Kinder aus den Volksschulen. Schon seit 1905 können Kinder gegen den Willen der Eltern an die Hilfsschule überwiesen werden. Die Frage, welche Kinder das sind, entscheiden die Hilfsschullehrer mit Unterstützung von Ärzten.

Jedoch bleibt die medizinische Sicht auf das Problem nicht ohne Kritik. Verfolgen wir die Diskurse im 19. Jahrhundert, können wir Parallelen zur Gegenwart entdecken: Während der allmählichen Durchsetzung der allgemeinen Schulpflicht im 19. Jahrhundert und der zeitgleichen Etablierung von Sondereinrichtungen für Blinde, Gehörlose, Verwahrloste etc. entsteht ein Normalisierungsdiskurs. Volksschullehrer fordern eine pädagogische Perspektive anstatt einer medizinischen Sichtweise: Ludwig Esche etwa, der Schwager des Begründers der ersten Hilfsschule in Braunschweig, ist einer der entschiedenen Befürworter der Normalisierung (Möckel 2009, S. 86). Jede Pädagogik sei Heilpädagogik, betont er.

> „Nicht die sklavische Absolvierung der Lehrplanstoffe, sondern die allseitige Entwicklung der Geisteskräfte der Kinder ist dem Lehrer im Sinne eines Amos Comenius und eines Pestalozzi höchstes Unterrichtsziel. Die seelische Entwicklung des normalen und des schwachsinnigen Kindes sind dieselben; sie müssen genau dieselben Stufen durchmachen; der Unterschied ist nur der: ersteres durchschreitet sie schnell, letzteres langsam." (Esche 1902, S. 198)

Esche kritisiert die vorschnelle medizinische Diagnostik, die anhand physiologischer Merkmale *„auf einen Blick"* Schwachsinn diagnostiziere, was für viele Kinder *„ein verhängnisvoller Irrtum"* sei (ebd., S. 199, H.i.O.). Mit verschiedenen Fallbeispielen verdeutlicht der Autor, dass es sich häufig nicht um Schwachsinn, sondern um Vernachlässigung und Verwahrlosung aus sozialer Not der ärmsten Bevölkerungsschicht handele.

Wie wir sehen, konnte sich das Normalisierungskonzept damals nicht durchsetzen. Stattdessen wird das Hilfsschulsystem weiter ausgebaut. Die am Defekt orientierte medizinisch-biologisch Anthropologie, Sozialdarwinismus und Rassenhygiene führen dazu, dass während des nationalsozialistischen Regimes die sogenannten schwachsinnigen Kinder den rassehygienischen Maßnahmen unterliegen und dem Euthanasieprogramm zugeführt werden: Sie werden zwangssterilisiert (das Gesetz zur Verhütung erbkranken Nachwuchses tritt bereits 1934 in Kraft) und später ermordet (Hänsel 2006, S. 40ff.). „Während die Zwangssterilisation im NS-Staat gesetzlich geregelt wird, erfolgt die Euthanasie geheim" durch eine Verfügung von 1939 (ebd., S. 40).

Nach 1945 wird das System in Ost- und Westdeutschland beibehalten und weiter ausgebaut. Im Verlauf der weiteren Entwicklung findet in der BRD eine Ausdifferenzierung statt, in deren Folge „eine zunehmende Zerlegung, Aufgliederung, Verteilung und Zuordnung der pädagogischen Tätigkeit auf bestimmte Gruppen von Menschen, auf Organisationen usw. mit hohen Rollendifferenzierungen und funktionalen Tätigkeiten" stattfindet (Rohr/Weiser 2009, S. 93). Innerhalb der einzelnen Arten der Behinderung gilt es nun medizinisch weitere Differenzierungen zu finden, etwa innerhalb der Gruppe der Schwerhörigen Feindifferenzierungen von leichter Beeinträchtigung bis zur Gehörlosigkeit. In der Zeit von 1960 bis 1973 verdreifacht sich die Zahl der Sonderschüler und Sonderschülerinnen, was eindeutig auf den Ausbau der Sonderschulen zurückgeführt werden kann (Werning/Lütje-Klose 2006, S. 38). In den KMK-Empfehlungen von 1972 wird die Hilfsschule nun als Schule für Lernbehinderte (Sonderschule) bezeichnet, nach der Wiedervereinigung wird in den KMK-Empfehlungen zur Sonderpädagogischen Förderung (1994) das System erneut bestätigt (Hänsel 2006, S. 14).

„Seit den sechziger Jahren kam es in der Sonderpädagogik zu einer beispiellosen Expansion. Die nun in ‚Sonderschule' umbenannte ‚Hilfsschule' wurde ausgeweitet. Im Zuge der Leistungssteigerung in der Grundschule wurden immer mehr Schülerinnen und Schüler in Sonderschulen überwiesen, ein Trend, der erst mit dem Geburtenrückgang wieder abnahm." (Prengel 1993, S. 152)

In NRW und Niedersachsen z.B. gibt es gegenwärtig Förderschulen für folgende Bereiche: emotionale/soziale Entwicklung, geistige Entwicklung, Hören und Kommunikation, körperliche/motorische Entwicklung, Lernen, Sehen, Sprache; in Niedersachsen zusätzlich den Bereich Hören/Sehen (für Taubblinde; Homepages Schulministerium.NRW.de, Niedersächsisches Kultusministerium; 15.02.2013).

Die mit Abstand größte Gruppe (41,6%) besucht eine Schule mit dem Förderschwerpunkt Lernen (früher: Lernbehinderte), gefolgt von dem Schwerpunkt geistige Entwicklung (früher: geistig Behinderte) und emotionale und soziale Entwicklung (früher: Erziehungsschwierige), „wobei für den letztgenannten Schwerpunkt seit 2005 ein Anstieg um ein Viertel der Schülerinnen und Schüler bzw. eine Erhöhung des Anteils von 9,5 % auf 12,9 % festzustellen ist." (KMK 2012, S. XI). Innerhalb der Bundesländer, selbst innerhalb einzelner Landkreise gibt es dabei große Variationsbreiten: In Rheinland-Pfalz besuchen 2010 4,4%, in Mecklenburg-Vorpommern 11.9% eines Schülerjahrgangs eine Förderschule (Dietze 2011, S. 4). Deutliche Differenzen zwischen den Bundesländern gibt es auch bezüglich des Zeitpunkts der Überweisung an eine Förderschule. Während in Schleswig-Holstein nur 1,4% der Kinder bereits bei der Einschulung in eine Förderschule überwiesen werden, sind es in Bayern 4,6% (ebd., S. 8). Dabei nimmt bundesweit insgesamt der Trend zu, bereits siebenjährige Kinder zur Einschulung an eine Förderschule zu verweisen.

Seit 2001 ist der Anteil der Schülerinnen und Schüler, bei denen ein sonderpädagogischer Förderbedarf diagnostiziert wird, abermals deutlich angestiegen: 2001 wird bei 5,4% der schulpflichtigen Kinder ein Förderbedarf diagnostiziert, 2010 sind es 6,4%. Das hat zur Folge, dass die Integrationsbemühungen nur zäh voranschreiten:

„Zwischen den Jahren 2000 und 2010 hat sich der Schüleranteil mit sonderpädagogischem Förderbedarf, der integrativ in sonstigen allgemeinen Schulen unterrichtet wird, von 14 auf 29% verdoppelt. Eine zeitgleiche

Verringerung des Förderschulbesuchs zeichnet sich gegenwärtig aber nur in wenigen Ländern ab." (Bildungsbericht 2012, S. 7)

Wie zu Beginn der Entwicklung der Hilfsschulen sind es auch in der Gegenwart die Ärmsten der Gesellschaft, die unterste soziale Schicht, soziale Randgruppen, deren Kinder die Sonderschule, insbesondere die für den Förderbedarf Lernen besuchen. Durch die Dokumentation der PISA-Studien wurde außerdem deutlich, dass Jungen überproportional häufiger als Mädchen an eine Sonderschule überwiesen werden. Auch Kinder mit Migrationshintergrund sind dort überproportional vertreten (Hänsel 2006, S. 20). Wissenschaftler und Wissenschaftlerinnen sprechen daher von institutioneller Diskriminierung, der Kinder mit Migrationshintergrund ausgesetzt sind (vgl. Kap. 5.3).

Hänsel/Schwager (2004) verdeutlichen, dass das deutsche Sonderschulsystem besonders strikt vom übrigen System getrennt ist. Zum einen legt die historische Entwicklung diese Abgrenzung nahe, da die Sonderschule durch diese Abgrenzung entstanden ist, auch die Lehrerausbildung ist durchgängig eigenständig, zudem sind die Lehrpersonen in einem eigenen Fachverband organisiert (ebd., S. 11). In dem Kampf pro oder contra Inklusion werden daher neben allgemeinpolitischen und ökonomischen auch standespolitische Interessen vertreten.

Disability Studies und Inklusion

Seit den 1970er Jahren organisieren sich Behindertenverbände politisch (z.B. die „Krüppelbewegung", Antipsychiatriebewegung) und klagen den Abbau von Benachteiligungen ein. Gefordert werden etwa barrierefreie Bewegungsmöglichkeiten in der Öffentlichkeit und beim Wohnen oder der Ausbau ambulanter Hilfen. Gleichzeitig entstehen in den USA und England sog. Disability Studies, die einen grundlegenden Wandel und Perspektivwechsel auf das Konzept „Behinderung" einleiten. Während das medizinische Modell „Behinderung" als ein Gesundheitsproblem einer individuellen Person im Sinne eines Defekts ansieht, das mit dem Ziel der Heilung medizinisch behandelt werden muss, verstehen die Disability Studies sie als soziales Konzept: „Behinderung" erscheint aus dieser Perspektive als gesellschaftliches Problem der Ausgrenzung. „Hierbei ist ‚Behinderung' kein Merkmal einer Person, sondern ein komplexes Geflecht von Bedingungen, von denen viele vom gesellschaftlichen Umfeld geschaffen werden." (ICF 2004, S. 25) Kritisch untersucht werden gesellschaftliche Strukturen, Organisationen und Kulturen, die eine gleichberechtigte Teilhabe erschweren oder gar verwehren, die also „Behinderte behindern". Aus Sicht eines Rollstuhlfahrers etwa ist nun nicht mehr der Rollstuhl zu breit für die Tür, sondern die Tür zu schmal für den Rollstuhl (Köbsell 2012, S. 40). Im Fokus stehen daher nicht mehr nur Fragen, wie die „Behinderung" des Einzelnen kompensiert werden kann, sondern die Frage, wie das gesellschaftliche Umfeld gestaltet werden muss, um „Partizipation (Teilhabe) der Menschen mit Behinderung an allen Bereichen des sozialen Lebens" zu ermöglichen (ebd.). Zielperspektive ist eine inklusive Gesellschaft, zu der selbstverständlich ein inklusives Bildungssystem gehört." (Ebd., S. 41)

Im schulischen Kontext werden in den 1970er Jahren erstmals „geistig behinderte" Kinder in die Regelschule eingeschult. Solche Integrationsversuche gehen auf Elterninitiativen zurück, die sich schließlich bundesweit engagieren. Eltern, Lehrpersonen und Wissenschaftler und Wissenschaftlerinnen

> „haben sich zu einer Integrationsbewegung formiert, deren treibende Kraft die Eltern behinderter Kinder sind, die ihr Kind gemeinsam mit allen gleichaltrigen Kindern in die zuständige Regelschule schicken wollen und die Sonderschuleinweisung für ihr Kind ablehnen" (Prengel 1993, S. 141).

Die Modelle der Integration (am häufigsten bisher im Vor- und Grundschulbereich) unterscheiden sich, je nachdem, ob sie Einzelintegration betreiben oder mehrere Kinder mit diagnostiziertem Förderbedarf aufnehmen (wohnortnah oder nicht). Nicht betroffen davon sind bestimmte Behinderungsformen – blinde oder körperbehinderte Kinder werden in Einzelfällen schon lange etwa an einem Gymnasium aufgenommen. Gegner (Lehrkräfte an Sonder- und Grundschulen, Eltern, Politiker) kritisieren die Integrationsbewegung, sie betonen die besondere Förderung, die die Kinder an Sonderschulen erhalten und befürchten deren Abbau. Die Kontroversen reichen bis in die Gegenwart.

Besonders bedeutsam für das Thema Inklusion ist die Salamanca-Erklärung der UNESCO von 1994, in der alle Staaten aufgefordert werden, Schulsysteme inklusiv zu gestalten:

> „There is an emerging consensus that children and youth with special educational needs should be included in the educational arrangements made for the majority of children. This has led to the concept of the inclusive school. The challenge confronting the inclusive school is that of developing a child-centred pedagogy capable of successfully educating all children, including those who have serious disadvantages and disabilities. The merit of such schools is not only that they are capable of providing quality education to all children; their establishment is a cru-

cial step in helping to change discriminatory attitudes, in creating welcoming communities and in developing an inclusive society." (Salamanca Statement 1994, S. 6)

Seither wird entsprechend der englischen Formulierung häufiger von Inklusion statt von Integration gesprochen, womit insbesondere die Nicht-Aussonderung betont werden soll. Einen nächsten wichtigen Schritt bildet die UN-Behindertenrechtskonvention der Vereinten Nationen (2006), die die volle politische, rechtliche und gesellschaftliche Teilhabe behinderter Menschen sowie die Achtung ihrer Menschenwürde einfordert und in über dreißig Artikeln alle Belange des Lebens thematisiert. 2009 hat die Bundesrepublik Deutschland die UN-Behindertenrechtskonvention der Vereinten Nationen ratifiziert, die unter vielem anderen auch das Recht aller Kinder auf inklusive Beschulung verlangt. Der Artikel 24 (Education) fordert unter anderem:

„States Parties shall ensure, that:
a) Persons with disabilities are not excluded from the general education system on the basis of disability and that children with disabilities are not excluded from free and compulsory primary education, or from secondary education, on the basis of disability
b) Persons with disabilities can access an inclusive, quality and free primary education and secondary education on an equal basis with others in the communities in which they live" (United Nations 2011; Vol. 2515, I-44910, Art. 24,2)

Nach der Ratifizierung hat sich die Kultusministerkonferenz ebenfalls auf eine inklusive Zielperspektive für die Bundesländer festgelegt:

„Die Schulorganisation, die Richtlinien, Bildungs- und Lehrpläne, die Pädagogik und nicht zuletzt die Lehrerbildung sind perspektivisch so zu gestalten, dass an den allgemeinen Schulen ein Lernumfeld geschaffen wird, in dem sich auch Kinder und Jugendliche mit Behinderungen bestmöglich entfalten können und ein höchstmögliches Maß an Aktivität und gleichberechtigter Teilhabe für sich erreichen." (KMK-Beschluss 2010, S. 4)

Soweit die Erklärungen. Bis zu einer tatsächlichen Inklusion scheint der Weg in Deutschland jedoch noch weit zu sein. Da sind politische und ökonomische Interessen der einzelnen Bundesländer (knappe Kassen), die Interessen der Behindertenverbände, der Eltern, der unterschiedlich organisierten Lehrkräfte, aber auch die der Medizinerinnen und Wissenschaftler unterschiedlicher Disziplinen, die sich in den Diskurs einmischen und versuchen, die je unterschiedlichen Interessen einzubringen und durchzusetzen. Nicht zuletzt sollten eigentlich die Betroffenen selbst gehört werden, Kinder werden jedoch meistens nicht gefragt. Demmer (2013) bezeichnet Inklusion daher als „kollektives Lernfeld", das sich an alle Gesellschaftsmitglieder richtet:

> „Vielfalt wird deshalb ausdrücklich produktiv und als ein besonderes Lern- und Bildungspotenzial gedacht. Hierfür finden sich auch bildungstheoretische Anknüpfungspunkte. Wenn wir davon ausgehen, dass sich Selbstreferenz im Spiegel des Gegenübers bildet und ausdifferenziert, erscheint es vielversprechend, auf möglichst unterschiedliche Gegenüber zu stoßen." (Demmer 2013, S. 329f.)

In ihrer biographieanalytischen Untersuchung verdeutlicht sie, dass die Frage nach Inklusion vs. Exklusion nicht immer einfach zu beantworten ist, es geht nicht schlicht um ein pro oder contra, zentral ist die individuell-biographische Perspektive der Betroffenen, die entscheidet, ob und inwiefern sich Menschen ausgegrenzt oder integriert fühlen.

Aus pädagogischer Perspektive ist neben der Bildungspolitik auch die pädagogische Praxis gefragt: Kindergärten können inklusiv werden, für Grundschulen wäre es eine vorrangige Aufgabe, lernschwache Kinder oder solche mit Verhaltensschwierigkeiten oder Sprachproblemen nicht auszusondern, sondern individuell zu fördern. Lehrerkollegien können sich für inklusive Schulentwicklung einsetzen, außerschulische Kinder- und Jugendarbeit ebenso. Wie bei den anderen Kategorisierungen kommt es in der praktischen Arbeit dann darauf an, Kinder und Jugendliche mit einer Behinderung nicht auf dieses Merkmal festzulegen oder zu reduzieren, ohne die je individuelle Form der Beeinträchtigung dabei zu ignorieren.

5.5 Diversität und Intersektionalität: Alle sind anders

Pädagogik der Vielfalt

Seit den 1990er Jahren gibt es Bemühungen, die Unterschiede nicht mehr getrennt, sondern in einer einheitlichen Perspektive zu sehen. Breit diskutiert wurde die Arbeit von Annedore Prengel, die – wie sie sagt – die drei „pädagogischen Bewegungen", Interkulturelle, Feministische und Integrative Pädagogik zu einer „Pädagogik der Vielfalt" zusammenzufügen sucht. Ausgehend von strukturellen Gemeinsamkeiten, namentlich den Erfahrungen der Etikettierung und Diskriminierung, möchte sie die Gleichberechtigung der Verschiedenen als übergreifende Aufgabe für eine demokratische

Pädagogik stark machen. Verschiedenheit soll nicht als Bedrohung, sondern als Bereicherung erlebt werden. Es geht darum, in pädagogischen Kontexten „eine Kultur der Akzeptanz von Heterogenität, der demokratischen Gleichberechtigung von Menschen in verschiedenen Lebenslagen und mit verschiedenen Lebensweisen zu entwickeln und zu pflegen" (Prengel 1993, S. 28). Angestrebt wird die wechselseitige Anerkennung unterschiedlicher Herkunftswelten, Lebenswege, Orientierungen, ohne dass dabei die Auseinandersetzung und die Suche nach Gemeinsamkeiten vernachlässigt werden.

Dabei kommen Formen von Heterogenität in den Blick, die sonst nur wenig berücksichtigt werden. „Im Gegensatz zur kulturellen Vielfalt der Gesellschaft kann nach wie vor von einer Monokultur der Schule gesprochen werden. Die Schule ist bis heute eine Mittelschichtinstitution. Die Mehrheit aller Schülerinnen und Schüler hat sich mit einer belastenden Kulturdiskrepanz zwischen Familie und Schule auseinanderzusetzen." (Prengel 1993, S. 88) Sie muss einen Großteil ihrer kulturellen Erfahrungen und Haltungen verlernen, wenn sie erfolgreich sein will (Prengel 1993, S. 25). Daraus ergibt sich nicht zuletzt auch die Aufgabe der pädagogisch Tätigen, ihre eigene Herkunft, ihre eigenen Positionen und ihren eigenen (meist) monokulturellen Mittelschicht-Habitus zu reflektieren.

Ziel ist nicht, die Menschen weiter zu kategorisieren und einzuordnen. Eine Pädagogik der Vielfalt setzt vielmehr auf das Individuum und seine jeweilige Individualität, das nun allerdings nicht mehr isoliert, sondern in seinen sozialen und kulturellen Kontexten und in seiner besonderen Lebensgeschichte und seinen besonderen Erfahrungen gesehen wird. Sie geht aus von der Unbestimmbarkeit des Menschen, sie will darum niemanden festlegen und „wendet sich gegen alle Verdinglichungen in Gestalt von Definitionen, was ein Mädchen, ein Junge, ein Verhaltensgestörter, eine Türkin … sei. Wenn Personen charakterisiert werden sollen, dann in ihrer Entwicklungsdynamik und in ihrem Umweltkontext. Nur in ihrer Prozesshaftigkeit und Umweltinterdependenz lassen sich Personen adäquat beschreiben." (Prengel 1993, S. 191)

Diversity Education und Intersektionalität

In der neueren Diskussion wird versucht, die Perspektive auf Differenz abermals zu erweitern und allgemein von einer Diversitätspädagogik (*Diversity Education*) zu sprechen. Damit soll die Fülle der Differenzen systematisch berücksichtigt und dem gestiegenen Pluralitätsbewusstsein Rechnung getragen werden. *Diversity Education* geht von der gemeinsamen Erfahrung aus, dass alle verschieden sind – in vielfacher Hinsicht. Nimmt man die vielfältigen Differenzen zusammen, so verlieren sie jede Exklusivität. Heterogenität wird als Normalfall sichtbar. Wir sind alle anders.

Einen ersten Überblick über wichtige Differenzlinien gibt die folgende Tabelle (Tab. 5):

Tab. 5: Einige bipolare hierarchische Differenzlinien (in Anlehnung an: Lutz/Leiprecht 2003, S. 121; 2006, S. 220)

Kategorie	Grunddualismus
Klasse/Sozialstatus/Besitz	„oben" – „unten"
	etabliert – nicht etabliert
	reich, wohlhabend – arm
Geschlecht	männlich – weiblich
Herkunft	angestammt – zugewandert
Ethnizität	dominante Gruppe – ethnische Minderheit
	nicht ethnisch – ethnisch
Sprache	überlegen – unterlegen
Religion	traditionell: katholisch – evangelisch oder
	evangelisch – katholisch (je nach Region)
	christlich – jüdisch
	Heute: christlich – muslimisch
	säkular – religiös
„Rasse"/Hautfarbe	weiß – schwarz
Sexualität	heterosexuell – homosexuell
Nation/Staat	Angehörige – Nicht-Angehörige
Gesundheit	nicht behindert – behindert
	gesund – krank
Gesellschaftlicher Entwicklungsstand	modern – traditionell
	fortschrittlich – rückständig
	entwickelt – nicht entwickelt
	individualistisch – kollektivistisch

Alle Menschen sind sozusagen am Schnittpunkt dieser Differenzlinien positioniert und entwickeln dort ihre Vorlieben oder Präferenzen und ihre Loyalitäten. Die Kategorien sind aber nicht ausschließlich als soziale Platzanweiser zu verstehen. Die Menschen verhalten sich vielmehr aktiv zu ihnen und entwickeln im Verhältnis zu ihnen (und einigen mehr) ihre Identität. Es handelt sich gewissermaßen um Kreuzungspunkte. Der Ansatz wird deshalb auch als Intersektionalitätsansatz bezeichnet. Er hat den Anspruch, die Verwobenheit und das Zusammenwirken verschiedener sozialer Ungleichheitslagen analytisch in den Blick zu bekommen. Dabei verstärken sich die Ungleichheitseffekte nicht nur – wobei man nicht von einer einfachen Addition ausgehen kann –, sondern können sich auch gegenseitig relativieren oder einander widerstreiten.

Die Rede von *Diversity* geht auf US-amerikanische Unternehmensstrategien zurück, die angesichts der (wesentlich von der Bürgerrechtsbewegung erzwungenen) Gleichstellungspolitik ihre Personalpolitik an der Förderung von Vielfalt orientieren. Ein solches *Diversity-Management* „diente der Profilbildung, nutzte optimal die Ressourcen eines vielfältigen Personals, half, die Leistungsbereitschaft und die Kreativität zu steigern und verbesserte das Marketing" (Auernheimer 2011, S. 412). Entsprechend bietet sich der Diversity-Ansatz auch im pädagogischen Bereich als Instrument der Organisationsentwicklung an, etwa um zu prüfen, ob für alle Gruppen gleiche Zugangsmöglichkeiten bestehen oder ob die Zusammensetzung der eigenen Belegschaft der des Klientel entspricht. Heterogenität stellt in der Diversity-Perspektive keine Belastung dar, sondern wird als Chance gesehen. Der Ansatz kann aber auch dazu beitragen, die einseitige Fixierung auf bestimmte Unterschiede, beispielsweise vermeintlich kulturelle, zu überwinden und – ähnlich wie schon Prengel – Parallelen und mögliche Synergieeffekte bei den verschiedenen „Sonderpädagogiken" sichtbar zu machen.

Während der Diversity-Ansatz den Blick auf die Vielfalt innerhalb sozialer Einheiten lenkt, der Mitarbeiter und Mitarbeiterinnen einer Institution, der Schüler und Schülerinnen einer Klasse oder Schule, den Bewohnern eines Stadtteils, der Klientel einer Einrichtung, geht es bei Intersektionalität eher um die Verwobenheit verschiedener Ungleichheitsverhältnisse. Das Konzept wurde zuerst von US-amerikanischen schwarzen Feministinnen formuliert, die damit deutlich machen, dass die Unterdrückung schwarzer und weißer Frauen durchaus unterschiedlich aussieht und überhaupt weitere Differenzen einbezogen werden müssen, wenn die jeweiligen Dominanz- und Unterordnungsverhältnisse verstanden werden sollen. Entsprechend sollen die Differenzkategorien nicht nebeneinander, addiert separat betrachtet werden, sondern in ihren Wechselwirkungen. Die Gruppen, wie sie aufgrund der verschiedenen Differenzkategorien gebildet werden, dürfen dabei keineswegs als einheitlich gedacht werden. So gehören die Individuen der Gruppe „Migrationshintergrund" weder zwangsläufig alle einer Religion noch alle einer sozialen Schicht an. Zugleich verweist eben dieser Umstand wiederum darauf, dass keine dieser Personen nur dieser einen Gruppe angehört, sondern einer Vielzahl weiterer Gruppen.

Grundlegend für das Konzept der Intersektionalität ist also der Gedanke, dass Merkmale von Differenz nicht einzeln auftreten. So kann die Diskriminierung (beispielsweise einer Stellenbewerberin) aufgrund ihres Geschlechts, aber auch aufgrund ihre Alters, ihres Gesundheitszustands, ihrer Religion, der sozialen oder kulturellen Herkunft oder der sexuellen Orientierung erfolgen. Mehrere Differenzen können zusammenwirken, sich gegenseitig verstärken oder auch ausgleichen. Niemand ist nur Mann oder nur jung oder nur körperlich beeinträchtigt. Vielmehr treten die Merkmale kombiniert auf und können sich wechselseitig verstärken oder abschwächen. Die Betonung einer der Differenzen – z.b. Geschlecht oder Behinderung – bringt die Gefahr der Vernachlässigung anderer Differenzen mit sich, obwohl diese in der jeweiligen konkreten Situation vielleicht viel wichtiger sind. Es geht aber zugleich um die Anerkennung der Differenzen und die Wertschätzung der damit verbundenen Orientierungen. Insofern verweist Intersektionalität immer auch auf die mit den jeweiligen sozialen Positionierungen verbundenen Potentiale, die subjektiven Möglichkeitsräume (Leiprecht/Lutz 2006, S. 225; Holzkamp 1983, S. 367 ff.), die sich mit den Zuschreibungen und Selbstverortungen für die Individuum auftun. An den jeweiligen Kreuzungspunkten finden die Individuen das Material, aus dem sie sich ihr Selbstverständnis, ihre Identität zusammenbasteln.

Was folgt daraus für die Pädagogik? Zunächst verlangt eine demokratische Gesellschaftsordnung, dass diese Differenzen berücksichtigt, anerkannt und Wert geschätzt werden. Sie dürfen kein Anlass für Ungleichbehandlung oder Diskriminierung sein. Entsprechend muss sich die Pädagogik um einen bewussten Umgang mit den verschiedenen Differenzlinien bemühen. Speziell für die deutsche Schule stellt dies allerdings eine besonders schwierige Herausforderung dar, da sie dem eigenen Selbstverständnis nach möglichst homogene Gruppen unterrichtet und die Schülerinnen und Schüler sorgfältig aufzuteilen („differenzieren") versucht; nach Sonderschülern, Hauptschülerinnen, Realschülern, Gymnasiastinnen, Lernbehinderten, Hochbegabten usw. *Diversity Education* geht dagegen von der gemeinsamen Erfahrung aus, dass alle verschieden sind – in vielfacher Hinsicht. Es geht nicht um die Herstellung von Homogenität in der Lerngruppe, sondern darum, die Kompetenzen, die sich aus der Heterogenität der Lernenden oder der Teilnehmer ergeben, positiv aufzunehmen.

Eine solche Zielsetzung bringt allerdings ihre spezifischen Ambivalenzen mit sich. Die Orientierung am Gleichheitsgrundsatz bedarf gerade der Achtsamkeit für Unterschiede, weil sonst alle benachteiligt werden, die nicht der dominanten Lebensform folgen. Zugleich droht Anerkennung aber immer schon festzulegen: auf ein vorgefertigtes Klischee über das Milieu, die Herkunftskultur, die Religion, das Geschlecht oder die sexuelle Orientierung. Anerkennung kann vom Anderen als Wertschätzung, aber auch Stereotypisierung und Festlegung verstanden werden.

Solche Widersprüche zwischen „der gleichzeitigen Auf- und Abwertung von Differenz" (Hormel 2008, S. 22) finden wir in allen mit Unterschieden befassten Fachrichtungen. Geschlechter- und Interkulturelle Pädagogik bezeichnen ambivalente, weil sowohl emanzipative wie bemächtigende pädagogische Praktiken, die Differenzordnungen gleichzeitig herausfordern und bestätigen (Mecheril 2008). Als Vorteil der *Diversity Education* erscheint demgegenüber, dass die unterschiedlichen Differenzen in ihrem komplexen Zusammenspiel sichtbar werden. Mit der Berücksichtigung verschiedener Gruppenzugehörigkeiten kann der Tendenz der Reduktion einer Gruppe von Zöglingen auf nur ein Merkmal – „Migrationshintergrund", „Behinderung" – entgegengewirkt werden. Sie kann gleichwohl ähnliche Probleme oder Herausforderungen mit sich bringen, wie sie bereits in den Diskussionen der vorangegangenen Teilkapitel kritisch herausgearbeitet worden sind. Denn auch die Betonung mehrerer Merkmale oder Zugehörigkeiten birgt die Gefahr der Festlegung durch Stereotypisierungen, Kulturalisierungen oder Naturalisierungen. Das starre Denken in Zuordnungen wird damit nicht überwunden, sondern pluralisiert. Es bedarf daher ebenso einer „reflexiven Diversity Praxis" (Mecheril 2008) wie es einer „reflexiven Interkulturalität" (Hamburger 2012) und einer reflexiven Gender-Pädagogik bedarf. Hinzu kommt die Gefahr des Relativismus. Wenn alle Differenzen gleich erscheinen, wo gibt es dann noch Privilegien? Und wenn Individuen tatsächlich auf unterschiedliche Weise verschieden sind, wie kann dies in einem einheitlichen pädagogischen Konzept bearbeitet werden? (Walgenbach 2012, S. 245f.)

Die Frage verweist auf ein grundsätzliches Problem, das in den verschiedenen Diversity- und Intersektionalitätsansätzen bislang weitgehend ungelöst ist. Sie betrifft das Verhältnis der verschiedenen Differenzkategorien untereinander. Es ist offensichtlich, dass sie auf verschiedenen Ebenen liegen. So sinnvoll es sein kann, unterschiedliche Differenzlinien zusammen zu denken und statt einzelner Diskriminierungen die Dominanz- und Unterordnungsstrukturen umfassender zu verstehen, so sehr besteht die Gefahr, die Besonderheit der jeweiligen Unterordnungen und Diskriminierungen zu vernachlässigen. Bleibt, wie in den meisten Ansätzen, der Blick überdies auf soziale Zuschreibungen und Bewertungen fixiert, so stehen selbst gewählte Zuordnungen (Religionszugehörigkeit) und sozialstrukturelle, materielle Bedingtheiten (Prekarität) unterschiedslos nebeneinander.

Abgesehen davon scheinen die pädagogischen Implikationen des Diversity- und des Intersektionalitätsansatzes noch kaum ausgelotet zu sein. Die einschlägigen Überlegungen bleiben meist programmatisch. Insbesondere fehlt es an genaueren Untersuchungen über die vorhandenen Differenzordnungen in Klassenzimmer und Schule oder in anderen pädagogischen Institutionen. Erst wenn zumindest ansatzweise Klarheit darüber besteht, wie die unterschiedlichen Differenzlinien in der konkreten Interaktion von Lehrpersonen und Schülerinnen und Schülern, von Heranwachsenden untereinander immer wieder neu hergestellt werden, wie sie sich dabei überlappen, ergänzen oder auch relativieren, wie Dominanzen aufrechterhalten und wie sie verändert werden, wo, unter welchen Umständen sie bedeutsam werden und wo sie an Bedeutung verlieren usw. (*doing diversity*), kann begründet darüber nachgedacht werden, wie sich solche Ordnungen im Sinne der genannten pädagogischen Orientierungen verändern lassen, welche pädagogischen Arrangements notwendig sind, damit überhaupt eine realistische Chance auf Verständigung und wechselseitige Anerkennung besteht (*undoing diversity*).

Zum Abschluss: Noch einmal Bildung

Eine weitere wichtige pädagogische Folgerung könnte man als bildungstheoretisch bezeichnen. Sie geht mit dem Intersektionalitätsansatz davon aus, dass die Individuen sich immer schon im System von Differenzen verorten, ohne dass ihnen dies unbedingt bewusst wäre. Hier kann die Pädagogik dazu beitragen, dass dies bewusster und mit mehr Verständnis für die eigene und die fremde Lage geschieht.

In einer Gesellschaft, die durch zahlreiche Differenzen und damit verbundene Unterordnungs- und Dominanzverhältnisse gekennzeichnet ist, wird das Verständnis dieser Verhältnisse unabdingbar für die Entwicklung eines realistischen und produktiven Verhältnisses zu sich selbst und zur Welt. Das ist – in Schulen – auch, aber nicht nur, eine Aufgabe des Unterrichts, der die Welt in ihrer ganzen Heterogenität repräsentieren und auch über verschiedene Differenzlinien und damit verbundene gesellschaftliche Entwicklungen und soziale Bewegungen informieren sollte. Erst dadurch erhalten die Schülerinnen und Schüler Gelegenheit, sich ihre eigene gesellschaftliche Stellung bewusst zu machen und Position zu beziehen. Es ist eine zentrale Aufgabe von Pädagogik, eine behutsam initiierte und geführte „reflexive Auseinandersetzung mit eigenen Überzeugungen, Orientierungen und Gewissheiten und den Grundlagen des je individuellen Selbst- und Weltverständnisses zu ermöglichen. Dies ist etwa dann der Fall, wenn Schülerinnen und Schüler sich wechselseitig als Individuen mit heterogenen lebensgeschichtlichen (gesellschaftlichen, politischen, lebensweltlichen, ästhetischen usw.) Erfahrungshintergründen wahrnehmen." (Hormel/Scherr 2009, S. 48) Über der notwenigen Anerkennung von Differenzen und der unterschiedlichen individuellen Orientierungen muss aber auch deutlich werden, „dass und wie soziale Klassifikationen als Diskriminierungsressource verwendet werden und dass der Zwang, sich in einer bestimmten Weise zu definieren bzw. definieren zu lassen (etwa als Junge oder Mädchen, als Deutscher oder Ausländer) zu einer Einschränkung individueller Handlungsmöglichkeiten führen kann." (Hormel/Scherr 2009, S. 55)

Identitäten – zugeschriebene wie selbst angeeignete – lassen sich nicht überspringen; sie lassen sich aber besser verstehen, man kann sich bewusst zu ihnen verhalten und sie weiterentwickeln. Bildungsprozesse können gleichermaßen auf der Ebene der Zuschreibungen wie der Selbstverortung stattfinden. Differenzen müssen als möglicherweise wichtige Gesichtspunkte pädagogisch im Blick behalten werden, aber die Heranwachsenden müssen in ihrer Individualität ernst genommen werden, nicht als Vertreter von Nationalitätengruppen, bestimmter Kulturen, als Mädchen oder Jungen, als Kranke, Behinderte, als Arbeiterkinder, als Teil irgendeines Kollektivs. Anerkennung darf nicht dazu führen, das Gegenüber auf seine vermeintlichen oder tatsächlichen Zugehörigkeiten festzuschreiben und zu reduzieren. Sie muss es den Einzelnen vielmehr ermöglichen, „sich als diejenigen darzustellen und einzubringen, als die sie sich verstehen" (Mecheril 2004, S. 217).

Wie in der klassischen Bildungstheorie steht das Individuum, das zu Urteil und Handeln fähige Subjekt, im Mittelpunkt. Allerdings wird es nicht isoliert gesehen, sondern innerhalb der intersubjektiven Kontexte, in denen es sein Verhältnis und zur Welt erworben hat und in denen es wahrscheinlich nach wie vor lebt. Mit der Anerkennung der Einzelnen als Subjekte ist die Anerkennung des jeweiligen sozialen Rahmens verknüpft, in denen sie ihre grundlegenden Handlungskompetenzen und Orientierungen, ihre Sprache und Empfindsamkeiten, ihre verkörperten Gewohnheiten, ihre Vorlieben und Abneigungen gewonnen und entwickelt haben. Bildung findet nicht losgelöst von solchen Kontexten statt und das einzelne Individuum kann nicht losgelöst von seinen Kontexten anerkannt werden. Umso wichtiger wird es, auch die pädagogischen Institutionen als einen solchen eigenen Kontext zu begreifen und zu gestalten; und zwar wenn irgend möglich als einen Kontext, in dem man – mit Adorno (1951, S. 131) zu sprechen – „ohne Angst verschieden sein kann".

Literatur

Adorno, Theodor W. (1951): Minima Moralia. Reflexionen aus dem beschädigten Leben. Frankfurt/M.: Suhrkamp.

Adorno, Theodor W. (1962): Theorie der Halbbildung (1959). In: Horkheimer, Max/Adorno, Theodor W.: Sociologica II. Reden und Vorträge. Frankfurt/M.: Europäische Verlagsanstalt, S. 168-192.

Alkemeyer, Thomas (2009): Lernen und seine Körper. Habitusformen und Umformungen in Bildungspraktiken. In: Friebertshäuser, Barbara/Rieger-Ladich, Markus/Wigger, Lothar (Hrsg.): Reflexive Erziehungswissenschaft. Forschungsperspektiven im Anschluss an Pierre Bourdieu. 2. durchgesehene u. erw. Aufl. Wiesbaden: VS Verlag für Sozialwissenschaften, S. 119-140.

Alkemeyer, Thomas (2012): Füße und ihre Subjekte. Ein Plädoyer dafür, das Konzept der Subjektivierung vom Kopf auf die Füße zu stellen. In: Paragrana. Internationale Zeitschrift für Historische Anthropologie, Bd. 21, H.1, S. 24-40.

Allen, Ann Taylor: (1996): „Geistige Mütterlichkeit" als Bildungsprinzip. Die Kindergartenbewegung 1840-1870. In: Kleinau, Elke/Opitz, Claudia (Hrsg.): Geschichte der Mädchen und Frauenbildung. Bd. 2. Vom Vormärz bis zur Gegenwart. Frankfurt/M.: Campus, S. 19-34.

Alt, Robert (2005): Vorlesungen zur Systematischen Pädagogik. Hrsg. u. bearb. v. Siegfried Protz. Leipzig und Norderstedt: Leipziger Universitätsverlag, Anne Fischer.

Anweiler, Oskar (1988): Schulpolitik und Schulsystem in der DDR. Opladen: Leske + Budrich.

Arendt, Hannah (1981): Vita activa oder Vom tätigen Leben. München, Zürich: Piper.

Arendt, Hannah (1994): Die Krise der Erziehung [1958]. In: Dies: Zwischen Vergangenheit und Zukunft. Übungen im politischen Denken I. München: Piper, S. 255-276.

Assmann, Aleida (1993): Arbeit am nationalen Gedächtnis. Eine kurze Geschichte der deutschen Bildungsidee. Frankfurt/M.: Campus.

Auernheimer, Georg (1974): Erzieher – Erziehung – Erziehungsmittel – Erziehungstheorie, in: Wulf, Christoph (Hrsg.): Wörterbuch der Erziehung, München: Piper, S. 187-192.

Auernheimer, Georg (1988): Der sogenannte Kulturkonflikt. Orientierungsprobleme ausländischer Jugendlicher. Frankfurt/M., New York: Campus.

Auernheimer, Georg (2001): Anforderungen an das Bildungssystem und die Schulen in der Einwanderungsgesellschaft. In: Ders. (Hrsg.): Migration als Herausforderung für pädagogische Institutionen, Opladen: Leske + Budrich, S. 45-58.

Auernheimer, Georg (2003): Einführung in die Interkulturelle Pädagogik. 3. neu bearbeitete u. erweiterte Auflage. Darmstadt: Wiss. Buchgesellschaft.

Auernheimer, Georg (2010): Ungleichheit erkennen, Anderssein anerkennen! Ausgewählte Texte über Unterricht, (interkulturelle) Bildung und Bildungspolitik. Berlin: Irena Regener.

Auernheimer, Georg (2011): Diversity und Intersektionalität – neue Perspektiven für die Sozialarbeit? In: Neue Praxis, H. 4, S. 409-424.

Auernheimer, Georg/Blumenthal, Viktor von/Stübig, Heinz/Willmann, Bodo (1996): Interkulturelle Erziehung im Schulalltag. Münster: Waxmann.

Autorengruppe Bildungsberichterstattung (2012): Bildung in Deutschland 2012. Ein indikatorengestützter Bericht mit einer Analyse zur kulturellen Bildung im Lebenslauf. Bielefeld: Bertelsmann. (http://www.bildungsbericht.de/daten2012/bb_2012.pdf) Zugriff: 22.03.2013.

Baacke, Dieter (Hrsg.) (1991): Jugend 1900-1970: Zwischen Selbstverfügung und Deutung, Opladen: Leske + Budrich.

Baacke, Dieter/Schulze, Theodor (Hrsg.) (1979): Aus Geschichten lernen. Zur Einübung pädagogischen Verstehens. München: Juventa.

Baader, Meike S. (2009): Öffentliche Kleinkinderziehung in Deutschland im Fokus des Politischen. Von den Kindergärten 1848 zu den Kinderläden in der 68er Bewegung. In: Ecarius, Jutta/Groppe, Carola/Malmede, Hans (Hrsg.): Familie und öffentliche Erziehung. Theoretische Konzeptionen, historische und aktuelle Analysen. Wiesbaden: VS Verlag für Sozialwissenschaften, S. 267–290.

Baumert, Jürgen/Schümer, Gundel (2001): Familiäre Lebensverhältnisse, Bildungsbeteiligung und Kompetenzerwerb. In: Deutsches PISA-Konsortium (Hrsg.): PISA 2000. Basiskompetenzen von Schülerinnen und Schülern im internationalen Vergleich. Opladen: Leske + Budrich, S. 323–407.

Benner, Dietrich (1995a): Bildung und Beruf. Historisch-systematische Überlegungen zur Möglichkeit und Unmöglichkeit einer gymnasialen Bildung heute. Adolf Kell zum 60. Geburtstag. In: Buer, Jürgen van/Jungkunz, Diethelm (Hrsg.): Berufsbildung in den neunziger Jahren. Berlin, S. 25–49.

Benner, Dietrich (1995b): Studien zur Theorie der Bildung und Erziehung. Bd. 2: Pädagogik als Wissenschaft, Handlungstheorie und Reformpraxis. Weinheim: Juventa.

Benner, Dietrich (2003): Wilhelm von Humboldt. In: Tenorth, Heinz-Elmar (Hrsg.): Klassiker der Pädagogik Bd. München: Beck, S. 144–158.

Benner, Dietrich/Brüggen, Friedhelm (1997): Erziehung und Bildung. In: Wulf, Christoph: Vom Menschen. Handbuch Historische Anthropologie. Weinheim: Beltz, S. 768–779.

Bergala, Alain (2006): Kino als Kunst. Filmvermittlung an der Schule und anderswo. Marburg: Schüren.

Bernfeld, Siegfried (1973): Sisyphos oder die Grenzen der Erziehung (1925), Frankfurt/M.: Suhrkamp.

Bernfeld, Siegfried: Psychoanalyse als Gespräch (1941), übers. von H. Dahmer, in: Psyche 32. Jg. 1978, S. 355–373.

Bilden, Helga (1991): Geschlechtsspezifische Sozialisation. In: Hurrelmann, Klaus/Ulich, Dieter (Hrsg.): Neues Handbuch der Sozialisationsforschung. Weinheim: Beltz, S. 777–812.

Bilstein, Johannes (2004): Bildung: Über einen altehrwürdigen Grundbegriff und seinen anhaltenden Charme. In: Bildung und Erziehung, 57. Jg., H.4, S. 415-431.

Bilstein, Johannes (2009): Die Schule der Kunst. In: Liebau, Eckart/Zirfas, Jörg (Hrsg.): Die Kunst der Schule, Bielefeld: transcript, S. 69–89.

Blankertz, Herwig (1982): Die Geschichte der Pädagogik. Von der Aufklärung bis zur Gegenwart. Wetzlar: Büchse der Pandora.

Böhm, Wilfried (2004): Pädagogik. In: Benner, Dietrich/Oelkers Jürgen (Hrsg.): Historisches Wörterbuch der Pädagogik. Weinheim und Basel: Beltz, S. 750–782.

Böhm, Winfried (Hrsg.) (1982): Wörterbuch der Pädagogik, 12. Aufl., Stuttgart: Kröner.

Böhnisch, Lothar/Winter, Rainer (1993): Männliche Sozialisation. Weinheim: Juventa.

Bollenbeck, Georg (1994): Bildung und Kultur. Glanz und Elend eines deutschen Deutungsmusters. Frankfurt/M.: Insel.

Bollnow, Otto Friedrich (1963): Mensch und Raum. Stuttgart: Kohlhammer.

Bos, Wilfried u.a. (2003): Erste Ergebnisse aus IGLU. Schülerleistungen am Ende der vierten Jahrgangsstufe im internationalen Vergleich. Münster: Waxmann.

Bourdieu, Pierre (1976): Entwurf einer Theorie der Praxis auf der ethnologischen Grundlage der kabylischen Gesellschaft. Frankfurt/M.: Suhrkamp.

Bourdieu, Pierre (1982): Die feinen Unterschiede. Kritik der gesellschaftlichen Urteilskraft. Frankfurt/M.: Suhrkamp.

Bourdieu, Pierre (1983): Ökonomisches Kapital, kulturelles Kapital, soziales Kapital. In: Kreckel, Reinhard (Hrsg.): Soziale Ungleichheiten. Sonderband 2 der Sozialen Welt. Göttingen: Schwartz, S. 183–198.

Bourdieu, Pierre (1987): Sozialer Sinn. Kritik der theoretischen Vernunft. Frankfurt/M.: Suhrkamp.

Bourdieu, Pierre (1992): Rede und Antwort. Frankfurt/M.: Suhrkamp.

Bourdieu, Pierre, u.a. (1987): Vorschläge für das Bildungswesen der Zukunft. In: Müller-Rolli, Sebastian (Hrsg.): Das Bildungswesen der Zukunft. Stuttgart: Klett-Cotta, S. 253–282.

Bourdieu, Pierre/Passeron, Jean-Claude (1971): Die Illusion der Chancengleichheit. Stuttgart: Klett.

Brand, Peter (1981): Preußen. Zur Sozialgeschichte eines Staates. Reihe: Preußen. Versuch einer Bilanz. Ausstellungskatalog in 5 Bdn., Bd. 3. Reinbek: Rowohlt, S. 141–159.

Bredenkamp, Karin/Bredenkamp, Jürgen (1974): Was ist Lernen? In: Weinert, Franz u.a. (Hrsg.): Pädagogische Psychologie, Funkkolleg, Bd.2. Frankfurt/M.: Fischer, S. 605–630.

Breidenstein, Georg/Kelle, Helga (1998): Geschlechteralltag in der Schulklasse. Weinheim: Juventa.

Brezinka, Wolfgang (1974): Grundbegriffe der Erziehungswissenschaft. München: Reinhardt.

Brezinka, Wolfgang (1976): Erziehungsbegriffe. In: Roth, Leo (Hrsg.): Handlexikon zu Erziehungswissenschaft. München: Ehrenwirth.

Bronfenbrenner, Urie (1981): Die Ökologie der menschlichen Entwicklung. Stuttgart: Klett-Cotta.

Budde, Jürgen/Mammes, Ingelore (Hrsg.) (2009): Jungenforschung empirisch. Zwischen Schule, männlichem Habitus und Peerkultur. Wiesbaden: VS Verlag für Sozialwissenschaften.

Butler, Judith (1991): Das Unbehagen der Geschlechter. Frankfurt/M.: Suhrkamp.

Buttlar, Annemarie (1992): Grundzüge des Schulsystems der USA. Darmstadt: Wissenschaftliche Buchgesellschaft.

Büttner, Christian/Dittmann, Marianne (Hrsg.) (1992): Brave Mädchen, böse Buben? Erziehung zur Geschlechtsidentität in Kindergarten und Grundschule. Weinheim: Beltz praxis.

Cardini, Franco/Fumagelli, Mariateres/Rigoselli, Mady (1991): Universitäten im Mittelalter. Die Europäischen Stätten des Wissens. München: Südwestverlag.

Christes, Johannes (1988): Jugend im antiken Rom – „absense of adolescence" oder „restless youth"? In: Horn, Klaus-Peter/Christes, Johannes/Parmentier, Michael (Hrsg.): Jugend in der Vormoderne. Annäherungen an ein bildungshistorisches Thema. Köln: Böhlau, S. 141–166.

Cloer, Ernst (1999): Pädagogisches Wissen in biographischen Ansätzen der Historischen Sozialisationsforschung: Methodologische Zugänge, theoretische und empirische Erträge. In: Krüger, Heinz-Hermann/Winfried Marotzki (Hrsg.): Erziehungswissenschaftliche Biographieforschung. Opladen: Leske + Budrich, S. 165–190.

Cloer, Ernst (2001): Kinderbilder in der Moderne. Der unaufhaltsame Aufstieg polarisierter und reduktionistischer Deutungsmuster. In: Neue Sammlung, 41. Jg., S. 213–230.

Cloer, Ernst (2004): Familie, Jugendkultur und der Lehrerberuf. Herausforderungen durch aktuelle Wandlungen. In: Die Deutsche Schule, 96. Jg., H. 2, S. 138–152.

Corsten, Michael (2011): Einführung in die Soziologie. Konstanz: UVK.

Dahrendorf, Ralf (1964): Homo Sociologicus. Ein Versuch zur Geschichte, Bedeutung und Kritik der Kategorie der sozialen Rolle. 4. erw. Aufl. Köln und Opladen: Westdt. Verlag.

Dammann, Elisabeth/Prüser, Helga (1987): Namen und Formen in der Geschichte des Kindergartens, in: Erning, G./Neumann, K./Reyer, J. (Hrsg.): Geschichte des Kindergartens. Band II: Institutionelle Aspekte, systematische Perspektiven, Entwicklungsverläufe. Freiburg: Lambertus, S. 18–28.

Dederich, Markus (2012): Heilpädagogik und Disability Studies als Kulturwissenschaften – Umrisse eines Forschungsprogramms. In: Rathgeb, Kerstin (Hrsg.): Disability Studies. Kritische Perspektiven für die Arbeit am Sozialen. Wiesbaden: VS Verlag für Sozialwissenschaften, S. 91–104.

Demmer, Christine (2013): Biografien bilden. Lern- und Bildungsprozesse von Frauen mit Behinderung im Spannungsfeld von Teilhabe und Ausschluss. Bochum: projektverlag.

Deutscher Bundestag: Drucksache 17/9088. Stellungnahme des Deutschen Ethikrates: Intersexualität. 14.02.2012. http://dipbt.bundestag.de/extrakt/ba/WP17/434/43481.html (Zugriff 23.03.2013).

Dewey, John (1935): Die Quellen einer Wissenschaft von der Erziehung. In: Dewey, John/Kilpatrick, William Heard (Hrsg.): Der Projekt-Plan. Grundlegung und Praxis. Weimar: Hermann Böhlaus Nachfolger, S. 102–141.

Dewey, John (1993): Demokratie und Erziehung (Democracy and Education, 1916), dt. v. E. Hylla. Weinheim: Beltz.

Diamond, Milton (2006): Biased-Interaction Theory of Psychosexual Development: „How Does One Know if One is Male or Female?" In: Sex Roles 55, S. 589–600.

Diederich, Jürgen (1994): Der Lehrer. In: Lenzen, Dieter (Hrsg.): Erziehungswissenschaft. Ein Grundkurs. Reinbek: Rowohlt, S. 228–252.

Dietrich, Cornelie/Krinninger, Dominik/Schubert, Volker (2012): Einführung in die ästhetische Bildung. Weinheim, Basel: Beltz Juventa.

Dietze, Torsten: Sonderpädagogische Förderung in Zahlen – Ergebnisse der Schulstatistik 2009/10 mit einem Schwerpunkt auf der Analyse regionaler Disparitäten. In: Zeitschrift für Inklusion 6/2011, H. 2, S. 1–22.

Dilthey, Wilhelm (1927/1979): Gesammelte Schriften. Bd. VII. Göttingen: Vandenhoeck & Ruprecht.

Ditton, Hartmut (1995): Ungleichheitsforschung. In: Rolff, Hans-Günter (Hrsg.): Zukunftsfelder von Schulforschung. Weinheim: Deutscher Studienverlag, S. 89–124.

Ditton, Hartmut (2004): Der Beitrag von Schule und Lehrern zur Reproduktion von Bildungsungleichheit. In: Becker, Rolf/Lauterbach, Wolfgang (Hrsg.): Bildung als

Privileg? Erklärungen und Befunde zu den Ursachen der Bildungsungleichheit. Wiesbaden: VS Verlag für Sozialwissenschaften, S. 251–279.

Doi, Takeo (1982): Amae – Freiheit in Geborgenheit. Zur Struktur japanischer Psyche. Frankfurt/M.: Suhrkamp.

Dravenau, Daniel/Olaf Groh-Samberg (2005): Bildungsbenachteiligung als Institutioneneffekt. Zur Verschränkung kultureller und institutioneller Diskriminierung. In: Berger, Peter A./Kahlert, Heike (Hrsg.): Institutionalisierte Ungleichheiten. Weinheim, München: Juventa, S. 103–129.

Drerup, Johannes (2012): Rousseaus strukturierter Paternalismus und die Idee der wohlgeordneten Freiheit. In: Zeitschrift für Pädagogik, 58. Jg., H. 5, S. 640–657.

Durkheim, Emile (1973): Erziehung, Moral und Gesellschaft. Vorlesung an der Sorbonne 1902/1903, dt. v. L. Schmidts. Neuwied: Luchterhand.

Ebeling, Kirsten Smilla/Schmitz, Sigrid (Hrsg.) (2006): Geschlechterforschung und Naturwissenschaften – Einführung in ein komplexes Wechselspiel. Wiesbaden: VS Verlag für Sozialwissenschaften.

Engelhardt, Michael von (1997): Generation, Gedächtnis, Erzählen. Zur Bedeutung lebensgeschichtlichen Erzählens im Generationenverhältnis. In: Liebau, Eckart (Hrsg.): Das Generationenverhältnis. Über das Zusammenleben in Familie und Gesellschaft. Weinheim: Juventa, S. 53–76.

Engelhardt, Michael von (2010): Erving Goffman: Stigma. Über Techniken der Bewältigung beschädigter Identität. In: Jörissen, Benjamin/Zirfas, Jörg (Hrsg.): Schlüsselwerke der Identitätsforschung. Wiesbaden: VS Verlag für Sozialwissenschaften, S. 123–140.

Enzelberger, Sabine (2001): Sozialgeschichte des Lehrerberufs. Weinheim, München: Juventa.

Erdheim, Mario (1982): Die gesellschaftliche Produktion von Unbewußtheit. Eine Einführung in den ethnopsychoanalytischen Prozeß. Frankfurt/M.: Suhrkamp.

Erikson, Erik H. (1974): Jugend und Krise. Zur Psychodynamik des sozialen Wandels. 2. Aufl. Stuttgart: Klett-Cotta.

Erning, Günther (1987a): Geschichte der öffentlichen Kleinkindererziehung von den Anfängen bis zum Kaiserreich. In: Erning, G./Neumann, K./Reyer, J. (Hrsg.): Geschichte des Kindergartens. Band I: Entstehung und Entwicklung der öffentlichen Kleinkindererziehung in Deutschland von den Anfängen bis zur Gegenwart. Freiburg: Lambertus, S. 14–41.

Erning, Günther (1987b): Quantitative Entwicklung der Angebote öffentlicher Kleinkindererziehung. In: Erning, G./Neumann, K./Reyer, J. (Hrsg.): Geschichte des Kindergartens. Band II: Institutionelle Aspekte, systematische Perspektiven, Entwicklungsverläufe, Freiburg: Lambertus, S. 29–39.

ErzieherIn.de. Das Portal für die Frühpädagogik; Zugriff: 04.04.2013.

Esche, Ludwig: Ein verhängnisvoller Irrtum auf heilpädagogischem Gebiete. In: Allgemeine Deutsche Lehrerzeitung 54 (1902), S. 198–201.

Europäische Kommission (1995): Die Vorschulerziehung in der Europäischen Union. Luxemburg: Amt für Amtliche Veröffentlichungen. der Europäischen Gemeinschaften.

Evers, Hans-Dieter (2007): Globale Integration und globale Ungleichheit. In: Joas, Hans (Hrsg.): Lehrbuch der Soziologie. 3. überarb. u. erw. Aufl. Frankfurt/M.: Campus, S. 541–568.

Faulstich-Wieland, Hannelore (1991): Koedukation – Enttäuschte Hoffnungen? Darmstadt: Wiss. Buchgesellschaft.

Faulstich-Wieland, Hannelore (1994): Reflexive Koedukation. Zur Entwicklung der Koedukationsdebatte in den Bundesländern. In: Bracht, Ulla/Keiner, Dieter (Hrsg.): Geschlechterverhältnisse und die Pädagogik. Jahrbuch der Pädagogik 1994. Frankfurt/M.: Peter Lang, S. 325–342.

Faulstich-Wieland, Hannelore (1995): Geschlecht und Erziehung. Grundlagen des pädagogischen Umgangs mit Mädchen und Jungen. Darmstadt: Wiss. Buchgesellschaft.

Faulstich-Wieland, Hannelore (2004): Doing Gender: Konstruktivistische Beiträge. In: Glaser, Edith/Klika, Dorle/Prengel, Annedore (Hrsg.): Handbuch Gender und Erziehungswissenschaft. Bad Heilbrunn: Klinkhardt, S. 175–191.

Fausto-Sterling, Anne (2002): Sich mit Dualismen duellieren. In: Pasero, Ursula/Gottburgsen, Anja (Hrsg.): Wie natürlich ist Geschlecht? Wiesbaden: Westdeutscher Verlag, S. 17–64.

Fend, Helmut (1974): Soziologie der Schule. Weinheim: Beltz.

Fend, Helmut, u.a. (1976): Gesamtschule und dreigliedriges Schulsystem – eine Vergleichsstudie über Chancengleichheit und Durchlässigkeit. Stuttgart: Klett.

Fichte, Johann Gottlieb (1796/1971): Grundlage des Naturrechts nach den Principien der Wissenschaftslehre. In: Fichtes Werke, hrsg. v. Immanuel Hermann Fichte. Bd. 3. Berlin: de Gruyter.

Flitner, Wilhelm (1950): Allgemeine Pädagogik. Stuttgart: Klett.

Foucault, Michel (1976): Überwachen und Strafen. Die Geburt des Gefängnisses. Frankfurt/M.: Suhrkamp.

Freud, Sigmund (1969): Darstellungen der Psychoanalyse. Frankfurt/M.: Fischer.

Freud, Sigmund (1969 ff.): Studienausgabe, Bd. I-X., hg. v. A. Mitscherlich u.a. Frankfurt/M.: Fischer.

Gebauer, Gunther (1997): Bewegung. In: Wulf, Chistoph. (Hrsg.): Vom Menschen. Handbuch Historische Anthropologie. Weinheim: Beltz, S. 501–515.

Geißler, Rainer (2005): Die Metamorphose der Arbeitertochter zum Migrantensohn. Zum Wandel der Chancenstruktur im Bildungssystem nach Schicht, Geschlecht, Ethnie und deren Verknüpfungen. In: Berger, Peter A./Kahlert, Heike (Hrsg.): Institutionalisierte Ungleichheiten. Weinheim, München: Juventa, S. 71–100.

Geulen, Dieter (1994): Sozialisation. In: Lenzen, Dieter (Hrsg.): Erziehungswissenschaft. Ein Grundkurs. Reinbek: Rowohlt, S. 99–132.

Glaser, Edith/Klika, Dorle/Prengel, Annedore (Hrsg.) (2004): Gender und Erziehungswissenschaft. Bad Heilbrunn: Klinkhardt.

Goffman, Erving (1967): Stigma. Über die Techniken der Bewältigung beschädigter Identität. Frankfurt/M.: Suhrkamp.

Goffman, Erving (1983): Wir spielen alle Theater. Die Selbstdarstellung im Alltag. München: Piper.

Goffman, Erving (1994): Interaktion und Geschlecht. Frankfurt/M.: Campus.

Gogolin, Ingrid/Krüger-Potratz, Marianne (2006): Einführung in die Interkulturelle Pädagogik. Opladen und Farmington Hills: Barbara Budrich.

Gogolin, Ingrid/Neumann, Ursula (1997): Großstadt-Grundschule: Eine Fallstudie über sprachliche und kulturelle Pluralität als Bedingung der Grundschularbeit. Münster: Waxmann.

Göhlich, Michael (2001): System, Handeln, Lernen unterstützen. Eine Theorie der Praxis pädagogischer Institutionen. Weinheim: Beltz.

Göhlich, Michael/Zirfas, Jörg (2007): Lernen. Ein pädagogischer Grundbegriff. Stuttgart: Kohlhammer.

Gomolla, Mechthild (2009): Heterogenität, Unterrichtsqualität und Inklusion. In: Fürstenau, Sara/Gomolla, Mechthild (Hrsg.): Migration und schulischer Wandel: Unterricht. Wiesbaden: VS Verlag für Sozialwissenschaften, S. 21–43.

Gomolla, Mechthild/Radtke, Frank-Olaf (2007): Institutionelle Diskriminierung. Die Herstellung ethnischer Differenz in der Schule. 2. Aufl. Wiesbaden: VS Verlag für Sozialwissenschaften.

Groothoff, Hans-Herrmann (1964): Erziehung (Theorie der Erziehung). In: Ders.: Pädagogik, Das Fischer Lexikon. Frankfurt/M.: Fischer, S. 74–82.

Hagemann-White, Carol (1985): Sozialisation: weiblich – männlich. Opladen: Leske + Budrich.

Hagemann-White, Carol (2004): Sozialisation – ein veraltetes Konzept in der Geschlechterforschung? In: Glaser, Edith/Klika, Dorle/Prengel, Annedore (Hrsg.): Handbuch Gender und Erziehungswissenschaft. Bad Heilbrunn: Klinkhardt, S. 146–157.

Hamburger, Franz (2012): Abschied von der Interkulturellen Pädagogik. 2. Aufl. Weinheim, Basel: Beltz Juventa.

Hänsel, Dagmar (2006): Die NS-Zeit als Gewinn für Hilfsschullehrer. Bad Heilbrunn: Klinkhardt.

Hänsel, Dagmar/Schwager, Hans-Joachim (2004): Die Sonderschule als Armenschule: Vom Gemeinsamen Unterricht zur Sondererziehung nach Braunschweiger Muster. Bern: Peter Lang.

Hansen, Georg (2003): Pluralitätsrhetorik und Homogenitätspolitik, in: Gogolin, Ingrid u.a. (Hrsg.): Pluralismus unausweichlich? Blickwechsel zwischen Vergleichender und interkultureller Pädagogik, Münster: Waxmann, S. 59–73.

Hausen, Karin (1976): Die Polarisierung der „Geschlechtscharaktere". Eine Spiegelung der Dissoziation von Erwerbs- und Familienleben, in: Conze, Werner (Hrsg.): Sozialgeschichte der Familie in der Neuzeit Europas. Neue Forschungen. Stuttgart: Klett, S. 363–393.

Hautz, Johann Friedrich/Reichlin-Meldegg, Karl Alexander (1862): Geschichte der Universität Heidelberg, Band 1. Mannheim: J. Schneider.

Heid, Helmut (1994): Erziehung. In: Lenzen, Dieter (Hrsg.): Erziehungswissenschaft. Ein Grundkurs. Reinbek: Rowohlt, S. 43–68.

Heise, Jens (2010): Freud. Grundwissen Philosophie. Stuttgart: Reclam.

Heller, Agnes (1980): Theorie der Gefühle. Hamburg: VSA-Verlag.

Helsper, Werner (2004): Sozialisation. In: Krüger, Heinz-Hermann/Helsper, Werner (Hrsg.): Einführung in Grundbegriffe und Grundfragen der Erziehungswissenschaft. 6. Auflage. Wiesbaden: VS Verlag für Sozialwissenschaften, S. 79–89.

Henningsen, Jürgen (1981): Autobiographie und Erziehungswissenschaft. Fünf Studien. Essen: Neue deutsche Schule.

Hentig, Hartmut von (1996): Bildung. Ein Essay. München: Hanser.

Henze, A. (1928): Hilfsschule für geistesschwache Kinder. In: Nohl, Herman/Pallat, Ludwig: Handbuch der Pädagogik, Bd. 4. Langensalza: Beltz, S. 145–156.

Herbart, Johann Friedrich (1986): Systematische Pädagogik. Eingeleitet, ausgewählt und interpretiert von D. Benner. Stuttgart: Klett Cotta.

Herrlitz, Hans-Georg (1973): Studium als Standesprivileg. Frankfurt/M.: Fischer.

Herrlitz, Hans-Georg/Hopf, Wulf/Titze, Hartmut (1993): Deutsche Schulgeschichte von 1800 bis zur Gegenwart. Weinheim, München: Juventa.

Herrmann, Ulrich (Hrsg.) (1985): Die Formung des Volksgenossen. Der Erziehungsstaat des Dritten Reiches. Weinheim, Basel: Beltz.

Heydorn, Heinz-Joachim (1973): Zum Widerspruch im Bildungsprozess. In: Das Argument, Nr. 80, Sonderband „Schule und Erziehung V", Berlin: Argument-Verlag, S. 1–12.

Holzkamp, Klaus (1983): Grundlegung der Psychologie, Frankfurt/M.: Campus.

Honig, Michael-Sebastian (1999): Entwurf einer Theorie der Kindheit. Frankfurt/M.: Suhrkamp.

Hormel, Ulrike (2008): Diversity und Diskriminierung, in: Sozial extra, H. 11/12, S. 20–23.

Hormel, Ulrike/Scherr, Albert (2004): Bildung für die Einwanderungsgesellschaft. Perspektiven der Auseinandersetzung mit struktureller, institutioneller und interaktioneller Diskriminierung, Wiesbaden: VS Verlag für Sozialwissenschaften.

Hormel, Ulrike/Scherr, Albert (2009): Bildungskonzepte für die Einwanderungsgesellschaft, in: Fürstenau, Sara/Gomolla, Mechthild (Hrsg.) Migration und schulischer Wandel: Unterricht. Wiesbaden: VS Verlag für Sozialwissenschaften, S. 45–60.

Huber, Victor Aimé (1839): Die englischen Universitäten. Eine Vorarbeit zur englischen Literaturgeschichte. Cassel: J. C. Krieger's Verlags-Buchhandlung.

Humboldt, Wilhelm von (1809/1964): Unmaßgebliche Gedanken über den Plan zur Einrichtung des Litauischen Stadtschulwesens. In: Wilhelm von Humboldt. Anthropologie und Bildung. Hrsg. von A. Flitner. 2. Auflage. Düsseldorf 1964, S. 76 ff.

Humboldt, Wilhelm von (1960): Theorie der Bildung des Menschen (1794). In: ders.: Werke in fünf Bänden. Hrsg. von A. Flitner und K. Giel, Bd. 1, Darmstadt: Wiss. Buchgesellschaft, S. 234–240.

Hurrelmann, Klaus/Ulich, Dieter (Hrsg.) (1980): Handbuch zur Sozialisationsforschung 1980. In der zweiten erweiterten Auflage unter dem Titel „Neues Handbuch der Sozialisationsforschung" 1991. Weinheim, Basel: Beltz.

ICF (2004): Internationale Klassifikation der Funktionsfähigkeit, Behinderung und Gesundheit. Herausgegeben vom Deutschen Institut für Medizinische Dokumentation und Information (DIMDI). Köln: DIMDI. http://www.dimdi.de/static/de/klassi/icf/ (Zugriff: 04.04.2013)

Itard, Jean (1801 u. 1806/1972): Gutachten und Bericht über Victor von Aveyron. In: Malson, Lucien/Itard, Jean/Mannoni, Octave: Die wilden Kinder, Frankfurt/M.: Suhrkamp, S. 105–220.

Joas, Hans (1980): Praktische Intersubjektivität. Die Entwicklung des Werkes von G. H. Mead. Frankfurt/M.: Suhrkamp.

Jegge, Jürg (1976): Dummheit ist lernbar. Bern: Zytglogge.

Jugendgesetz der DDR, 1974: Gesetz über die Teilnahme der Jugend der Deutschen Demokratischen Republik an der Gestaltung der entwickelten sozialistischen Gesellschaft und über ihre allseitige Förderung in der Deutschen Demokratischen Republik. http://www.verfassungen.de/de/ddr/jugendgesetz74.htm (Zugriff: 22.03.2013).

Kamper, Dietmar (1997): Körper. In: Wulf, Christoph (Hrsg.): Vom Menschen. Handbuch Historische Anthropologie. Weinheim, Basel: Beltz, S. 407–416.

Kamper, Dietmar/Wulf, Christoph (1994) (Hrsg.): Anthropologie nach dem Tode des Menschen. Frankfurt/M.: Suhrkamp.

Kant, Immanuel (1983): Werke in zehn Bänden, hg. v. W. Weischedel. Darmstadt: Wiss. Buchgesellschaft.

Key, Ellen (1992): Das Jahrhundert des Kindes: Studien (1902). Nachdruck. Weinheim: Beltz.

Klafki, Wolfgang (1970): Das pädagogische Verhältnis, in: Ders. et al.: Erziehungswissenschaft 1. Frankfurt/M.: Fischer, S. 53–91.

Klafki, Wolfgang (1985): Neue Studien zur Bildungstheorie und Didaktik. Weinheim: Beltz.

Klafki, Wolfgang (1986): Die Bedeutung der klassischen Bildungstheorien für ein zeitgemäßes Konzept allgemeiner Bildung. In: Zeitschrift für Pädagogik, 32. Jg. Nr. 4, S. 455–476.

Klika, Dorle (1990): Erziehung und Sozialisation im Bürgertum des wilhelminischen Kaiserreiches. Frankfurt/M.: Peter Lang.

Klika, Dorle (2000a): Das Generationenverhältnis – Notizen zu einem aktuellen Diskurs. In: Klika, Dorle/Kunert, Hubertus/Schubert, Volker (Hrsg.): Bildung als engagierte Aufklärung. Ernst Cloer zum 60. Geburtstag (Festkolloquium am 25.6.1999). Hildesheim: Universitätsverlag, S. 133–150.

Klika, Dorle (2000b): „Herman Nohl. Sein ‚Pädagogischer Bezug‘ in Theorie, Biographie und Handlungspraxis". Reihe „Beiträge zur Historischen Bildungsforschung" Bd. 25, begründet von R. W. Keck, Köln: Böhlau.

Klika, Dorle (2002): Das Verhältnis der Generationen. Zur Aktualität eines pädagogischen Grundproblems. In: Die Deutsche Schule 94/2002, S. 381–391.

Klika, Dorle (2004): Das Gefühl und die Pädagogik. Historische und systematische Aspekte einer problematischen Liaison. In: Klika, Dorle/Schubert, Volker (Hrsg.): Bildung und Gefühl. Baltmannsweiler: Schneider Hohengehren 2004, S. 19–34.

Klika, Dorle (2007): „Ich bin ein Widerhall" – biographische Reflexion und pädagogische Kompetenz. In: Müller, Hans Rüdiger/Stravoravdis, Wassilis (Hrsg.): Bildung im Horizont der Wissensgesellschaft. Wiesbaden: VS Verlag für Sozialwissenschaften, S. 149–169.

Klika, Dorle (2012): „Die Mädchen, die Jungen und ich" – Zur Problematik der Zweigeschlechtlichkeit. In: Baader, Meike Sophie/Bilstein, Johannes/Tholen, Toni (Hrsg.): Erziehung, Bildung und Geschlecht. Männlichkeiten im Fokus der Genderstudies. Wiesbaden: VS Verlag für Sozialwissenschaften, S. 365–381.

Klika, Dorle/Schubert, Volker (Hrsg.) (2004): Bildung und Gefühl. Baltmannsweiler: Schneider Hohengehren.

Kluchert, Gerhard (1993): Die Schule des Kaiserreichs. In: Becker, Hellmut/Kluchert, Gerhard (Hrsg.): Die Bildung der Nation. Schule, Gesellschaft und Politik vom Kaiserreich zur Weimarer Republik. Stuttgart: Kett-Cotta, S. 1–108.

KMK Dokumentation Nr. 196 (2012): Sonderpädagogische Förderung in Schulen 2001 bis 2010. Statistische Veröffentlichungen der Kultusministerkonferenz. Dokumentation Nr. 196 – Februar 2012. Hrsg: Sekretariat der Ständigen Konferenz der Kultusminister der Länder in der Bundesrepublik Deutschland.

Knoop, Karl/Schwab, Martin (1992): Einführung in die Geschichte der Pädagogik. München: Quelle & Meyer.

Köbsell, Swantje: Integration/Inklusion aus Sicht der Disability Studies: Aspekte aus der internationalen und der deutschen Diskussion. In: Rathgeb, Kerstin (Hrsg.): Disability Studies. Kritische Perspektiven für die Arbeit am Sozialen. Wiesbaden: VS Verlag für Sozialwissenschaften, S. 39–54.

Koller, Hans-Christoph (2004): Grundbegriffe, Theorien und Methoden der Erziehungswissenschaft. Stuttgart: Kohlhammer.

Kopp, Botho von (2002): Das Bildungssystem Malaysias: Zwischen Gestern und Cyberjaya. Münster: Waxmann.

Koselleck, Reinhart (1990): Einleitung – Zur anthropologischen und semantischen Struktur der Bildung. In: Ders. (Hrsg.): Bildungsbürgertum im 19. Jahrhundert. Teil II: Bildungsgüter und Bildungswissen. Stuttgart: Klett-Cotta, S. 11–46.

Koselleck, Reinhart (1990): Einleitung – Zur anthropologischen und semantischen Struktur der Bildung. In: Ders. (Hrsg.): Bildungsbürgertum im 19. Jahrhundert. Teil II: Bildungsgüter und Bildungswissen. Stuttgart: Klett-Cotta, S. 11–46.

Krappmann, Lothar (1989): Rolle. In: Lenzen, Dieter (Hrsg.): Pädagogische Grundbegriffe. Bd. 2. Reinbek: Rowohlt, S. 1314–1319.

Kraul, Margret (1984): Das deutsche Gymnasium 1780-1980. Frankfurt/M.: Suhrkamp.

Krebs, Uwe/Forster, Johanna (Hrsg.) (2003): Vom Opfer zum Täter. Gewalt in Schule und Erziehung von den Sumerern bis zur Gegenwart. Bad Heilbrunn: Klinkhardt.

Krüger, Heinz-Hermann/Rauschenbach, Thomas (2000): Einleitung, in: Dies. (Hrsg.): Einführung in die Arbeitsfelder des Bildungs- und Sozialwesens, 3. überarbeitete Aufl., Opladen: Leske + Budrich, S. 13.

Kunert, Hubertus (1997): Erziehung. In: Bernhard, Armin/Rothermel, Lutz (Hrsg.): Handbuch Kritische Pädagogik. Weinheim, Basel: Beltz, S. 57–62.

Lang, Claudia (2006): Intersexualität – Menschen zwischen den Geschlechtern. Frankfurt/M.: Campus.

Lejeunes, Philippe (1994): Der autobiographische Pakt. Frankfurt/M.: Suhrkamp.

Lenhardt, Gero (2004): Vergleichende Bildungsforschung – Bildung, Nationalstaat und Weltgesellschaft. In: Helsper, Werner/Böhme, Jeanette (Hrsg): Handbuch der Schulforschung. Wiesbaden: VS Verlag für Sozialwissenschaften, S. 965–984.

Lenhardt, Gero (2007): Bildung. In: Joas, Hans (Hrsg.): Lehrbuch der Soziologie. 3. überarb. u. erw. Aufl. Frankfurt/M.: Campus, S. 337–362.

Lenhart, Volker/Stohner, Friedbert (1983): Geschichte der Jugend. In: Enzyklopädie Erziehungswissenschaft 11 Bde., hrsg. von Dieter Lenzen. Stuttgart: Klett-Cotta, Bd. 8, S. 12–39.

Lessing, Theodor (1935/1969): Einmal und nie wieder. Gütersloh: Bertelsmann.

Liebau, Eckart (1987): Gesellschaftliches Subjekt und Erziehung. Zur pädagogischen Bedeutung der Sozialisationstheorien von Pierre Bourdieu und Ulrich Oevermann. Weinheim, München: Juventa.

Lippitz, Wilfried (1993): Phänomenologische Studien in der Pädagogik. Weinheim: Dt. Studienverlag.

Lippitz, Wilfried (2003): Differenz und Fremdheit. Phänomenologische Studien in der Erziehungswissenschaft. Frankfurt/M.: Peter Lang.

Lippitz, Wilfried (2009): Frühe Kindheit aus phänomenologischer Sicht. Sammelrezension. In: Zeitschrift für Erziehungswissenschaft 12/2009, S. 343–350.

Litt, Theodor (1927/1995): Führen oder Wachsenlassen? Eine Erörterung des pädagogischen Grundproblems (1927). In: Ders.: Pädagogische Schriften. Bad Heilbrunn, S. 9–73.

Loch, Werner (1979): Lebenslauf und Erziehung. Essen: Neue Deutsche Schule.

Loch, Werner (1983): Phänomenologische Pädagogik. In: Lenzen, Dieter/Mollenhauer, Klaus (Hrsg.): Theorien und Grundbegriffe der Erziehung und Bildung. Enzyklopädie Erziehungswissenschaft, Bd. 1 Stuttgart: Klett Cotta, S. 155–173.

Loch, Werner (1999): Der Lebenslauf als anthropologischer Grundbegriff einer biographischen Erziehungstheorie. In: Krüger, Heinz-Hermann/Marotzki, Winfried (Hrsg.): Handbuch erziehungswissenschaftliche Biographieforschung. Opladen: Leske + Budrich, S. 69–88.

Lorber, Judith/Farrell, Susan A. (Hrsg.) (1991): The Social Construction of Gender. Newbury Park/London.

Luhmann, Niklas/Schorr, Karl-Eberhard (1979): Reflexionsprobleme im Erziehungssystem. Stuttgart: Klett-Cotta.

Lundgreen, Peter (1981): Sozialgeschichte der deutschen Schule im Überblick. Göttingen: Vandenhoeck & Ruprecht.

Lütkehaus, Ludger (2006): Natalität. Philosophie der Geburt. Zug: Die graue Edition.

Lutz, Helma/Leiprecht, Rudolf (2003): Heterogenität als Normalfall. Eine Herausforderung für die Lehrerbildung. In: Gogolin, Ingrid u.a. (Hrsg.): Pluralismus unausweichlich? Blickwechsel zwischen Vergleichender und interkultureller Pädagogik. Münster: Waxmann, S. 115–127.

Lutz, Helma/Leiprecht, Rudolf (2006): Intersektionalität im Klassenzimmer: Ethnizität, Klasse, Geschlecht. In: Leiprecht, Rudolf/Kerber, Anne (Hrsg.): Schule in der Einwanderungsgesellschaft. Ein Handbuch. 2. Aufl., Schwalbach/Ts.: Wochenschau Verlag, S. 218–234.

Makarenko, Anton S. (1984): Werke. Erster Band. Berlin: Volk und Wissen.

Mannitz, Sabine (2002): Disziplinarische Ordnungskonzepte und zivile Umgangsformen in Berlin und Paris. In: Schiffauer, Werner, u.a. (Hrsg.): Staat – Schule – Ethnizität. Politische Sozialisation von Immigrantenkindern in vier europäischen Ländern. Münster: Waxmann, S. 161–219.

Marotzki, Winfried (2006): Bildungstheorie und Allgemeine Biographieforschung. In: Krüger, Heinz-Hermann/Marotzki, Winfried (Hrsg.): Handbuch erziehungswissenschaftliche Biographieforschung. 2., überarbeitete und aktualisierte Auflage. Wiesbaden: VS Verlag für Sozialwissenschaften, S. 59–70.

Marx, Karl/Engels, Friedrich (1974): Manifest der Kommunistischen Partei [1848]. In: Marx, Karl/Engels, Friedrich: Werke, Bd. 4. Berlin: Dietz, S. 459–493.

Maurer, Margarete (2002): Sexualdimorphismus, Geschlechtskonstruktion und Hirnforschung. In: Pasero, Ursula/Gottburgsen, Anja (Hrsg.): Wie natürlich ist Geschlecht? Wiesbaden: Westdeutscher Verlag, S. 65–108.

Mead, George H. (1968): Geist, Identität und Gesellschaft [Mind, Self, and Society, 1934]. Frankfurt/M.: Suhrkamp.

Mead, Margaret (1971): Der Konflikt der Generationen. Olten und Freiburg: Walter.

Mecheril, Paul (2004): Einführung in die Migrationspädagogik, Weinheim: Beltz.

Mecheril, Paul (2008): Diversity. Differenzordnungen und Modi ihrer Verknüpfung. http://www.migration-boell.de/web/diversity/48_1761.asp (Zugriff: 22.03.2013).

Menck, Peter (1998): Was ist Erziehung. Eine Einführung in die Erziehungswissenschaft. Donauwörth: Auer.

Menck, Peter (2012): Was ist Erziehung. Eine Einführung in die Erziehungswissenschaft. Neubearbeitung. URN: urn:nbn:de:hbz:467-6379 URL: http://dokumentix.ub.uni-siegen.de/opus/volltexte/2012/637/ (Zugriff: 22.03.2013).

Meyer-Drawe, Käte (1982): Lernen als Umlernen – Zur Negativität des Lernprozesses. In: Lippitz, Wilfried/Meyer-Drawe, Käte (Hrsg.): Lernen und seine Horizonte. Phänomenologische Konzeptionen menschlichen Lernens – didaktische Konsequenzen. Königstein/Ts: Scriptor., S. 19–45.

Meyer-Drawe, Käte (1990): Illusionen von Autonomie. Diesseits von Ohnmacht und Allmacht des Ich. München: P. Kirchheim.

Meyer-Drawe, Käte (2000): „Ästhetische Emanzipation" In: Dietrich, Cornelie/Müller, Hans-Rüdiger (Hrsg.): Bildung und Emanzipation. Klaus Mollenhauer weiterdenken. Weinheim, München: Juventa, S. 43–48.

Mintz, Steven (2004): Huck's Raft. A History of American Childhood. Cambridge: Harvard University Press.

Möckel, Andreas (2009): Funktion der Sonderschulen und Forderung der Integration. In: Eberwein Hans/Knauer Sabine (Hrsg.): Handbuch Integrationspädagogik. 7. Auflage. Weinheim, Basel: Beltz, S. 80–90.

Mollenhauer, Klaus (1983): Vergessene Zusammenhänge. Über Kultur und Erziehung. Weinheim, München: Juventa.

Mollenhauer, Klaus (2000): „Über die Schwierigkeit, von Leuten zu erzählen, die nicht recht wissen, wer sie sind". Einige bildungstheoretische Motive in Romanen von Thomas Mann. In: Dietrich, Cornelie/Müller, Hans-Rüdiger (Hrsg.): Bildung und Emanzipation. Klaus Mollenhauer weiterdenken. Weinheim, München: Juventa, S. 49–72.

Mollenhauer, Klaus u.a. (1996): Grundfragen ästhetischer Bildung. Theoretische und empirische Befunde zur ästhetischen Erfahrung von Kindern. Unter Mitarbeit von Cornelie Dietrich, Hans-Rüdiger Müller und Michael Parmentier, Weinheim, München: Juventa.

Money, John/Ehrhardt, Anke A. (1975): Männlich-Weiblich: Die Entstehung der Geschlechtsunterschiede. Reinbek: Rowohlt.

Müller, Hans Rüdiger (1999): Das Generationenverhältnis. Überlegungen zu einem Grundbegriff der Erziehungswissenschaft. In: Zeitschrift für Pädagogik 45. Jg., S. 787–805.

Neutsch, Cornelius (1990): Erfahrungen unterwegs. Diesterweg auf Reisen. In: Adolph Diesterweg – Wissen im Aufbruch. Katalog zur Ausstellung zum 200. Geburtstag. Weinheim: Dt. Studienverlag, S. 260–268.

Nieswand, Martina (1996): Lehrerinnenseminare: Sonderweg zum Abitur oder Bestandteil höherer Mädchenbildung? In: Kleinau, Elke/Opitz, Claudia (Hrsg.): Geschichte der Mädchen und Frauenbildung, Bd.2. Frankfurt/M.: Campus, S. 174–188.

Nohl, Herman (1927): Jugendwohlfahrt. Sozialpädagogische Vorträge. Leipzig: Quelle & Meyer.

Nohl, Herman (1933): Die Theorie der Bildung. In: Nohl, Herman/Pallat, Ludwig (Hrsg.) 1928–1933: Handbuch der Pädagogik. 5 Bde., Bd. 1. Langensalza: Beltz, S. 3–80.

Nohl, Herman (1949): Pädagogik aus dreißig Jahren. Frankfurt/M.: Schulte-Bulmke.

Nohl, Herman (1970): Charakter und Schicksal. Eine pädagogische Menschenkunde. 7. Aufl., 1. Aufl. 1938. Überarbeitete Aufl. 1959. Frankfurt/M.: Schulte-Bulmke.

Oelkers, Jürgen (2001): Einführung in die Theorie der Erziehung. Weinheim und Basel: Beltz.

Oelkers, Jürgen (2004): Erziehung. In: Benner, Dietrich/Oelkers, Jürgen (Hrsg.): Historisches Wörterbuch der Pädagogik. Weinheim, Basel: Beltz, S. 303–340.

Ortheil, Hanns-Josef (2010): Die Moselreise. Roman eines Kindes. München: Luchterhand.

Parsons, Talcott (1976): Zur Theorie sozialer Systeme. Opladen: Westdeutscher Verlag.

Parsons, Talcott (1981): Die Schulklasse als soziales System [1959]. In: Ders.: Sozialstruktur und Persönlichkeit. Frankfurt/M.: Fachbuchhandlung für Psychologie, S. 161–193.

Pestalozzi, Johann Heinrich (1983a): Meine Nachforschungen über den Gang der Natur in der Entwicklung des Menschengeschlechts [1797], in: Ders.: Ausgewählte Schriften, hrsg. v. W. Flitner, Frankfurt/M.: Ullstein, S. 93–222.

Pestalozzi, Johann Heinrich (1983b): Pestalozzis Brief an einen Freund über seinen Aufenthalt in Stans [1799], in: Ders.: Ausgewählte Schriften, hrsg. v. W. Flitner, Frankfurt/M.: Ullstein, S. 223–246.

Pfaller, Robert (2009): Interpassivität, oder: Warum manche Leute keine Agency haben möchten. In: Paragrana. Internationale Zeitschrift für Historische Anthropologie, Bd. 18, H. 2, S. 47–56.

Piaget, Jean (1996): Nachahmung, Spiel und Traum: die Entwicklung der Symbolfunktionen beim Kinde. 4. Aufl. Stuttgart: Klett-Cotta.

Piaget, Jean/Inhelder, Bärbel (1972). Die Psychologie des Kindes. Olten: Walter-Verlag.

Plessner, Helmut (1928/1981): Die Stufen des Organischen und der Mensch. Einleitung in die philosophische Anthropologie (Berlin 1928), 2. erw. Aufl. Berlin-New York 1965, Gesammelte Schriften, hrsg. v. Günther Dux, Frankfurt/M. 1981.

Prange, Klaus (1978): Pädagogik als Erfahrungsprozess. Der pädagogische Aufbau der Erfahrung. Stuttgart: Klett-Cotta.

Prange, Klaus (2000): Plädoyer für Erziehung. Baltmannsweiler: Schneider Hohengehren.

Prange, Klaus (2005): Die Zeigestruktur der Erziehung: Grundriss der operativen Pädagogik. Paderborn u.a.: Schöningh.

Prange, Klaus/Strobel-Eisele, Gabriele (2006): Die Formen des pädagogischen Handelns. Eine Einführung. Stuttgart: Kohlhammer.

Prengel, Annedore (1993): Pädagogik der Vielfalt. Opladen: Leske + Budrich.

Prengel, Annedore (1999): Impulse aus der jüngeren Kritischen Theorie für eine Pädagogik der Vielfalt, in: Sünker, Heinz/Krüger, Heinz-Hermann (Hrsg.): Kritische Erziehungswissenschaft am Neubeginn!? Frankfurt/M.: Suhrkamp, S. 231–254.

Rabe-Kleberg, Ursula (2010): Bildungsarmut von Anfang an? Über den Beitrag des Kindergartens im Prozess der Reproduktion sozialer Ungleichheit. In: Krüger, Heinz-Hermann u.a. (Hrsg:) (2010): Bildungsungleichheit revisited. Bildung und soziale Ungleichheit vom Kindergarten bis zur Hochschule. Wiesbaden: VS Verlag für Sozialwissenschaften, S. 45–54.

Ramirez, Francisco O./Boli-Bennet, John (1982): Global Patterns of Educational Instituzionalization. In: Altbach, Philip G./Arnow, Robert F./Kelly, Gail P. (Hrsg.): Comparative Education. New York: Macmillan, S. 15–38.

Rendtorff, Barbara (2006): Erziehung und Geschlecht. Eine Einführung. Stuttgart: Kohlhammer.

Rendtorff, Barbara (2008): Über den (möglichen) Beitrag der Psychoanalyse zur Geschlechterforschung. In: Casale, Rita/Rendtorff, Barbara (Hrsg.): Was kommt nach der Genderforschung? Bielefeld: transcript, S. 121–138.

Rendtorff, Barbara (2011): Bildung der Geschlechter. Stuttgart: Kohlhammer.

Reulecke, Jürgen (2001): „Ich möchte einer werden so wie die …". Männerbünde im 20. Jahrhundert. Frankfurt/M.: Campus.

Reyer, Jürgen (1987): Entwicklung der Trägerstruktur in der öffentlichen Kleinkindererziehung. In: Erning, G./Neumann, K./Reyer, J. (Hrsg.): Geschichte des Kindergartens. Band II: Institutionelle Aspekte, systematische Perspektiven, Entwicklungsverläufe, Freiburg: Lambertus, S. 40–66.

Reyer, Jürgen (2006): Einführung in die Geschichte des Kindergartens und der Grundschule. Bad Heilbrunn: Klinkhardt.

Richter-Appelt, Hertha (2008): Medizinische und psychosoziale Aspekte der Intersexualität – Ergebnisse der Hamburger Katamnesestudie bei erwachsenen Personen mit verschiedenen Formen der Intersexualität. In: Groneberg, Michael/Zehnder, Kathrin (Hrsg.): „Intersex". Geschlechtsanpassung zum Wohl des Kindes? Fribourg: Academic Press, S. 53–82.

Rittelmeyer, Christian (1994): Schulbauten positiv gestalten. Wie Schüler Farben und Formen erleben. Wiesbaden: Bauverlag.

Rittelmeyer, Christian (2008): Architektur von Bildungseinrichtungen. In: Coelen, Thomas/Otto, Hans Uwe: Grundbegriffe Ganztagsbildung. Wiesbaden: VS Verlag für Sozialwissenschaften, S. 714–723.

Rittelmeyer, Christian (2009): Schulbauten als semiotische Szenerien: eine methodologische Skizze. In: Böhme, Jeanette (Hrsg.):Schularchitektur im interdisziplinären Diskurs. Wiesbaden: VS Verlag für Sozialwissenschaften, S. 157–170.

Robertson, Roland (1998): Glokalisierung. Homogenität und Heterogenität in Raum und Zeit. In: Beck, Ulrich (Hrsg.): Politik der Globalisierung. Frankfurt/M.: Suhrkamp, S. 192–220.

Rohr, Erwin/Weiser, Manfred (2009): Historische Kritik der Aussonderung – Kritik der Sonderpädagogik. In: Eberwein, Hans/Knauer Sabine (Hrsg.): Handbuch Integrationspädagogik. 7. Auflage. Weinheim: Beltz, S. 91–98.

Roth, Gerhard (1995): Das Gehirn und seine Wirklichkeit. Kognitive Neurobiologie und ihre philosophischen Konsequenzen. 2. Aufl. Franfurt/M.: Suhrkamp.

Roth, Gerhard (2004): Warum sind Lehren und Lernen so schwierig? In: Zeitschrift für Pädagogik, 50. Jg., N. 4, S. 496–507.

Roth, Heinrich (1952): Begabung und Begaben. Über das Problem der Umwelt in der Begabungsentfaltung. In: Die Sammlung 7. Jg., S. 395–407.

Roth, Heinrich (1968/1971): Pädagogische Anthropologie, Bd. 1: Bildsamkeit und Bestimmung (Hannover 1966), 2. durchges. u. erg. Aufl. Hannover 1968; Bd. 2: Entwicklung und Erziehung, Grundlagen einer Entwicklungspädagogik, 1971. Hannover: Hermann Schroedel.

Rousseau, Jean-Jacques (1976): Emile oder Über die Erziehung (1752). Hg. v. M. Rang. Stuttgart: Reclam.

Salamanca Statement and framework for action on special needs education. Printed in UNESCO 1994.

Sarasin, Philipp (2001): Reizbare Maschinen. Eine Geschichte des Körpers. Frankfurt/M.: Suhrkamp.

Savigny, Friedrich von (1834): Carl Geschichte des Römischen Rechts im Mittelalter, Band 3. Heidelberg: Mohr.

Scarry, Elaine (1992): Der Körper im Schmerz. Die Chiffren der Verletzlichkeit und die Erfindung der Kultur. Frankfurt/M.: Fischer.

Schäfer, Alfred (2002): Jean-Jacques Rousseau. Ein pädagogisches Portrait. Weinheim, Basel: Beltz.

Schiller, Friedrich (1965): Über die ästhetische Erziehung des Menschen in einer Reihe von Briefen [1795]. Stuttgart: Reclam.

Schleiermacher, Friedrich (1983): Pädagogische Schriften 1. Die Vorlesungen aus dem Jahre 1826. Unter Mitwirkung v. Th. Schulze hg. v. E. Weniger. Frankfurt/M: Ullstein.

Schubert, Volker (1992): Die Inszenierung der Harmonie. Erziehung und Gesellschaft in Japan. Darmstadt: Wiss. Buchgesellschaft.

Schubert, Volker (2002): Pädagogische Arrangements im Kulturvergleich. In: Jahrbuch für Pädagogik 2001: Zukunft, Frankfurt/M.: Lang, 2002, S. 315–334.

Schubert, Volker (2004a): Identität. In: Haug, Wolfgang Fritz (Hrsg.): Historisch-kritisches Wörterbuch des Marxismus, Bd. 6/I. Hamburg: Argument-Verlag, Sp. 653–664.

Schubert, Volker (2004b): Individuelle Reproduktion. In: Haug, Wolfgang Fritz (Hrsg.): Historisch-kritisches Wörterbuch des Marxismus, Bd. 6/II; Hamburg: Argument-Verlag, Sp. 941–947.

Schubert, Volker (2005): Pädagogik als vergleichende Kulturwissenschaft. Erziehung und Bildung in Japan. Wiesbaden: VS Verlag für Sozialwissenschaften.

Schubert, Volker (2007): Liebe und das Recht auf Abhängigkeit. Über das *amae*-Konzept und seine Bedeutung für die pädagogische Anthropologie. In: Bilstein, Johannes/ Uhle, Reinhard (Hrsg.): Liebe. Zur Anthropologie einer Grundbedingung pädagogischen Handelns, Oberhausen: Athena, S. 263–275.

Schubert, Volker (2008): Erziehung und Bildung in ihrer gesellschaftlichen Formbestimmtheit begreifen. Auernheimers Beiträge zu einer materialistischen Pädagogik. In: Rosen, Lisa/Farrokhzad, Schahrzad (Hrsg.): Macht – Kultur – Bildung. Festschrift für Georg Auernheimer, Münster: Waxmann, S. 39–52.

Schubert, Volker (2010): Leistungsdruck in der Schule. Vergleichende Beobachtungen zu Japan, Deutschland und den USA. In: Böhme, Gernot (Hrsg.): Kritik der Leistungsgesellschaft, Bielefeld, Basel: Aisthesis, S. 25–37.

Schubert, Volker (2012): Männliche Erziehung bei Makarenko? In: Baader, Meike Sophia/Bilstein, Johannes/Tholen Toni (Hrsg.): Erziehung, Bildung und Geschlecht. Männlichkeiten im Fokus der Gender-Studies, Wiesbaden: VS Verlag für Sozialwissenschaften, S. 61–74.

Schulz von Thun, Friedrich (1981): Miteinander reden. Störungen und Klärungen. 2 Bde. Reinbek: Rowohlt.

Schulze, Theodor (1979): Autobiographie und Lebensgeschichte. In: Baacke, Dieter/Schulze, Theodor (Hrsg.): Aus Geschichten lernen. Zur Einübung pädagogischen Verstehens. München: Juventa, S. 51–98.

Schulze, Theodor (1985): Lebenslauf und Lebensgeschichte. Zwei unterschiedliche Sichtweisen und Gestaltungsprinzipien biographischer Prozesse. In: Baacke, Dieter/Schulze, Theodor (Hrsg): Pädagogische Biographieforschung. Orientierungen, Probleme, Beispiele. Weinheim, München: Juventa.

Schulze, Theodor (1993): Lebenslauf und Lebensgeschichte. In: Baacke, Dieter/Schulze, Theodor (Hrsg.): Aus Geschichten lernen. Zur Einübung pädagogischen Verstehens. Neuaufl., Weinheim, München: Juventa, S. 174–226.

Schulze, Theodor (1995): Jenseits der Befangenheit. In: Zeitschrift für Pädagogik, 41. Jg., H. 3, S. 399–407.

Schulze, Theodor (1999): Erziehungswissenschaftliche Biographieforschung. Anfänge – Fortschritte – Ausblicke. In: Krüger, Heinz-Hermann/Marotzki, Winfried (Hrsg.): Erziehungswissenschaftliche Biographieforschung. Opladen: Leske + Budrich, S. 33–68.

Schulze, Theodor (2006): Ereignis und Erfahrung. Vorschläge zur Analyse biographischer Topoi. In: Bittner, Günther (Hrsg): Ich bin mein Erinnern. Über autobiographisches und kollektives Gedächtnis. Würzburg: Königshausen & Neumann, S. 97–114.

Schulze, Theodor (2010): Zur Interpretation autobiographischer Texte in der erziehungswissenschaftlichen Biographieforschung. In: Friebertshäuser, Barbara/Langer, Antje/Prengel, Annedore (Hrsg.): Handbuch Qualitative Forschungsmethoden in der Erziehungswissenschaft. 3. überarb. Aufl., Weinheim, München: Juventa, S. 413–436.

Schütz, Alfred/Luckmann, Thomas (1984): Strukturen der Lebenswelt. Band 1 und Band 2. Frankfurt/M.: Suhrkamp.

Seibt, Ferdinand (2008): Glanz und Elend des Mittelalters. Eine endliche Geschichte. München: Bassermann.

Seidel, Ina (1925): Meine Kindheit und Jugend. Ursprung, Erbteil und Weg. Stuttgart: Deutsche Verlags-Anstalt.

Singer, Wolf (2003): Ein neues Menschenbild? Gespräche über Hirnforschung. Frankfurt/M.: Suhrkamp.

Skowronek, Helmut (1991): Lernen und Lerntheorien. In: Roth, Leo (Hrsg.): Pädagogik. Handbuch für Studium und Praxis. München: Ehrenwirth, S. 183–193.

Sünkel, Wolfgang (1964): Friedrich Schleiermachers Begründung der Pädagogik als Wissenschaft, Ratingen: Henn.

Sünkel, Wolfgang (1994): Die Situation des offenen Anfangs der Erziehung, mit Seitenblicken auf Pestalozzi und Makarenko. In: Ders.: Im Blick auf Erziehung. Bad Heilbrunn: Kinkhardt, S. 97–110.

Sünkel, Wolfgang (2011): Erziehungsbegriff und Erziehungsverhältnis. Allgemeine Theorie der Erziehung, Bd.1. Weinheim, München: Juventa.

Tenorth Heinz-Elmar (1994): „Alle alles zu lehren". Möglichkeiten und Perspektiven allgemeiner Bildung. Darmstadt: Wiss. Buchgesellschaft.

Tenorth, Heinz-Elmar (1994): Schulische Einrichtungen. In: Lenzen, Dieter (Hrsg.): Erziehungswissenschaft. Ein Grundkurs. Reinbek: Rowohlt, S. 427–446.

Tenorth, Heinz-Elmar (1997): Pädagogik als Wissenschaft und Praxis. In: Jäger, Georg/Schönert, Jörg (Hrsg.): Wissenschaft und Berufspraxis. Paderborn: Schöningh, S. 175–191.

Tenorth, Heinz-Elmar (2000): Geschichte der Erziehung. Einführung in die Grundzüge ihrer neuzeitlichen Entwicklung. 3. überarbeitete Auflage. Weinheim, München: Juventa.

Tenorth, Heinz-Elmar (2004): Erziehungswissenschaft. In: Benner, Dietrich/Oelkers, Jürgen (Hrsg.): Historisches Wörterbuch der Pädagogik. Weinheim, Basel: Beltz, S. 341–382.

Terhart, Ewald (1994): Unterricht. In: Lenzen, Dieter (Hrsg.): Erziehungswissenschaft. Ein Grundkurs. Reinbek 1994, S. 133–158.

Tervooren, Anja (2001): Körper, Inszenierung und Geschlecht. Judith Butlers Konzept der Performativität. In: Wulf, Christoph/Göhlich, Michael/Zirfas, Jörg (Hrsg.): Grundlagen des Performativen. Weinheim, München: Juventa, S. 157–180.

Thorne, Barrie (1993): Gender Play. Girls and Boys in School. New Brunswick, New Jersey: Rutgers University Press.

Tobin, Joseph J./Hsueh, Yeh/Karasawa, Mayumi (2009): Preschool in Three Cultures Revisited – China, Japan and the United States. Chicago/London: The University of Chicago Press.

Tobin, Joseph J./Wu, David Y. H. /Davidson, Dana H. (1989): Preschool in Three Cultures. Japan, China, and the United States. New Haven/London: Yale University Press.

Turner, Ralph H. (1976): Rollenübernahme: Prozess versus Konformität. In: Auwärter, Manfred u.a. (Hrsg.): Seminar: Kommunikation, Interaktion, Identität. Frankfurt/ M.: Suhrkamp.

United Nations: Treaties and international agreements registered or filed and recorded with the Secretariat of the United Nations. VOLUME 2515 2008 I. Nos. 44910-44917. New York, 2011. http://www.un.org/en/ (Zugriff 23.03.2013).

Vester, Heinz-Günter (2010): Kompendium der Soziologie III: Neuere soziologische Theorien. Wiesbaden: VS Verlag für Sozialwissenschaften.

Vester, Michael (2005): Die selektive Bildungsexpansion. Die ständische Regulierung der Bildungschancen in Deutschland. In: Berger, Peter A./Kahlert, Heike (Hrsg.): Institutionalisierte Ungleichheiten. Weinheim, München: Juventa, S. 39–70.

Voß, Heinz-Jürgen (2009): Intersexuellenbewegung und zweigeschlechtliche Norm – Zwischen Emanzipation und Restauration. Eine kritisch-biologische Intervention. In: Liminalis 3, S. 42–59.

Voß, Heinz-Jürgen (2010): Making Sex Revisited: Dekonstruktion des Geschlechts aus biologisch-medizinischer Perspektive. Bielefeld: transcript.

Waldenfels, Bernhard (1980): Der Spielraum des Verhaltens. Frankfurt/M.: Suhrkamp.

Waldenfels, Bernhard (2000): Das leibliche Selbst. Vorlesungen zur Phänomenologie des Leibe Frankfurt/M.: Suhrkamp.

Walgenbach, Katharina (2012): Diversity Education – eine kritische Zwischenbilanz. In: Neue Praxis, H. 3, S. 242–254.

Weber, Martina (2003): Heterogenität im Schulalltag. Konstruktion ethnischer und geschlechtlicher Unterschiede. Opladen: Leske + Budrich.

Weidenmann, Bernd (1989): Lernen – Lerntheorie. In: Lenzen, Dieter (Hrsg.): Pädagogische Grundbegriffe, Bd. 2. Reinbek: Rowohlt, S. 996–1010.

Weiss, Florence (1993): Von der Schwierigkeit über Kinder zu forschen. Die Iatmul in Papua-Neuguinea. In: Loo, Marie-José/Reinhart, Margarete (Hrsg.): Kinder. Ethnologische Forschungen in fünf Kontinenten. München: Trickster, S. 96–153.

Weniger, Erich (1953): Die Eigenständigkeit der Erziehung in Theorie und Praxis. Weinheim: Beltz 1953.

Werning, Rolf/Lütje-Klose, Birgit (2006): Einführung in die Pädagogik bei Lernbeeinträchtigungen. München: UTB.

Willis, Paul (1977): Spaß am Widerstand. Gegenkultur in der Arbeiterschule [Learning to labour. How working class kids get working class jobs, 1977]. Frankfurt/M.: Syndikat.

Winker, Gabriele/Degele, Nina (2009): Intersektionalität. Zur Analyse sozialer Ungleichheiten. Bielefeld: transcript.

Winkler, Michael (2004): Erziehung. In: Krüger, Heinz-Hermann/Helsper, Werner (Hrsg.): Einführung in Grundbegriffe und Grundfragen der Erziehungswissenschaft. 6. Auflage. Wiesbaden: VS Verlag für Sozialwissenschaften, S. 57–78.

Winterhager-Schmid, Luise (2000): „Groß" und „klein" – Zur Bedeutung der Erfahrung mit der Generationendifferenz im Prozess des Heranwachsens. In: Dies. (Hrsg.): Erfahrungen mit der Generationendifferenz – Zur Neubestimmung des Erwachsenen-Kind-Verhältnisses. Weinheim: Dt. Studienverlag, S. 15–37.

Wolf, Alison (2002): Does Education Matter? London: Penguin.

Wolf, Karin/Grgic, Mariana (2009): Kindertagesbetreuung im europäischen Vergleich. Die Chancen von EU-SILC und die aktuellen Grenzen. München: Deutsches Jugendinstitut.

Zehnder, Kathrin (2008): Intersexualität als soziales Phänomen. Handlungsbedarf aus sozialarbeiterischer Perspektive auf der Grundlage einer Inhaltsanalyse persönlicher Geschichten aus dem World Wide Web. In: Groneberg, Michael/Zehnder, Kathrin (Hrsg.). „Intersex"-Geschlechtsanpassung zum Wohl des Kindes? Reihe Ethik und politische Philosophie. Fribourg: Academic Press.